2023年度国家出版基金资助项目
"十四五"时期国家重点出版物出版专项规划项目
中国建材工业智能制造研究与实践丛书

中国玻璃行业智能制造研究与实践

主 编 许武毅 陆思远 刘起英

中国建材工业出版社

北 京

图书在版编目（CIP）数据

中国玻璃行业智能制造研究与实践/许武毅，陆思远，刘起英主编．--北京：中国建材工业出版社，2024.6

（中国建材工业智能制造研究与实践丛书/江源主编）

ISBN 978-7-5160-3431-6

Ⅰ．①中⋯ Ⅱ．①许⋯ ②陆⋯ ③刘⋯ Ⅲ．①玻璃－化学工业－智能制造系统－研究－中国 Ⅳ．①F426.71

中国版本图书馆 CIP 数据核字（2021）第 264330 号

中国玻璃行业智能制造研究与实践
ZHONGGUO BOLI HANGYE ZHINENG ZHIZAO YANJIU YU SHIJIAN
主　编　许武毅　陆思远　刘起英

出版发行：中国建材工业出版社
地　　址：北京市西城区白纸坊东街 2 号院 6 号楼
邮　　编：100054
经　　销：全国各地新华书店
印　　刷：北京印刷集团有限责任公司
开　　本：787mm×1092mm　1/16
印　　张：22
字　　数：490 千字
版　　次：2024 年 6 月第 1 版
印　　次：2024 年 6 月第 1 次
定　　价：96.00 元

本社网址：www.jccbs.com，微信公众号：zgjcgycbs
请选用正版图书，采购、销售盗版图书属违法行为
版权专有，盗版必究。本社法律顾问：北京天驰君泰律师事务所，张杰律师
举报信箱：zhangjie@tiantailaw.com　举报电话：(010)63567684
本书如有印装质量问题，由我社事业发展中心负责调换，联系电话：(010)63567692

《中国建材工业智能制造研究与实践丛书》

总 策 划：佟令玫（经济日报出版社社长、中国建材工业出版社社长）

顾问委员会

顾　　问：杜善义（中国工程院院士）
　　　　　　柴天佑（中国工程院院士）
　　　　　　缪昌文（中国工程院院士）
　　　　　　瞿金平（中国工程院院士）
　　　　　　张联盟（中国工程院院士）
　　　　　　彭　寿（中国工程院院士）
　　　　　　董绍明（中国工程院院士）
　　　　　　钟义信（发展中世界工程技术科学院院士）

主任委员会

主 任 委 员：张广沛（中国建筑材料联合会监事长）
　　　　　　　孔祥忠（中国水泥协会执行会长）
　　　　　　　张佰恒（中国建筑玻璃与工业玻璃协会会长）
　　　　　　　齐子刚（中国石材协会常务副会长）
　　　　　　　徐熙武（中国建筑卫生陶瓷协会副会长）
　　　　　　　胡幼奕（中国砂石协会会长）
　　　　　　　李卫国（中国建筑防水协会会长）
　　　　　　　王　兵（中国绝热节能材料协会会长）
　　　　　　　刘能文（中国木材保护工业协会会长）
副主任委员：曾令荣（中国建筑材料工业规划研究院院长/
　　　　　　　　　　　建筑材料工业信息中心主任）

王郁涛（中国水泥协会秘书长）
杨晓东（中国砂石协会副秘书长）
胡希宝（中国建筑防水协会副秘书长）
邓惠青（中国石材协会原副秘书长）
何　进（广东省玻璃行业协会会长）
万永宁（广东省玻璃行业协会原会长）
陈　林（广东省玻璃行业协会秘书长）
刘长雷（中国玻璃纤维工业协会秘书长）
韩继先（中国绝热节能材料协会常务副会长兼秘书长）
韩玉杰（中国木材保护工业协会执行秘书长）

丛书编委会

主　　编：江　源（中国建筑材料工业规划研究院副院长/建筑材料工业信息中心常务副主任）

编　　委：王孝红（济南大学自动化研究所所长）
曾令可（华南理工大学材料科学与工程学院教授）
李如燕（中国物资再生协会墙材革新与再生建材工作委员会主任）
何　成（上海第二工业大学智能制造与控制工程学院教授）
胡立志（中建西部建设股份有限公司副总经理）
刘华东（四川华西绿舍建材有限公司党委书记、董事长）
师海霞（中国混凝土与水泥制品协会副秘书长）
方立波（世邦工业科技集团股份有限公司总经理）
许武毅（中国南玻集团股份有限公司工程玻璃事业部原应用技术总监）
刘起英（中国玻璃控股有限公司总工程师）
陆思远（广东高力威机械科技有限公司总经理）
吴士慧（北京东方雨虹防水技术股份有限公司副总裁）
李　萍（新明珠集团股份有限公司智能制造与能源总监）
韩　文（景德镇陶瓷大学机械电子工程学院院长）
张进生（山东大学日照研究院院长）
张文进（中材科技股份有限公司副总裁）
于亚东（中国巨石股份有限公司信息技术中心主任）
王　屹（南京玻璃纤维研究设计院有限公司院长、党委副书记）

《中国玻璃行业智能制造研究与实践》
编委会

顾　　　问：彭　寿（中国工程院院士、中国建材集团首席科学家、中建材玻璃新材料研究总院党委书记、院长）
主 任 委 员：张佰恒（中国建筑玻璃与工业玻璃协会会长）
副主任委员：何　进（广东省玻璃行业协会会长）
　　　　　　万永宁（广东省玻璃行业协会名誉会长）
　　　　　　陈　林（广东省玻璃行业协会秘书长）
　　　　　　王　蕾（中国建筑玻璃与工业玻璃协会副秘书长）
　　　　　　焦勇刚（山东省建筑玻璃与工业玻璃协会秘书长）
　　　　　　丁康元（上海市玻璃玻璃纤维玻璃钢行业协会秘书长）
　　　　　　丁咏梅（浙江省玻璃行业协会副会长兼秘书长）
　　　　　　却红光（安徽省玻璃行业协会会长）
　　　　　　林惠闽（福建省玻璃制品制造行业协会秘书长）
　　　　　　滕　键（湖北省玻璃行业协会秘书长）
主　　　编：许武毅（中国南玻集团股份有限公司特聘资深专家）
　　　　　　陆思远（广东高力威机械科技有限公司总裁）
　　　　　　刘起英（中国玻璃控股有限公司总工程师）
副 　主　 编：江龙跃（中国建材国际工程集团有限公司总工程师、玻璃设计研究院院长）
　　　　　　王　琦（中国南玻集团股份有限公司执行副总裁）
　　　　　　李志进（上海耀皮玻璃集团股份有限公司常熟生产基地总经理）
　　　　　　姬文刚（台玻集团台玻成都玻璃有限公司总经理）
　　　　　　彭　清（株洲旗滨集团股份有限公司总裁助理）
　　　　　　阮洪良（福莱特玻璃集团股份有限公司董事长）
　　　　　　朱晓玲（安徽银锐智能科技股份有限公司董事长）
　　　　　　杜　康（江苏碧海安全玻璃科技股份有限公司董事长）

参　编：（按姓氏笔划为序）

韩冬阳（建筑材料工业信息中心）
沈　雪（建筑材料工业信息中心智能制造研究中心）
郭捷楠（建筑材料工业信息中心建材信息资源研究中心）
马晓辉（广东高力威机械科技有限公司上海公司）
林佛钦（广东高力威机械科技有限公司技术研发中心）
孙秋庭（广东高力威机械科技有限公司技术研发中心）
杨添江（广东高力威机械科技有限公司技术研发中心）
史国华（中国玻璃控股有限公司）
房振华（中国玻璃控股有限公司）
何　进（中国南玻集团股份有限公司）
陈志鸿（中国南玻集团股份有限公司）
贺有乐（中国南玻集团股份有限公司河北南玻玻璃有限公司）
刘建党（中国南玻集团股份有限公司浮法玻璃事业部）
何　蒙（中国南玻集团股份有限公司吴江南玻玻璃有限公司）
程立华（中国南玻集团股份有限公司）
韩全寿（中国南玻集团股份有限公司）
唐细国（株洲旗滨集团股份有限公司）
范　平（株洲旗滨集团股份有限公司）
董炳荣（株洲旗滨集团股份有限公司）
罗　樊（台玻集团台玻成都玻璃有限公司）
居上江（上海耀皮玻璃集团股份有限公司常熟生产基地）
魏叶忠（福莱特玻璃集团股份有限公司）
高　峰（福莱特玻璃集团股份有限公司）
田　密（福莱特玻璃集团股份有限公司）
陈玉平（新福兴玻璃工业集团有限公司）
田永刚（新福兴玻璃工业集团有限公司）
钱卫民（成都申博玻璃有限公司）
张大猛（成都申博玻璃有限公司）
谭国华（江西省博信玻璃有限公司）
高　琦（天津北玻玻璃工业技术有限公司）
王保现（天津北玻玻璃工业技术有限公司）
赵　勇（大连华鹰玻璃股份有限公司）
张永俊（大连华鹰玻璃股份有限公司）
李海林（广东南星玻璃有限公司）

郭　赟（江苏碧海安全玻璃科技股份有限公司）
庄帝尊（广东省隆玻科技集团股份有限公司）
刘永迁（广东省隆玻科技集团股份有限公司）
林成伦（山东耀华玻璃有限公司）
张　鹏（山东耀华玻璃有限公司）
刘东阳（广东海控特种玻璃技术有限公司）
程继惠（山东星冠玻璃科技有限公司）
高　江（广东中融玻璃科技有限公司）
陈　波（佛山创兴玻璃科技有限公司）
魏　强（山东友玻节能玻璃有限公司）
王永光（安徽兰迪节能玻璃有限公司）
王春贵（大连贵友软件科技有限公司）
龙晓云（广州接点智能科技有限公司）
赵伟军（广州接点智能科技有限公司）
季　芳（广东迪奥技术有限公司）
杨知明（安徽银锐智能科技股份有限公司）
沈兆宇（上海速泰智能科技有限公司）
赵志飞（英德欧姆智能机械有限公司）
刘陶云（英德欧姆智能机械有限公司）
刘　强（广东博亮智能机械有限公司）
周军山（索奥斯（广东）玻璃科技股份有限公司）
邓小辉（杭州鼎辉环保科技有限公司）
张国金（中国建材国际工程集团有限公司）
刘　锐（中国建材国际工程集团有限公司）
吴琼辉（中国建材国际工程集团有限公司）
陈晓江（中国建材国际工程集团有限公司）
朱永清（中国建材国际工程集团有限公司）
张张卫（中国建材国际工程集团有限公司）
孟令坤（中建材环保研究院（江苏）有限公司）
周孝邦（中建材环保研究院（江苏）有限公司）
黄达泉（北京奥博泰科技有限公司）
李　川（广州文信自动化设备有限公司）
黄云艳（广东嘉泰智能技术有限公司）
王泽斌　杨昊　刘明　高建森　刘浩

主编单位：中国南玻集团股份有限公司
　　　　　广东高力威机械科技有限公司
　　　　　中国玻璃控股有限公司
副主编单位：中国建材国际工程集团有限公司
　　　　　　上海耀皮玻璃集团股份有限公司
　　　　　　台玻集团台玻成都玻璃有限公司
　　　　　　株洲旗滨集团股份有限公司
　　　　　　福莱特玻璃集团股份有限公司
　　　　　　安徽银锐智能科技股份有限公司
　　　　　　江苏碧海安全玻璃科技股份有限公司
参编单位（按单位首字母笔划为序）
　　　　　建筑材料工业信息中心
　　　　　新福兴玻璃工业集团有限公司
　　　　　成都申博玻璃有限公司
　　　　　江西省博信玻璃有限公司
　　　　　天津北玻玻璃工业技术有限公司
　　　　　大连华鹰玻璃股份有限公司
　　　　　广东南星玻璃有限公司
　　　　　广东省隆玻科技集团股份有限公司
　　　　　广东海控特种玻璃技术有限公司
　　　　　广东中融玻璃科技有限公司
　　　　　佛山创兴玻璃科技有限公司
　　　　　山东耀华玻璃有限公司
　　　　　山东星冠玻璃科技有限公司
　　　　　山东友玻节能玻璃有限公司
　　　　　安徽兰迪节能玻璃有限公司
　　　　　大连贵友软件科技有限公司
　　　　　广州接点智能科技有限公司
　　　　　广东迪奥技术有限公司）
　　　　　安徽银锐智能科技股份有限公司
　　　　　上海速泰智能科技有限公司
　　　　　英德欧姆智能机械有限公司
　　　　　广东博亮智能机械有限公司
　　　　　索奥斯（广东）玻璃科技股份有限公司
　　　　　杭州鼎辉环保科技有限公司

中建材环保研究院（江苏）有限公司
北京奥博泰科技有限公司）
广州文信自动化设备有限公司
广东嘉泰智能技术有限公司
上海展湾信息科技有限公司

主编简介

许武毅，男，薄膜物理学硕士，高级工程师，中国南玻集团股份有限公司工程玻璃特聘资深专家，从事建筑玻璃制造和应用技术研究30多年，于1997年率先在国内推广宣传Low-E节能玻璃的理念，开创了玻璃企业向用户端提供玻璃知识的技术服务模式；参与编制《镀膜玻璃》《中空玻璃》《民用建筑热工设计规范》等国家标准、《建筑玻璃应用技术规程》《玻璃幕墙工程技术规范》等行业标准；所著《Low-E节能玻璃应用技术问答》一书获"2017年度中国建筑材料联合会·中国硅酸盐学会建筑材料科技公益类三等奖"。

陆思远，男，工商管理硕士，广东高力威机械科技有限公司总经理，ACMC国际认证教练；中国机械工业企业管理委员会委员，工业互联网专业委员会委员，中国建筑玻璃与工业玻璃协会理事，广东省玻璃协会副会长，顺德工业互联网会长，顺德机械商会、机器人协会、玻璃机械商会副会长，迈迪信息技术有限公司首席战略顾问；多年来一直致力于玻璃深加工智能制造系统的框架设计、研究、客户运用实施，承接的广东省科技厅项目，被鉴定为国际先进国内领先，应用案例遍布全国，优秀案例已写入中国智能制造白皮书。

刘起英，女，教授级高级工程师，中国玻璃控股有限公司总工程师，全国"杰出工程师奖"获得者；长期从事浮法玻璃制造和深加工技术研发，拥有国家发明专利20余项；先后主持多项国家重大科技研发项目，开发了浮法在线镀低辐射膜玻璃、阳光控制镀膜玻璃等核心技术及装备，开创我国浮法在线镀膜玻璃技术与应用的先河；获国家技术发明奖二等奖 1 项、国家科技进步二等奖 1 项、建筑材料科学技术进步一等奖 1 项；现任中国建筑材料联合会玻璃学部委员和绿色低碳学部委员、中国材料与试验团体标准委员会委员、中国建筑玻璃与工业玻璃协会专业委员会专家、全国性建材科技期刊《玻璃》副主任委员等学术职务。

出版者的话

实现中国式现代化需要出版出力发力

如果你不是在工厂里工作，就会觉得制造业离我们很远，厂房里那些巨型的机器设备和复杂的工艺流程是我们普通人无法想象的。但其实制造业又离我们很近，我们居住的空间内，看得见的门窗、地板、吊顶、瓷砖、卫生洁具，等等；看不见的混凝土、水泥、砂石、保温材料、防水材料……这些无处不在、数不清的建筑材料正是由大量的生产加工企业经过各种不同工艺流程制造完成的，并被用于社会生活中的各类场景中，构成了可以给我们带来安全舒适体验的生活和工作空间。由此可见，社会生活与制造业的发展息息相关，而作为制造业重要组成部分的建材行业的高质量发展，也必将助力人民实现对美好生活的向往。

我国制造业的基础很好，是世界上唯一一个拥有联合国产业分类当中全部工业门类的国家，拥有41个工业大类、207个工业中类、666个工业小类，形成了比较独立完整的产业链体系。我国已成为世界第二大经济体、第一工业大国、第一制造大国，在国际分工的格局中，成为全球产业链中不可或缺的重要环节。

从制造大国向制造强国迈进离不开智能化。我国拥有支撑智能化的巨大互联网基本盘，截至2022年，我国网民人数已达10.67亿，成为全球规模最大的网络社会。从2012年到2021年，我国数字经济年复合增速达15.9%。移动物联网发展已经实现了"物超人"，物联网连接数量超过人联网数量，已建成全球规模最大、技术领先的光纤宽带和5G网络，形成全球规模最大、应用广泛、创新活跃、生机勃勃的网络社会。这些阶段性成果是我国推动网络应用从虚拟到实体、从生活向生产跨越的重要基础。

建材行业作为我国传统制造业的重要组成部分，进行智能制造数字化转型十分迫切。通过出版相关图书，实现建材行业最新成果转化，促进建材工业与信息化、智能化技术在更广范围、更深程度、更高水平上实现高质量融合发展，是我们策划《中国建材工业智能制造研究与实践丛书》的初衷。

"明者远见于未萌，知者避危于无形"。智能化的书最令人担心的就是"一旦出版就已落伍"，因此我们对这套丛书的前瞻性或者说超前性提出了特别要求，希望这套书可以帮您预见未来，可以带领您前行几步，可以告诉您一些您不知道的，达到"启发"的目的，所以我们在丛书名里加上了"研究"两个字，希望本书可以收录一些在实验室阶段的研究工作成果，这些成果虽然充满未知，但是有方向感。丛书名里的"实践"二字，则希望通过这套书充分展示行业成功的智能化案例，让这些"干货"可以再次用于指导实践，让更多企业照着做就可以，最终协助更多企业创造更多社会价值。

《中国建材工业智能制造研究与实践丛书》有幸入选"十四五"时期国家重点出版

物出版规划项目和2023年度国家出版基金项目。在立项之初，我们提出了"坚持正确导向，代表国家水平，体现创新创造"的目标要求、坚持"一主线、两延伸、三融合"的编写原则。"一主线"指的是要以智能制造工艺过程中关键核心技术为主；"两延伸"指的是我们对于智能制造的理解要往前端和后端适度延伸，并且应该包括机器智能和平台智能两部分，既要牢牢把握住关键技术这个核心，也要向前端的需求分析、客户信息、订单处理、原材料采购和后端的营销、仓储、物流、服务等环节延伸，以体现机器智能和平台智能的完整性；"三融合"指的是工艺技术与新发展理念的融合、工艺技术和智能技术的融合、工艺技术与先进案例的融合。

如今，这套丛书在众多院士、专家、教授、专业技术人员和行业协会、建材企业的共同努力下陆续出版面世，作为服务建材行业的专业出版机构，我们深感欣慰。欣慰的是，丛书的出版适逢党的二十大胜利召开后的春天，也正是全国上下深入学习贯彻习近平新时代中国特色社会主义思想和党的二十大精神，并以中国式现代化全面推进中华民族伟大复兴的重要历史时期。出版的意义格外重大。

中国式现代化离不开建材产业的现代化，建材产业的现代化更离不开每一个企业的现代化，而智能化又是当下每一个企业实现现代化的重要路径之一。

实现中国式现代化需要出版出力发力。希望《中国建材工业智能制造研究与实践丛书》能够发挥好"十四五"时期国家重点出版物出版规划项目的优势，让专业图书更好发挥产业价值，真正惠泽行业企业，助力建材行业在实现中国式现代化的道路上行稳致远。

经济日报出版社社长、中国建材工业出版社社长
《中国建材工业智能制造研究与实践丛书》总策划

序　言

　　玻璃无处不在，玻璃不仅是人类生活所必需的基础材料，更是推动工业发展和社会进步的重要功能材料。作为国民经济的重要基础产业，我国玻璃工业在创新引领下实现从小到大、由弱到强，但仍然存在"大而不强"、"全而不精"的问题，主要表现为高端供给不足、创新能力不强和产业基础不牢。要加快我国玻璃工业不断向高端化、智能化、绿色化跃进，以新质生产力构筑发展新优势，就必须加快推进其数字化转型，不断提升行业的智能化和自动化水平，推动产业体系向更高效率、更高附加值、更可持续方向演进升级。

　　《"十四五"智能制造发展规划》《国务院关于深化"互联网+先进制造业"发展工业互联网的指导意见》《建材工业智能制造数字转型行动计划（2021—2023年）》《绿色建材产业高质量发展实施方案》等一系列政策文件的出台，为我国建材工业智能制造的发展指明了方向。为深入贯彻和落实上述文件精神，中国建材工业出版社统筹策划《中国建材工业智能制造研究与实践丛书》，并特别组织编写《中国玻璃行业智能制造研究与实践》分册（以下简称本书），为推动行业智能化转型、提升行业整体竞争力、加速实现新型工业化提供了参考。作为丛书及本书的顾问，我深感荣幸能够参与其中，并为推动玻璃行业智能制造的发展贡献自己的力量。

　　为了编写好本书，中国建材工业出版社组建了强大的编写团队。中国建筑玻璃与工业协会和广东省玻璃行业协会等7家玻璃主产区的地方协会共同组织，精心邀约了国家级玻璃设计研究院、30多家头部玻璃企业、知名机械装备和软件供应服务商，总共70多人参与编写，真可谓汇聚了全行业的力量和智慧。

　　在本书的编写过程中，编写团队付出了辛勤的努力和汗水。他们深入调研、广泛收集资料，结合实际案例进行深入分析，力求为读者呈现一幅全面而深入的玻璃行业智能制造发展画卷。同时，他们也充分发挥了自己的专业优势和创新精神，为本书注入了新的思想和观点。值得一提的是，包括本书在内的《中国建材工业智能制造研究与实践丛书》已被列入"国家'十四五'重点出版专项规划项目"，并获得了"2023年度国家出版基金"的资助，这充分说明了本套丛书的学术价值和现实意义。

　　本书是对玻璃行业智能制造成果的系统梳理和深入总结。它汇聚了众多专家学者的智慧与辛劳，通过大量的案例分析和实践探索，展示了我国玻璃行业在智能制造方面的最新进展和成就。这本书的出版，不仅提供了一个学习和交流的平台，更为推动玻璃行业智能制造的深入发展提供了有力的理论支撑和实践指导。

感谢所有参与本书编写和出版的人员,他们的辛勤努力和专业知识为本书的出版提供了可能。希望广大读者能够充分利用本书,积极探索实践玻璃行业的新型工业化之路,共同推动我国玻璃行业的高质量发展,为加快形成玻璃领域新质生产力提供支撑。

中国工程院　院士
中国建材集团有限公司　首席科学家

目　录

1　玻璃行业智能制造概述　/ 1

1.1　玻璃行业现状　/ 1
1.2　玻璃行业生产制造现状　/ 3
1.3　玻璃行业智能制造发展现状与趋势　/ 5

2　玻璃行业智能制造关键核心技术　/ 11

2.1　关键控制技术　/ 12
2.2　智能制造软件　/ 14

3　平板玻璃智能制造　/ 16

3.1　原料和配料工序　/ 18
3.2　熔化工序　/ 25
3.3　浮法成形工序　/ 41
3.4　压延成形工序　/ 53
3.5　退火工序　/ 59
3.6　在线镀膜　/ 67
3.7　在线检测　/ 76
3.8　智能冷端　/ 84
3.9　锡槽保护气体　/ 96

4　深加工玻璃行业智能制造　/ 103

4.1　原片仓储　/ 103
4.2　玻璃身份识别　/ 110
4.3　切割及余料管理系统　/ 115
4.4　磨边工序　/ 123
4.5　异形玻璃加工　/ 130

4.6　彩釉工序　/ 135
　　4.7　钢化工序　/ 141
　　4.8　夹层工序　/ 150
　　4.9　中空工序　/ 156
　　4.10　镀膜工序　/ 164
　　4.11　智能化连线技术及应用　/ 179

5　质量控制　/ 188

　　5.1　概述　/ 188
　　5.2　质量控制的智能化需求　/ 190
　　5.3　智能化质量检测　/ 192
　　5.4　质量数据管理　/ 201
　　5.5　质量控制　/ 203
　　5.6　分析与提升　/ 206

6　生产管控　/ 209

　　6.1　概述　/ 209
　　6.2　订单管理　/ 210
　　6.3　生产作业管理　/ 211
　　6.4　品质管理　/ 215
　　6.5　绩效管理　/ 215
　　6.6　生产数据管理　/ 218

7　智能化设备运维、能源管理与环保技术　/ 224

　　7.1　智能化设备运维　/ 224
　　7.2　能源管理　/ 231
　　7.3　环保技术　/ 244

8　智能制造软件应用　/ 256

　　8.1　企业资源计划（ERP）　/ 256
　　8.2　生产排产（APS）　/ 261
　　8.3　MES系统　/ 266
　　8.4　供应链协同管理系统　/ 275

9 典型案例 /285

    9.1 平板玻璃智能化生产案例 /285

    9.2 深加工玻璃智能化生产案例 /298

参考文献 /332

1 玻璃行业智能制造概述

1.1 玻璃行业现状

玻璃不仅是人类的生活必需品，还是推动工业发展和社会进步的重要材料，尤其是进入21世纪，随着科学技术的飞速发展，玻璃的应用领域不断延伸，在建筑、通信、能源、生命科学、电子、汽车等领域，玻璃都担当着越来越重要的角色，衍生出建筑玻璃、汽车玻璃、家电玻璃、家具玻璃、光伏玻璃、电子玻璃等不同种类。中华人民共和国成立以来特别是改革开放以来，中国玻璃工业从小到大、由弱到强，通过持续推进科技创新和结构调整，不仅产量在全球占有重要份额，而且在技术和装备方面达到了世界先进水平。

我国的平板玻璃生产规模居世界第一，2020年产量达9.77亿重量箱，持续32年位居全球第一位，占全球总产量的50%以上。截至2020年底，全国浮法玻璃生产线共计299条，在产252条，日熔化量达166275吨，产能利用率为70.67%，剔除"僵尸产能"后产能利用率为83.85%。

2016年5月，国务院发布《关于促进建材工业稳增长调结构增效益的指导意见》(国办发〔2016〕34号)，要求在2020年底以前，严禁备案或新建扩大产能的平板玻璃项目。其后，《水泥玻璃行业产能置换实施办法》《关于严肃产能置换严禁水泥平板玻璃行业新增产能的通知》《水泥玻璃行业产能置换实施办法操作问答》系列政策陆续出台。在国家去产能政策指引下，叠加环保政策逐步趋严，玻璃行业产能扩张速度明显放缓。

近年来，我国玻璃深加工产品年均增长20%以上，已经形成了品种繁多、种类齐全的深加工玻璃体系。目前建筑玻璃、汽车玻璃、光伏玻璃、家居家电玻璃是我国深加工玻璃的主要种类，钢化玻璃、夹层玻璃、中空玻璃、镀膜玻璃、彩釉玻璃等加工技术及装备已实现国产化。2019年用于建筑玻璃的钢化、中空、夹层三种技术的玻璃总产量为5.09亿平方米，同比增长23.9%，Low-E玻璃在2亿平方米左右。从玻璃深加工比重来说，发达国家已超过80%，世界平均水平约60%，我国略低于世界平均水平，但具有较大的发展潜力。深加工玻璃是玻璃行业内部处于下游的加工环节，在平板玻璃供给过剩的情况下，深加工玻璃的发展主要受限于国内的玻璃原片及终端用户对深加工产品的认知。

目前，我国已由高速发展转向高质量发展阶段，在行业转型升级之际，提升我国玻璃行业智能制造水平有助于实现提质增效的目标，智能制造的推广及应用也会大幅度提升我国玻璃行业制造的竞争力。

1.1.1 玻璃行业产业链

平板玻璃行业作为制造业，处于整个产业链的中游。上游产业主要包含三大类，分别是：石英砂、石灰石等矿产资源；纯碱；天然气、石油焦等燃料。深加工玻璃行业作为制造业，处于整个产业链的下游，需求分布在房地产、汽车制造、家具家电、光伏新能源、电子信息产业以及其他领域。从需求端来看，房地产是深加工玻璃的主要应用领域，占总需求的75%左右，主要应用于门窗、幕墙等。除房地产之外，汽车玻璃和光伏玻璃也是平板玻璃应用的重要领域。由此可见，玻璃行业发展与下游房地产等行业的关联度较高，同时，硅砂、纯碱、燃料等原燃材料价格的变动也会对企业利润产生较大影响（图1-1）。

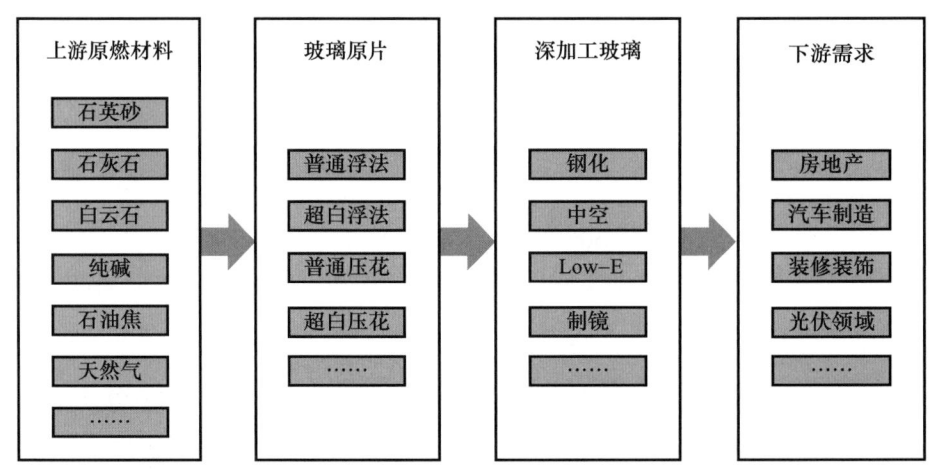

图1-1 玻璃行业产业链

1.1.2 玻璃行业发展面临的问题

玻璃行业经过20多年的高速发展，取得的成绩有目共睹。但不可否认的是，由于资源配置的效率不佳，造成创新能力偏弱、产能仍然过剩等不利局面。玻璃行业仍存在以下几方面问题：

（1）平板玻璃产能飙升带来产能过剩。目前平板玻璃总量过剩，主要是建筑用普通浮法玻璃产能过剩，而高端浮法玻璃保障能力不足，造成优质浮法玻璃应用比重偏低，使得两者在深加工的比重和深度上存在明显差距。

（2）玻璃行业既是资源、能源密集型产业，也是典型的规模性产业。近年来，随着资源、能源价格和劳动力成本不断上升，玻璃被列入产能过剩行业后融资难成为普遍现象，企业生产经营成本大幅度增加。一方面，市场需求不足，产能过剩，产品价格持续下降；另一方面，生产成本提高，削弱了企业的盈利能力，成为行业转型升级和结构调整的制约因素。

（3）产业组织结构不合理。玻璃深加工企业数量众多且多数规模较小、生产过度分散、产业集中度偏低，技术引领能力强、资源配置能力强、品牌影响力强的领军企业较少，引领行业发展能力不足。与发达国家相比，我国玻璃行业在企业规模和产业集中度方面与国际先进水平存在显著差距。

（4）从技术结构看，平板玻璃行业在产品质量和能耗上与国际先进水平仍然存在一定差距。当前我国平板玻璃能耗偏高，资源综合利用水平较低，面临的资源和环境保护压力较大。

1.2 玻璃行业生产制造现状

1.2.1 玻璃行业主要产品及工艺流程

玻璃是将块状原料（石英砂、纯碱、石灰石、长石等）粉碎，加上其他化学物质，在高温熔融时形成连续网络结构，冷却过程中黏度逐渐增大并硬化致使其结晶的硅酸盐类非金属材料，主要成分是二氧化硅。它具有一般材料难以具备的透明性，具有优良的机械力学性能和热工性质。

玻璃主要分为平板玻璃和深加工玻璃，二者属于上下游关系，即深加工玻璃是对普通平板玻璃进一步处理后得到的具备特殊功能效果的玻璃。这类玻璃种类延伸非常多，对应下游应用领域差异很大，主要有节能 Low-E、汽车玻璃、太阳能玻璃、电子玻璃及特种防爆防火玻璃等。

平板玻璃是一种非晶无机非金属材料，一般是以多种无机矿物（如石英砂、硼砂、硼酸、重晶石、碳酸钡、石灰石、长石、纯碱等）为主要原料，加入少量辅助原料制成的，主要成分为二氧化硅和其他氧化物。目前玻璃主流生产工艺为浮法工艺，相比其他工艺，具有产品表面平整、质量优越和劳动生产率高等优势。

浮法玻璃的生产工艺流程主要为：优质的石英砂、纯碱、白云石等原料，经熔窑高温熔融形成玻璃液，然后连续流入锡槽（通入氮气等保护气体）中；由于密度差的存在，使得玻璃液漂浮在锡液表面，在重力和表面张力的作用下，均匀平整地摊开，形成厚度均匀平整的玻璃带；再经过辊台的拉引，玻璃带从锡槽进入退火窑，经过退火切割形成透明的浮法玻璃成品。

玻璃的深加工即玻璃二次制品，是以一次成形的平板玻璃为基本原料，根据使用要求，采用不同的加工工艺制成的具有特定功能的玻璃产品。深加工玻璃通常采用物理、化学方法以及两者相结合的方法对玻璃原片进行再加工，进而制成具有新的结构、功能或形态的玻璃制品。平板玻璃经过深加工制成二次制品才能应用于下游场景，如建筑、汽车等领域。常见的玻璃深加工工艺有钢化、夹层、中空、镀膜、真空等。

深加工玻璃是在平板玻璃的基础上进行的，根据需求不同，采用不同的加工工艺。以较为常见的中空玻璃为例：首先，玻璃原片经过切割、磨边、清洗后，进入钢化炉提升强度，制成钢化玻璃；其次，将多片钢化玻璃，通过高强度、高气密性复合黏结剂，把玻璃片与内含干燥剂的铝合金框架黏结；最后，经过封胶、固化等程序制成高效能的隔声、隔热中空玻璃。

1.2.2　玻璃行业生产制造存在的问题

1. 产品质量有待提升，产品结构仍需优化

我国玻璃产品的质量管理水平与国际先进水平仍存在较大差距，主要表现为浮法玻璃杂质含量偏高、企业质量管理体系的维护和保持能力较弱、检测和分析能力不强等。从产品结构看，一般建筑用浮法玻璃严重过剩，优质浮法玻璃比重偏低。建筑非标产品的存在是影响产品质量提升的重要因素，非标产品厚度比较凌乱，玻璃产品的安全性难以保证。随着市场的不断扩大以及客户对产品质量要求的提高，智能制造标准化产品成为必然的发展趋势。

2. 数字化智能化程度较低，精细化管理有待改进

当前，玻璃生产的多道工序仍需要人工进行测量、统计、监测等，数据在线自动采集率较低，系统诊断性较差，生产过程所需精度难以控制，环节中出现差错不能快速进行智能纠偏，最终造成玻璃产量的损失。例如，平板玻璃原料和配料工序仍主要采用人工离线测量，数据自动采集率低，容易产生误差；玻璃深加工企业余料管理信息化水平低下，大多采用人工管理和统计，余料信息的完整性和可靠性无法得到保证。因此，充分利用信息化系统，实现数据的自动采集、上传和分析，实现精细化管理和智能决策，是提高玻璃生产效率的重要途径。

3. 生产能耗高、污染重，节能减排任务艰巨

随着时代的快速发展，中国玻璃工业取得了长足的进步，现有的平板玻璃生产工艺已经与国际接轨，但其能耗和排放仍然偏高，玻璃行业生产能耗偏高、污染偏重、资源环境压力大仍是不争的事实。玻璃产业的排放主要来自玻璃液熔化过程中使用燃料燃烧后排出的烟气。平板玻璃窑炉烟气排放量较大，熔窑部分占玻璃厂总能耗八成以上，是重点耗能环节。环保政策的不断加码将导致环保设施的投资、安装及运行等环保成本有增无减。因此，升级平板玻璃工业新技术，调整产品结构，开发新的熔融技术，向数字化、智能化转型升级,已成为当前玻璃工业的发展方向。

4. 劳动人口红利消失,行业告别低成本优势

随着我国人口结构逐渐改变,廉价劳动力源源不断的时代将要过去,劳动力供给减少成为现实。玻璃行业作为劳动密集型行业,用工短缺这一现实问题将倒逼企业转型升级。只有通过引进和使用科技含量高、自动化水平高的数字化、智能化生产设备,转变生产方式,提高产品附加值,向技术密集型、资本密集型和知识密集型发展,提升玻璃生产智能化水平,才能降低对劳动力的需求,缓解用工压力,减少人工成本,提高企业利润。

1.3 玻璃行业智能制造发展现状与趋势

1.3.1 智能制造概述

智能制造是基于新一代信息技术,贯穿设计、生产、管理、服务等制造活动各个环节,具有信息深度自感知、智慧优化自决策、精准控制自执行等功能的先进制造过程、系统与模式的总称。其具有以智能工厂为载体、以关键制造环节智能化为核心、以端到端数据流为基础、以网络互联为支撑等特征。实现智能制造可以缩短产品研制周期,降低资源能源消耗,降低运营成本,提高生产效率,提升产品质量。

根据《智能制造能力成熟度模型》(GB/T 39116—2020)可知,智能制造能力是指为实现智能制造的目标,企业对人员、技术、资源、制造等进行管理提升和综合应用的程度。模型将企业智能制造能力划分为五个等级,自低到高分别为规划级、规范级、集成级、优化级、引领级。模型由人员、技术、资源和制造四项能力要素组成,具体构成如图 1-2 所示。

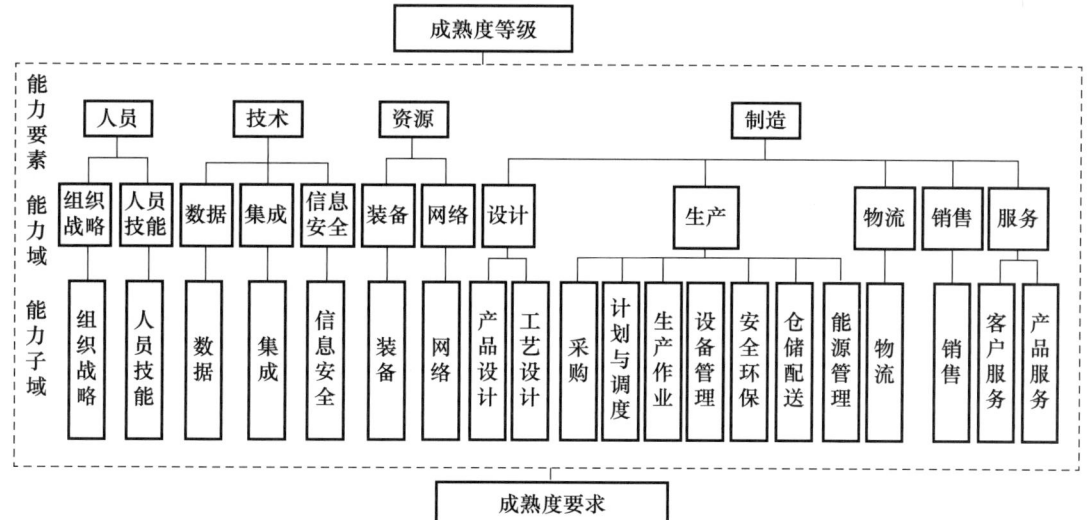

图 1-2　智能制造能力成熟度模型

一级（规划级）：企业应开始对实施智能制造的基础和条件进行规划，能够对核心业务活动（设计、生产、物流、销售、服务）进行流程化管理。

二级（规范级）：企业应采用自动化技术、信息技术手段对核心装备和核心业务活动等进行改造和规范，实现单一业务活动的数据共享。

三级（集成级）：企业应对装备、系统等开展集成，实现跨业务活动间的数据共享。

四级（优化级）：企业应对人员、资源、制造等进行数据挖掘，形成知识、模型等，实现对核心业务活动的精准预测和优化。

五级（引领级）：企业应基于模型持续驱动业务活动的优化和创新，实现产业链协同并衍生新的制造模式和商业模式。

玻璃行业作为传统制造业，发展智能制造是当务之急。《智能制造能力成熟度模型》和《智能制造能力成熟度评估方法》两项国家标准为客观评价玻璃企业智能制造发展水平提供了重要的参考依据。

1.3.2 玻璃行业智能制造发展现状

目前，玻璃工厂已陆续使用了制造执行系统（MES）、优化企业资源计划系统（ERP）、商务智能系统（BI）、数据采集与监视控制系统（SCADA）等信息化管理软件，在一些关键工序上使用了智能化控制设备。智能制造在部分工艺环节信息技术覆盖面较高，但是对于玻璃工厂整体而言还处于局部应用阶段。以下以平板玻璃和深加工玻璃为代表，对玻璃生产制造过程中智能制造的应用现状展开论述。

1.3.2.1 平板玻璃智能制造发展现状

1. 原料和配料控制系统

平板玻璃原料和配料现有控制系统普遍采用可编程逻辑控制器（Programmable Logic Controller，PLC）控制模式，各原料的称量与配合料的温度采用相应的传感器进行数据在线自动采集。配合料含水量可以利用红外检测技术实现在线监测，配合料均匀度可以利用配合料在线电导率技术实现在线检测。配合料均匀度与原料称量和混合过程形成闭环管控，实现无人值守。

2. 玻璃组成设计智能化

玻璃组成设计目前已经实现智能化，可以通过专业的工业软件 GE-SYSTEM 和 CG-ES，针对玻璃的性能要求进行组成的优化设计，包括有色和无色玻璃。该系列软件可根据玻璃组成计算玻璃各种性质，还可以逆向进行玻璃组成设计，并根据生产实际情况优化调整。

3. 玻璃换料智能化

国内自主研发的用于玻璃快速换料的工业软件 GCFCS，可以方便计算长达 720h 内每小时的玻璃成分以及玻璃颜色、熔化温度、密度、膨胀系数等各种性质的变化,通过其独有的算法可自动寻找各成分的最佳调整方案,确保更换时间最短。

4. 熔化工序控制系统

熔化的部分工序可通过自动检测采集数据,但数据采集率尚未达到100%。其中,熔窑碹顶温度与池底温度可通过在线热电偶自动检测,窑压可通过在线微差压变送器自动检测,熔窑液面可采用自动在线液面仪进行测量,实现数据自动采集。此外,玻璃电助熔系统可通过计算机仿真模拟实现电极布置。

5. 在线镀膜控制系统

根据控制对象不同,在线镀膜控制系统包括以下单元:镀膜反应器传动及定位系统、压力控制系统、温度控制系统、流量控制系统、尾气处理控制系统、质量检测系统以及显示展板系统等,全部由控制中心集中管控。

6. 在线质量检测

在线质量检测是指在玻璃生产线上,对完成退火工序、连续传输的玻璃带进行质量检测,根据检测结果进行质量分级,并与优化切割系统形成闭环式自锁联动的过程。其中,缺陷检测应用基于机器的视觉平台,采用视觉分析算法实时抓捕平板玻璃的生产缺陷。

7. 智能冷端控制系统

智能冷端控制系统包含测速系统、检测系统、切割系统、输送系统、堆垛系统等。随着计算机智能化技术的发展,浮法、压延等玻璃冷端智能化程度越来越高,智能化控制系统使得生产效率显著提高。

8. 余热发电系统

余热发电系统主要由锅炉系统、汽轮发电机组系统、烟风系统、水处理系统、发配电系统以及控制系统构成。余热电站区域内部的各系统之间、电站与主生产线之间以及电站与环保系统之间由集散控制系统(DCS)有机协调成为一个整体,实现余热电站高效稳定运行。

1.3.2.2 深加工玻璃智能制造发展现状

1. 玻璃标识数字化

采用激光打码、自动贴标、彩釉喷码等方式为玻璃产品打标,录入玻璃生产过程的数据信息和加工内容等,系统可通过读取玻璃标识上的信息来自动反馈加工内容、实时进程,以及转化成工作指令给下道工序进行作业或进行产品溯源等。

2. 智能化切割设备

智能化切割机由控制软件控制,可设置不同厚度玻璃的加工工艺参数,切割机刀头组件具有厚度测量传感器,通过厚度测量传感器对比当前所需切割玻璃的厚度以便调取满足当前切割需要的切割参数,以此实现文件的自动读取和切割。

3. 余料管理系统

建立余料管理系统，在提高利用率的基础上，对所剩余料进行有序的管理和利用，使余料处于一个有序受控状态。余料管理系统具有存储管理功能、入库巷道自动分配功能、出入库功能和 MES 对接接口功能。

4. 磨边工序智能化

磨边工序的前后段涉及一些智能化设备，包括上位机（切割）、检测台、理片系统、激光打标机、磨边机、转向台、清洗机、钻孔铣缺设备、缺陷检测设备、理片排版系统、下位机（钢化）。其中应用的技术有 ERP、MES 等上层管理软件技术，设备层的检测技术、激光技术、计算机技术、磨边机技术、自动补偿技术、信息可视化技术、视觉检测技术、散单优化技术等。

5. 彩釉工序智能化

彩釉工序传统的丝网印刷设备智能化程度相对偏弱，但是新兴的高温油墨数码打印设备已经充分利用了数字技术，RIP（光栅图像处理器）解释器将各种图像、图形和文字转化为设备输出的数据，并驱动设备自动完成传统的丝网技术需要人工或其他载体才能完成的工作。同时，结合 ERP 系统、工厂 MES 管理系统及彩釉玻璃设备自身智能化功能，可减少人员投入，缩短生产周期，降低生产一线员工劳动强度，保证产品品质，满足更多个性化的需求。

6. 钢化工序智能化

钢化上游工序原片玻璃的信息获取方式目前有两种：一种方式是通过上游工序的数据直接传输；另一种方式是在钢化设备的上片端进行实时实际数据的采集，通过检测仪器，如玻璃扫描仪等进行在线测量。目前，可以通过检测仪器在线测量原片玻璃的尺寸、数量等，与上游工序传递的数据进行对比，再结合钢化设备的本身装载率的参数采集，通过钢化设备的多片台机械传动结构和排版软件系统的处理，最后通过机器手或者机器人的操作来调节钢化前玻璃排版，实现玻璃原片排版的最优组合。

7. 自动排产

利用生产订单执行系统（MES、ERP 等）制订排产计划，系统自动查询确认玻璃到位情况及镀膜线生产设备状况并自动安排生产。

8. 在线质量检测

对玻璃镀膜采用在线质量检测，使用仪器检测最终产品的膜层光学性能。目前主要采用光度计作为最终产品的检测设备，可检测玻璃面及膜面反射率、玻璃透射率及面电阻值。同时，在生产过程中，对每一锅玻璃的光学指标也进行在线测量监控，如发现测量数据偏差超标，则停止生产检查原因，进行再调试等，直至满足偏差标准后方可再生产。

9. 智能连线系统

智能连线系统通过软件系统与硬件系统有机结合，优化生产流程。连线技术可使尺寸繁多、繁重、间隔周期大的玻璃产品从玻璃原片库存开始系统化、规范化生产，可大量减少玻璃周转过程中的周转架、人工等消耗。还可根据玻璃的工艺要求，对每个工序进行智能化的管理，实现企业信息化、工业化高度智能融合。

10. 仓储系统

仓储系统主要控制整个余料系统中的设备，向上连接到上位机系统，接受物料的输送指令；向下连接设备，实现底层设备的运行控制、物料的检测与识别，完成物料出入库过程控制及信息的传递，横向完成其他单机系统的控制集成。此外，仓储系统还提供内容丰富、形象直观的人机界面、安全保护措施和多种操作模式，辅助工作人员进行设备操作和维护。

11. 夹层工序智能化

玻璃自动配送是夹层玻璃智能化生产的基础，也是提升效率的重要手段。目前，自动上下片翻转台、机器人等常用深加工装备技术已经相对成熟，但是由于夹层玻璃特殊的工艺过程，往往只能实现自动上片和自动配片。

12. 设备自动巡检

采用无线蓝牙采集、边沿计算功能、云端存储、微信小程序查询、异常信息微信推送以及监控数据分析等技术，应用数据采集系统硬件，采集现场仪表数据和控制系统数据，根据实际需要随时监测终端数据，包括设备状态、表具数值、运行情况等，并利用管理平台进行可视化展示。

1.3.3 玻璃行业智能制造发展趋势

玻璃生产过程的数字化、智能化控制是未来发展方向。玻璃智能工厂建设可分为四个阶段，如图 1-3 所示。

从短期来看，以发展数字化、网络化、智能化特征的自动化控制系统及装备为切入点，包括平板玻璃垂直堆垛机、数控拉边机、新型垂直搅拌器、熔窑组合式投料装备、全自动玻璃加工中心装备、玻璃切割激光器等关键装备，以及订单式浮法玻璃冷端优化切装柔性控制系统、原料配料精准控制成分在线自动监测系统、三大热工（熔窑、锡槽、退火窑）设备自动化监测和控制系统、冷端控制系统、在线缺陷检测系统和专家诊断系统、质量追溯系统、余料管理系统、仓储系统等，通过提高精益化管理和精细化生产，实现玻璃生产工艺全流程的数字化、网络化和智能化。

从中长期来看，玻璃行业智能工厂将实现智能排产、流程仿真、柔性制造、深度协同、智能决策、远程运维和远程服务，生产效率将得到极大提高。就智能排产而言，未来智能排产系统将基于供应链管理、生产 BOM 等信息化系统，实现计划与排程模型的搭建，利用启发式算法、基因算法、穷举法等优化模型，实现精益化管理，最终形成企业自身核心资产。就流程仿真而言，应用 CAE 技术打破传统产品的开发模式，使仿真真正做到为产品设计、制造、测试、用户使用服务。就柔性制造而言，伴随着消费结构升级，买方市场和消费者个性化、定制化、时效性要求的步步紧逼，满足"多样化、小规模、周期可控"的柔性化生产、柔性制造，才是企业未来生存和制胜的关键。就深度协同而言，打破企业边界，将供应链上的各个信息孤岛连接在一起，建立企业间一种双赢的业务联盟，以共同追求利润的最大化，是供应链实现深度协同的重要方式。就智能决策而言，建立智能决策支持系统，结合人工智能和专家系统，基于数据、模型、知识库等不断学习和模拟，最终通过逻辑推理帮助解决复杂的决策问题。就远程运维而言，通过在线巡检系统实现设备状态远程监控、故障实时预警、视频监控定时对关键设备拍照、自动流转工单等，通过采集、收集、处理现场数据并上传至工业云平台，进行在线多端显示与分析，实现生产管理、设备运转中异常情况的高效处理。就远程服务而言，利用互联网技术和通信手段，实现工厂远程视频监控、专家远程诊断、系统远程运维等。

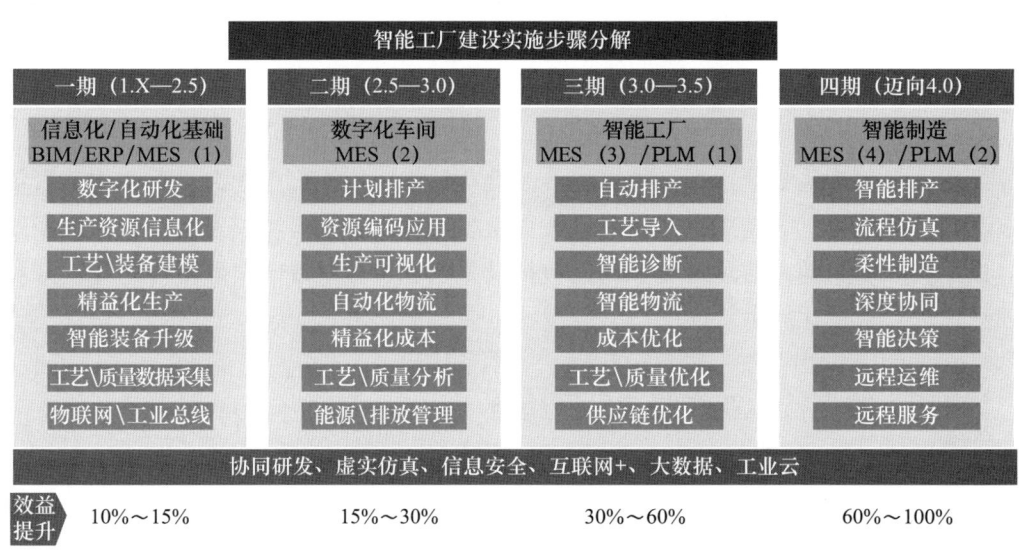

图1-3 玻璃智能工厂建设

2 玻璃行业智能制造关键核心技术

玻璃加工行业的生产过程同时具备流程制造和离散制造两个类型，其中，平板玻璃加工过程是流程制造，而玻璃深加工制造过程属于离散制造。对于智能制造系统来讲，玻璃行业智能制造要素和软件系统架构都是标准的。其软件架构如图2-1所示，共分为6层，从上至下依次分别为：企业决策层、订单管理层、工单计划层、工单执行层、设备控制层和智能设备层。

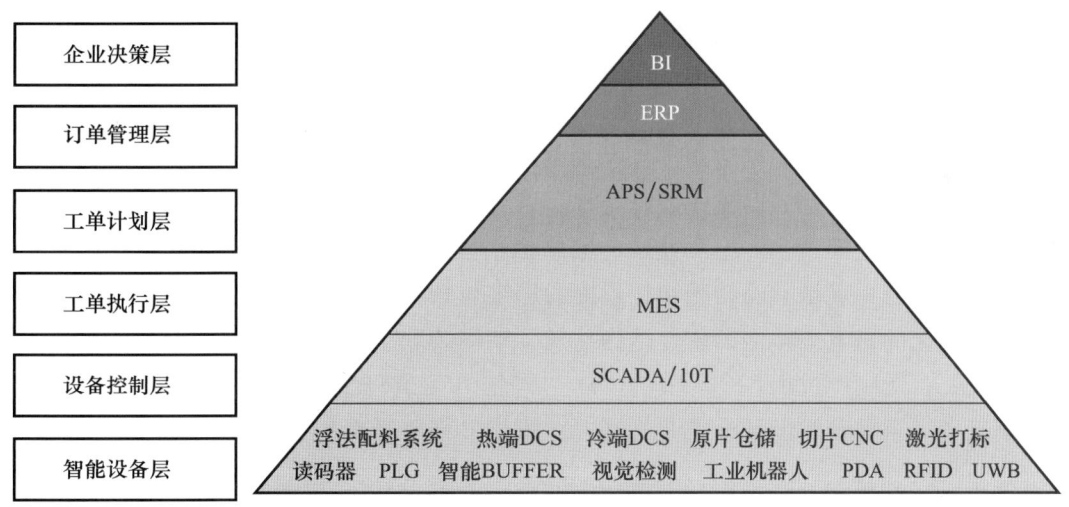

图 2-1 玻璃行业智能制造软件架构

玻璃行业智能制造系统包含了五大关键控制技术和五大智能制造软件技术，其中，智能传感器（IS）、智能设备（ID）、工业网络、数据采集与监视控制（SCADA）系统、先进过程控制（APC）系统、企业资源计划（ERP）系统、制造执行系统（MES）已经在玻璃行业得到了广泛的应用，而高级计划系统（APS）、供应链协同管理系统和工业互联网平台在玻璃行业的应用尚在探索之中。

2.1 关键控制技术

2.1.1 智能传感器

智能传感器,简称 IS(intelligent sensor),是具有数据处理和传输功能的传感器,与传统的传感器相比,智能传感器自带有微处理器和通信板,具有状态采集、数据处理、信息交换的能力。完整的智能传感器由微处理器驱动的传感器与仪表套装构成,其首先将检测到的各种物理量储存起来,按照不同的转换指令处理这些数据,从而创造出智能制造系统所需的新数据,再通过不同的通信协议,如 RS485、TCP/IP 等与智能制造系统进行信息交换,是智能制造系统监控现场设备或工艺参数的"五官"。玻璃行业智能传感器主要有称重传感器、压力传感器、流量传感器、视觉传感器、厚度传感器以及震动和水质检测传感器等,是 DCS 系统、智能设备的 PLC 系统、自动连线系统核心的元器件。

2.1.2 智能设备

智能设备,简称 ID(intelligent device),是具有自我感知外界环境、独立协调相关设备部分、能够计算处理规定动作流程及完成特定的生产操作,并能够与第三方控制系统进行数据交换的设备、器械或者机器等。智能设备是传统电气设备与计算机技术、数据处理技术、控制理论、传感器技术、网络通信技术、电力电子技术等相结合的产物,其具备的功能有:灵敏准确的感知、正确的思维与判断以及行之有效的执行。智能设备是高度自动化的机电一体化设备,结构复杂、动作烦琐、功能齐全,在智能制造中的作用十分重要,是生产过程各个环节的可靠"操作员"。玻璃行业典型的智能设备有:玻璃切割设备、自动装卸设备、工业机器人、智能 BUFFER 系统、Low-E 镀膜生产线等。

2.1.3 工业网络

工业网络是指安装在工业生产环境中的一种全数字化、双向、多站的通信系统,通过工业交换机与设备连接,形成有线、无线或混合型 IOT 物联网络,结合互联网、通信协议等实现现场设备与远程或云端服务器连通,形成智能制造的网络系统。通过工业网络实现工业大数据接入、转换、预处理、边缘分析、上传云端、远程控制等应用功能,实现智能制造系统的混合云部署。工业网络可通过 5G 网络技术、数据压缩及缓存等数据库技术,减少网络通信负荷,提高网络传输与反应能力。

玻璃行业工业网络应采用三级防火隔离网络架构，通过硬件防火墙与软件安全策略，对生产工控网、工厂局域网、互联网进行安全隔离，确保智能制造系统的安全性与稳定性，从而实现现场仪表、设备、PLC、DCS 等到服务器及数据中心的连接、数据采集与远程控制。

2.1.4　数据采集与监视控制

数据采集与监视控制系统，简称 SCADA（Supervisory Control and Data Acquisition）系统，是以计算机为基础，对现场的运行设备和工艺过程进行监视和控制，实现数据采集、设备控制、参数调节以及各类报警的分布式控制系统。完整的 SCADA 系统由中央监控计算机、远程终端单元（RTU）、可编程逻辑控制器（PLC）、通信基础设施（如车间局域网、无线网络）和人机界面（HMI）等组成。SCADA 系统在工厂生产管理中具有相当重要的作用，因其具有的过程信息的准确性、完整性，为企业管理者提高工作效率、正确掌握系统运行状态、加快决策、快速诊断系统故障等提供了帮助。在整个工厂智能制造系统架构中，SCADA 系统处于 MES 系统与智能设备、智能传感器之间，属于设备管理层，其将 MES 下达的生产信息转化成设备运行指令，控制生产加工，并将加工过程工单状态、设备状态、能源消耗、物料消耗、质量情况等信息反馈给 MES 系统。浮法玻璃生产过程中的热端 DCS 系统是一个典型的 SCADA 系统，负责将上料系统、窑炉系统、检验系统、优化切割系统、玻璃分流传动和自动装载等整个生产过程实现集中监控；玻璃深加工智能工厂中的设备中央控制室，也是整个玻璃深加工生产过程的 SCADA 系统，通过工业网络，利用现场不同的通信协议将所有生产设备和物流过程数据集中在一起，实现生产运行过程的集中管控。

2.1.5　先进过程控制

先进过程控制，简称 APC（Advanced Process Control），是针对复杂的生产或物流过程形成多变量的、先进的预测型控制策略，通过对整个过程的动态建模，采用软测量技术对全变量跟踪和数据采集，形成闭环控制，实现过程动态优化。先进过程控制系统不同于常规的 PID 对单变量的反馈控制，是对工艺段全过程实现的动态反馈控制策略，其核心功能就是通过对该工艺段前后可测信息的采集，建立工艺模型，对本工艺段形成一种计算机控制算法，结合产品工艺和过程数据变化，实现整个过程自适应和预测控制。

平板玻璃热端处于 1200℃ 左右的高温状态，生产过程无法使用传感器直接对黏度、表面张力、高温密度等与玻璃组成、熔化、澄清、成形等品质相关的物理量在线实时测量，只能采用冷端取样获取其密度、膨胀系数、软化温度等数据，以此数据作为过程变量，建立一个玻璃生产控制的数学模型，对原料配料、传送系统进行闭环控制，得到稳定的玻璃组成，使玻璃质量稳定。

2.2 智能制造软件

2.2.1 企业资源计划

企业资源计划，简称 ERP（Enterprise Resource Planning），是企业内部资源规划和核算系统，全面管理和调配企业人、财、物资源，优化企业流程和资源合理利用。ERP 包括财务管理、销售管理、生产管理、采购管理、物流管理、库存管理和人员管理等模块。ERP 系统在玻璃深加工行业应用广泛，大中型企业主要侧重于 ERP 的财务、销售和采购并兼顾生产管理（生产计划和开工完工）；对于小型企业，ERP 几乎承担了企业管理的所有职能，更侧重生产管理，能够将销售订单，甚至是移动端（App、微信等）下达的订单信息导入系统中形成生产工单，并与自动化连线系统进行接口，完成原片优化、过程自动报工、物料管理等功能。

2.2.2 高级计划系统

高级计划系统，简称 APS（Advanced Planning System），是以供应链为基础，结合各种约束理论，以找到最优解决方案为目标的先进计划与排产软件系统。该系统的核心功能是以客户需求为目的，对所有的生产资源包括生产物料、机器设备、操作人员同步实时监控、动态调度，实现一个有效精准的生产计划，确保销售订单交付的及时性。在智能制造系统架构中，APS 是核心系统，其介于 ERP 与 MES 系统之间，首先接受 ERP 工单信息和人、财、物等资源情况，通过 MES 系统掌控生产现场实时工单执行、设备状况、人员状况和物料情况，从而制订出最优的生产计划，并下达给 MES 系统执行。在工单执行过程中实时跟踪生产过程中的每一个变化因素，以交货时间为依据及时调配生产资源，动态优化工单计划。在玻璃行业，APS 还没有得到深入研究，但基于 MES 系统和自动化系统的不断探索、应用逐步走向成熟，生产管理软件系统具备了实时监控过程信息的能力，特别是能够获得人员和库存变化信息。另外，由于生产规格的不断复杂化、人员和设备不可预测性的提高，行业人员已经意识到了仅靠人的思维应对不了生产变化，利用软件的高级算法变得越来越有必要，这将促进 APS 系统的应用逐步得到实践。

2.2.3 制造执行系统

制造执行系统，简称 MES（Manufacturing Execution System），是生产制造系统中介

于企业计划系统（ERP/APS）与直接工业系统（设备控制系统）之间的执行系统。MES是一个工厂生产执行层的信息系统，具备两方面功能——数据接口（实现计划层和设备层的数据交互）和生产过程管控（工单管理、生产调度、产品跟踪、设备监控、质量管理、生产报表、数据展示等）。MES在玻璃深加工过程中应用广泛，其根本任务是以工单为核算单元，实现现场生产过程的执行。MES主要用于工单从ERP导入、现场调度、按生产要求的顺序和时间进行节拍控制、质量管理、异常预警、破损补片和完工报工、设备绩效和能耗管理等。

2.2.4　供应链协同管理系统

供应链协同管理是一种旨在建立和维持企业与供应商之间长久、紧密伙伴关系，降低企业采购成本和供应商风险的管理方法，以SRM（Supplier Relationship Management）软件系统，即供应商关系管理系统为核心，以实现企业产品及时交付和低成本加工为目标。供应链协同管理系统的核心功能是对采购业务与上下游系统进行融合，通过将采购业务及供应商信息共享，提升企业采购及供应商管理水平。在企业智能制造系统架构中，SRM系统位于ERP与生产管理系统如MES系统之间。玻璃行业供应商协同管理系统的研究还处于初期阶段，原因是玻璃加工企业基本都是大宗采购，供应商比较固定，价格也主要取决于国家政策和行业周期。但近两年随着浮法原片与玻璃深加工生产辅料如PVB、结构胶等市场的剧烈变化，新型的具备长期、稳定、双赢的供应链协同管理变得越来越必要。

2.2.5　工业互联网平台

工业互联网平台是为满足制造业数字化、网络化、智能化需求，通过对人、机、物、系统等制造资源的泛在连接、弹性供给与高效配置，构建起的全新的制造和服务体系。系统核心以网络为基础，以平台为中枢，以数据为要素，以安全为保障。工业互联网平台包括边缘层、PaaS层和应用层三个功能层：边缘层主要提供海量工业数据接入、转换、数据预处理和边缘分析应用等功能；PaaS层是中间组件层，为应用层的功能实现提供资源，包括工业数据、数据分析、模型建立及应用功能构建组件等；应用层提供系统功能实现、二次开发集成、第三方系统接入与定制开发等功能。工业互联网平台可结合玻璃行业智能制造技术的发展和应用，在生产管理、质量管理、仓储管理、设备管理、能源管理、环保安全管理等方面通过工业网络技术和行业专用软件服务形成一套玻璃行业专有的管理平台，通过数据自动采集、大数据分析、人工智能等技术，对生产全过程形成数据感知、分析、洞察和优化的控制闭环，从而持续改进工艺技术，不断提高管理与生产效率，更大程度降低生产成本，最大限度提高产品质量和生产的安全性。

3 平板玻璃智能制造

玻璃是一种无规则结构的非晶态固体，属于无机非金属材料。其原子不像晶体那样在空间做长程有序排列，而近似液体那样短程有序。玻璃具有各向同性、无固定熔点、亚稳性、变化的可逆性、可变性五方面的特性。

平板玻璃，即平板形状的玻璃制品，本章讨论对象为钠钙硅酸盐玻璃，包括浮法玻璃和压延玻璃。

浮法玻璃因熔融玻璃液漂浮在熔融锡液表面成形为平板玻璃而得名。浮法技术的优势明显：（1）无须克服玻璃本身重力，可使玻璃原板板面宽度加大，拉引速度大大提高，产量和生产规模也大幅提升；（2）成形是在熔融金属液表面进行的，可以获得双面抛光的优质镜面，表面平整度、平行度可以与机械磨光玻璃相媲美，而机械性能和化学稳定性又优于机械磨光玻璃；（3）产品厚度范围宽（常见厚度 0.5~25mm），品种、规格丰富，可以连续生产无色透明玻璃和各种本体着色玻璃，以及在线生产镀膜玻璃，应用领域广泛。因此，浮法玻璃技术已经成为规模最大、应用最多的平板玻璃制造技术。

压延玻璃则是因熔融玻璃液在压延机的上下辊之间压制延展成形而得名，因在压延过程中使玻璃产品上压有花纹图案，也称为压花玻璃。目前，压延玻璃主要用于晶硅太阳能电池组件、太阳能智慧大棚、平板太阳能集热器等领域，因此也常用太阳能玻璃指代压延玻璃，一般都为超白玻璃制品。

浮法玻璃和压延玻璃同属熔融法制造工艺，二者工艺流程类似，都是原料经预加工、配合料制备、熔化、成形、退火和后加工，得到玻璃成品。区别在于成形方法不同。平板玻璃制造基本工艺流程如图 3-1 所示。以浮法玻璃为例，工艺布置与温度分布如图 3-2 所示。平板玻璃行业是能耗与碳排放、工业污染物排放重点监管行业，节能降耗、环保排放是行业可持续发展的重要评价指标，是行业智能制造技术不可或缺的重要组成部分。

目前，平板玻璃制造行业在自动化方面已经达到较高水平，但距离智能化的目标还有明显差距，从技术装备到专家数据库的建立和智能预测及改进，都尚未达到智能化条件。从整个行业来看，整体数字化运行执行率不够高，平均数据自动采集率不足80%。

不同工序的智能化水平不平衡,部分工序的数据自动采集点偏少,有些采集的数据仅用于显示,方便人工读取,而对数据的判断、参数的控制、工艺的调整还要由人工来完成,未能形成闭环智能控制。

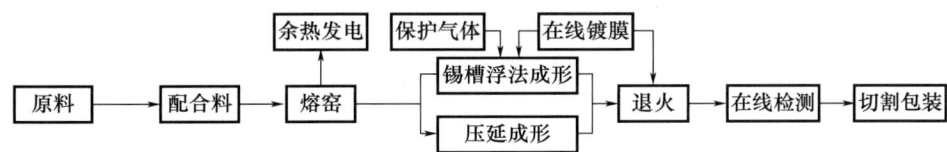

图 3-1 平板玻璃制造工艺流程

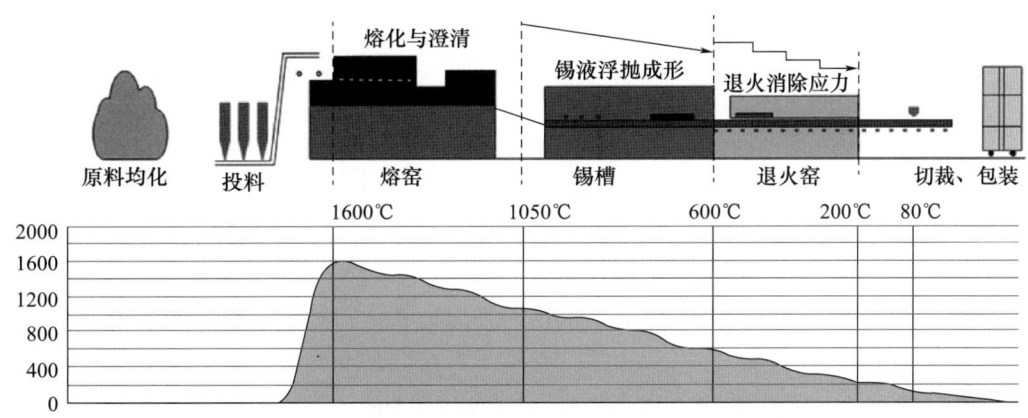

图 3-2 浮法玻璃制造工艺布置与温度分布示意图

平板玻璃智能制造技术的发展目标是,充分利用先进的测控手段和大数据管理技术,建立专家数据库,在各生产环节内部形成小闭环,并在全线范围内形成大闭环,控制参数采集率达到100%,实现控制、检测、运行管理全线贯通,提高产品品质和良品率、资源能源利用效率和劳动生产率。

第二代中国浮法玻璃技术与装备创新研发(以下简称"二代浮法")工作对智能化制造提出了明确要求,技术指标要求见表3-1,其代表了我国浮法玻璃行业智能制造的最新水平与要求。

表 3-1 "二代浮法"数字化智能型控制技术要求

序号	指标名称	指标要求
1	数字化运行	全线数字化系统执行率100%
2	数字化管理	全线生产及管理运行执行率>95%
3	浮法生产过程控制参数采集率	100%
4	浮法生产全系统最优参数运转率	>98%
5	能源管理系统投入率	100%
6	智能控制技术	原料、熔窑、锡槽、退火窑、冷端、动力及各辅助生产系统全部实现计算机智能控制,并具备通信功能

3.1 原料和配料工序

3.1.1 概述

3.1.1.1 任务

用于制备玻璃配合料的各种物质统称为玻璃原料。根据它们的用量和作用不同,分为主要原料和辅助原料两类。

主要原料系指玻璃中引入各种组成氧化物的原料,如硅砂、白云石、石灰石、长石、纯碱和芒硝等。辅助原料是使玻璃获得某些必要的性质和加速熔制过程的原料,它们的用量虽少,但其作用重要,根据作用不同,分为着色剂、澄清剂、脱色剂、氧化剂和还原剂、助熔剂等。玻璃原料中还要掺入一定量的碎玻璃,碎玻璃是在玻璃生产和加工的各个工艺环节,因为不合格产品及切裁下来的边子等产生的。回收碎玻璃加以重熔不但具有经济上的意义,从工艺上看,还有利于配合料的熔化、澄清、节能降耗、提高产能、降低成本等,更重要的是有利于资源的循环使用,符合环境保护和可持续发展战略。

原料和配料工序的任务是把成分、粒度、含水量合格,且符合产品性能与生产工艺需求的主要原料、辅助原料和碎玻璃,经过精确称量、混合,得到成分均匀一致、温度与含水量合格的配合料,输送至熔窑料仓,经投料机以受控的速度推送至熔窑。

3.1.1.2 工艺控制要点

平板玻璃原料和配料制造工序主要包含称料、排料、输送至混合机、混料、输送、加碎玻璃、窑头布料等工序,具体工艺流程如图3-3、图3-4所示。

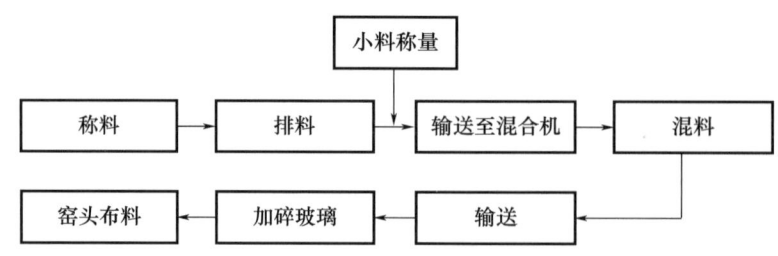

图 3-3 平板玻璃原料和配料工艺流程简图

影响配合料质量的因素主要有各原料称量控制精度及硅砂含水量、配合料含水量、配合料均匀度等,实际工业化生产过程中主要控制要点见表3-2、表3-3。

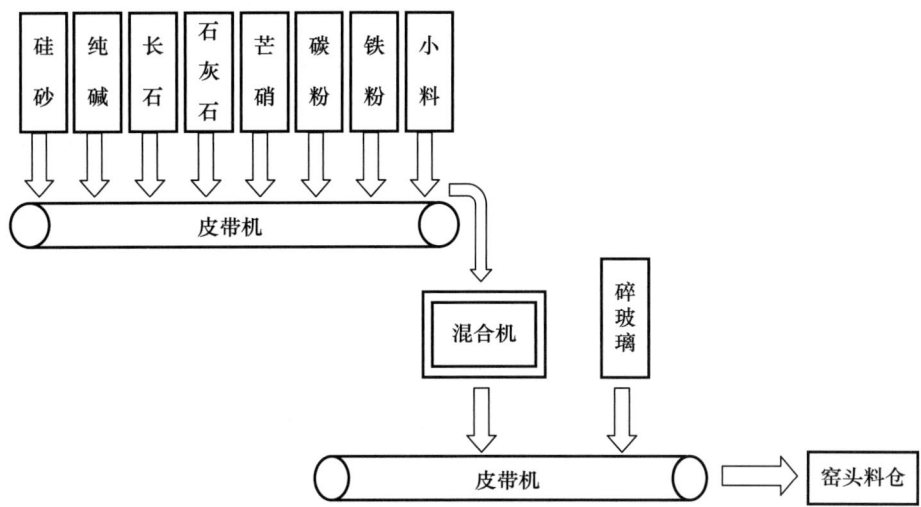

图 3-4 平板玻璃原料和配料工艺布置示意图

表 3-2 原料和配合料称量控制指标与要求对比

序号	称量控制指标名称	称量控制指标要求
1	称量系统静态偏差度	1/3000
2	石英砂动态称量偏差度	1/2000
3	白云石动态称量偏差度	1/2000
4	纯碱动态称量偏差度	1/2000
5	石灰石动态称量偏差度	1/2000
6	芒硝动态称量偏差度	1/1500
7	碳粉动态称量偏差度	1/1000

表 3-3 原料和配合料控制指标与要求对比

序号	控制指标名称	控制指标要求
1	石英砂含水量（%）	≤5.0
2	配合料均匀度（Na_2CO_3均方差,%）	<0.20
3	配合料水分（%）	4.0±0.5
4	配合料温度（℃）（测温点：窑头）	>37

3.1.2 现有控制手段及改进需求

3.1.2.1 现有控制手段

平板玻璃原料和配料现有控制主要集中在原料的成分、原料的粒度、原料含水量、配合料的均匀性、配合料含水量等指标的监控，目前均为离线监测，仅各原料的称量与配合料的温度能够采用相应的称量传感器和温度传感器进行数据在线自动采集。总而言之，原料和配合料工序主要采用人工离线测量，其数据自动采集率非常低，见表3-4。

表3-4 原料和配合料现有控制手段汇总表

序号	原料和配合料控制指标	原料和配合料控制手段
1	原料成分	X-ray荧光光谱仪、化学分析离线人工测量
2	原料粒度	顶击式振动筛筛分离线人工测量
3	配合料含水量	水分仪离线人工测量
4	配合料温度	温度传感器在线自动采集
5	原料称量重量	称量传感器在线自动采集
6	石英砂含水量	水分仪离线人工测量

现有平板玻璃原料和配料控制系统普遍采用PLC（Programmable Logic Controller，可编程逻辑控制器）控制模式，如图3-5所示。PLC仅具有简单称量、信号检测、数据存储、参数设定和信号输入输出等基本功能，整个PLC系统数据采集点很少且诊断性差。

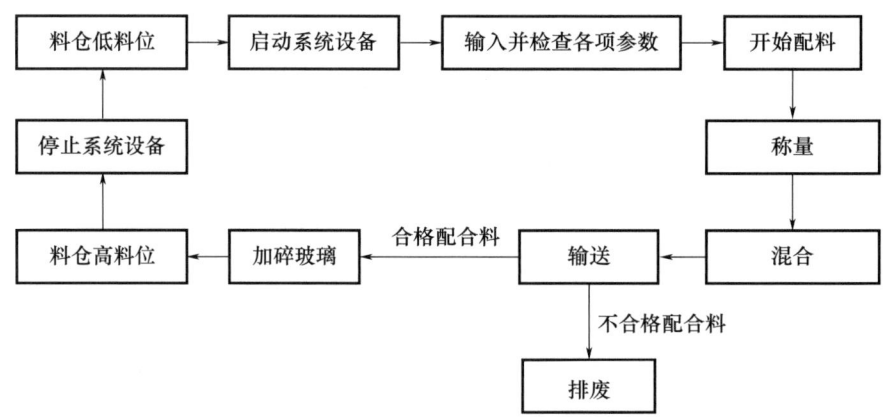

图3-5 平板玻璃配料PLC流程示意图

3.1.2.2 改进需求

原料与配料工序多采用人工测量，数据在线自动采集率非常低，造成原料和配合料PLC控制系统数据收集点少，系统诊断性较差，配错料（跑料）不能快速发现并纠错，造成玻璃产量损失较大。原料和配合料控制系统智能化发展的必由之路是增加核心数据的在线自动收集能力，建立快速反馈机制，主要集中在以下四个方面。

1. 原料和配合料含水量在线监测

目前，硅砂主原料和配合料的含水量大多采用离线水分仪监测，含水量的监测结果对于配合料加水量操作存在延迟性，不利于配合料含水量的控制。

2. 配合料均匀度在线监测与控制

目前，平板玻璃配合料的均匀性多采用离线化学分析方法，即采用酸碱滴定方法对配合料中 Na_2CO_3 含量的测定值进行计算，计算其均方差。均方差越小，配合料质量越好；反之，均方差越大，离散程度越大。离线分析方法的延迟性问题需要改进。

3. 配错料（跑料）快速反馈自纠错

目前，平板玻璃配合料配错料（跑料）仅仅从冷端玻璃成品质量出现结石或条纹后进行判断，然后根据对配合料进行的综合分析判断其是否出现配错料，最终对配错料（跑料）进行处理。实际工业化生产中，配错料（跑料）分析与判断存在延迟性，造成较大的损失且严重干扰了生产的稳定运行。

4. 玻璃成品质量与配合料之间的快速反馈

目前，平板玻璃成品质量仅离线测定的密度能对配合料成分变化进行预测，凭经验日常监控玻璃成品密度的变化。二氧化硅、氧化铝含量增加，密度降低；氧化镁、氧化钙、氧化钠含量增加，密度提高。但 0.05% 以上成分的变化能引起可检测到的密度数值万分位（小数点后第 4 位）的变化，且根据离线监测的密度数据变化去改进配合料问题，时间严重滞后，玻璃产量的损失可能在上万平方米。

3.1.3 智能化实施展望

为实现原料和配合料控制系统的智能化，需要增加原料和配合料工序数据在线自动采集数量，提高数据在线自动采集率、控制率，原料和配合料工序控制系统将逐步进入自诊断阶段。

3.1.3.1 称量系统静态偏差度自纠错

根据各个原料称量系统建立对应的数据库，根据数据库与称量系统的对应关系建立称量系统静态偏差度的自纠错体系，利于称量系统的静态精度保持在最佳范围之内。

3.1.3.2 硅砂和配合料含水量在线监测与控制

1. 硅砂原料和配合料含水量在线监测

硅砂是原料中引入配合料中水分最主要的来源。硅砂和配合料的含水量可利用先进设备与技术，例如中子或红外检测仪实现在线检测，含水量数据能够及时输出结果并实时传输至配料控制系统，利于配合料含水量 4.0%±0.5% 目标的准确实施与控制。

2. 配合料含水量的闭环管理

利用在线检测技术实现硅砂与配合料含水量在线检测，根据配合料含水量（4.0±0.5）% 的控制目标，实时调节混合过程中加入配合料的外加水量，使得配合料含水量达到目标值，从而实现配合料含水量的闭环控制，如图 3-6 所示。

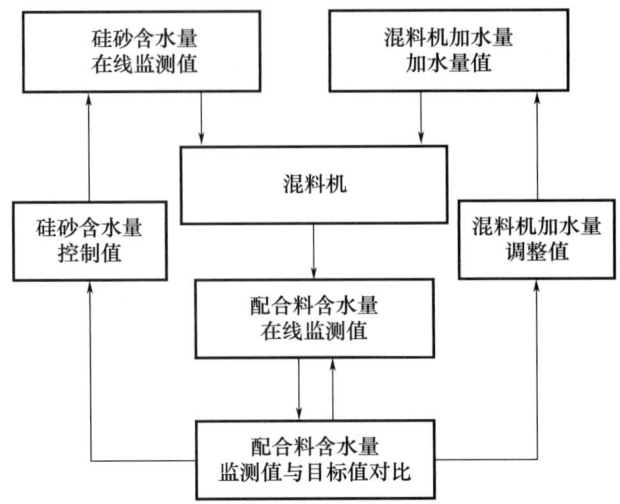

图 3-6 配合料含水量闭环控制示意图

3.1.3.3 配合料均匀度在线监测与控制

1. 配合料均匀度在线监测与输送

配合料均匀度可以利用先进的设备与工艺技术，例如配合料在线电导率技术实现在线检测，从而实现配合料均匀度实时检测并实时输出。

检测数据实时输出，同时根据配料系统中称量系统的原料称量信息与混合机混料时间等参数建立数据库，与之相呼应，使得配合料均匀度得到有效控制，达到较高水平。

2. 配合料均匀度的闭环管理

建立配合料均匀度与相关原料称量及原料混合时间工艺等参数的数据库，并实时呼应，从而使配合料均匀度与原料称量和混合过程形成闭环管控，如图 3-7 所示，实现配合料车间无人值守。

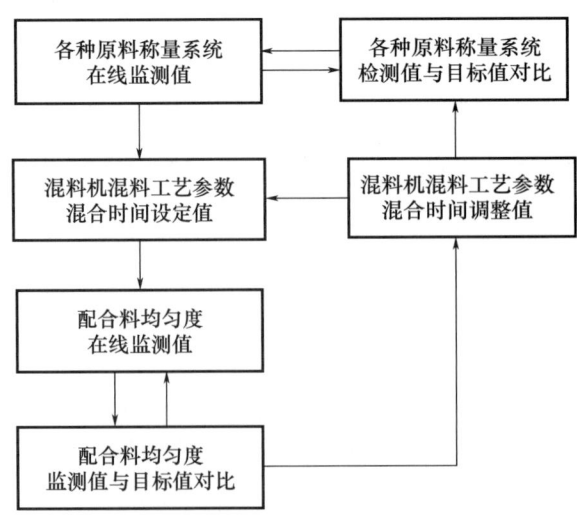

图 3-7 配合料均匀度闭环控制示意图

3.1.3.4 玻璃质量与配合料的回归控制

玻璃生产过程中的组成控制非常重要，只有玻璃组成稳定了，工艺才可以稳定。玻璃组成在日常生产过程中往往是存在波动的，导致波动的原因有多方面，包括原料成分、水分的波动，称量系统的误差以及原料输送环节的粘料等。目前普遍使用监控密度来判断成分的稳定性，但仅仅从密度的变化并无法判断组成的变化以及变化的原因，此方法存在极大的不确定性。高阶一点的是使用 X 荧光分析玻璃成分，尽管知道成分变化了，但仍无法快速确定导致成分变化的原因，难以明确配合料中各原料用量的准确性以及原料成分、水分等数据的真实性。

采用先进玻璃成分控制方法，使用密度、膨胀系数以及软化温度等与玻璃组成相关的物理性质的波动来监控玻璃组成，并实时向企业相关人员推送玻璃组成的波动数据，可实现智能管控。

GPMCS（Glass Properties Measurements and Production Control System，玻璃物理性质测量与生产控制系统）作为先进的组成控制手段，使用玻璃的物理性质来控制组成是必须的，需要加强此类技术的普及应用，提高组成控制水平。

结合玻璃成品密度的变化，采用先进的测试手段监控玻璃线膨胀系数、软化点等玻璃物理化学性能变化，对玻璃配合料的质量波动起到预警推送作用，在玻璃成品质量与配合料之间建立闭环管理，如图 3-8 所示。

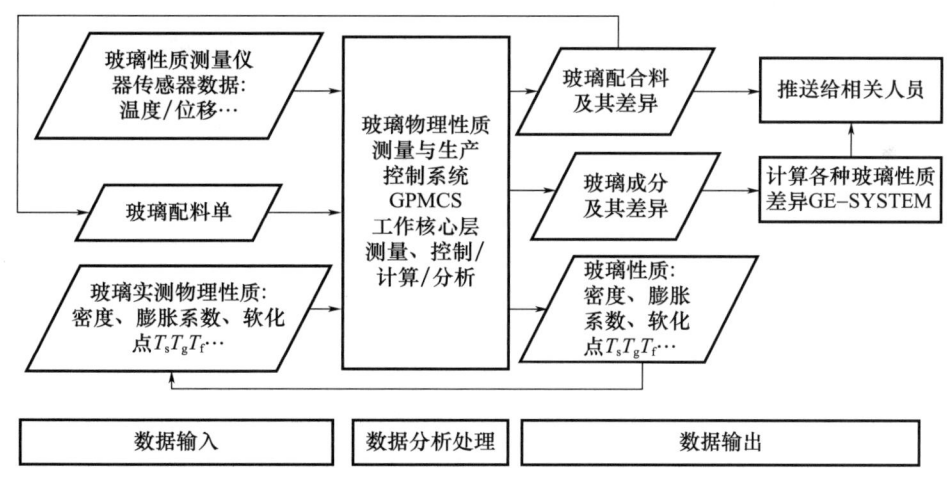

图 3-8 玻璃物理性质测量与生产控制示意图

3.1.3.5 玻璃组成设计智能化

玻璃组成设计的智能化是指针对玻璃的性能要求来进行组成的优化设计，可以通过专业的工业软件如 GE-SYSTEM（Glass Engineer System，无机玻璃工程师系统）和 CGES（Colored Glass Engineer System，颜色玻璃工程师系统）来实现，涵盖有色和无色玻璃。软件可根据玻璃组成计算玻璃的各种性质，更可以逆向进行玻璃组成优化设计，并可根据生产实际情况优化调整，方便快捷。未来可以根据玻璃性质和使用的原料成分直接优化设计出玻璃配料单，如图3-9所示。

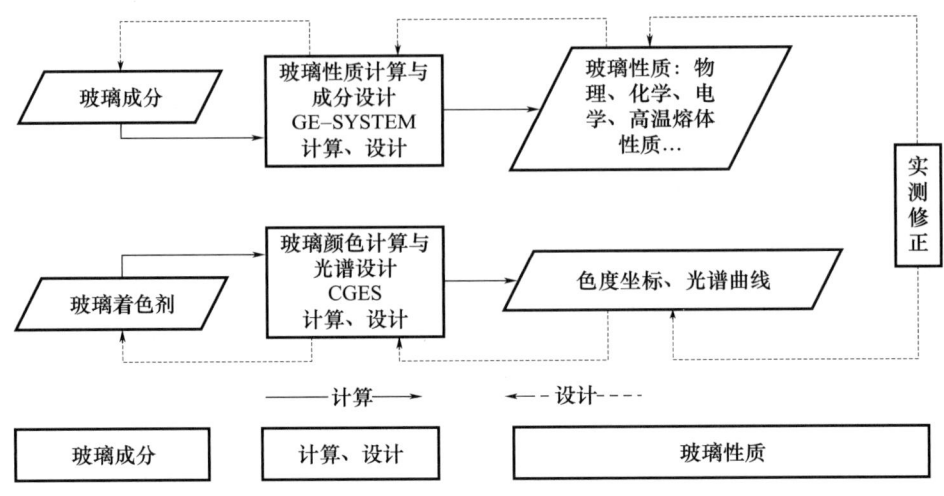

图3-9 玻璃组成设计示意图

3.1.3.6 玻璃快速换料智能化

平板玻璃生产中不可避免要面对换料问题，而在连续作业的窑炉中进行换料操作，为缩短换料时间，需智能化进行换料操作。目前常用的方法是使用电子表格来逐步计算成分的变化过程，通过不断尝试调整加速度来观察达到目标值的时间，无法自动规划最优方案。国内自主研发的玻璃行业工业软件系统和智能设备软件，用于玻璃快速换料的GCFCS（Glass Composition Fast Change System，玻璃快速换料系统），可计算长达720h内每小时的玻璃成分以及玻璃颜色、熔化温度、密度、膨胀系数等各种性质的变化，通过其独有的算法可自动规划各成分的最佳调整方案，确保更换时间最短，如图3-10所示。

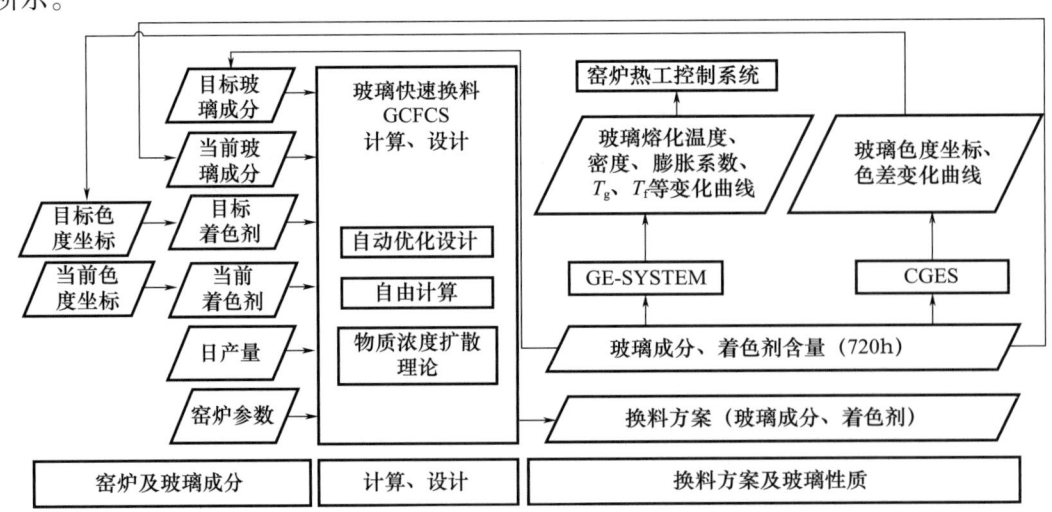

图3-10 玻璃快速换料示意图

3.2 熔化工序

3.2.1 概述

3.2.1.1 任务

配合料输送至熔窑料仓后，经投料机以受控的速度推送至熔窑并形成一定厚度的料堆，经过硅酸盐反应和形成、玻璃液形成、玻璃液澄清、玻璃液均化与冷却等高温过程（温度最高达1600℃），熔化成为成分均匀、纯净、透明且符合成形要求的玻璃液。

平板玻璃熔化一般采用天然气、重油、煤气等燃料火焰辐射加热的方式。此外，辅助电熔因其在提高熔化质量与节能环保方面具有重要的作用，而成为玻璃工业化生产的重要组成部分。玻璃的辅助电熔是指通过电极将电能直接输入玻璃液中，作为燃料能量的补充，从而起到熔化和调温的作用。熔窑平面布置如图3-11所示。

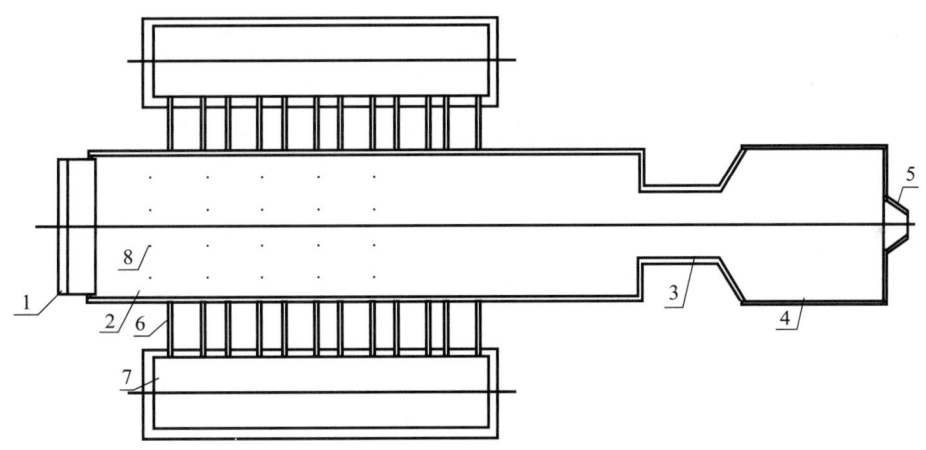

图 3-11　熔窑平面布置示意图

1—投料机；2—熔化部；3—卡脖；4—冷却部；5—流道；6—小炉；7—蓄热室；8—底插电极

3.2.1.2 工艺控制要点

1. 普通燃料工艺控制要点

平板玻璃熔化工序中涉及窑顶温度、池底温度、窑压、混合料投料速度、玻璃液温度、烟气量、烟气含氧量、天然气量、助燃风量、换向控制等工艺参数。熔窑工序"四小稳"即"温度稳定、窑压稳定、液面稳定、泡界线稳定"，是整个熔化工序的控制核心。其中，温度、窑压、液面可以自动采集，图像采集料堆、泡界线位置作为结果，小炉垛、窑顶、池底温度作为监控点。熔化工序关键工艺参数及典型控制指标见表3-5。

表 3-5 熔化工序关键工艺参数及典型控制指标

序号	关键工艺参数	典型控制指标
1	温度	碹顶温度：±3℃（换向15min后） 热点池底温度：1020℃±3℃（普白）、1120℃±3℃（超白） 热点小炉垛温度：1530℃（普白）、1565℃（超白）
2	窑压	熔化部与冷却部波动：±1Pa 冷却部比熔化部高3~5Pa
3	液面	±0.5mm
4	泡界线	泡界线整齐清晰，跨区偏差≤3.0m 两侧泡界线位置偏差≤1.5m 泡界线与热点位置距离≤1.5m
5	料堆	大料堆与泡界线距离≤3.0m 小料堆与泡界线距离≤1.5m
6	投料机	投料机频率偏差≤1.0% 投料机行程周期偏差≤1.0%

2. 辅助电熔工艺控制要点

辅助电熔系统的设计、安装、运行主要有以下五方面控制要点。

（1）电功率设计需与生产目标匹配

辅助电熔系统的主要作用有两种：在不改变熔窑尺寸的前提下，提高产量；生产颜色玻璃时，提高熔化质量。

（2）确保熔窑温度、液流稳定

电极的布置及电功率的分配，应使电能在较大的区域范围内均匀分布，电能释放符合熔化温度曲线的要求，并产生受控的液流，保持窑内玻璃液流的稳定。

（3）合理调整电极插入玻璃液深度

随着电极逐渐被消耗，电极间玻璃液电阻不断增加，当变压器电压调到极限时，应推进电极，使电流、功率等参数恢复正常。

（4）确保电极的冷却系统正常工作

平板玻璃熔窑通常采用钼电极，钼在600℃以上时，在空气中很快被氧化。因此，需要使用冷却水套将其暴露在空气中的部分温度冷却到400℃以下。

（5）确保辅助电熔系统的安全

安全监控系统是辅助电熔系统不可缺少的部分，与安全相关的因素有高温环境下的电极安装、接地电极的施工、冷却水系统的水质和水流监测、配电装置的运行参数、用电安全等。

3.2.2 现有控制手段及改进需求

3.2.2.1 现有控制手段

熔化工序主要针对温度、窑压、液面、泡界线等四个核心工艺进行控制，为提高平板玻璃熔化的控制能力，往往也对料堆、池壁温度、鼓泡器、主烟道大闸板、风气比、烟气中残氧量、投料机速度等关键工艺参数进行控制。

1. 温度控制手段

熔化工序控制手段主要是制定熔化温度制度，重点关注硅顶、池底、小炉垛、池壁、钢硅硅等的温度，此外，特别跟踪 L 吊墙温度、混合料含水量、投料速度等影响温度因素的变化。

（1）温度制度

平板玻璃生产过程中多采用"双高热负荷点"温度制度，根据熔窑内料堆、泡界线位置形状、小炉垛温度情况、澄清部玻璃液温度、板面质量情况来进行校核、绘制温度制度曲线，一经确立，按此执行并保持相对稳定，如图 3-12 所示。其中，小炉垛温度、澄清部玻璃液温度由人工手持红外测温仪测量，未能实现数据自动采集；熔窑内料堆、泡界线位置形状由人工观察判定。

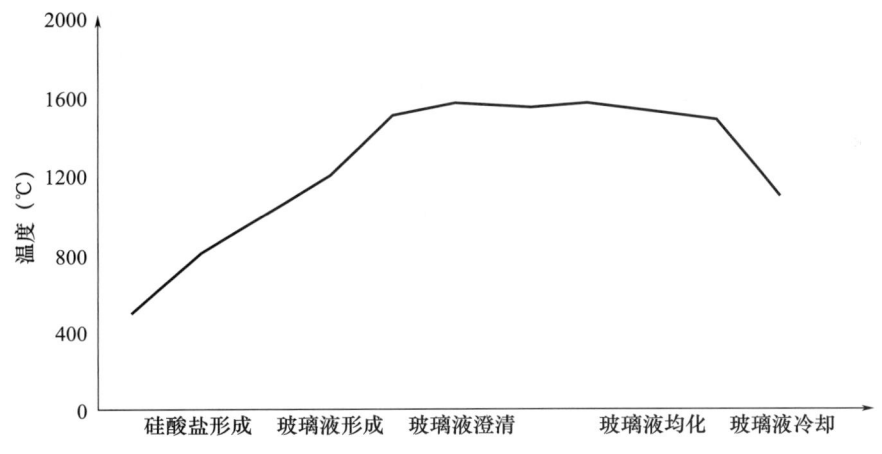

图 3-12 平板玻璃熔窑温度曲线示意图（双高）

以普白 6 对小炉窑炉为例，在配合料较多的 1#、2# 小炉投入较多的燃料，使配合料在此处基本被熔化。增大 5# 小炉燃料量，利于强化玻璃液的高温澄清和均化作用。适当减少处在泡沫稠密区的 3#、4# 小炉的燃料量，这样合理分配燃料能够降低燃料的消耗量（表 3-6）。

（2）硅顶与池底温度

熔窑硅顶温度与池底温度已经实现在线热电偶自动检测、数据自动采集。硅顶温度一般采用热电偶盲孔测量，但随着窑炉寿命的延长，硅顶侵蚀不断增加，硅顶温度测量值有不断上升趋势,需要随之校正。池底温度仅有检测,目前尚无法进行有效的控制,特别是池底温度因普白和超白、色玻等不同玻璃种类而存在较大的差异,此外,换料操作期间池底温度也变化较大,详见表3-7。

表3-6 6对小炉熔窑燃料分配对比

小炉序号	1#	2#	3#	4#	5#	6#
燃料分配/(%)(超白)	15	21	22	18.5	22	1.5
燃料分配/(%)(普白)	21.3	22.5	22.1	15	18.5	0.6

表3-7 碹顶与池底温度控制现状对比

序号	关键工艺参数	工艺控制现状
1	碹顶温度	铠装铂铑热电偶可视化检测,盲孔测量
2	池底温度	铠装铂铑热电偶可视化检测(普白和超白、色玻换料期间池底温度波动大,仅被动检测,尚无法控制)

由于玻璃种类的不同,表3-6所示燃料分配存在一定差异,因此玻璃熔窑碹顶的温度也存在一定差异,见表3-8,总体趋势是超白玻璃碹顶温度高于普白玻璃碹顶温度。与碹顶温度类似,超白玻璃池底温度也普遍高于普白玻璃池底温度,见表3-9。

熔窑碹顶温度热电偶测量点主要集中在熔窑中心线上10个关键位置,如图3-13所示,以6对小炉为例,即0#(小炉前)、1#小炉、2#小炉、3#小炉、4#小炉、5#小炉、澄清部前、澄清部后、冷却部前、冷却部后。池底温度测量如图3-14所示,对与碹顶温度测量相对应的池底10个位置进行监测。

表3-8 6对小炉超白与普白玻璃碹顶典型温度对比(℃)

序号	碹顶温度	0#	1#	2#	3#	4#	5#	6#	7#	8#	9#	10#
1	超白	1340	1410	1500	1480	1525	1510	1450	1425	1380	1020	905
2	普白	1340	1375	1395	1460	1515	1475	1440	1375	1330	1020	915

表3-9 6对小炉超白与普白玻璃池底典型温度对比(℃)

序号	池底温度	0#	1#	2#	3#	4#	5#	6#	7#	8#	9#	10#
1	超白	750	1140	1145	1100	1120	1150	1135	1115	1110	975	985
2	普白	660	1030	1015	995	1020	1040	1035	1055	1035	1030	935

(3)池壁、小炉垛与钢碹碴温度

熔窑池壁、小炉垛与钢碹碴温度一般由人工手持红外测温仪测量,尚未形成温度数据自动采集。因普白与超白玻璃种类不同,熔窑小炉垛温度超白高于普白约45℃,而熔窑池壁温度与钢碹碴温度控制不因玻璃种类而发生变化(表3-10)。超白与普白的小炉垛温度存在差异,超白熔窑小炉垛温度普遍高于普白小炉垛温度(表3-11)。

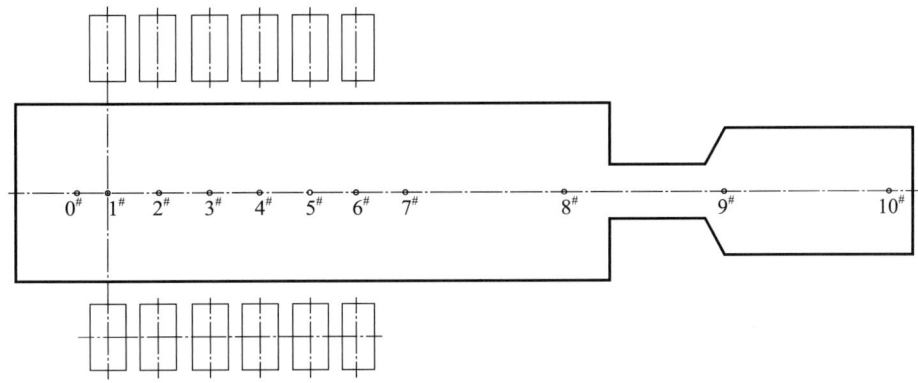

图 3-13　平板玻璃熔窑碹顶温度测量点示意图

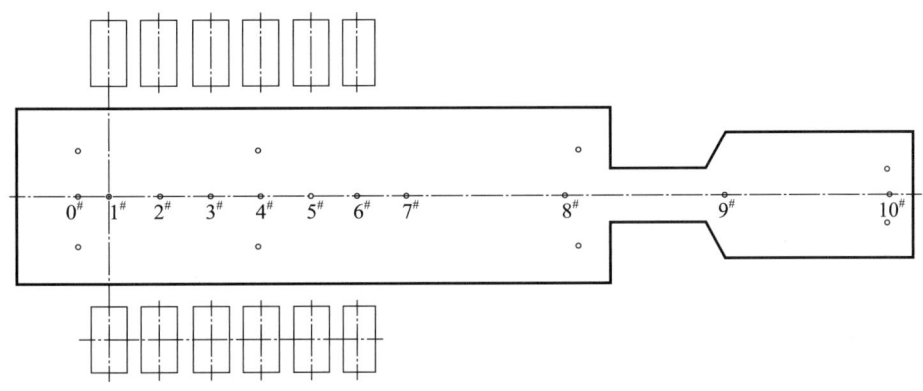

图 3-14　平板玻璃熔窑池底温度测量点示意图

表 3-10　池壁、小炉垛与钢碹碴温度控制现状对比表

序号	关键工艺参数	工艺控制现状
1	小炉垛温度	红外测温仪人工检测热点温度，普白 1530℃，超白 1575℃
2	池壁温度	接触式热电偶或者红外测温仪人工检测，温度 160~170℃
3	钢碹碴温度	红外测温仪人工检测，温度 280℃

表 3-11　6 对小炉超白与普白玻璃小炉垛典型温度对比（℃）

序号	小炉垛温度	1#	2#	3#	4#	5#	6#	澄清
1	超白	1445	1505	1530	1550	1575	1520	1475
2	普白	1410	1470	1510	1540	1530	1510	1425

2. 窑压控制手段

窑压是玻璃熔窑的重要工艺参数，窑内压力要求稳定和微正压，且冷却部窑压要高于熔化部 3~5Pa。窑压控制主要是对影响窑压的取压管堵塞情况、调节闸板的开度、助燃风量的变化、格子体堵塞情况等因素进行控制。窑压已经实现在线微差压变送器自动检测和数据自动采集。窑压影响因素控制现状见表 3-12。

表 3-12 窑压影响因素控制现状对比

序号	窑压影响因素	影响因素控制现状
1	取压管堵塞情况	人工操作取压管与检查取压管堵塞情况
2	调节闸板的开度	可视化界面阀门定位器自动调节，变化幅度不超过1%，否则需要手动调节
3	助燃风量的变化	可视化界面流量计自动监控，但实际助燃风变化量需要人工复验
4	格子体堵塞情况	需要人工目测检测并全部人工处理

3. 液面控制手段

液面是玻璃熔窑的重要工艺参数，熔窑液面需要保持稳定。液面可采用自动在线液面仪进行测量，并自动采集数据。液面控制主要是对影响液面的配合料料仓堵塞情况、拉引量变化、窑压变化等因素进行控制。液面影响因素控制现状见表3-13，影响液面的控制因素虽然均已实现画面在线监控，但是绝大多数影响因素需要人工复验确认并干预。此外，不同类型的液面仪之间存在较大的差异，根据液面控制实际需要可采用一种液面仪或多种液面仪联合使用（表3-14）。

表 3-13 液面影响因素控制现状对比

序号	液面影响因素	影响因素控制现状
1	配合料料仓堵塞情况	可视化界面堵料检测仪报警自动监控，需要人工复验确认
2	拉引量变化	可视化界面主传动编码器自动监控，需要人工复验确认
3	窑压变化	可视化界面压力传感器自动监控
4	窑体漏玻璃液	需要人工目测分析判断并现场复验
5	投料机异常停止	可视化界面投料机自动监控，需要人工复验确认

表 3-14 不同类型液面仪对比

序号	玻璃液面仪的类型	优缺点
1	图像式液面仪	检测精度±0.1mm，精度低，检测范围广
2	气动式液面仪	检测精度±0.05mm，检测范围窄
3	激光式液面仪	检测精度范围在图像式和气动式之间

4. 泡界线、料堆控制手段

泡界线是玻璃熔窑的重要工艺参数，泡界线需要保持稳定。泡界线可通过图线进行初步判断，但泡界线主要是人工在蓄热室通过看火镜进行观察判定。泡界线控制主要是对影响泡界线的温度波动、液面波动、拉引量变化、池底温度波动、窑内横向温差大等因素进行控制。影响泡界线控制的因素除两侧料堆厚度需要人工测量外，其余影响因素均自动监测，但需要人工进行复验确认，然后进行综合分析与干预，确保泡界线稳定（表3-15）。

熔窑内料堆的控制手段基本与泡界线一致，均采用人工蓄热室通过看火镜进行观察判定，对影响因素进行跟踪，如果超过正常值应及时纠正，以保持熔窑工况稳定。以6

对小炉窑炉为例，料堆在 3# 与 4# 小炉之间，泡界线在 4# 与 5# 小炉之间。

表 3-15　泡界线和料堆影响因素控制现状对比

序号	泡界线、料堆影响因素	影响因素控制现状
1	温度波动	可视化界面热电偶自动监控，需要人工复验确认
2	液面波动	可视化界面液面仪自动监控，需要人工复验确认
3	拉引量变化	可视化界面主传动编码器自动监控，需要人工复验确认
4	池底温度波动	可视化界面热电偶自动监控，需要人工复验确认
5	窑内横向温差大	可视化界面热电偶自动监控，需要人工复验确认
6	两侧料堆厚度差别	护目镜人工目测检测，需要人工复验确认

5. 风气比控制手段

风气比是玻璃熔窑内熔窑空间气氛稳定的重要工艺参数，风气比需要保持相对稳定。风气比可实现在线数据自动采集与显示，但风气比的调节往往还是人工手动调节。风气比控制主要是对影响风气比的助燃风流量计漂移、燃料成分变化、火焰状态、助燃风管路系统漏风状况等因素进行控制。影响风气比的因素除火焰状态需要人工观测外，其余影响因素均为自动监测，但均需要人工进行复验确认，然后进行综合分析，调节风气比（表3-16）。普白与超白的风气比存在差异，主要是因为玻璃种类不同而需要熔窑内不同区域熔化气氛不一样造成的（表3-17）。

表 3-16　风气比影响因素控制现状对比

序号	风气比影响因素	影响因素控制现状
1	助燃风流量计漂移	可视化界面流量计自动监测，但需要人工分析与复验
2	燃料成分变化	可视化界面热值仪在线检测，但具体成分需要离线人工检测
3	火焰状态	护目镜人工目测
4	助燃风管路系统漏风状况	可视化界面助燃风压力传感器与流量计在线检测并初步判断，但需人工复验

表 3-17　平板玻璃 6 对小炉典型风气比对比

序号	风气比	1#	2#	3#	4#	5#	6#
1	超白	7.5	10.0	10.0	7.0	8.0	12.0
2	普白	11.5	13.0	11.0	6.0	6.5	12.0

6. 鼓泡器控制手段

鼓泡器是熔窑强制澄清均化的有效途径，鼓泡器一般设置在窑内空间热点位置，目前多采取水冷式鼓泡器，从池底垂直插入，深度一般为池深的 1/2 左右。鼓泡器主要是对影响鼓泡器的辅助冷却水压力、冷却水流量、冷却水硬度、压缩空气压力、压缩空气流量等参数进行控制。鼓泡器影响因素均可实现在线数据监测与收集，鼓泡的泡径及数量可以通过对影响鼓泡的参数进行调节，但需要结合泡的大小及状态图像显示，而鼓泡的状态需要人工观测与判断（表 3-18）。

表 3-18 鼓泡器影响因素控制现状对比

序号	鼓泡器影响因素	影响因素控制现状
1	冷却水的质量	可视化界面压力传感器、流量计与硬度仪，在线监测冷却水压力、冷却水流量、冷却水硬度，数据自动采集
2	压缩空气的质量	可视化界面压力传感器检测，压缩空气压力为 0.3～0.5MPa；可视化界面流量计检测，数据自动采集

7. 烟气中残氧量控制手段

烟气中残氧量是玻璃熔窑内熔窑空间气氛稳定的重要工艺参数之一，烟气残氧量需要保持相对稳定。烟气残氧量可实现在线数据自动采集与显示，但残氧量的调节往往还是人工手动调节。残氧量控制主要是对影响残氧量的助燃风流量计漂移、燃料成分变化、火焰状态、助燃风管路系统漏风状况等因素进行控制。影响残氧量的因素除火焰状态要人工观测外，其余影响因素均自动监测，但均需要人工进行复验确认（表3-19）。以6对小炉熔窑为例，普白与超白的残氧量存在差异，主要是因为不同玻璃种类需要熔窑内不同区域熔化气氛不一样造成风气比差异，从而引起天然气燃烧后残氧量不同（表3-20）。

表 3-19 烟气中残氧量影响因素控制现状对比

序号	烟气中残氧量影响因素	影响因素控制现状
1	助燃风流量计漂移	可视化界面流量计自动监测，但需要人工分析与复验
2	燃料成分变化	可视化界面热值仪自动检测，但具体成分需要离线人工检测
3	火焰状态	护目镜人工目测
4	助燃风管路系统漏风状况	可视化界面助燃风压力传感器与流量计在线检测并初步判断，但需人工复验

表 3-20 平板玻璃6对小炉烟气残氧量对比（%）

序号	残氧量	1#	2#	3#	4#	5#	6#
1	超白	0.9	0.7	0.5	0.3	1	9.0
2	普白	1.1	0.8	0.9	3.0	4.2	9.0

注：主烟道烟气氧气含量维持在5.0%。

8. 投料作业控制手段

投料作业是玻璃熔制过程中的重要工艺环节之一，投料作业稳定运行是整个熔化工序稳定的前提条件。投料作业中仅投料机的频率可在线监测并自动采集数据，其余相关料堆层厚度、料堆形状、料堆走向、投料机角度、投料机行程等信息都需要人工观测。投料作业影响因素控制现状见表3-21。投料作业控制主要是对影响投料作业的窑内料堆分布需要、投料机投料速度等因素进行控制。对于不同拉引量的熔窑，随着拉引量的增加，投料机投料行程呈逐渐降低的趋势（表3-22）。

表 3-21 投料作业影响因素控制现状对比

序号	投料作业影响因素	影响因素控制现状
1	窑内料堆分布需要	料层厚度（120~220mm）、料堆形状、料堆走向、投料机角度（8~12°）需要人工目测与复核
2	投料机投料速度	可视化界面投料机变频器自动监测，但需要人工复验设定

表 3-22 不同拉引量、投料行程对比

拉引量（t/d）	500	600	700	900	1000
投料行程（s/周期）	50~65	40~55	40~50	35~40	30~40

9. 主烟道大闸板控制手段

主烟道大闸板是保证熔窑内工况稳定的重要工艺参数之一，主烟道大闸板开度需要保持相对稳定并符合工况需要。主烟道大闸板开度可实现在线自动采集数据与控制，但主烟道大闸板开度的调节往往还是人工手动调节与现场复验。主烟道大闸板控制主要是对影响其开度的环境温度、调节闸板的开度、余热锅炉风机频率、窑压、主烟道堵塞情况等因素进行控制。影响主烟道大闸板的因素除主烟道堵塞情况需要人工观测外，其余影响因素均自动监测，但需要人工进行复验确认，然后进行综合分析与干预，确保主烟道大闸板处于稳定可控状态（表3-23）。

表 3-23 主烟道大闸板影响因素控制现状对比

序号	主烟道大闸板影响因素	影响因素控制现状
1	环境温度	可视化界面温度传感器自动监测，但需要人工分析与复验
2	调节闸板的开度	可视化界面阀门定位器自动监测相关数据
3	余热锅炉风机频率	可视化界面变频器自动监测相关数据
4	窑压	可视化界面压力传感器自动监控
5	主烟道堵塞情况	需要人工目测

10. 辅助电熔系统控制手段

现有的辅助电熔系统设计，首先根据生产目标要求，计算辅助电熔系统总功率，并根据熔窑的温度制度预先分配各区功率、电极数量、电极排布方式，选择合理的配电方式，再根据预设的辅助电熔系统参数，利用计算机仿真模拟进行验证。

（1）通过计算机软件仿真模拟电助熔系统

计算机仿真模拟软件可通过设定的电极功率、电压、电流、玻璃液阻抗（图3-15），计算出辅助电熔系统对玻璃熔窑内玻璃液流动速度场、温度场等的影响（图3-16），并用玻璃熔窑数学模型内的粒子追踪来评价玻璃液质量参数，以轨迹追踪和质量平衡为基础来计算熔化指数、澄清指数和均化指数，以此作为评价玻璃熔窑熔化能力和玻璃液质量的指标。结合生产经验，通过对不同电极排布方式、不同电功率分配的模拟仿真比较，优选出相对科学合理的电极布置方式及电功率设计。

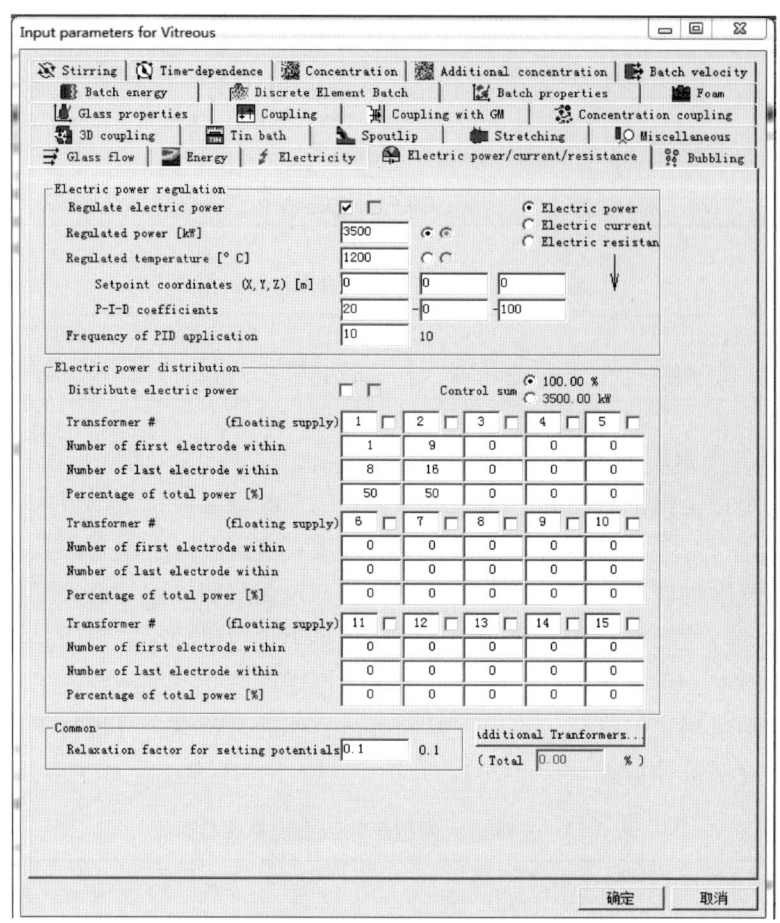

图 3-15　熔窑数学模拟电助熔参数设定示意图

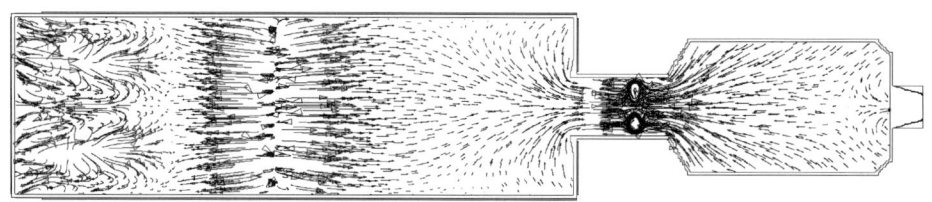

图 3-16　熔窑辅助电熔数学模拟图

（2）合理配置辅助电熔的配电和控制系统

辅助电熔配电及控制系统主要有两大类。

① 可控硅调功器和变压器供电的方式，如图 3-17 所示。

辅助电熔的 PLC 系统有强大的数据采集和数据处理能力，PLC 与调功器之间通过通信的方式读取运行参数，描绘运行曲线，控制调功器的输出功率。单相变压器满足电极低压大电流运行特性的需求，具有多个分接头，根据玻璃液的阻抗特性选择不同的电压档位，适应熔化需求。此种方式适用于多分区的电极布置，方便熔窑内多区域温度的调控。

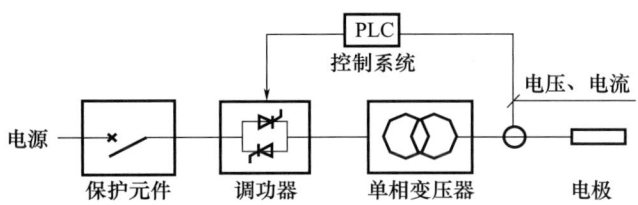

图 3-17　可控硅调功器和变压器供电原理图

② 调压变压器直接供电的方式，如图 3-18 所示。

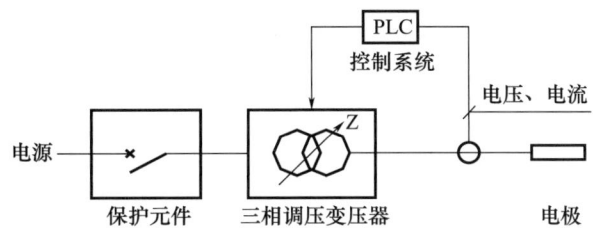

图 3-18　调压变压器直接供电原理图

系统中三相调压变压器采用伺服驱动调压，可连续调节输出电压。此种方式相较于上述供电方式简化了配电系统，适用于相对分区少、大区域加热的电极布置。此方式虽然简化了配电系统，但是系统中的连续调压变压器制造难度高，部分产品可靠性较差，影响系统的整体运行寿命。

（3）辅助电熔的安全监控系统

辅助电熔安全监控系统的主要功能为保证电极系统的安全，如图 3-19 所示。

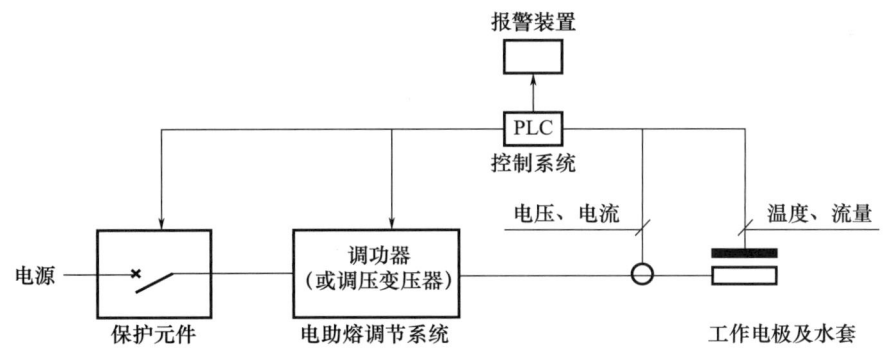

图 3-19　安全监控系统功能一

电极的冷却通过直接冷却水套或间接冷却水套的方式实现。无论是直接水冷还是间接水冷，其所用冷却水都必须经过软化且不能中断，这是一套独立的循环水系统。每支电极的冷却水用量、出水温度都需要检测，设置报警。安全监控系统中包含了一系列检测仪表如流量开关及热电阻，实时将冷却水流量以及进入水套的压力、温度信号反馈至 PLC 控制系统，当监控数据出现异常时，系统会报警提醒维护人员及时处理。此外，为了保证电极的使用寿命，系统实时监测电极输入端的电能数据，将电极的工作电流密度限制在安全值以下，当数据超出范围时，通过电助熔的调节系统自动降低电极的输入电流值。

辅助电熔安全监控系统的另一功能是保证电助熔系统的用电安全，如图3-20所示。

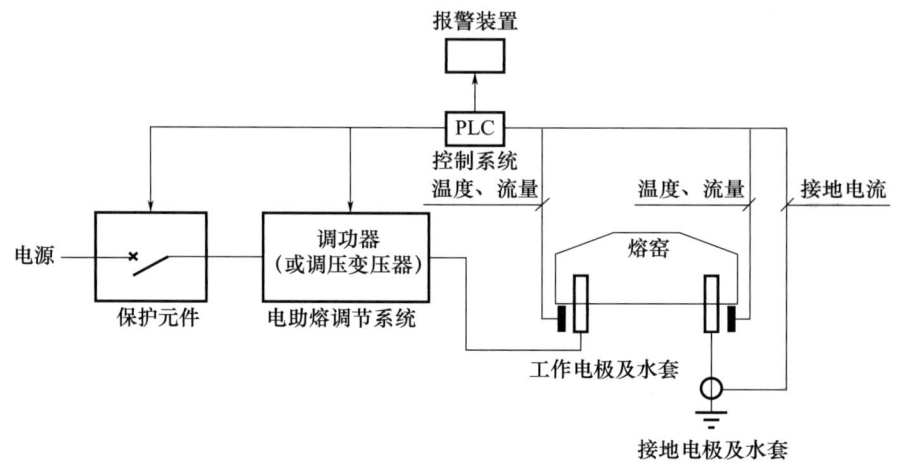

图3-20 安全监控系统功能二

在辅助电熔系统正常工作情况下，工作电极与熔窑钢结构及大地之间处于相互绝缘的状态，接地电极与大地之间不会出现大的接地电流。安全监控系统实时监控接地电极的接地电流，当监控数据出现异常时，系统会自动调低输出功率并及时报警提醒维护人员，如果数据超出安全运行范围，系统将自动断开电源保护开关，以保证人员的安全。

总体而言，在熔化工序中，温度是熔窑内最重要的工艺参数，熔化相关温度数据在DCS（Distributed Control System，集散控制系统）自动采集的点较少，高水平的数据采集率也仅为88%，且传感器较少，仅用于显示，大多数还是人工监测，没有形成闭环，智能控制薄弱。玻璃熔化理论支持少，还处于数值仿真模拟的前期阶段。此外，玻璃成品质量缺陷气泡、夹杂物、结石等缺陷信息反馈滞后，反馈时间至少滞后约10h，对于产能600t/d的浮法玻璃生产线，损失的玻璃产量超过2万 m^2。

3.2.2.2 改进需求

在熔化工序中，只有部分工艺参数实现了在线数据自动采集，数据采集率远未达到100%。此外，熔化核心工艺参数相关影响因素较多，各工艺参数之间闭环操作程度较低，且系统诊断性较差。熔化工序操作系统智能化发展，要求增加数据自动采集率、成品质量智能化快速反馈、成品质量与熔化工艺以闭环控制为主，需要改善与提高的主要集中在以下几方面。

1. 需要提高数据自动采集率

熔化相关工艺参数数据目前仅处于核心工艺数据采集，尚有部分处于人工观测阶段，数据自动采集率仅为88%，严重制约了熔化工序智能化发展。

2. 需要提高料堆与泡界线智能控制能力

熔窑内关于配合料料堆、泡界线位置形状的观测还处于人工观测判定阶段，料堆与泡界线及其影响因素智能控制存在严重的缺失，使得料堆与泡界线处于不稳定状态。

3. 需要不断加强熔窑安全智能控制

熔窑池壁直接接触高温玻璃液，玻璃液对池壁的侵蚀是制约玻璃熔窑寿命最重要的影响因素。目前关于池壁侵蚀状况仅进行间断性图像检测，结合热电偶对池壁的温度检测进行分析判断，对池壁整个厚度的监控手段严重不足，制约了熔窑安全智能化监控。

4. 需要提高玻璃成品质量智能反馈速度

玻璃成品质量反馈与熔化工序操作存在时间延迟，同时对于影响玻璃成品质量的因素，需要人工分析与判断，严重制约了产品质量的提高。

5. 需要完善熔化工艺参数与玻璃成品质量闭环控制

熔化工艺参数相互之间具有极强的关联性，熔化工序的调整需要人工凭经验进行分析与判断，此外，熔化工艺参数与玻璃成品质量之间尚处于松散控制状态，它们之间的联锁智能控制尚未形成。

6. 改进辅助电熔系统设计

现有的计算机仿真模拟软件只能根据设定的参数进行辅助验证。设计人员的经验直接影响到辅助电熔系统参数的设定，且熔窑的其他运行参数，如温度曲线、负荷分配、气氛等也需根据经验设定。

7. 辅助电熔系统的调节策略智能化

目前的辅助电熔配电及控制系统的调节基于人工判断的自动化控制系统，操作人员根据观察的熔窑温度及液流状态设定电助熔的输出功率值，根据电压、电流等参数评估电极损耗程度，决定是否需要将电极推进，距离智能化还有相当长的距离。

3.2.3 智能化实施展望

为实现熔化工序智能化控制，在不断增加工艺参数的数据收集点、提高数据自动采集率的基础上，借助产品质量在线自动检测数据智能分析平台，形成熔化工艺参数与成品质量之间的闭环控制，从而使得熔化控制系统突破工艺操作延迟性的局限，形成具有自诊断功能的智能化控制系统，如图3-21所示。

3.2.3.1 数据自动采集

加装传统的热电偶或红外辐射高温计，并结合利用先进的传感器技术以及机器视觉技术，增加熔化相关碹顶温度、池底温度、池壁温度、蓄热室温度、小炉垛温度、玻璃液温度等关键工艺参数数据自动采集点，将数据自动采集率提升至100%。

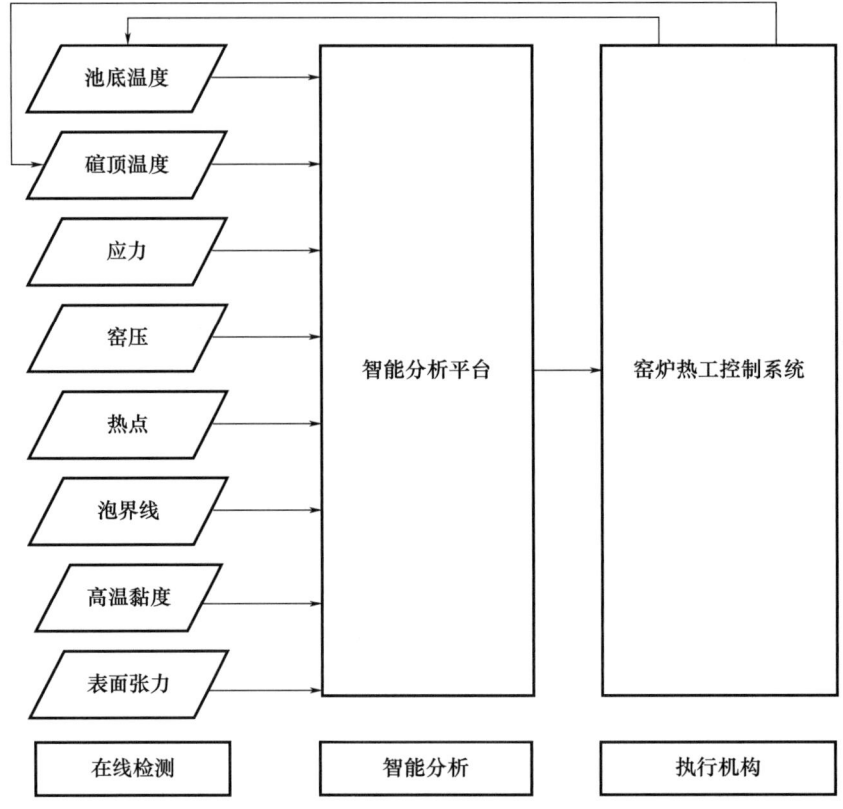

图 3-21　玻璃智能分析平台示意图

3.2.3.2　料堆与泡界线智能控制

增加图像采集系统，图像采集熔窑配合料料堆、泡界线位置及形状，优化后作为结果与熔化工艺参数碹顶、池底、小炉垛温度形成闭环智能控制，如图 3-22 所示。

3.2.3.3　熔窑安全智能监控

增加图像采集系统，结合红外测温仪与热电偶，形成池壁温度与玻璃液侵蚀图像数据库，综合判断熔窑池壁状况，及时落实池壁的冷却、帮砖等措施，不但可以延长熔窑的寿命，而且可以智能控制熔窑的安全。

3.2.3.4　熔化工艺参数与玻璃成品质量反馈控制

采用能覆盖玻璃成品气泡、夹杂物、斑点等更多种类缺陷、精度更高的玻璃缺陷检测仪进行在线监测，并结合玻璃成分在线检测设备实时显示，从而实现在线检测数据采集并形成相应的数据库，通过对数据库的初步判断，缩短玻璃成品质量智能反馈时间，如图 3-23 所示。

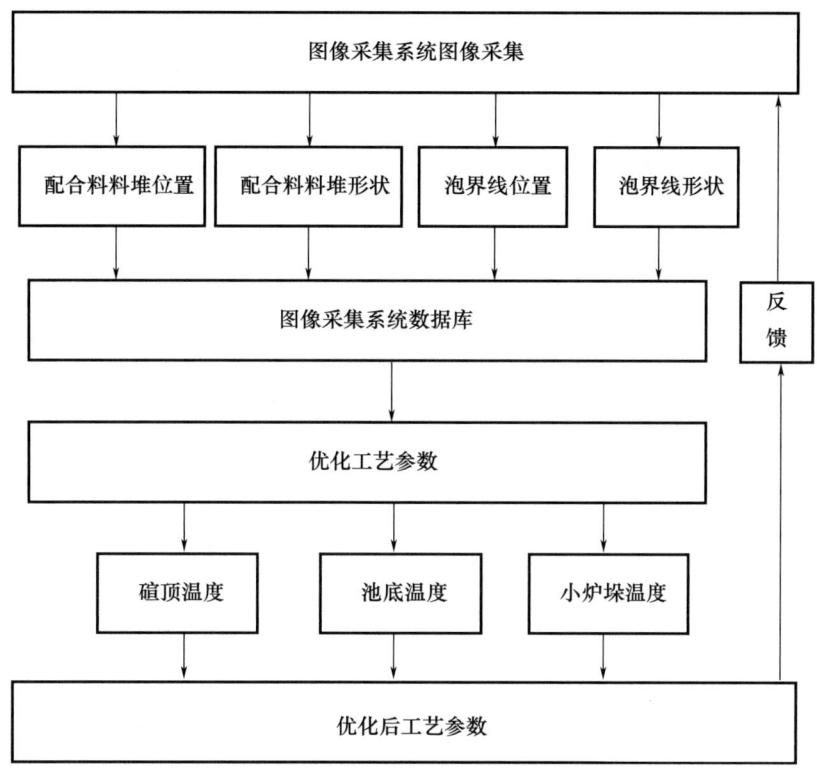

图 3-22　料堆与泡界线智能控制示意图

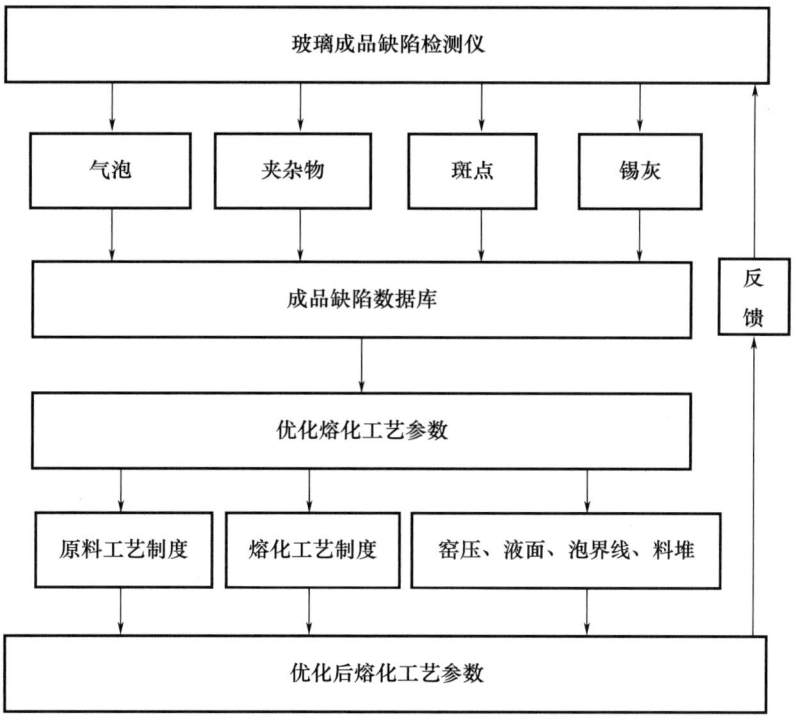

图 3-23　玻璃成品质量与熔化工艺参数反馈控制示意图

根据自动采集的温度、窑压、液面、泡界线数据，对"四小稳"工艺参数波动进行分析，提高熔化控制系统的预测与判断，最终形成熔化工艺参数与玻璃成品质量闭环控制。

3.2.3.5 玻璃液流仿真模拟

随着仿真模拟技术的发展与玻璃熔窑模拟库的完善（图3-24），充分利用模拟仿真技术形成熔窑内部液流状况、熔窑内温度场实时模拟与显示，与实时监测相关数据一起形成专家数据库，利于熔窑工况稳定与成品质量的提升。

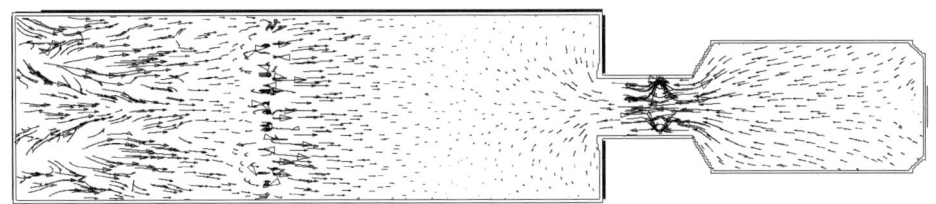

图 3-24 玻璃液流仿真模拟示意图

3.2.3.6 辅助电熔智能化控制

辅助电熔系统已实现的智能化措施有：（1）通过计算机软件辅助电熔窑炉设计，以三维图像的形式展示窑炉内温度场的分布、玻璃液的对流方向，评估窑炉的熔化能力、性能以及玻璃液的质量；（2）辅助电熔配电及控制系统有多种调节方式，如通过调节调功器的输出功率、调节变压器的档位、调节变压器的输出电压等实现窑炉的熔化需求；（3）安全监控系统的数据采集、报警智能化。

未来的辅助电熔系统将汇集更多工艺、设备参数，融入燃烧系统，为产品质量作决策分析，如图3-25所示。

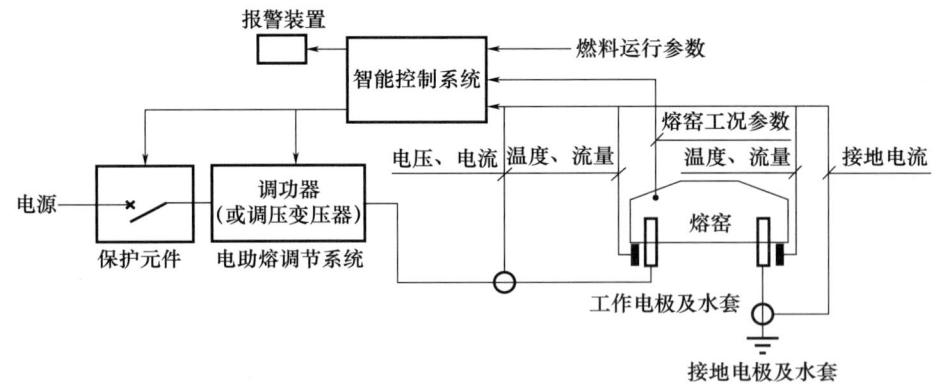

图 3-25 辅助电熔智能化控制系统

该系统将不仅采集记录辅助电熔系统本身的工作参数，还采集记录熔窑的工况参数、燃料的运行参数等多种影响玻璃熔化质量的变量。智能控制系统通过对记录参数的综合分析计算，对以往工程实践的自主学习，对生产进行监控、预警和调整，实现辅助电熔系统参数与熔窑整体工艺参数闭环控制。

3.2.3.7 专用工业软件

未来可使用迭代升级专用工业软件 GE-SYSTEM（Glass Engineer System，无机玻璃工程师系统）对玻璃在 1000～1600℃高温时的黏度（包括熔化温度、澄清温度、成形温度）、对 1000～1400℃高温时的电阻进行计算并使用实际数据进行修正，再将修正后的模型用于生产过程控制，同时建立产品质量与工艺参数及其波动水平的相关关系研究，使控制系统具有根据熔窑各区的温度、窑压、玻璃液面和泡界线波动，对产品品质进行预测与诊断的能力，必要时进行干预并自动纠正，提高熔窑智能控制水平，即利用专用工业软件提高熔窑智能控制水平，如图 3-26 所示。

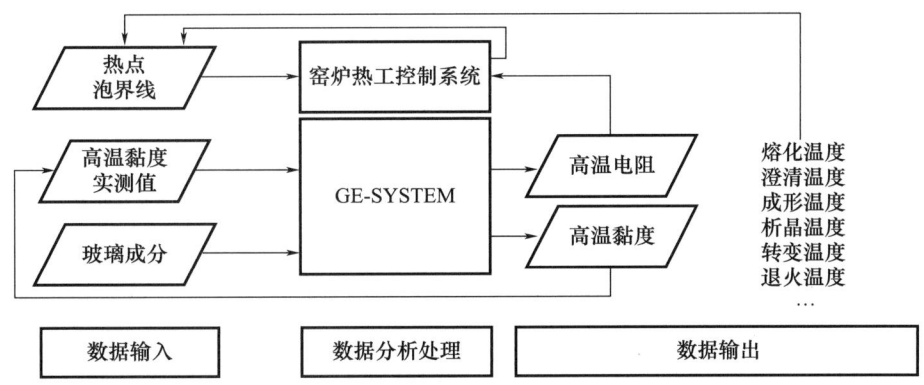

图 3-26　利用 GE-SYSTEM 进行熔窑智能控制示意图

3.3　浮法成形工序

3.3.1　概述

3.3.1.1　任务

浮法成形工序的热工设备即锡槽，是一个钢结构主体、内衬有耐火材料、装有锡液的壳体。由于锡的熔点低（230℃）、沸点高（2270℃）、密度大（$7.31 \times 10^3 \text{kg/m}^3$），而玻璃在锡槽内的成形温度在 600℃～1100℃之间，密度小（$2.5 \times 10^3 \text{kg/m}^3$），且在没有氧的条件下，锡液不会与玻璃发生反应，玻璃与锡液几乎不浸润，因此玻璃选择在锡液上成形，称为浮法工艺。

本工序的任务是让熔融玻璃液由熔窑的冷却部经流道从流槽唇砖流入锡槽，在重力和表面张力共同作用下，经过自由摊开、拉薄（或增厚）和逐步冷却硬化，实现平整化成形，形成符合要求的玻璃带，被退火窑辊道牵引出锡槽出口端。浮法成形工艺布置如图 3-27 所示。

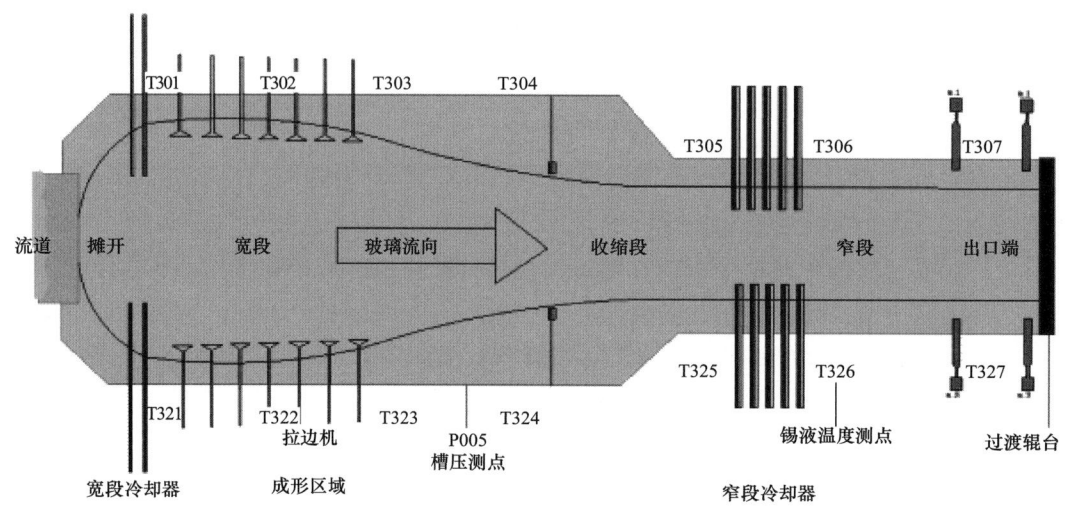

图 3-27　浮法成形工艺控制点示意图

3.3.1.2　工艺控制要点

浮法成形工序中的主要工艺参数包括：流道温度、出口端温度、锡槽底壳温度、各区玻璃带温度和锡液温度、流量闸板开度、保护气体（流量、压力及比例）、玻璃带规格尺寸（通过拉边机转速、角度、深浅和压花轮位置来控制）、锡液深度、挡旗位置及推进距离和深度等。浮法成形工序关键工艺参数及典型控制指标见表 3-24。

表 3-24　浮法成形工序关键工艺参数及典型控制指标

序号	关键工艺参数	控制指标
1	流道温度和流量闸板	流道温度：1100℃，偏差 ±1℃ 流量闸板开度：偏差 ±0.1mm
2	锡槽温度	玻璃带出口端温度：600℃ 左右，横向温差 ≤5℃；在线镀膜玻璃温度横向温差 ≤3℃ 拉边机成形区域：锡液温度范围在 840～950℃ 边部锡液温度：横向偏差 ≤2℃ 电加热功率：输出稳定，波动 ±3kW 锡槽水包：进回水温差 9℃ 左右，流量单管 90L/min 左右 直线马达：电流稳定，波动小于 1A
3	槽底温度	锡槽池底钢壳表面温度：不高于 180℃，横向温差 ≤10℃
4	拉边机参数	拉边机转速偏差 ±2m/h；角度偏差 ±1°；进出位置偏差 ±1mm
5	保护气体	槽压：偏差 ±1Pa H_2/N_2 气体比例：H_2 含率小于 10%，偏差 ±0.1% 气体质量要求：露点低于 -60℃，含氧量不超过 10×10^{-6}

3.3.2 现有控制手段及改进需求

3.3.2.1 现有控制手段

1. 流道温度和流量闸板的控制

流道温度需要稳定，理想情况下要控制在±1℃以内。流道温度过高会导致摊开过大，不但会使拉边机区域难以控制，还会减少闸板及唇砖的使用寿命；流道温度过低会导致下游锡槽使用大量电加热器，增加能耗。流道温度可自动采集，一般使用热电偶或辐射高温计，采集精度可以达到±0.1℃。采集点至少2个，一个用于控制，另一个用于参考，两个点可以互换。通过上游熔窑冷却部风阀的开度调节可以自动控制流道温度，形成一个单输入单输出的闭环控制，如图3-28所示。其缺陷是无风量风温的变化反馈参与控制，自动调整中易造成波动大，且未考虑其他干扰因素（如上游温度或压力波动会造成流道温度难以稳定）。

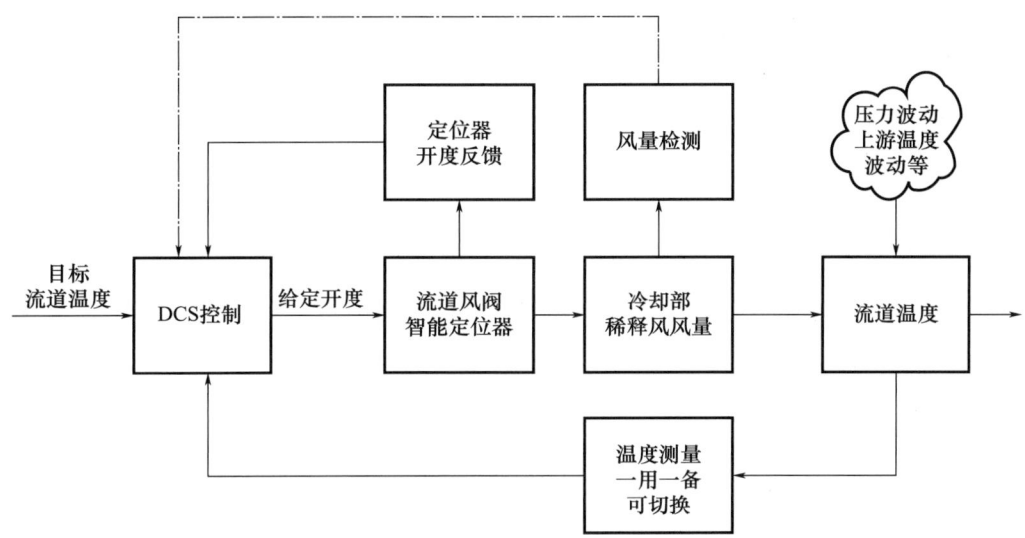

图3-28 流道温度控制示意图

目前流量闸板的控制为远程手动控制，如图3-29所示。在流道温度、玻璃液面、熔窑压力控制稳定的前提下，闸板的开度需要根据玻璃带摊开的形状以及闸板的磨损程度等来控制。操作员通过目视观察相应区域的潜望镜图像，获得玻璃带摊开的形状，远程开启闸板电机，使闸板上下动作来调节流道闸板的开度。闸板的实际开度状况一般会通过安装在闸板上的位置传感器（直线编码器）获得，给操作员以显示参考，精度可达到0.1mm，也可以利用检测闸板电机转动量（增量编码器）来获得闸板开度，但由于通过传动机构转换，精度略低于位置传感器。

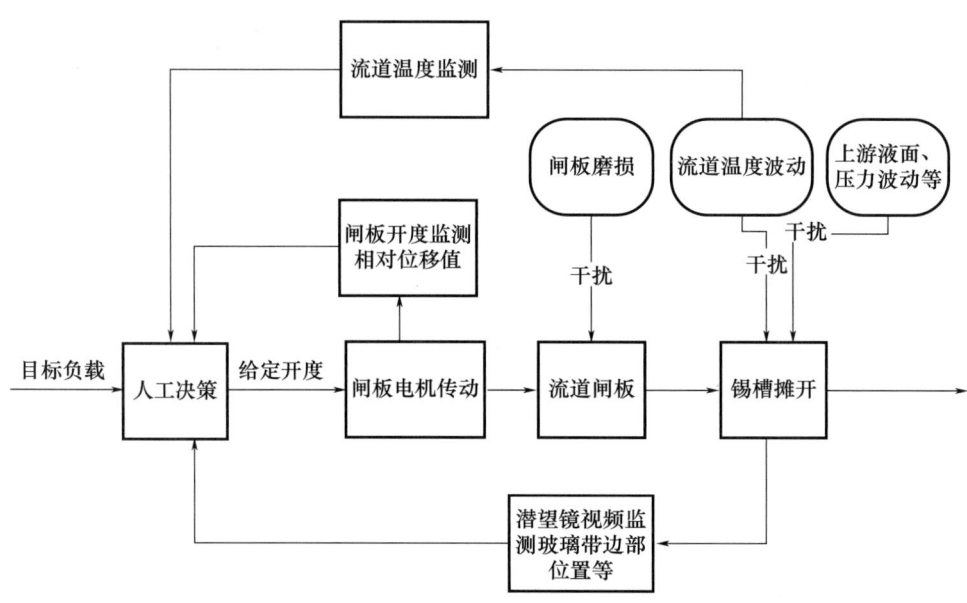

图 3-29 流量闸板控制示意图

2. 锡槽内温度控制

数据全部实现自动采集，一般使用辐射高温计从锡槽顶端检测玻璃板面温度，根据工艺需求，宽端 2 跨中间一个，出口端左、中、右三个（有在线镀膜的，在其他指定位置也装有辐射高温计，用于镀膜区域玻璃板温度监测）；锡液温度目前从锡槽两侧胸墙使用热电偶伸入锡液内监测。

锡槽内热量调节手段是，在拉引量稳定的前提下，由操作员对槽顶电加热宽段和窄段的水冷冷却器（部分生产线窄段装有锡液冷却器）以及直线马达进行调节，来达到各区所需的温度，如图 3-30 所示。

（1）电加热

按玻璃成形各区的要求，合理布置电加热功率和温控区。电加热元件目前主流都采取硅碳棒，该元件表面负荷大，便于集中控制，可调性强，由于具有高密度带涂层的发热段，因此使用寿命可以长至一个窑期。

在长期使用过程中，由于化学侵蚀、锡槽热端玻璃体内挥发物冷凝等原因，电加热元件表面涂层会遭到破坏，导致电阻增加，可以通过增加变压器次级电压来补偿，但锡槽非常规操作期间造成的加热元件（例如断裂）损坏将是不可逆的。部分在线镀膜生产线，由于电加热的长时间高负荷使用以及化学气体侵蚀等原因，铝制编织带会损坏，需要对铝制编织带进行更换。另外，需要监控整个锡槽母线室内各区温度，防止电加热母排或铝制连接电缆损坏。

电加热使用智能调功器可以实现功率输出的闭环控制。通过过程现场总线/Profibus 和 DCS 系统通信连接，上位系统可以监控 DCS 取得的所有数据，也可以实时监控调功器的状态。操作人员在控制室内可以监控调功器的所有数据，包括实际输出功率、调功器本体报警等,实时对比调功器的开度、设定功率、实际反馈功率等参数,判断电加热器的工作状态是否正常。

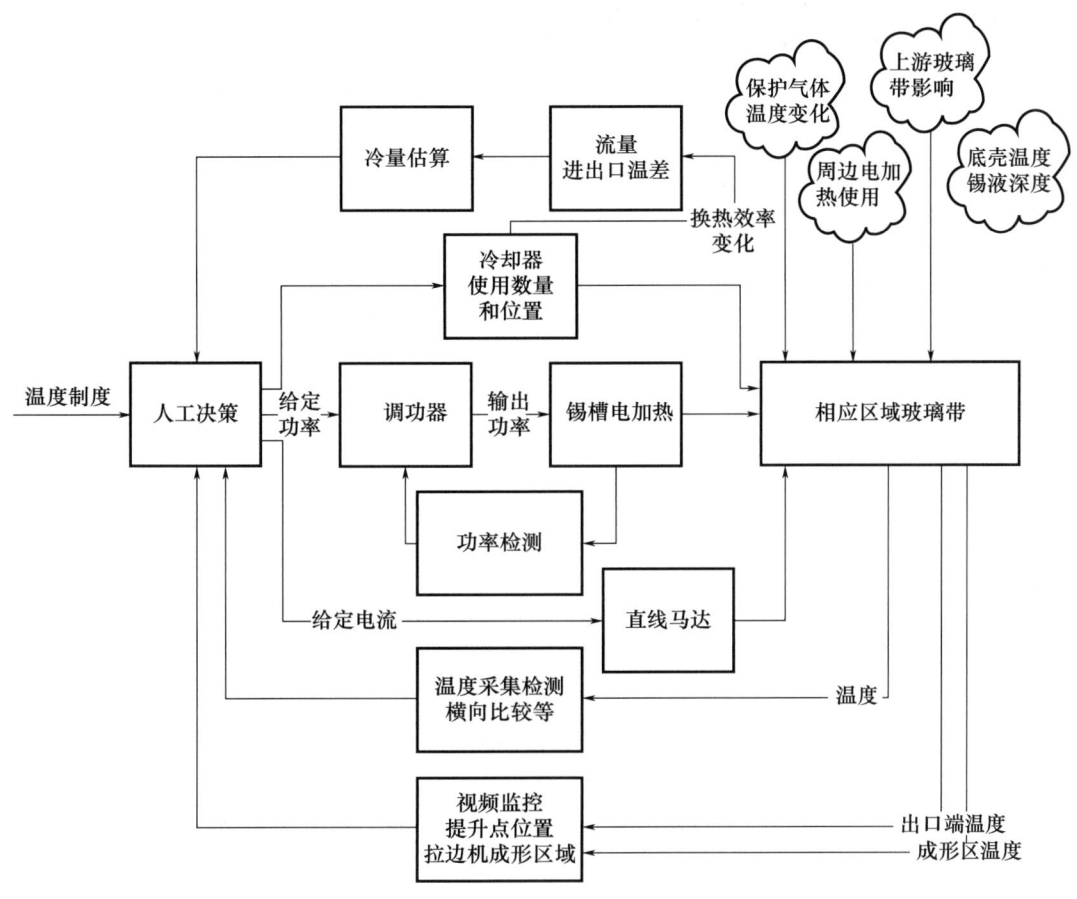

图 3-30 锡槽温度控制示意图

(2) 冷却器

一般会配置宽段冷却器和窄段冷却器。使用宽段冷却器是为了把温度调节到成形区的范围,例如当高负载时,通过边部锡液温度和锡槽 2 跨顶部辐射高温计的反馈,调整冷却器的进出量达到第一对拉边机所需成形温度要求。窄段冷却器是为了使出口端温度在合适可调范围内。由于冷却器的进出时间段内对玻璃质量会有明显影响,因此一般尽可能避免高频次的动作,除非定期清理。目前一般是现场手动操作,但有应急自动退出功能。冷却器状态参数(进出口温差、水流量等)可以全部采集和自动监控。

(3) 直线马达

直线马达是均衡锡槽温度的常见手段。除了锡槽出口端除锡渣的应用以外,还在靠近锡槽出口端两侧设置直线马达,通过增加或减少锡液横向流动,改变玻璃板横向温度差来解决玻璃平整度的问题等。该设备目前可远程手动调节,直线马达状态参数(电流、水流量等)可以全部自动采集和自动监控。

3. 锡槽槽底温度控制

锡槽槽底温度分布如图3-31所示。锡槽底壳温度如果超过180℃，底壳钢板将会受损，所以一般采取大功率风机进行冷却。这也确保了任何与底壳接触的锡液都被固化，将锡液侵蚀钢壳的可能性降至最小。锡槽钢制底壳表面温度自动采集，通过手动调节底部各区域支风管阀门的开度，保证冷却温度的均匀性。由于对该处控制较为单一，均采取变频控制达到安全性和经济性（节能）的平衡。人工监测温度变化，远程通过变频器调整总风量或现场手动调整支风管阀门平衡温度。

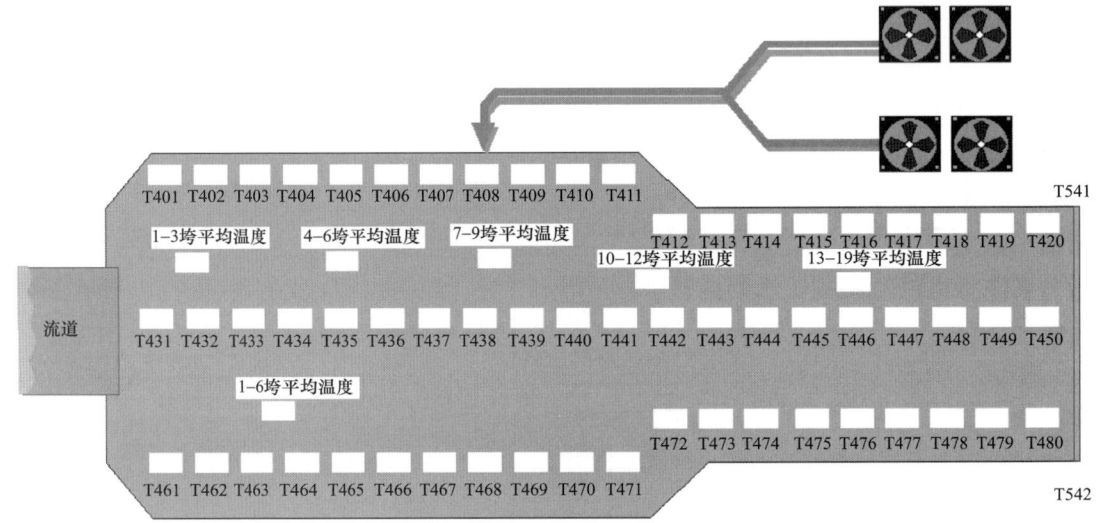

图3-31 锡槽槽底温度分布示意图

4. 拉边机成形控制

锡槽内玻璃带在重力和表面张力的作用下，静态厚度保持在7mm左右。目前大多利用拉边机实现对玻璃不同厚度和板宽尺寸的控制。

生产薄玻璃时，把带有压花轮的拉边机放在玻璃流向下游的角度，玻璃向锡槽两侧纵向拉开，压花轮使玻璃带变薄。使用这种方法可以生产出1.0mm以下厚度的玻璃，其宽度也是经济的。通用的规则是，玻璃越薄，使用的拉边机就越多；在厚度不变的情况下，使用的拉边机越多，玻璃带的宽度就越大。使用正向拉边机法（ADS）能生产出厚度小于6mm且宽度不同的玻璃。

生产厚玻璃也可使用拉边机，但是拉边机的角度及速度与ADS法相反。增加拉边机的数量，能生产出厚于平衡厚度的玻璃产品。若要生产出厚于平衡厚度的玻璃品种，必须要阻止玻璃摊开。通过调快拉边机的速度，能够减少摊开的宽度，即使得玻璃变厚。使用反向拉边机法（RADS）能生产出厚度在6~12mm的玻璃。

生产更厚的玻璃，一般引入挡板成形工艺系统，原理是限制锡液上的玻璃自由流动。

在拉引量一定的前提下，主要通过改变拉边机的对数、转速、角度和压入深度，调整玻璃带的宽度和厚度曲线；辅助以导向板、推棒调整玻璃带相对于锡槽的位置。玻璃的温度控制也是一种重要的调节手段。同样的规格完全可以通过不同的工艺参数设定达到，合理安排就可以在切换规格时做最简单易行的操作，在保证玻璃厚度曲线前提下占用最短的切换时间。

拉边机的工作温度范围在 840～950℃，在这个范围内玻璃是塑性体，能被拉开，因此，重加热区的合理设计对于生产薄玻璃是十分重要的；而高负载或高流道温度时，第一对拉边机处的玻璃的温度将达到极限，在这个极限上，有必要使用宽端冷却器，用于调节玻璃板在拉边机区域的温度，使之保持在一个合适的范围。

目前，拉边机一般有落地式和全自动悬挂式两种。落地式车体前端焊在锡槽外壁作转动点，车体后端设置万向轮，便于车体及拉边杆摆动；部分动作需要现场操作，操作人员劳动强度大，改板时间长，人为因素随意性大。而悬挂式拉边机则设置在锡槽两侧的专用支架上，安装时设置同一基准点，各动作全部由电机或气动马达驱动，且相应设置绝对量编码器检测其位置变化，既可远程参数控制，也可现场操作。其突出特点：适合超薄、超厚玻璃生产，提高玻璃成品率，减少玻璃生产改板时间，满足玻璃生产规格频繁变动需要，提高玻璃生产自动化水平。

目前拉边机的运行参数均可自动采集、远程手动调整，操作人员通过锡槽摄像系统得到反馈，调整拉边机的各参数输出或调整温度。锡槽成形控制如图 3-32 所示。

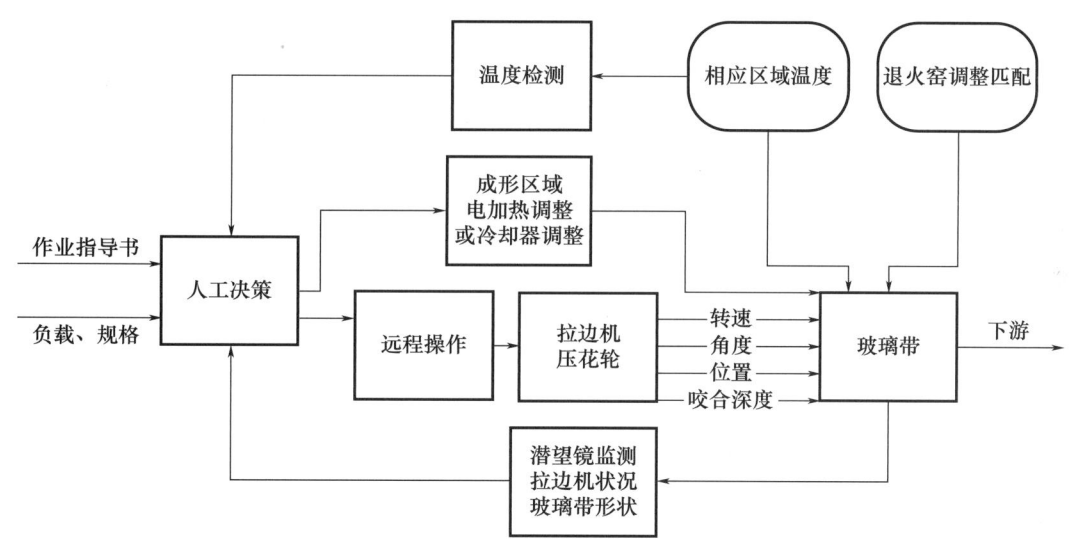

图 3-32　锡槽成形控制示意图

锡槽摄像系统是浮法成形控制的主要反馈手段。一般采用内窥式高温电视监控系统与外窥式高温电视监控系统相结合的设计模式，具有对玻璃带在锡槽内部的相对位置、拉边机运行情况等成形生产过程进行实时监控的功能，如图 3-33 所示。操作人员根据监视器上显示的玻璃带位置、拉边机的工况，可及时调整拉边机的位置、角度、转速与锡槽温度等工艺参数，并直接从中央控制室根据摄像系统所显示的锡槽玻璃带工况操作推棒和导向板，确保生产运行稳定。

图 3-33 锡槽摄像系统图像监控

5. 保护气体控制

由于锡液在高温下极易被氧化，会污染玻璃，造成质量缺陷，因此注入惰性或还原性气体。通常采用"氮气＋氢气"作为锡槽保护气体，一般氢气的最大浓度不超过10%。保护气体的另一个作用是将已经形成的氧化锡还原为锡，以及冷却锡槽用设备或锡槽部分结构。

在正常生产中，锡槽气氛要求稳定，控制上要求氢气比例稳定和流量稳定。根据实时监测的氮氢气流量反馈给调节阀门，在气体混配站实现闭环控制，保持氮氢气比例稳定。

锡槽内压力也要求保持稳定。通过压力变送器实时监测锡槽压力，锡槽操作人员可以实时调度气体总流量来控制锡槽压力，总流量波动值需小于 $30m^3/h$，可以通过流量调节实现锡槽压力自动控制。

根据工艺需求、有无排气孔、有无在线镀膜装置等，配置合理的气体分布。目前一般采取流量监视、现场手动调节的方式分区控制。对于在线镀膜，一般需要在镀膜区域额外配置保护气体，避免镀膜梁进出时大量外界氧气进入锡槽。

关于保护气体的工艺控制与智能化，详见第 3.9 节。

6. 锡槽其他常见监控手段

（1）红外成像仪的应用。通过适当的红外线检测和分析手持式热像仪可以轻松获得热成像。借助红外热成像桌面软件，创建专业报告，同时高效地捕获完整的热辐射测量数据，用以支持维护计划。例如，通过热成像检测，可以轻松地找到锡槽上加热电器故障点，还可以通过热成像仪检查锡槽侧边密封状况，如果密封变差，会出现一个局部高温区域，通过热成像仪很容易捕捉到这个区域。

（2）锡槽宽度仪。用于检测计算玻璃板实际宽度。一般是将两个潜望镜形式的相机安装在锡槽出口端，并用冷却气对相机和镜头进行保护，防止高温损坏。相机采集的画面通过信号电缆实时传回中央控制室。信号分为两路：一路通过专用的图像采集卡接入宽度仪计算机，程序对实时图像进行分析，计算出实际的玻璃板宽度并显示在画面上；另一路进入电视墙上的工业监视器，方便操作人员实时监控出口端玻璃状态。

（3）厚度仪。可以在浮法玻璃锡槽内检测玻璃板的厚度，并且实时传送到控制室，为操作人员提供厚度变化的快速反馈。这在改板过程中非常有价值。

厚度仪是基于玻璃上下表面反射的图像再进行分析的一种光学电子系统。一般由水平轨道和移动小车组成，小车上安装有两个水冷炮筒。炮筒可以通过侧面插入锡槽内，每个炮筒内安装一支潜望镜，用于发射光源以及接收玻璃表面和底面反射的光源。为了让光能够反射出来，每个炮筒都可以进行调整和旋转。因为潜望镜的末端棱镜是暴露在锡槽内的，所以需要用氮气进行冷却。

经过玻璃表面和底面反射回来的两道光用一个行扫描相机检测，两道光中间的距离就是玻璃的实际厚度，光学图像由相机检测并数字化，然后通过专用采集卡连接计算机，计算机内安装有厚度计算软件，最终把计算好的厚度数据传送到控制室。

（4）锡液氧含量检测仪。用于检测锡槽内锡液中的氧气含量。根据实时数据判断锡槽密封状况是否良好、排气是否正常及水冷设备是否存在漏水可能等。

（5）锡槽大结石等预警。用于监控锡槽内的实时情况，摄像机接入硬盘录像机的时候通过常用录像机软件设定特定区域移动报警检测，用于检测锡槽内玻璃板区域的情况。如果出现大的结石等异物通过画面位置，录像机会输出一个报警信号，并通过控制室报警系统提示操作人员。这样可以给操作人员预警，防止异物到出口端处卡住影响锡槽安全。

3.3.2.2 改进需求

1. 流道温度和流量闸板开度

流道温度的控制要求稳定性高。冷却部风阀的调节误差比较大和流道温度的反馈式调节不稳定，经常需要人工去设定阀位大小，达不到生产所需的控制精度要求。流量闸板的磨损无法直接检测，需要通过人工观察下游摊开的实际状况变化来手动调整。

2. 锡槽温度

锡槽的温度制度在不同负载、不同厚度和板宽条件下都不相同，自动控制难度较大。因为电加热分区多于温度检测点，之间又有较强的耦合性，较难以实现温度自动控制；冷却器的使用是一个固定冷量，但随着时间的推移，冷却效率会降低，影响温度，目前未实现实时监测和自动调整；拉边机的使用也是一个固定冷量，进入锡槽的尺寸数据变化也会干扰锡槽局部的温度。

锡槽底壳温度目前手动控制，往往过度冷却，能耗较大。

3. 拉边机成形控制

各种玻璃厚度和板宽规格的设定参数根据玻璃负载、锡槽温度等的变动人工优化设定。只有逐步引入锡槽摄像系统数字化反馈，才能使拉边机的过程控制与玻璃厚度宽度实现反馈式自动控制与调整，最终实现自动智能化改板。

3.3.3 智能化实施展望

3.3.3.1 流道温度和闸板开度智能控制

（1）流道温度的自动控制往往波动较大，要使其稳定，首先温度采集点的精度要高；其次工作部风机调节阀门的本体机械精度要高，阀门"死区"尽可能小且稳定；阀门智能定位器的精度至少要能够做到 0.1%，这样才有可能稳定控制。

（2）风量检测匹配阀位的调整。在控制策略上，目前采用简单的单输入单输出的 PID 制，效果不理想，甚至不如操作员远程手动控制工作部风阀开度的效果好。更佳的智能控制策略：首先，可以引入工作部风机的风量检测反馈，校正阀门开度的输出；其次，需考虑不同情境下控制参数的不同，例如熔窑换向时工作部窑压也会随之波动，从而间接影响同阀位下的工作部风量导致流道温度的波动；最后，识别各种可能的干扰，并优化控制策略。例如，上游熔窑玻璃液稳定才会使流道温度的稳定控制成为可能，需要实时了解上游温度和压力的变化并按优先级相应调整。

（3）随着生产的持续，闸板的磨损也在持续发生。一般流道温度越高，闸板磨损越快，生产透明玻璃时闸板寿命可以在 2 年以上，但生产颜色玻璃时闸板寿命只有 3~6 个月。部分工厂实施玻璃带摊开视频监控，通过在锡槽摊开区相对位置的变动去直接控制闸板的开度，这会有一些风险或弊端，例如流道温度波动大时，单独闸板的调整动作无法及时稳定控制负载，且可能会导致生产负载不稳等一系列不良后果。要做到智能控制，控制模型需要综合考虑以下因素：玻璃摊开变化视频监控采集并数字化；流道温度的稳定性，调节策略的优先级；闸板的历史磨损量数据积累，并根据负载和温度预判等。

3.3.3.2 锡槽温度智能控制

锡槽内温度智能控制，应和冷却器、电加热等调节手段形成闭环。

（1）增加温度监测点，细化电加热分区，通过足够数据的积累才有机会实现最佳电加热功率和温度参数的设定，实现智能控制。横向分区增加有利于更好地控制厚度曲线。

（2）增加冷却器水流量和进出口温差的检测，计算后得到实时冷却量，可以根据冷却量的变化微调相应区域的电加热输出，最终实现闭环控制，达到冷却区域的温度稳定。

（3）在工艺安全的前提下可以考虑对冷却器流量的调节，丰富温度调整的手段，以有利于降低能耗，减少电加热的使用。前提是最低安全流量和最大回水温度的保证。可以尝试通过提高局部冷却水压力的方式进行调节。

（4）要考虑到保护气体变化（流量、温度、分布）对锡槽温度的影响。

在完成上述改进措施并积累足够工艺数据前提下可以尝试实施各区域的温度智能控制。要考虑到保护气体变化（流量、温度、分布）对锡槽温度的影响。在以上完成并积累足够工艺数据的前提下，可以尝试实施各区域的温度智能控制。根据各温度检测点的实时反馈数据，及玻璃带视频监测结果（进行数字化），并实时取得现有冷却量作为修正，建立智能控制模型，自主给出不同负载、不同厚度和板宽条件下合适的电加热输出设定，能够根据实践数据自主学习和智能修正。

而对于锡槽槽底温度控制，需要和风冷反馈形成闭环。这是因为工艺对于底壳温度要求的范围比较宽泛，在保证最高安全温度的前提下，根据整体平均温度和设定值的偏差调整风机变频器输出，可以做到自动控制。局部偏差通过支风管自动控制阀门调整，综合成本和工艺要求，增加关键区域的支风管控制阀门，这样可以精确控制槽底前后的温度梯度和左右的温度偏差，同时考虑将相应位置锡液温度的采集反馈纳入底壳温度控制策略中，以及考虑改板时热量的变化对槽底温度的影响，最终做到底壳温度的智能控制，既达到工艺参数需求又最大限度降低能耗。

3.3.3.3 智能改板

在锡槽温度智能控制的基础上，建立锡槽热工智能控制系统。可根据产品规格要求及拉引量数据，通过人工智能算法设定拉边机转速、角度、位置和咬合深度等参数，并通过数字潜望镜采集拉边机机头位置图像，运用图像处理技术在线识别玻璃板边、压印等数据，实时反馈拉边机拉引状态，实现动态反馈调节。运用数字通信和现场总线技术，控制锡槽电加热系统，实现锡槽电加热分区精准温控。设置高精度的红外测温仪、热电偶、压力变送器等，采集锡槽热工数据，并运用大数据分析技术，建立锡槽温度场、气流场模型，实时优化锡槽热工智能控制算法，以保障玻璃在不同工况下的高质量成形，实现锡槽自动化改板和智能化生产。

实施目标是根据人工输入所需的拉引量、产品厚度、净板宽度指令，计算机系统智能控制拉边机的转速、角度、进退、压深动作，实现玻璃生产规格的智能化全自动调整。

实施过程首先是计算机系统对现有生产参数实现数字化采集（表3-25）。计算机系统有该生产线各种规格、厚度的生产操作参数资源库，以及各种应对处理方案的专家资源库，并能自动记录每次改板参数，自我优化资源库。智能改板流程如图3-34所示。

表3-25 智能改板参数采集

	生产参数	控制精度	采集部位	采集设备
玻璃带	原板宽度（mm）	±20	退火窑入口	在线测宽、测厚仪
	净板宽度（mm）	±20	退火窑入口	在线测宽、测厚仪
	全板宽厚度（mm）	±0.04	退火窑入口	在线测宽、测厚仪
	拉引速度（m/h）	±0.5	主传动电机	主传动控制柜
	拉引量（t/d）	±2	计算机系统根据原板数据自动计算	
拉边机	速度（m/h）		拉边机	拉边机控制柜
	角度（°）		拉边机	拉边机控制柜
	机头距锡槽中心线（mm）		拉边机	拉边机控制柜
	下压深度（mm）		拉边机	拉边机控制柜
	机头外部玻璃带宽度（mm）		拉边机	工业电视

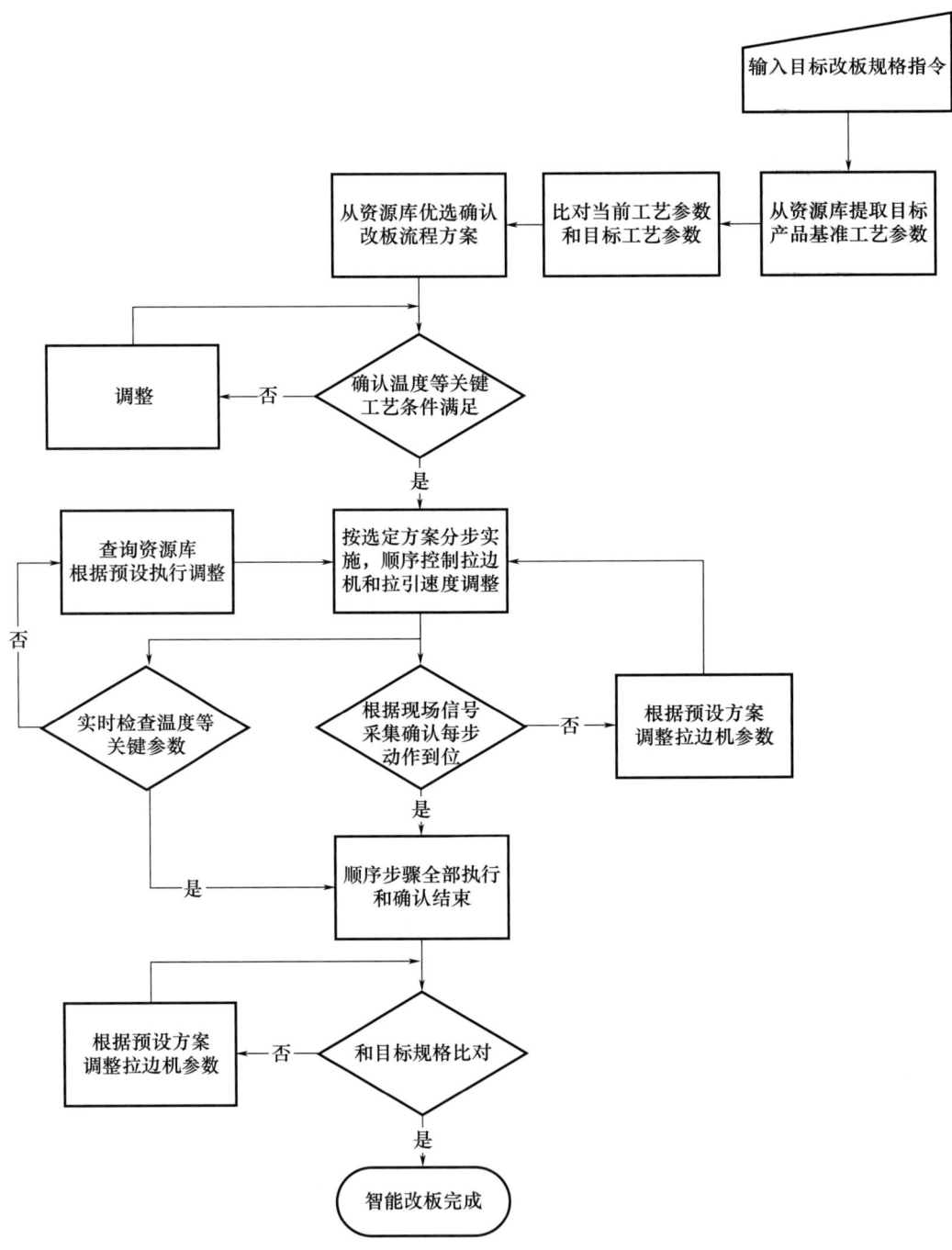

图 3-34 智能改板流程示意图

3.4 压延成形工序

3.4.1 概述

3.4.1.1 任务

压延玻璃是由玻璃液经压延机的上下辊之间压制延展而成，故称为"压延玻璃"，因玻璃产品上压有花纹，亦称为"压花玻璃"，其成形工艺称为压延法。光伏用超白压花玻璃是采用压延工艺生产的高光伏透射比和高强度的平板玻璃，应用于光伏组件起到保护光伏电池的作用，是当前压延玻璃最主要的应用领域。其工艺布局如图 3-35 所示，压延成形生产工艺流程如图 3-36 所示。

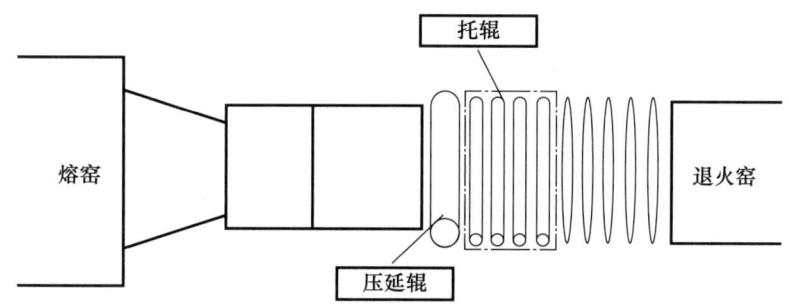

图 3-35　压延成形工艺布局示意图

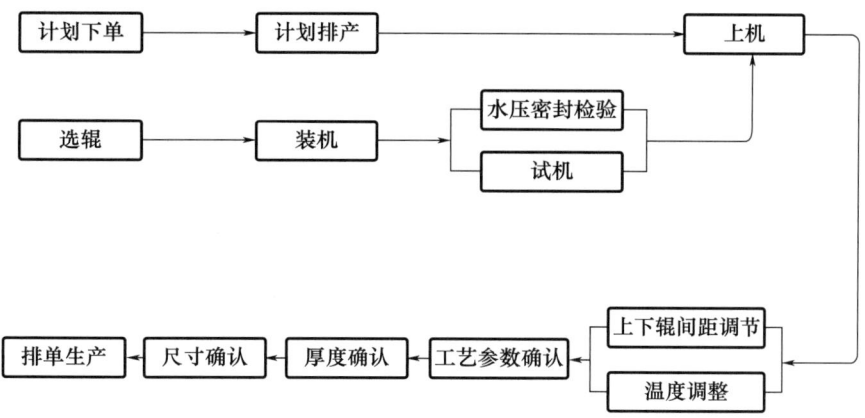

图 3-36　压延成形生产工艺流程图

压延机是压延玻璃成形的关键设备，它处于玻璃溢流口和退火窑之间，在适当的玻璃液黏度下，通过上下压延辊的间隙、自重、竖向压力和玻璃板纵向拉引速度的引张率来调整压延玻璃的厚度。压延机由主机、接应辊（副辊）和过渡辊台三大部分组成。压延成形工作部温度在1200℃左右，成形后的压延玻璃温度降至约610℃。产品尺寸以客户定制需求为主，产品常见厚度主要有4.0mm、3.2mm、2.5mm、2.0mm和1.8mm等。产品主要指标：光伏电池响应波段380～1100nm间光伏透射比、玻璃厚度及厚薄差、玻璃宽度和尺寸偏差等。关键工艺参数：玻璃液温度、压延辊表面温度、压延辊速度、速比参数、溢流口窑压等。通过压延成形工序，对生产宽度管控、花纹控制、花型和粗糙度等影响压延玻璃光学性能的参数进行管控，以满足用户不同应用场景的使用需求。

3.4.1.2　工艺控制要点

压延成形工序生产过程中，主要通过温度和速度的控制，实现产品控制要求。以熔化量700t/d 一窑四线，常见的2mm、3.2mm规格为例，典型的工艺参数及其量化指标要求见表3-26。

表3-26　压延成形工序关键控制参数及典型控制指标

（以700t/d 一窑四线为例）

序号	控制参数	控制指标	
		2mm	3.2mm
1	玻璃液温度（℃）	温度范围 1185±25	温度范围 1175±25
2	压延辊表面温度（℃）	上辊表面温度 450±20 下辊表面温度 370±20	上辊表面温度 400±20 下辊表面温度 270±20
3	传动速度（m/h）	压延上辊速度 355±10 压延下辊速度 375±10 退火窑主传动速度 545±10	压延上辊速度 235±10 压延下辊速度 250±10 退火窑主传动速度 320±10
4	速比参数	上辊慢，下辊快，相差20m以内	
5	溢流口窑压（Pa）	8±5	

3.4.2　现有控制手段及改进需求

压延机作为压延成形工序的主要生产设备，可通过对关键工艺参数的自动采集，集成至控制面板对成形装置、驱动装置、冷却系统、移动底座等环节进行管控。各项关键部位的参数设置和调节，均可通过控制面板实现，尤其针对主要指标玻璃液温度、压延辊表面温度、压延辊速度、速比参数、溢流口窑压等的调节管控，如图3-37所示。但是，目前多数参数都未能实现智能控制，人工干预较多。

3.4.2.1　现有控制手段

玻璃液温度作为重要监控数据，其测量点为压延机前段成形部，通过操作工人用手持式光学测温仪在一定距离处进行测量，测量频率为每小时一次，并手工输入记录到压延生产日报表中，不同厚度产品温度不同，通常情况约为1180℃。根据不同的厚度要

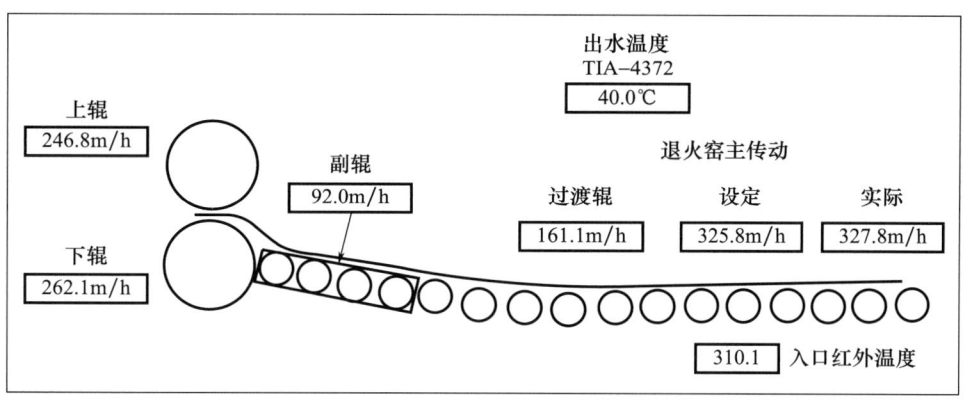

图 3-37　压延机控制面板示意图

求，管控玻璃液的温度波动情况，以确保产品满足成形厚度的温度要求。压延成形工作部温度较高，成形阶段温度梯度大，成形过程中所需要接触的部位和材料较多，对于接触部位的温度控制要求较高。当前针对关键控制处进行单点或多点的温度监控尚无法满足对温度的总体范围检测要求。

操作人员用手持式红外测温枪单点测量，获取压延辊表面温度数据。温度调节和管控有以下两种方式：一是通过冷却水量的调节控制，人工测量压延辊上辊和下辊的进水和出水温度并计算温差，设定温差控制值，通常情况下压延辊冷却水进水口温度应不高于30℃，出水口的温度应不高于60℃，通过调节水量进行温差调节；二是在成形辊前添加边火枪，调节溢流口吊砖和玻璃液间的距离，对压延辊温度进行调控。两种管控方法均较多依赖人工干预，精度不高。

压延辊的速度是衡量压延成形工序生产能力的重要参数，根据实际情况设置匹配速度。生产管控中，首先根据配方和料性确定基本的工艺制度，再根据压延辊的辊径和产品厚度，将这些基本参数输入 PLC 中，通过电机转速设定辊速；根据退火窑速度情况，通过操作界面对压延机的各部分速度进行调节，如图 3-38 所示。

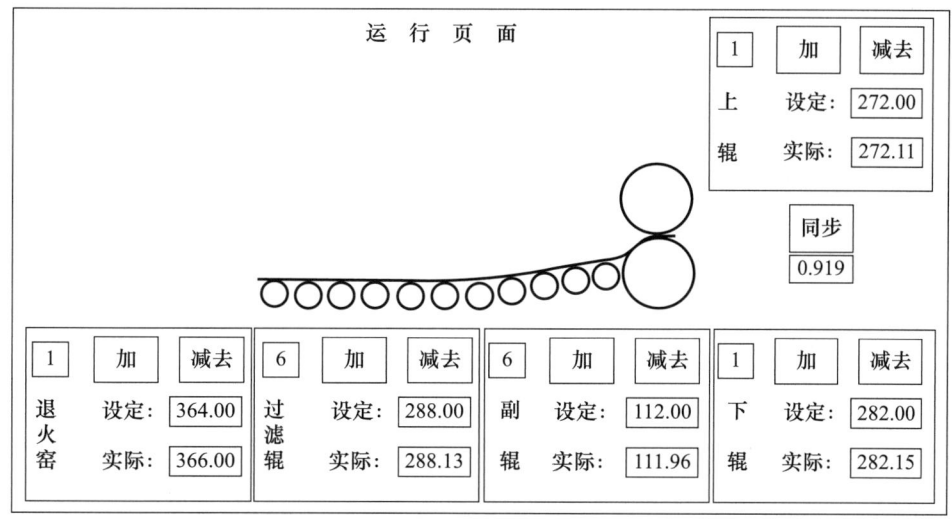

图 3-38　压延机速度调整控制界面

速比参数亦应重点管控。压延辊全生命周期中需多次对表面进行加工，每次重新加工后直径都会发生变化，为满足生产工艺需求，在上辊和下辊设置过程中，应设置一定差异的转速，一般情况下上辊的转速略低于下辊转速（不超过 20m/h），一般速比为 1∶1.01～1∶1.1。通过上下辊调速及速比调节，设置一定的调速范围，在该范围内保证产品质量。

溢流口贴近压延玻璃成形部位，该部位窑压应予以管控。成形作业区域直接与空气连接，溢流口窑压依靠与熔窑连接部分的空气传递，通过熔化部窑压、闸板高度调节以及看火孔开度情况，对窑压进行调节。窑压波动如图 3-39 所示。

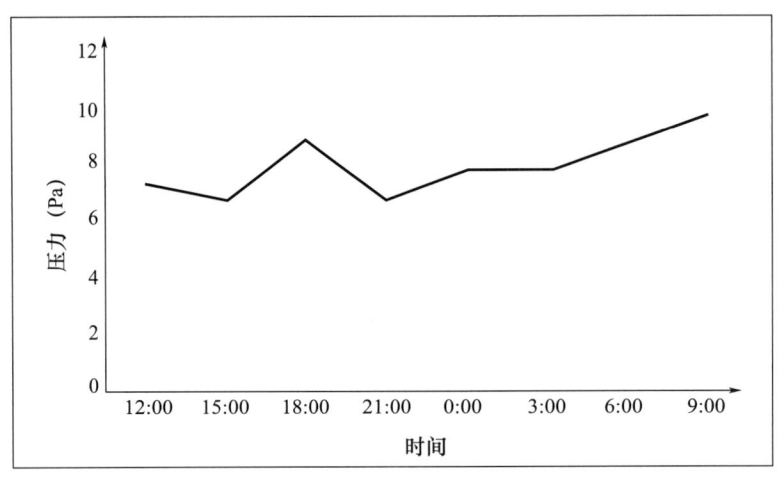

图 3-39　溢流口窑压波动示意图

3.4.2.2　改进需求

1. 玻璃液温度改进

首先应实现数据自动测量采集，当前数据和调整的反馈存在一定的滞后性，可用红外温度测量传感器对多个关键位置进行测量，通过红外线测温或红外热成像技术获取测量点温度。针对不同厚度的产品设置不同的控制区间和温度相应敏感度，采集数据集成至控制面板显示，弥补当前使用人工手持光学测温仪测量误差偏大、精密度不够的弊端，提高测量数据的传递效率，以利于参数分析和产品推广。

2. 压延辊表面温度改进

当前对压延辊表面温度的测量与玻璃液温度管控弊端类似，存在数据取样点少、分析能力差、数据传递不及时等缺点。传统方法是生产工艺人员通过温度监视，调整进水和出水的温度，需要对压延辊表面温度进行多点自动测量和反馈式调节，实现压延成形工艺的自动化和智能化。

3. 压延辊速度改进

目标是实现压延辊速度与玻璃厚度智能化反馈式调控。通过对压延辊速度的精细调控，实现快速调整。当前生产调节设备自动化程度较低，以手动调节为主，生产部件的通用化程度不高,控制手段单一,生产过程中往往无法进行设备的数字化和量化工作,对经验判断的依赖程度较高,较难形成理论化和系统化的控制。未来应对压延辊及相关设施的速度数据采集和调节趋于精密管控,尤其是压延机下辊、接应辊、过渡辊、退火窑主传动之间的线速度的精密调节。随着超薄压延玻璃的发展,光伏压延玻璃生产线生产速度高达700m/min,要求速度的控制更加精准可靠,如此才能保证玻璃厚度和厚薄差的精确控制。

4. 速比参数改进

其指的是速比参数与玻璃板面质量信息的智能化反馈式调节。在压延辊的全生命周期中,每次再加工都需要切削掉辊层表面厚度 0.5~8mm 的辊材,每次加工过后都应重新设置适用的速度,同时确保生产过程中压延辊的圆跳动≤0.9mm,可通过大数据对不同状况下的模拟进行分析,设置适合的速比参数。

5. 溢流口窑压改进

窑压多点测量,数据自动采集,并与烟道闸板高度形成反馈式调节。窑压目前总体检测的采集点数据偏少,一般是在通路上安装取压管或窑压测量设备来对窑压进行数据的收集和管控,数据自动采集率偏低。

3.4.3 智能化实施展望

3.4.3.1 压延工艺参数与玻璃成品质量反馈控制

根据生产要求对相应参数进行调整和记录,采集压延辊及系统的温度和速度的变化数据。针对未来智能工厂的需求,从多个层面进行布局,作业层主要是在 MES 系统中建立各种看板:工人作业、任务查询及时更新反馈看板;工位、车间的计划跟踪看板;物料库存的缺料、配送看板;设备、工装等生产资源的监控看板等。通过各种看板信息,可以把各个层面的重点信息及时有效发布,完成车间生产的可视透明化管理。在生产实施中,针对关键控制点,通过设置外部传感器等方式,进行数据收集和管控(表3-27)。

表3-27 压延成形数据采集需求

数据采集点	数据采集类型
压延辊速度——上辊	交流变频器数据采集,速度
压延辊速度——下辊	交流变频器数据采集,速度
副辊速度	交流变频器数据采集,速度
过渡辊速度	交流变频器数据采集,速度
裁板宽度	MES,尺寸
进水温度	温度传感器数据采集,温度
出水温度——上辊	温度传感器数据采集,温度
出水温度——下辊	温度传感器数据采集,温度
主传动速度	温度传感器数据采集,温度

将采集的速度、温度数据进行整理，根据生产工艺要求对相应参数调整进行分析，通过对相关生产工序采集数据的分析判断，提供异常报警。窑炉各部位温度、关键参数超限预警（根据设计拉引量建立工艺规范），根据压延作业标准，对相应参数的调整进行记录存档。各温度区间按照规范要求进行设定，如需调整，可通过线上流程。常见的支持方式有：微信企业号、微信公众号、钉钉、原生 App（应用程序，Application）等。整合企业 ERP（企业资源计划，Enterprise Resource Planning）系统、MES（制造执行系统，Manufacturing Execution System）系统、在线缺陷检测系统、IOT（物联网，The Internet of Things）设备集成系统及炙手可热的工业 5G 网络，实现对产品质量的监控。采集影响质量的关键工艺参数，配合生产任务进行关联操作，多维度查询过程数据，采取追溯查找；实时获取各个生产线的质量和生产能力情况对比，提供给计划人员作为排产依据；实时获取销售订单的生产过程情况和库存情况，了解客户动向；实时获取各生产订单、各产线的质量（原料、原片、成品）状态情况；实时获取生产设备和加工过程状态情况，了解设备产能；实时获取工厂各项运营指标的状态情况；将生产经营过程中的个人经验、知识转化为信息数据进行保存，为后续标准化方法的实施提供必要帮助。针对较为关注的控制要点，可从以下方面进行管控。

1. 玻璃液温度

通过红外热成像技术，实现对玻璃液温度的实时监控，引入分析模拟软件助力新产品开发，通过对压延成形过程中压力场、温度场、速度场的分布、压延辊的热通量变化和高温高压下辊体变形等理论研究建立分析模型，建立参数数据库和模型，快速为客户提供符合标准条件的产品参数，并设置报警和介入功能，当玻璃液温度超出设定要求时进行报警提醒，并将调整信息反馈给熔化控制系统，实现智能自动控制。

2. 压延辊表面温度

通过设置一定数量的传感器对温度数据进行测量收集，根据辊材金属不同温度下的颜色特征及受力变形情况，针对大尺寸超宽版的行业需求，结合压延机前部溢流口成形的料性及热力学系统，通过软件模拟分析，提前将参数、影响因子、产品质量需求等技术要求进行模拟，削弱成形部位玻璃横向温差受到环境、冷却水、风、加热元件等众多因素的共同影响。通过数据库 AI（人工智能，Artificial Intelligence）分析，根据压延辊的表面温度，调节冷却水水量，调控冷却风风速和风向，调节压延辊的表面压力，实现自动优化控制。

3. 压延辊速度

增加压延工序现场传感器的布置数量和探测程度，提升现场生产管理和质量管理自动化和信息化程度，添加工业多重传感器，实现对各个关键点的信息采集。将各个传感器和部件相互连接，使用更加精密的速度调节设备。直接生产设备设施或间接影响生产的设备设施参数接入公司 MES 系统，实现针对不同产品类型的自动控制。同时针对压延辊的工作状态和部件寿命，对各个关键传动点和关键部位进行自动报修，提前预警，最终实现根据客户订单交期要求和设备质量状况，自动调节辊速，达到自动生产的目的。

4. 速比参数采集

通过智能设备和系统，增加针对辊径和辊长的精准探测传感器，结合压延辊速度控制阶段建立的数据库，使用软件数据模拟的方法，配合速度精密调节装置，提高测量和调节的精度，开发递变形传输技术，设计多级变速传输及全承载支持技术，开发立体网状速度控制技术，确保压延辊速度及速比控制的精确性和均匀性，实现精密控制，减少波动，提升生产管控的智能化。

5. 溢流口窑压

通过与熔窑环节 PLC 控制系统联机的方式，实现对溢流口窑压的控制。信息实时化，可以通过设置报警器的方式，对参数的控制范围做预警设置，当参数超出控制范围时，及时进行报警提醒。并根据窑压变化情况，及时对熔窑中燃料、助燃风量进行调整，实现溢流口窑压的稳定可控。

3.4.3.2　智能改板

将获取的客户订单需求输入智能控制系统中，同时将客户的特殊需求予以录入，在智能排产系统中综合对比选取最佳线路；调取与之匹配的生产参数，将工艺要点和质量要求下达到生产线，自动调节压延机的速度及进出水温度、水量，调整压延辊间距，通过对玻璃液温度的有效精密监控，根据产品质量状况实时对生产参数进行一定的调整；通过压延辊进出水量和边火枪火量调节压延辊表面温度，搭配适当生产速度及压延辊速比，进一步将生产数据参数发送给退火窑及冷端，实现智能改板的目的。同时，将生产数据实时收集上传数据库，不断完善生产质量监控。

3.5　退火工序

3.5.1　概述

3.5.1.1　任务

玻璃在成形过程中，由于经受了剧烈的温度变化，使内外层产生温度梯度，引起不规则的热应力。这种热应力能降低玻璃的机械强度，影响玻璃的光学性能。退火就是一种热处理过程，通过适当控制降温速度，将玻璃带中产生的热应力控制在允许的范围内。退火工序布置如图 3-40 所示。

成形后的玻璃带从锡槽出口，经过渡辊道提升进入退火窑，经过足够长的时间通过退火温度范围或以缓慢的速度冷却下来，使玻璃带的热应力控制在允许范围内，然后送至冷端切割。退火工序控制流程如图 3-41 所示。

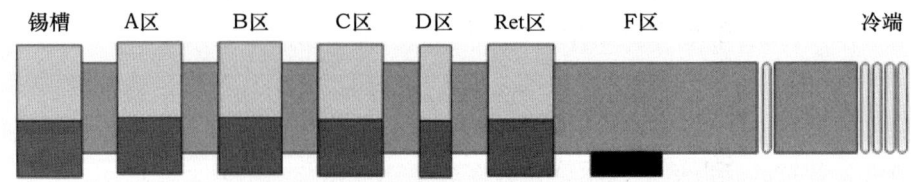

图 3-40 退火工序布置示意图

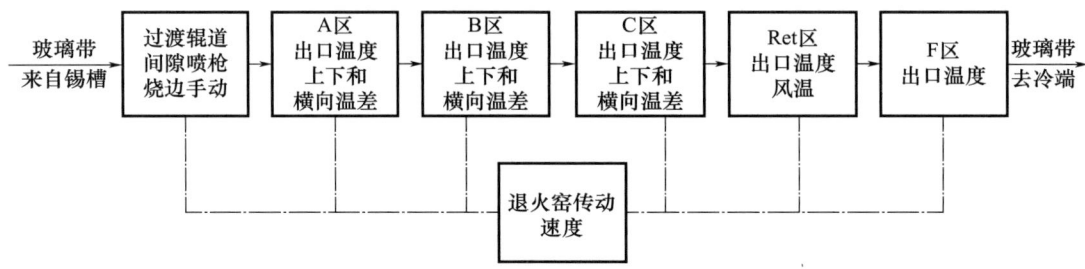

图 3-41 退火工序控制流程示意图

3.5.1.2 工艺控制要点

由于玻璃连续渐变的物理特性,需要根据不同产品要求设计相应的退火曲线。图 3-42 为拉引量 600t/d 普白生产 5mm 规格玻璃的典型退火曲线。

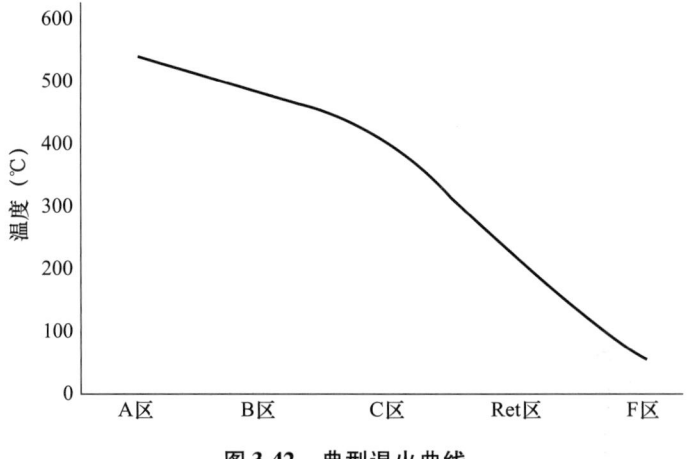

图 3-42 典型退火曲线

退火工序中主要有传动速度、各区出口玻璃温度和空间温度等工艺参数,见表 3-28。

表 3-28 退火工序关键工艺参数及控制指标

序号	名称	控制指标
1	主传动速度	偏差 ±0.1%
2	A 区温度	出口温度:540℃左右,横向偏差 ±5℃,上下偏差 ±10℃ 电加热功率:输出稳定,波动 ±1kW

续表

序号	名称	控制指标
3	B 区温度	出口温度：480℃左右，横向偏差±5℃，上下偏差±10℃ 电加热功率：输出稳定，波动±1kW
4	C 区温度	出口温度：380℃左右，横向偏差±10℃，上下偏差±10℃ 电加热功率：输出稳定，波动±1kW
5	Ret 区温度	出口温度：220℃左右 风温：130~180℃，偏差±5℃
6	F 区温度	90℃以下

3.5.2 现有控制手段及改进需求

3.5.2.1 现有控制手段

1. 传动速度

退火窑传动控制如图 3-43 所示。一般退火窑传动都设定两套传动站，这两套主传动站在运行过程中互为备用，其中一台按照所需载荷速度运行，另一台则按照所需运行速度的 95% 备用运行。传动站主要由减速机、超越离合器、高速减速机、电动机等部件组成。传动站通过减速机带动退火窑的长轴转动，长轴通过齿轮带动每一根辊道转动。

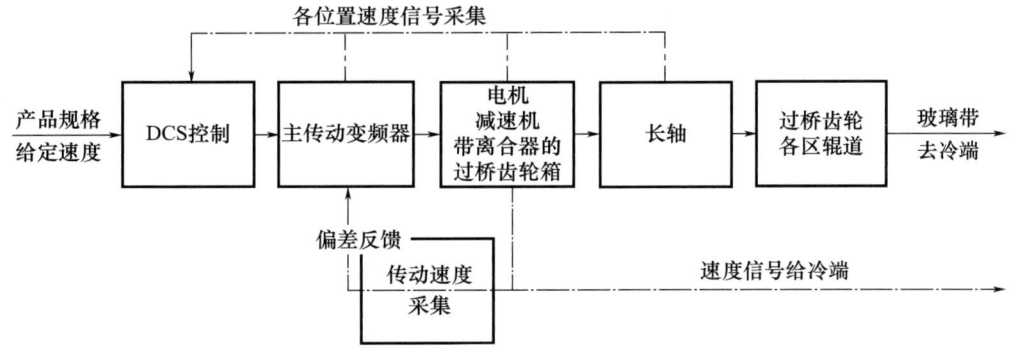

图 3-43 退火窑传动控制示意图

对于传动的控制，现用主流方式一般为交流变频控制。出于对稳定性的需求，一般都会采取现场自动采集辊道速度闭环控制或使用永磁电机。由于连续玻璃带直至冷端的横切，因此本工序的退火窑传动速率需要对下游输出，要求稳定，反映实际变化。常用的速度数据采集方式有辊道角速度的采集或 DCS 同步传输至下游冷端控制系统，精度达到 0.1%。

2. A区温度控制

A区为预退火区，其作用是使从锡槽出来的600℃左右的玻璃带均匀降温至玻璃退火温度，一般为540℃左右。

冷却系统：窑内板上、板下各布置1层冷却风管，板上根据板宽一般分为5个区，板下亦然。冷却风量按各位置的热电偶测温数据通过气动蝶阀调节。

加热系统：窑内板上一般在侧边布置抽屉式电加热器，板下一般布置通长电加热器。加热量按各位置热电偶测温数据通过调功器调节。

以上系统配置根据产品定位会有不同的设计，如分区、位置等。A区温度控制如图3-44所示。

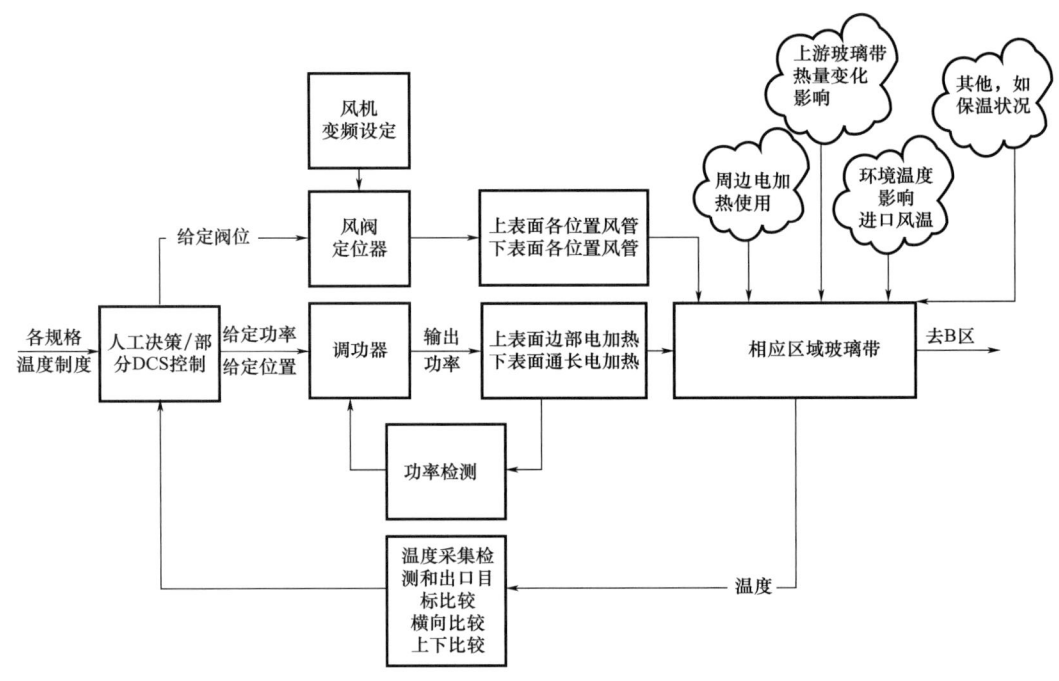

图3-44　退火窑A区温度控制示意图

温度控制的执行手段为风机冷却和电加热，按照各个分区通过温度检测反馈单独控制。

退火窑风机采用高温风机，布置在退火窑顶部。风机设置电机控制中心，出于节能考虑，每个风机会采取变频器驱动，在降低能耗的同时有更多温度调节手段。风阀使用智能定位器进行控制，相对于传统机械定位器提高了控制精度，定位器在稳态操作时的耗气量几乎可以忽略；定位器的安装及调试都非常简单，降低了维护频率。电机的启动和停止可以远程在DCS系统界面上操作，风机运行和故障信号也接入DCS系统显示。

退火窑电加热元件采用高电阻电热合金丝，通过耐高温硅橡胶电缆连接到各个加热单元。由调功器进行加热功率控制，提高了控制精度，减少了对电网的干扰。例如，使用调功器通过Profibus总线和DCS系统连接上位系统可以监控DCS上的所有数据，也可以实时监控调功器的状态。操作人员在控制室内就可以监控调功器的所有数据,包括实际输出功率、调功器本体报警等。实时对比调功器的开度、设定功率、实际反馈功率等参数,可以预判退火窑内加热手的工作状态。例如,调功器本体温度高报警,可以提醒维修人员检查调功器风扇等。

温度检测使用热电偶检测相应区域空间的温度,并辅助以辐射高温计直接检测板面温度。A 区板上和板下各分为 5 个区,每个区对应一个热电偶检测其出口空间温度,最边部两个区设置两个热电偶以适应不同的板宽需求,这两个热电偶可以根据板宽选择参与控制。控制策略一般采取 PID 算法,在规格不变的前提下基本能够适应环境的变化做到自动控制。一些干扰量只能采取人为策略尽可能减少,难以量化进入决策系统。

3. B 区温度控制

B 区为重要退火区,其作用是使从 A 区出来的高退火温度的玻璃带以一定的冷却速度进行冷却,从而使玻璃带内的永久应力控制在允许的范围内。

冷却系统:窑内板上、板下各布置一层冷却风管,板上一般分为 5 个区,板下亦然。冷却风量按各位置的热电偶测温数据用气动蝶阀调节。

加热系统:窑内板上一般在侧边布置抽屉式电加热器,板下一般不布置电加热器。加热量按各位置热电偶测温数据用调功器调节。

以上系统配置根据产品定位会有不同的设计,如分区、位置等。信号采集和控制回路类同 A 区。

4. C 区温度控制

C 区为后退火区,其作用是使从 B 区出来的低于退火温度的玻璃带以较快的冷却速度进行冷却,因此,该区内产生暂时应力,不产生永久应力。

冷却系统:窑内板上布置 3 层冷却风管,板下布置两层冷却风管(为了加大冷却能力);板上一般分为 5 个区,板下仅 1 个区。冷却风量按各位置的热电偶测温数据用气动蝶阀调节或手动调节。

加热系统:窑内板上一般在侧边布置抽屉式电加热器,板下一般不布置电加热器。加热量按各位置热电偶测温数据用调功器调节,加热能力小于 B 区。

以上系统配置根据产品定位会有不同的设计,如分区、位置等。信号采集和控制回路类同 A 区。

5. Ret 区温度控制

Ret 区为热风循环区,该区利用窑内的热空气,配以定量的新鲜室温空气,通过风机将一定温度的热空气重新喷吹在玻璃带上,利用其强制对流使玻璃带快速冷却。由于使用的是热空气,和玻璃带的温度相差不是很大,因此正常生产时不会引起玻璃板炸裂。

在该区中,玻璃板上、板下都配有吹风嘴,由窑上风机供风;板上风嘴一般分 6 个区,板下不分区。无加热系统。Ret 区往往会再分 2~3 个区,每个小区可以控制不同的风温，阶梯式冷却玻璃带。

该区自动采集冷却风管出口风温作为反馈，DCS 系统与设定温度比较，给出冷风阀门开度信号来调节混合后的出口风温，从而达到控制玻璃板温度的目的，如图 3-45 所示。

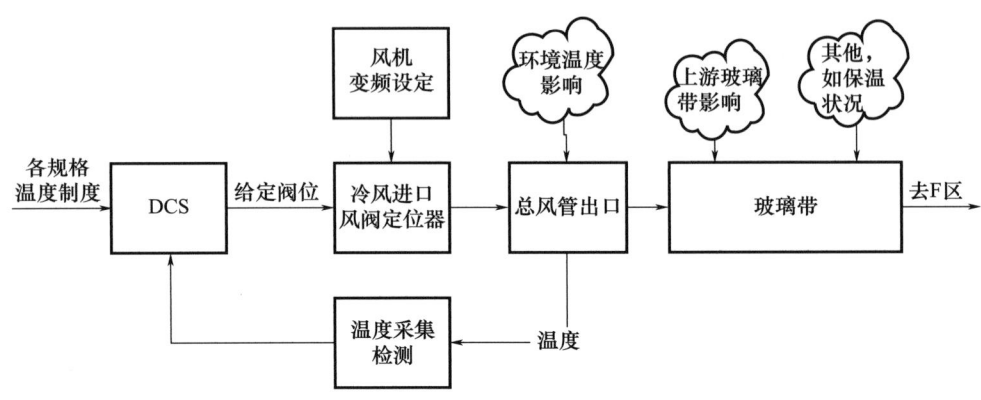

图 3-45　退火窑 Ret 区温度控制示意图

6. F 区温度控制

F 区为强制冷却区，该区用车间内的室温空气直接喷吹到玻璃带表面上，通过强制对流使玻璃带快速冷却。

该区为敞开式结构，冷却风量大于 Ret 区，该区玻璃带上的冷却风嘴由横向分区手动阀控制，下部只控制左右两边的进风量，横向不再分区。通过辐射高温计自动采集玻璃板面温度，各小区由单独风机控制，操作员根据采集温度远程启停各小区风机来控制玻璃板温度。

7. 数字化采集

目前的平板玻璃工厂普遍使用数据采集与监视控制系统（SCADA），可以实时采集现场数据，对工业现场进行本地或远程自动控制，对生产工艺执行情况进行全面的展示和实时的监控，对于采集数据根据工艺需求分级预警，为生产和管理提供必要的数据支撑，对现场设备进行优化调度控制。

以某 600t 窑玻璃浮法线退火窑为例，A、B、C、Ret、F 区各出口板面上下、横向空间温度点自动采集，并由相应位置的辐射高温计测温点接入；各执行元件（电加热设定输出和风管阀门定位器信号）以及相应的电加热状态和阀门状态信号接入；退火窑传动速度相应测量点信号接入及控制输出；所有设备状态（如风机运行状态、温度、振动等）和相应辅助设备状态（仪表冷冻水系统、辐射高温计冷却水流量状态等）监控；经过 Profibus 总线采集的加热调功器等信号监控。数字化采集点越多，越有利于工艺工程师对工艺数据比对分析，改善工艺参数，提高生产效率和生产质量。

在实践中，使用冗余自动化系统，可用来实现更高程度的可用性或容错功能。采用容错自动化系统的目的在于减少生产停机时间，无论停机原因是出错、故障还是实施维护。停机的成本越高，就越有必要使用容错系统。

8. 其他常见监控手段

（1）炸裂报警。目前工厂已实施通过有限位置的光学传感器（光电管）检测玻璃是否炸裂，一般安装在开放的 D 区（C 区和 Ret 区的过渡区）和 F 区。在一根横梁上固定 5~7 个位置安装光电管，当未检测到玻璃时意味着玻璃炸裂，相应位置光电管产生报警。

（2）红外热成像仪的使用。人工手持红外热成像仪巡视，检查保温状况（尤其是更换辊道后）。

3.5.2.2 改进需求

1. 退火窑传动

对采集的各点速度进行记录和比较，对差异大或波动大的提供预警，以便及时检修。

上游拉引量和退火窑传动的联动控制，切换规格时和锡槽联动控制。

2. A、B、C 区温度控制

现有的温度控制是各位置出口温度反馈控制该位置的冷却器，未考虑各位置的温度控制有相互耦合性；空间温度反馈有较大滞后性，现有的单输入单输出 PID 自动控制易引起温度波动，对一些常见故障或异常不能自主识别，加剧了温度控制的波动。初始时的温度设定基本依据经验和设备的设计及安装执行情况，需要一定时间和数据的积累才能逐步找到最优参数设定。

3. 切换规格时的温度控制

现依据工程师经验，结合上下游温度，采取和正常生产不同的温度设定手动控制。

4. 炸裂报警检测装置

由于退火窑区域的工作环境，对光电管的环境耐受度提出了较高要求，而且安装位置固定且有限，不能及时锁定炸裂位置，而炸裂往往带来较多的质量问题。

5. 平整度检测

人工至现场观察或视频接入系统远程监控，响应不及时。

3.5.3 智能化实施展望

3.5.3.1 主传动与拉引量的反馈控制

在现场安装速度检测传感器，接入 DCS 系统，检测电机转速、齿轮箱输出、退火窑辊道传动长轴、各区退火窑辊道（不同辊径）等各级的速度。这样可以对传动速度进行实时监测，对差异大或波动大的提供预警，以便及时干预，确保退火窑的稳定运行。对切换玻璃规格时辊道速度的变化做跟踪，得出最为合理的辊道速度变化率，进一步优化升降速的策略。

另外，连续的玻璃带在辊道上的传输还包括冷端玻璃切割前的一段输送（至横切前）。这也需要两个车间数据互联。一般采取工业总线或其他协议互联，在调整退火窑速度时可以做到前后联动、反馈及时。

退火窑的速度、玻璃带的板宽和厚度以及退火窑进口玻璃温度决定了实时的热工状态。这些需要被实时采集，它们是工艺大数据建立的前提条件。及时准确可靠地获得这些数据才可以实时掌控拉引量的变化，并反馈至上游锡槽热工智能控制系统，稳定拉引量，最终实现退火窑热工的完全智能控制。

3.5.3.2 退火质量与温度制度的反馈控制

退火窑的温度控制受多种因素影响，具有非线性、大时滞、强干扰、强耦合的复杂特性。因此，所用的控制方法必须具备控制上述复杂系统的能力。（1）A、B、C区一般采取间接冷却方式，即辐射冷却器的冷却方式，借此气流带走玻璃带散发出来的热量，这样对于温度控制的响应是较为滞后的，需要在控制策略上予以改进；（2）原有的PID控制基本能够满足仅环境温度变化下稳定退火窑温度控制，但一些常见异常如控制器件的可靠性（测温元件、执行元件、风管电加热器等）无法识别；（3）对单根冷却风管阀门开度调整时，其他风管实际风量也有轻微变化，目前系统无法识别这些关联。

基于以上原因，可以在工艺数据积累足够的前提下，采取复合控制模型应对，例如"模糊+PID控制"。在温度偏差较大时采用模糊控制，响应速度快，动态性能好；当温度偏差较小时采用PID控制，静态性能好，能满足系统控制精度。建立专家系统识别各种强干扰，例如设定一个合理的温度区间，相应位置的温度传感器（热电偶）或辐射高温计需要一个对应的关系，对于冷却风的控制阀也需要一个合理操控区间和变化率的判定等，给出报警，要求人工干预处理异常，以免造成更大的工艺风险。增加风量检测，局部温度调节时能多点输出。

切换规格时，退火窑智能控制系统要能够及时检出热平衡状态的参数变化——温度、速度、板宽和厚度。根据专家库，自主给出不同的温度制度的设定和不同的控制策略。

另外，对于下游应力检测数据，可以通过专家库判定给出现行温度制度设定的调整，逐步实现退火窑热工智能控制系统。

3.5.3.3 炸裂智能检测

关于炸裂检测，目前图像处理技术足以完成此项检测，但成本较高，同样有工作环境和有限安装位置的考虑。炸裂位置的及时准确定位将给炸裂后的一系列处理措施带来较大的帮助。未来声学传感器的发展和应用推广或可帮助玻璃生产解决此问题（例如，可以通过声源检测判断出炸裂的噪声和大致声源位置）。

还可以在退火窑相应区域辊道上安装压力检测元件，通过横向各段检测压力的变化判断玻璃的平整度状况或是否炸裂；各辊道的压力检测状况也可以间接反映炸裂的状况和位置。完成了以上检测后,可以逐步实现对玻璃平整度的智能优化控制。

3.6 在线镀膜

3.6.1 概述

3.6.1.1 任务

在线镀膜是指在连续生产的浮法玻璃生产线上以高温、洁净、快速拉引的玻璃带为载体,采用化学气相沉积(Chemical Vapor Deposition,简称CVD)镀膜方法,对玻璃表面进行改性处理,赋予其特殊的光学、电学、热学或力学等特殊功能的工艺过程。产品种类有低辐射镀膜玻璃、阳光控制镀膜玻璃、透明导电玻璃、冷链展示玻璃、电磁屏蔽玻璃、自清洁玻璃等,在建筑节能、太阳能电池、冷链展示、国防安全、海洋船舶、环境净化等领域有着广泛应用。

3.6.1.2 工艺控制要点

在线镀膜工序的管控目标是膜厚、颜色、光学性能、导电性能、热学性能、亲水疏水性能等的均匀性及稳定性。

关键的性能质量指标有:可见光透射比、可见光反射比、雾度、色度坐标、色差、表面电阻、辐射率、亲水角。主要工艺控制点见表3-29。

表3-29 在线镀膜工序主要工艺控制点

序号	控制点	控制目标
1	镀膜原料品质	有效纯度、浓度、杂质含量、密度自动采集和分析数据
2	供气压力	波动范围±3%
3	镀膜工况实时监测	锡槽槽压≥25Pa,横向温差≤5℃,锡槽出口闸板、退火窑镀膜区进口闸板、退火窑各区进出口闸板可视化监控
4	流量控制	气体、液体流量波动率±0.5%,原料供液流量波动率±1%
5	温度控制	要求加热单元具备自我检测功能、报警功能,关键加热单元的功率可实时监控,实时加热状态在线观测,温度波动值控制在±0.5℃
6	反应器压力控制	油压、水压、气压自动采集,反馈式调节,保持稳定
7	镀膜高度	自动测量,精度±0.05mm,并实现反馈式调节
8	镀膜反应器工艺参数及工况实时监控	温度、气体出流速度、排气负压,反馈式调整
9	镀膜尾气达标排放	排放速率、温度、有害物质浓度、流量,与镀膜工艺参数、尾气处理工艺参数形成闭环式联动,达标排放
10	膜层反射光谱热端测量	色度坐标L*a*b*热态测量,并与工艺参数反馈式调整
11	在线镀膜检测系统闭环调整	膜层反射光谱热端测量与冷端反射光谱测量、冷端优化切割分装系统实时对接,形成闭环式联动

3.6.2 现有控制手段及改进需求

3.6.2.1 现有控制手段

在线镀膜在完成成形的清洁玻璃带上实施化学反应，充分利用浮法生产线的温度、气氛等条件，在很大程度上，可以算作浮法生产线的一个有机组成部分。但受订单计划、设备维护等因素影响，在线镀膜有生产周期的制约，严格意义上讲不是长期连续作业，这一点跟浮法玻璃原片的生产过程有所区别。根据生产性质和任务不同，在线镀膜的控制过程可以分为准备阶段、镀膜阶段、在线检测这几个环节。

1. 在线镀膜准备阶段

在线镀膜准备阶段是指验证浮法玻璃生产线工况及镀膜原料供应状况是否满足镀膜工艺要求的判定过程。只有各项条件都满足，方可允许实施在线镀膜。相应控制手段和改进需求见表3-30。

表3-30 在线镀膜准备阶段的各项需求

序号	内容	现有控制手段
1	镀膜原料的有效纯度、浓度、杂质含量、密度等基本参数	基本靠厂家出厂保证，查验来料检验报告
2	镀膜供气压力	人工巡视、调节
3	循环水压力	人工巡视、调节
4	锡槽槽压	锡槽工段自动调节，数据共享
5	横向温差	退火A0区入口顶部加热抽屉，两边加热，手动设定开度补偿温度；锡槽工段与镀膜工段共享数据
6	锡槽出口闸板、退火窑镀膜区进口闸板、退火窑各区进出口闸板可视化监控	靠人工观察

2. 在线镀膜实施阶段

根据控制对象不同，在线镀膜控制系统包括以下单元：镀膜反应器传动及定位系统、压力控制系统、温度控制系统、流量控制系统、尾气处理控制系统、质量检测系统以及显示展板系统等，全部由控制中心集中管控。

（1）镀膜反应器传动及定位系统

在线CVD方法是指选择符合生产工艺要求的温度区域插入一组或多组镀膜反应器，将按一定配比预混的特定组分气体输入镀膜反应器，经特定布气装置到达玻璃带表面，发生化学反应，形成薄膜，附着在浮法玻璃上。反应器可以由一个或者多个模块化单元组成，根据实际需要在锡槽或退火窑内可以安装一个或多个镀膜反应器，取决于产品需要的膜层数和厚度。浮法在线镀膜区域如图3-46所示。

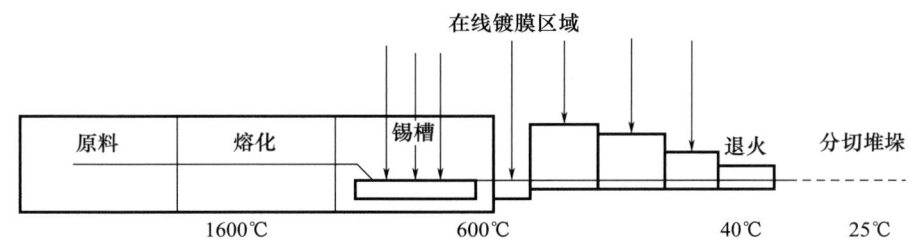

图 3-46 浮法在线镀膜区域

镀膜反应器距离玻璃表面的高度决定了气体从反应器出来之后的流动空间形状及气体滞流边界层的气流状态，需要严格测量与控制，通常可以采用激光测高系统来测量反应器与玻璃板面之间的高度。

测高系统的基本原理是将一个石英三角棱镜固定在反应器石墨边部挡板上，激光位移传感器安装在镀膜区边部传送辊面适当位置处，采用 APC（Advanced Process Control，高级过程控制）驱动电路的绿色激光发生器，保证功率输出稳定。当反应器高度调整时，入射到三角棱镜中的激光在二元横向结构的一维 PSD（Position Sensitive detector，位置敏感检测器）传感器中同步移位，经过单片机计算可知反应器与玻璃板的实际距离。该测量仪测量分辨率达 $3\mu m$，测量误差 $\pm 0.05mm$，具有分辨率高、光谱响应宽、响应速度快、可靠性高等优点，其原理如图 3-47 所示。该测高系统精度可以满足实际镀膜需求，改进需求是：三棱镜安装之后，随着反应器的调整，其角度的微弱变化需要补偿测得的数据。

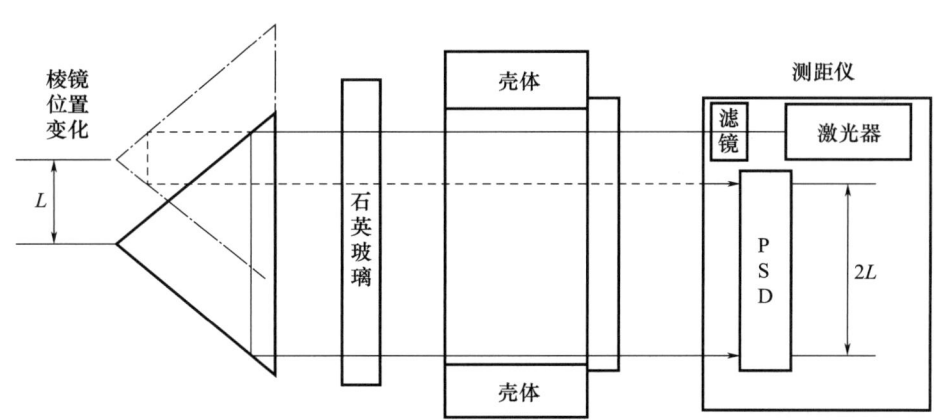

图 3-47 在线 CVD 镀膜反应器激光测高系统原理

生产实践中，锡槽反应器采取侧插方式进出及定位，A0 区反应器采取垂直升降方式进出及定位。在线镀膜反应器传动全部采取独立于生产线的轨道运行模式，避免与生产线的相互干扰，定位则根据各个区段实际情况确定。水平定位过程，目前所有机构采用异步电机传动，依靠人工操作达到指定的位置；垂直定位目前使用伺服电机传动，调整精度小于 0.1mm，可以工作在定位模式或者手动模式，整个定位过程如图 3-48 所示。反应器到位之前需要打开锡槽侧面或者 A0 区顶部，导致温度、槽压大幅波动，影响浮法玻璃的产品质量,目前主要依靠操作人员的熟练度来尽量缩短操作时间以减少损失。目前最大的问题是进出反应器时要打开边封或者盖板,反应器基本就位之后的密封等工作主要依靠人工完成,未来需要克服现场环境恶劣以及生产线自有的内部高温等实际情况的影响,实现自动堵边封。

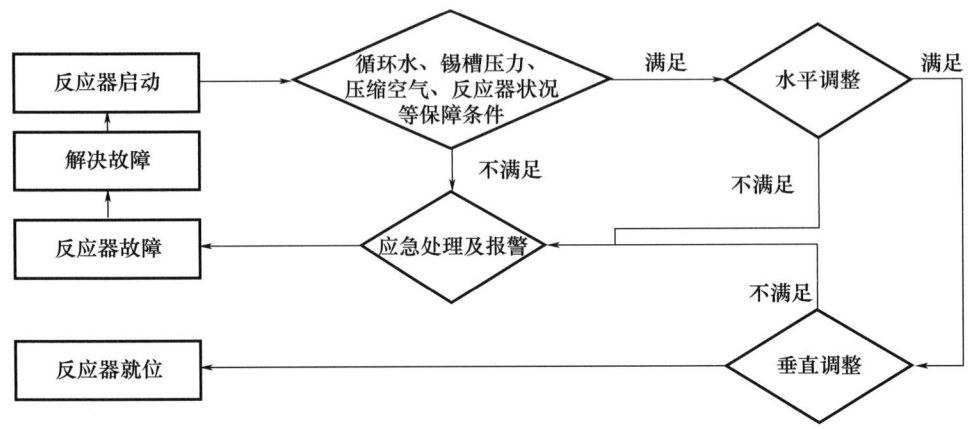

图 3-48　反应器调整流程

（2）压力控制系统

压力控制贯穿镀膜生产的始终,按照功能可分为执行生产、辅助生产、生产排废三部分,三部分互为依托,共同决定着镀膜生产的稳定可控,都是在线镀膜生产不可或缺的部分。镀膜生产过程中的压力控制点及目前的控制情况参见表 3-31。

表 3-31　在线镀膜生产的压力控制

序号	压力控制点（位置）	控制方式	控制手段
1	鼓泡器压力	电动球阀泄压	手动或者自动
2	反应器各模组排气负压	电动闸阀调节	手动或者自动巡检
3	反应器冷却油系统压力	油循环泵	压力变送器闭环控制
4	汽化器油系统压力	油循环泵	压力变送器闭环控制

（3）温度控制系统

CVD 反应过程中,主要的反应管路加热部分严格要求温度波动控制在 ±0.5℃,具体参见表 3-32。

表 3-32　在线镀膜温度控制

序号	温度点（位置）	控温方式	控制手段
1	供配气管路系统	水浴/蒸汽加热	手动
2	汽化器	循环导热油加热	模糊 PID 控制

续表

序号	温度点（位置）	控温方式	控制手段
3	反应器供排气管路	伴热带加热	模型预控的 PID 控制
4	汽化部分空加器	加热棒加热	模型预控的 PID 控制
5	汽化鼓泡器	加热棒加热	模型预控的 PID 控制
6	镀膜反应器	循环水降温	温控表闭环控制
7	尾气循环制冷	冷却空调	空调自带 PID 控制
8	热端在线光谱仪	循环水制冷水包	温控表闭环控制
9	热端在线光谱仪	干冷机制冷压缩空气	PID 控制
10	反应器升降电机	循环水降温	温控表闭环控制

在线镀膜需要电加热来保证反应气体温度持续稳定地输入反应器，目前主要使用图 3-49 所示的控制算法，其含模型预控功能且具有参数化调节的监视功能：有调节范围监视、绝对值监视、传感器开路/反向等状态监视以及加热电流监视等功能。设定发生器可以增加一路闲时温度，当系统检测到在线镀膜间歇时可以保持一定时间的闲时温度以节省能源，即"加热制动"。核心 PID 算法支持反复浪涌检测，以限制积分分量，防止积分饱和。该算法按照最小扰动调节准则设计，为减少设定改变时可能存在的超调，使用了模型预控功能来处理设定值的变化，同时，该预控功能还可以减少整个调节过程的变化；预控模型是在实际值进入设定值一定范围内并保持一定时间后被切断。

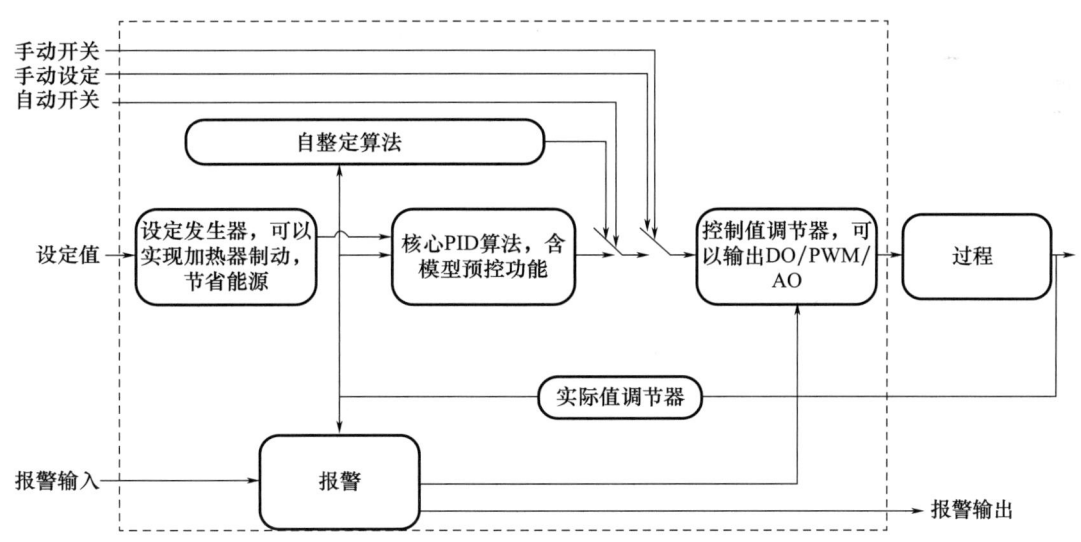

图 3-49　在线镀膜基于模型预控的 **PID** 控温算法原理

（4）流量控制系统

在线 CVD 工艺中涉及的流量控制种类比较多，大致总结参见表 3-33。

表 3-33 在线镀膜生产中的流量控制

序号	流量控制点（位置）	控制方式	控制手段
1	油循环系统	比例调节阀	PID 控制
2	气相前质体	质量流量控制器	PID 控制
3	液相前质体	齿轮泵	变频器开环调节控制
4	A0 区尾气排废	风机	变频器开环调节控制
5	锡槽尾气排废	压缩空气，风机	手动调节控制
6	热端在线光谱仪风刀	压缩空气	三联件手动调节
7	循环水	球阀	手动调节

（5）尾气处理控制系统

一般高温常压 CVD 反应，镀膜主原料的分解率约为 25%，国内外主要技术手段是采用燃烧直排法将大量的未分解气体全部焚烧，采用基于文丘里效应的二级引射系统，通过风机或者压缩空气将生产的废气带到废气处理系统进行二次处理。另外，有通过低温冷凝回收镀膜原料，提高原料利用率的做法（主要是针对金属有机化合物），工艺比较复杂，排放物包含液态物质，首先使用风机抽气，再通过喷淋降温沉降浮尘，以及多个级联 NaOH 溶液池和冷却塔进行多次酸碱中和以及冷却沉降，最后通过风机将处理好的废气排放。

排放物的温度、流量及有害物质浓度等都跟镀膜工艺参数直接相关，排放过程中需要进行实时监测，并调整尾气处理的操作参数。目前，尾气处理一般是一个相对独立的系统，根据排放状况与排放标准要求进行调节控制，与镀膜工艺尚未建立联动机制。因此，对于整个在线镀膜过程来讲，尚处于智能化的起步阶段。

（6）柔性展板显示系统

表 3-34 是在线镀膜工序电子展板示意图，这套显示展板系统中的很多模块可以复用，比如 14，需要时切换为重点数据报警监控，或者其他需要的数据的报表画面。这套开放式的展板系统实时监控生产环节的数据变化，方便现场工作人员做出动态的决策，实现生产制造全面可视化、透明化、实时性、智能化的管理与控制，最终实现提高运作效率、降低成本、提高产品质量的目标，是实现玻璃智能制造的重要一环。

表 3-34 在线镀膜工序电子展板示意

11. 员工当班、奖惩等镀膜工段人员安排	12. 热端光谱仪曲线、Lab 相关数值展示	13. 冷端反射光谱数据、曲线等	14. 冷端透射数据、曲线等相关展示
21. 锡槽温度、槽压等与镀膜相关的保障数值曲线	22. 工艺流程概览、镀膜计时、油系统相关信息等	23. 镀膜工艺各个工段的温度展示以及状态控制（含原料）	24. 镀膜工段各个工段的压力、流量监控
31. 镀膜反应器传动及定位系统工况监控	32. 镀膜废气处理工况监控	33. 镀膜工段现场监控以及镀膜环境（闸板开度等）监控画面	34. 生产数据统计：原料消耗，产品数量等全线数据

当前显示展板系统界面友好，但只是作为数据展示，离柔性展板还有一定的距离，尤其是图表展示目前还需要改进。柔性展板系统未来要做成整个镀膜系统的数据集散中心。

3. 在线镀膜产品检测环节

在线镀膜和浮法生产一样，需要实时监测玻璃生产质量。除了常规的在线浮法玻璃缺陷检测之外，在线镀膜还需要反射检测以及透射、雾度检测设备及在线电阻检测等，详见 3.7 节。这些检测结果将实时反馈至在线镀膜控制中心，根据测量参数的波动变化情况及时调整工艺参数。

由于冷端检测有一定的滞后性，因此开发了热端光谱仪，其测量原理跟冷端光谱仪相同，安装在紧邻镀膜反应器的后面，实时性好，可第一时间反馈生产趋势，协助生产人员修正镀膜参数，减少镀膜玻璃调整不及时导致的损失。热端光谱仪主要采用反射检测模式，基于 CIE1976 $L^*a^*b^*$ 系统，其中，L^* 表示明度，a^*、b^* 表示色度，实时反映在线镀膜产品的光学性能。由于受高温环境影响，热端光谱仪的安装、维护要求苛刻，测量功能较少。

3.6.2.2 改进需求

1. 在线镀膜准备阶段

本阶段对镀膜工艺条件的判断，无论在数据采集率上，还是在信息反馈上，智能化程度都明显不足，大都依赖人工巡视和判断，智能化提升空间很大。

2. 在线镀膜实施阶段

在镀膜生产过程中，气体/液体流量、系统压力、系统温度等参数都实现了自动采集与反馈，但在反应器传动与定位方面，智能化程度较低，人工干预较多，尤其是镀膜高度，它是影响镀膜质量的关键设备因素，需要实现高精度的测量与控制。希望提高系统的智能化程度，实现反应器及传动系统的无人值守。

3. 在线镀膜检测阶段

目前在线检测系统指导性强，但是在数据共享方面还需要做很多工作，特别是测量结果对调节工艺参数的指导作用，主要还是由人工来判断实施，将来应形成智能调节机制，根据实时在线检测结果，自动调节镀膜工艺参数，形成闭环式管理。

3.6.3 智能化实施展望

3.6.3.1 基于先进过程控制的精细控制与自动化

当前，在线镀膜系统的控制架构采取了分区控制、综合统筹的模式，实时监控现场大部分的操作与工艺参数，综合实现了各个工位的具体需求，初步实现了精细控制及自动化。未来在线镀膜的主要控制思路依然基于 APC，持续优化执行层的节能效果，控制精度，其大致架构如图 3-50 所示。

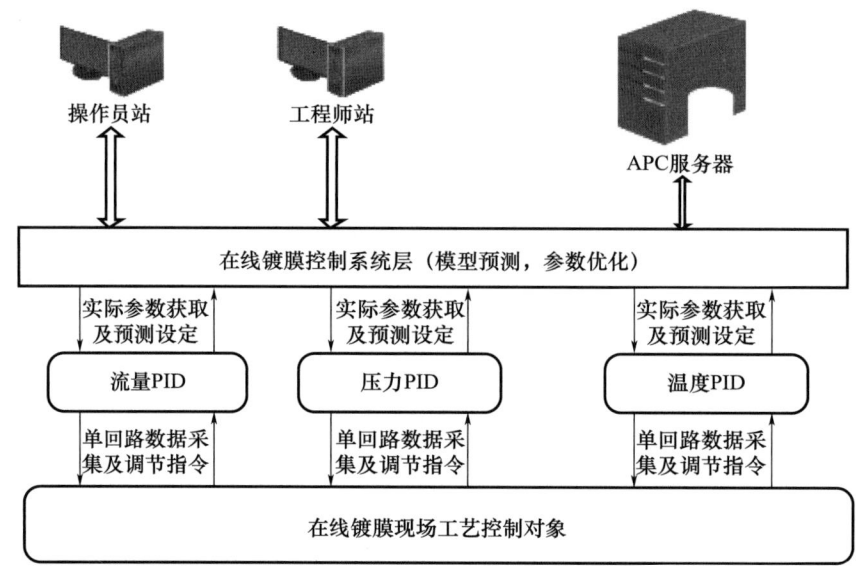

图 3-50　APC 控制架构

3.6.3.2　在线镀膜 MES 制造系统

在线镀膜工段的 MES 制造系统实现对生产设备协调和管控、生产过程改进、生产状态监视、质量管理等，与企业 ERP 系统对接，实现智慧工厂的目标。MES 系统具有状态可视化、过程可追溯、生产精益化、管理智能化、成本可控化、绩效数据化、信息可靠化、全程生产信息化等优势，未来 MES 制造系统会很好地融合于在线镀膜系统，实现在线镀膜的智能制造。

3.6.3.3　在线镀膜系统的自适应控制

未来在线镀膜将会采用多变量耦合自适应控制系统，采集现场经过辨识的数据并依据函数调控现场设备工作，依托专家数据库的大数据实现在线镀膜生产的智能化，智能判断设备健康程度与寿命，具有分析决策功能。设备可实现智能维护、修复。实时检测数据信息，反馈给控制中心，智能调整工艺参数或设备参数（如反应器高度、冷却参数等），保证产品质量稳定。提升设备系统的自诊断、自修复能力，延长镀膜周期，是提高生产效率、降低生产成本的必要手段。具体的生产控制流程如图 3-51 所示。

3.6.3.4　模拟仿真技术对在线镀膜技术的指导优化

流体力学的模拟仿真已经并且将继续在反应器的设计改造中发挥重要作用，通过在计算机中构建镀膜模型，优化流体力学参数，分析温度、压力、流速、密度等对镀膜生产的影响，建立镀膜装置与流速场、密度场、压力场、温度场的相关性模型，持续对镀膜生产进行理论指导，如图3-52所示。未来数字孪生等新技术也会越来越多地应用于在线镀膜，可以通过大数据的分析完整地透视镀膜设备实际运行的情况，镀膜反应器的每一个动作都可以实时捕捉，从而实现实时的反馈与革命性的优化策略，其架构如图3-53所示。

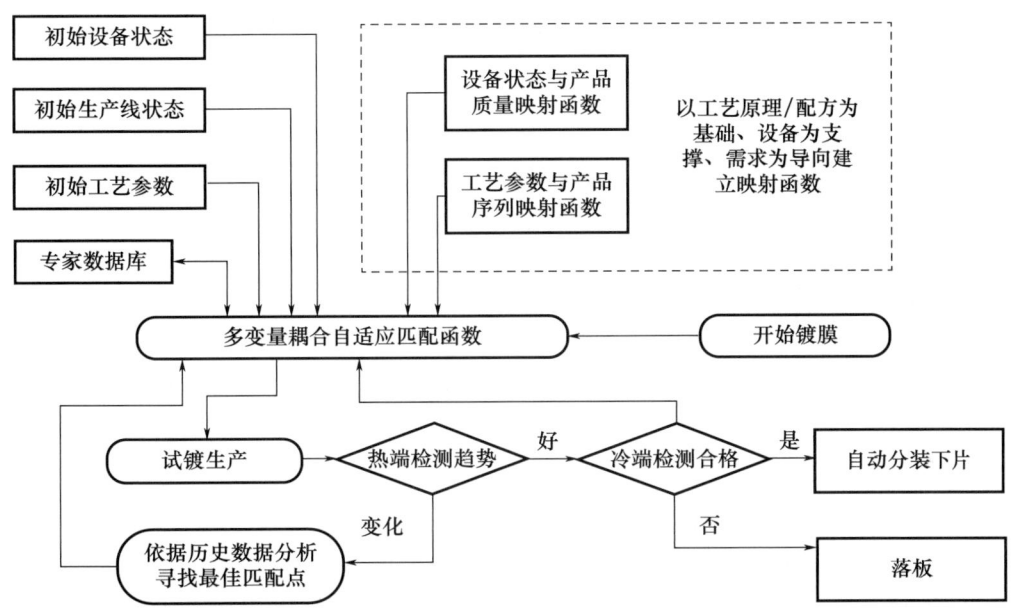

图 3-51　在线镀膜生产控制流程

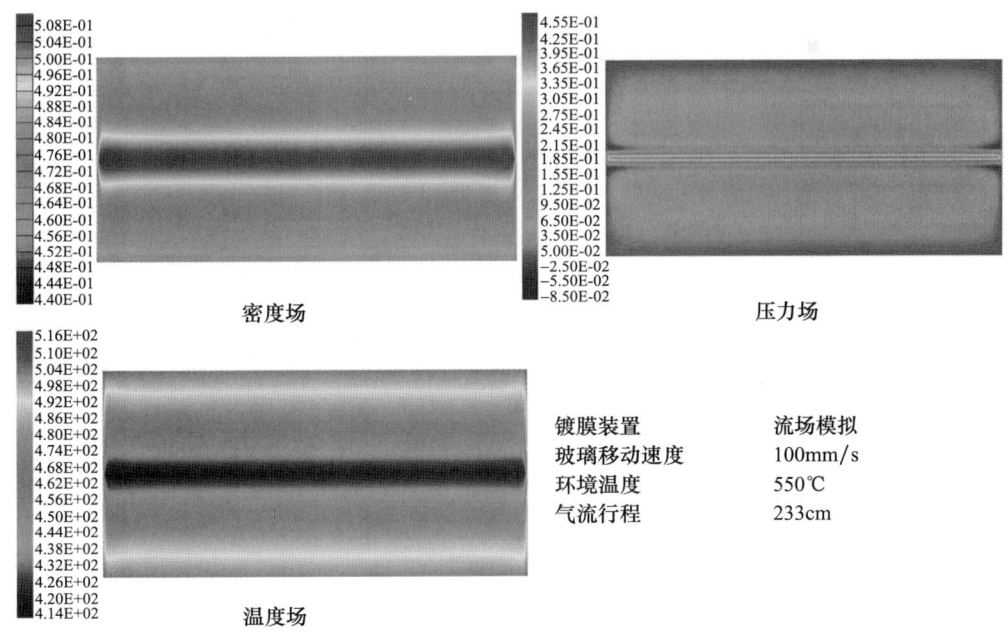

图 3-52　在线镀膜环境场的数值仿真模拟

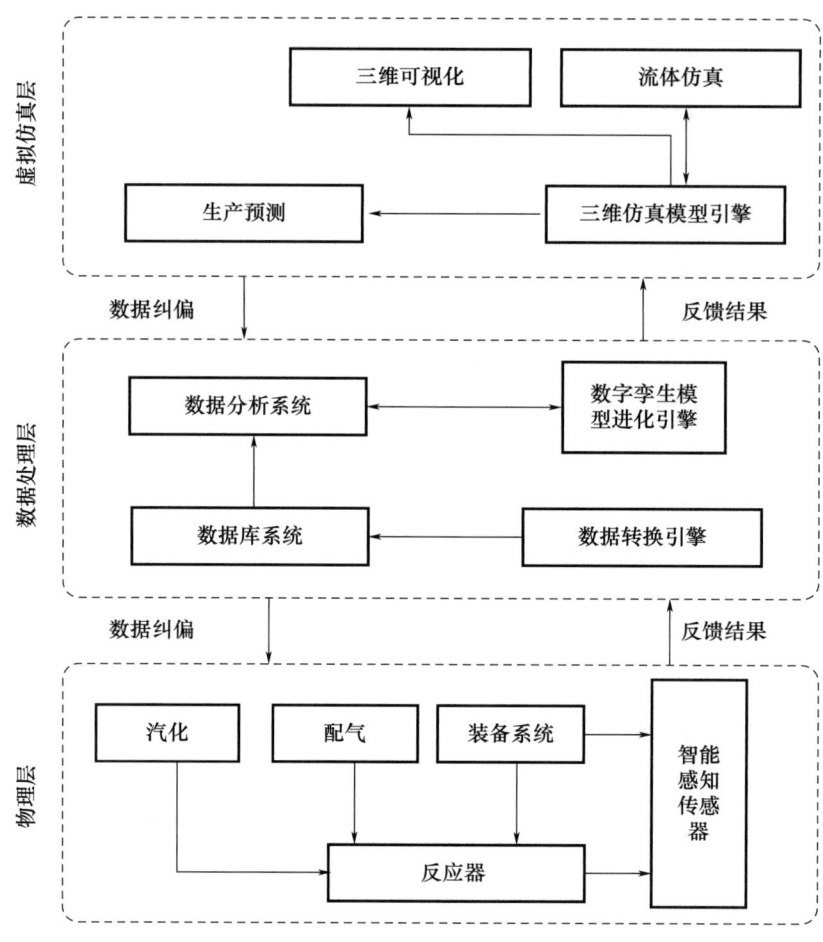

图 3-53 数字孪生架构示意图

3.7 在线检测

3.7.1 概述

3.7.1.1 任务

在线检测是指在玻璃生产线上,对完成退火工序、连续传输的玻璃带进行质量检测,根据检测结果进行质量分级,并与优化切割系统形成闭环式自锁联动的过程。在线检测的功能有两个:一是玻璃质量自动检测、等级分类,指示后续冷端按质量等级分别进行堆垛和装箱,对不合格的产品进行破碎回收;二是对质量检测中发现的缺陷和异常进行分类和原因分析,并发出预警,推送给生产工序,及时调整改进工艺制程,形成信息反馈和闭环控制,保障产品质量稳定。

在线检测包括应力检测、板厚检测、缺陷检测、可见光透射比检测、可见光反射比与颜色检测、表面电阻检测及抽样质量分析检查等，通过冷端控制中心实现自动检验、反馈和调整。抽样检测是为了弥补在线连续检测因速度太快，检测不够全面的不足，需定时或临时将大、中片玻璃由传输主线抽出，对玻璃进行全面检查和综合分析，并附加设置改裁系统将玻璃改裁成玻璃小片，供进一步检验。如不需要改裁，已检验过的玻璃板可以重新返回主线，进入后续的切掰、分片、包装等流程。

3.7.1.2 检测指标

在线检测工序的管控目标是实现玻璃缺陷的正确检测与分类，要求较高的检测精度和缺陷分辨率、较低的漏检率和误判率，及较高的准确率。一般而言，缺陷检测指标见表3-35。

表3-35 在线缺陷检测指标

漏检率	主要缺陷：气泡≤2%；结石≤2%；其余缺陷≤1%
误判率	所有缺陷≤1%
分类准确率	所有缺陷≥99%

在平板玻璃制造过程中，在线检测为整个智能控制系统提供数据支持，与其他制造工艺工序形成闭环管控。

3.7.2 现有技术手段及改进需求

3.7.2.1 在线缺陷检测

在线缺陷检测和分析，是平板玻璃生产质量控制的重要环节。平板玻璃的缺陷形式包括：波筋、波纹、裂纹、结石、节瘤、气泡、开口泡、线道、划伤、辊子伤、沾锡、光畸变点、雾斑、发霉、夹杂物、破皮、偏斜、断面缺陷、光学变形、虹彩等。点状缺陷是气泡、夹杂物、斑点等缺陷的统称，是浮法玻璃中最主要的缺陷。《第二代中国浮法玻璃技术与装备验收规程》规定，玻璃原片点状缺陷平均数（尺寸0.2~0.5mm）≤50个/吨玻璃成品，2mm厚玻璃光学变形≥55°。

辊伤、凹凸、线条等也是压延玻璃常见的缺陷类型，压延玻璃的缺陷数量和检测复杂程度都远高于浮法玻璃。

在线缺陷检测系统通常包括缺陷检验仪、打标装置，与掰切系统和整个冷端的控制计算机对接，对玻璃板质量做出分析和判定，对后续切掰和堆垛进行控制。同时，对缺陷进行归类分析，指导判断缺陷的产生部位与原因，提示上游相关工序及时改进工艺操作，保证产品质量和稳定性。

平板玻璃缺陷在线检测仪是基于机器的视觉平台，要求完成实时检测、跟踪、报警、信息统计等综合功能，主要由线阵视觉传感器、工控机及单片微型处理器组成，集高速自动检测、测量、分辨、定位于一体。通过声光报警、打标、监视器显示等方式提示输出结果,确保缺陷产品不进入下道工序,从而提高玻璃制品的合格率和生产效率。

现在玻璃生产厂家普遍采用先进的 CCD（Charge Coupled Device,电荷耦合器件）成像技术,采用视觉分析算法实时抓捕平板玻璃的生产缺陷,其原理如图 3-54 所示。

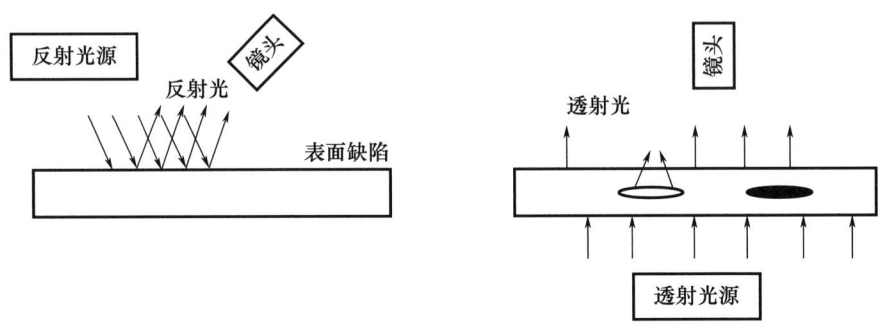

图 3-54 平板玻璃在线缺陷检测原理

玻璃缺陷在线检测仪基于玻璃上不同的缺陷,对于光源和采集的图像有不同的光线表现。根据光源照射缺陷后形成不同形状的图像,对缺陷进行判断。通常玻璃缺陷在线检测仪有两套检测识别系统:一套 LED（Light Emitting Diode,发光二极管）光源安装在被检测玻璃的下方,安装在其上的 CCD 扫描摄像头获得暗场透射和亮场透射图像;另一套 LED 光源安装在被检测玻璃的上方,安装在其上的 CCD 扫描摄像头获得暗场反射和亮场反射图像。以上两种光源都是根据光路发生变化,从而进行识别的。透射光用于判断识别玻璃内部缺陷,诸如气泡、内部结石、内部异物等,反射光用于判断识别玻璃表面缺陷,诸如辊伤、凹凸、花纹变形等;计算机软件根据图像的灰度值、长度、宽度、长宽比、面积、缺陷灰度值与环境灰度值比等,对缺陷进行分类判断。

目前,在线缺陷检测系统的缺陷识别和分类功能,以及对冷端优化切割的指导功能已经比较成熟,并实现了远程监控与操作功能,但在智能自适应和专家系统指导生产调节方面还需进一步提升。

（1）在线检测的定义和适用范围应随着生产发展智能化程度的提升不断扩大。比如,压延玻璃的花纹形状、深度、粗糙度检测和反馈受制于现有实际技术水平,现在多数厂家都不做要求。但压延的花型对产品性能有着决定性影响,比如光伏压延玻璃的花型决定着有效光伏透射比,影响光伏转换效率,这也是人们不断改进设计、优化花型的原因。但受制于当前的检测与反馈手段,现在对花型的在线检测基本还处于空白阶段,有待大力加强。

（2）根据质量检测结果,需要建立强大的数据库和专家分析系统,判断缺陷产生的原因和位置,自动反馈至生产制造管理中心,对生产工艺进行智能调节,形成闭环管理,达到自动预警和消除缺陷的目的。

3.7.2.2 在线应力与厚度检测

在线应力检测，即对玻璃退火后的应力大小和分布进行连续自动测量，用计算机自动绘制应力曲线，定时输出数据和报表，是检验退火质量、实时指导调控退火工艺参数的重要依据。

玻璃应力检测的原理是光弹效应。理想情况下，玻璃是各向同性体，各方向的折射率相同，但如果玻璃中存在应力，各向同性的性质受到破坏，会引起折射率变化，两主应力方向的折射率不再相同，从而导致双折射，引起光程差，且光波双折射的程度与玻璃中应力大小成正比。不过，一般难以对双折射光程差进行直接测量，而是对相位差进行测量，再通过相应计算得出双折射光程差，再由双折射光程差计算出应力值。

在线玻璃带板厚测量装置用于实时测定成形的玻璃带宽方向的厚薄差和成品的标称厚度范围，是沿玻璃带宽方向扫描来测定的。其工作原理是一个平行激光扫描器，在一定扫描速度下，平行激光斜着射向玻璃，这束光被玻璃上下两个表面所反射，另有一个接收器，可以测出被上下两个表面反射的两束光的光程差，即可得到玻璃板的厚度。浮法玻璃的测量比较简单，但对于压延玻璃来说，测量时需要考虑玻璃表面粗糙度和花纹深度的补偿问题，算法比较复杂。

通常可以将厚度检测装置跟应力检测装置集成为一体，由移动小车带动，在沿玻璃带宽幅方向上往复运动，进行扫描，得到全板宽的应力分布曲线和厚度曲线。通过对全板厚度的测量，得到玻璃整板的宽度。玻璃应力在线检测系统安装于退火窑出口，系统结构如图 3-55 所示。应力测量由四部分组成：偏振光发射系统、红外温度系统、接收系统、计算机图像处理系统。

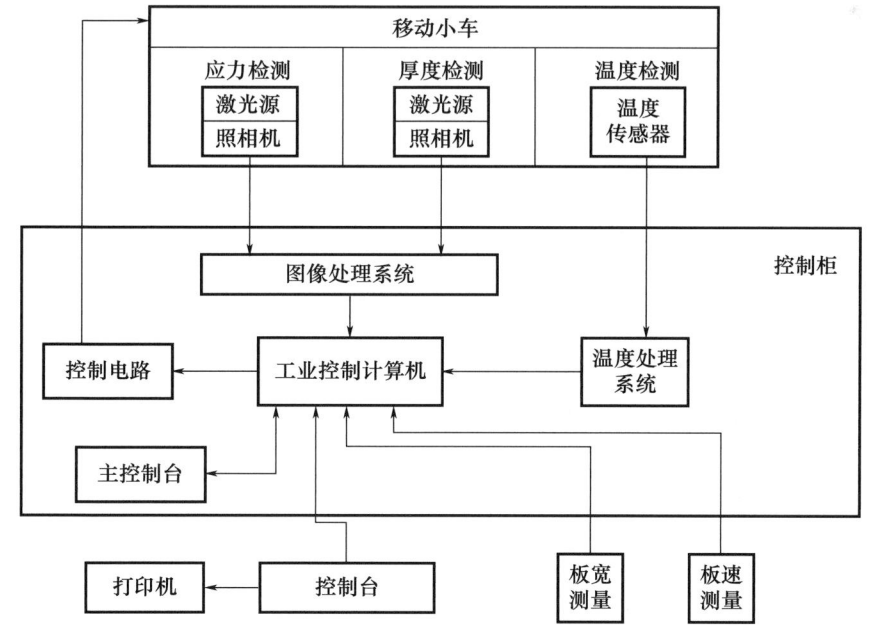

图 3-55　玻璃应力检测系统结构图

系统功能包括：在线检测沿玻璃板宽的应力分布；在线检测沿玻璃板宽的厚度分布；在线检测沿玻璃板宽的温度分布；在线检测玻璃原板宽；在线检测玻璃运行速度；以曲线的形式直观地反映沿玻璃板宽的应力、厚度和温度；可查询玻璃板宽任意位置的应力、厚度和温度数据值；对所有的应力曲线能够进行直观的比较分析。所有数据将自动反馈输送至生产控制中心，用于指导生产调节。

在线应力检测技术在浮法玻璃生产中应用较为普遍，但由于压延玻璃表面不是镜面，利用光学原理测量应力的方法实施难度大，因此尚缺乏在线检测压延玻璃应力的技术，亟须开发相关技术与应用产品。

3.7.2.3 在线板边位置检验

平板玻璃在生产过程中经常有板宽的调整和变化，另外，由于工艺操作、工艺制度等原因，玻璃带容易左右偏摆，对冷端横切系统造成影响，这就需要对玻璃带板边位置进行监测。根据监测的数据对切边、纵切、横切下刀、落刀点位置、掰边辊道的掰边位置进行跟踪调整。同时提示上游作业工序，控制玻璃板宽和玻璃带边的位置，不至于偏离正常范围。

在线玻璃边位置检验，是用光电系统，即用两个单面发射和接收光电管，对玻璃的一个边进行跟踪。两个光电管保持一定间距，当玻璃带边在两个光电管之间时，为正常，边部检验的光电管不动；当玻璃带跑偏，玻璃遮住两个光电管或两个光电管下都没有玻璃遮住时，则两个光电管一起移动到玻璃边处于两个光电管中间时为止。切裁、掰断系统根据光电管的左右移动量来调整位置。检测原理如图 3-56 所示。

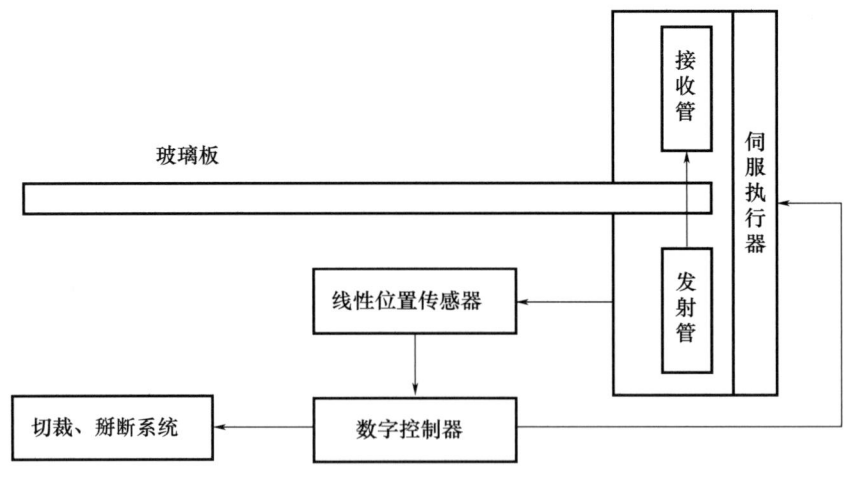

图 3-56　平板玻璃在线板边位置检测原理

3.7.2.4 在线可见光透射比检测

可见光透射比是平板玻璃最基本的性能参数。可见光透射比测量系统是根据透射测量技术需求定制的多通道可见光透射比在线测量系统，用于实现对镀膜玻璃成品进行可见光透射比测量。系统由透射测量主体机构、多路透射光学探头、光电感应开关、样品车运动控制单元、数据采集单元、现场以太网络、主控计算机及系统软件构成。采用多通道测量点布置，系统可以在线实时测量成品玻璃横向多个固定点处的可见光透射比；可以对成品玻璃进行横向多点等间隔及纵向多点等间隔的测量，并根据各通道测量数据，计算出该玻璃的透射比平均值、PV（Peak to Valley，峰谷值）值及标准差。各通道透射测量的光线由同一个光源发出，并通过光导纤维导光；接收测量信号由现场数据采集单元在现场完成光电数据转换，测量数据经现场采集单元处理后通过以太网传至主控计算机。

多通道可见光透射比测量系统一般安装在生产线横切掰边之后、横切落板之前的某个适合安装的位置。主控计算机主要用于协调控制现场数据采集控制单元的数据采集、光源的开关以及样品车机构的移动。主控计算机接收到现场采集单元传来的数据后，计算出透射比平均值、块内 PV 值以及片内标准差等参数，将结果显示在相关的界面中，并将相关的测量结果存入指定的数据表或文件中。可对存储的数据表进行数据查看、查询、打印、统计等操作。

系统功能包括：

（1）按一定纵向间隔测量横向各通道的可见光透射比，计算出平均值、片内 PV 值和片内标准差等参数；

（2）系统有手动和自动测量模式，手动模式便于仪器系统的测试，自动测量模式用于生产线连续在线监控测量；

（3）实时显示各通道可见光透射比测量值；

（4）显示平均值、PV 值及标准差的历史趋势曲线，并可设定报警阈值；

（5）显示所有测量数据的历史数据列表；

（6）显示各通道历史趋势图及历史趋势数据表；

（7）所有测量数据以数据库形式存盘，并可以进行数据库查询操作，可存储任意块玻璃数据；

（8）进行人工备份数据，以防数据意外丢失；

（9）打印历史趋势数据列表，打印屏幕图像，打印各通道历史趋势；

（10）进行各通道均匀性修正；

（11）系统所有测量控制操作均在主控计算机上完成。

3.7.2.5　在线雾度检测

雾度是反映玻璃散射光能力的参数，是指透过玻璃而偏离入射光方向 2.5°以上的散射光通量与透射光通量之比。一般来讲，普通平板玻璃的雾度都非常低，可以忽略不计，但在线镀膜可能会引起玻璃雾度增大，影响玻璃的通透性。而对于薄膜太阳能电池用的透明导电玻璃，对雾度有特别要求，要求将雾度控制在一定范围之内，因此，在线镀膜玻璃需要在生产过程中予以监视。

雾度测试系统的结构和布置与可见光透射比测试系统类似，可以根据需要选择将二者集成在一起，节约空间和设备成本。

压延玻璃由于表面有花纹，实际上其雾度都非常大，但目前一般用表面深度或粗糙度来表征，不采用雾度检测。

3.7.2.6　在线反射光谱扫描

可见光反射性能是平板玻璃的重要基本特性，特别是对于在线镀膜玻璃来说，反射光谱可以直观地反映镀膜工艺稳定性，也是产品外观质量的重要表征手段。光谱反射在线扫描测量系统是一套扫描式反射光谱测量系统，用于实现对镀膜玻璃进行表面的探头扫描式反射光谱测量。系统由反射测量主体机构、反射光学探头、探头运动控制单元、光谱采集单元、现场以太网络、主控计算机及系统软件构成。控制计算机与控制柜通过网络连接，安装专用控制测量软件。探头在计算机控制下进行横向扫描，可测量玻璃任意点处的光谱反射比，并可做多点横向色差测量等，也可做玻璃纵向均匀性测量。系统软件由自检、标定、测量、数据处理、显示、打印、数据存储预处理等模块构成。预留标记机接口及相应的软件，以便随时增加对玻璃的标记功能。

在线反射光谱扫描系统一般安装在退火后连续板处，通过横向扫描，测量横向色差分布。扫描分两部分：一是垂直方向（8°角）的颜色及色差；二是大角度偏角（45°角）的颜色及色差。

系统功能包括：

（1）测量玻璃带的光谱反射比，计算出 Y、x、y、L^*、a^*、b^* 色差等颜色参数；

（2）系统有手动和自动测量模式，手动模式时，可在计算机上控制测量探头的横向位置，按测量按钮即测量该点的光谱反射比；自动测量模式时，探头依照预先设定的参数对玻璃进行横向若干点的扫描测量或纵向若干点的测量或纵向均匀性监测；

（3）显示各点的光谱曲线及标准曲线，可以叠加显示曲线，并可计算差值等功能，能设置公差带；

（4）显示颜色参数的历史趋势曲线，并可设定公差及报警带；

（5）显示颜色参数及其差值的历史数据列表；

（6）所有测量数据以数据库形式存盘，并可以进行数据库查询操作，数据可以导出给数据库软件进行进一步处理，可存储任意条标准曲线；

（7）可以进行人工备份数据，以防数据意外丢失；

（8）打印颜色参数趋势数据列表，打印光谱数据、曲线，打印屏幕图像，打印横向扫描数据曲线分布图及纵向监测数据曲线分布图等；

（9）系统所有测量控制操作均在主控计算机上完成。

3.7.2.7　在线电阻测试

透明导电玻璃是在线镀膜玻璃的重要品种。玻璃的表面电阻直接影响玻璃的性能和应用指标，比如低辐射镀膜玻璃，表面电阻与辐射率之间的关系可以用经验公式［式（3-1）］来表示。

$$\varepsilon = 0.94\left[1-(1+0.0053R_s)^{-2}\right] \quad (3\text{-}1)$$

式中，ε 为玻璃辐射率，R_s 为表面电阻。

因此，表面电阻是表征产品低辐射性能的重要参数。另外，表面电阻与膜厚直接相关，如式（3-2）所示。

$$R_s = \rho/d \quad (3\text{-}2)$$

式中，R_s 为表面电阻，ρ 为电阻率，d 为膜厚。

在工艺条件稳定、材料物理性能固定的条件下，R_s 取决于膜厚 d，因此，表面电阻参数可以用来反映膜厚的大小。

对玻璃表面电阻，采用两个非接触式传感器进行测量。测量原理基于导电层中涡流对高频振荡电路的衰减效应，如图 3-57 所示，测量范围至少应在 $2\sim200\Omega/\square$。

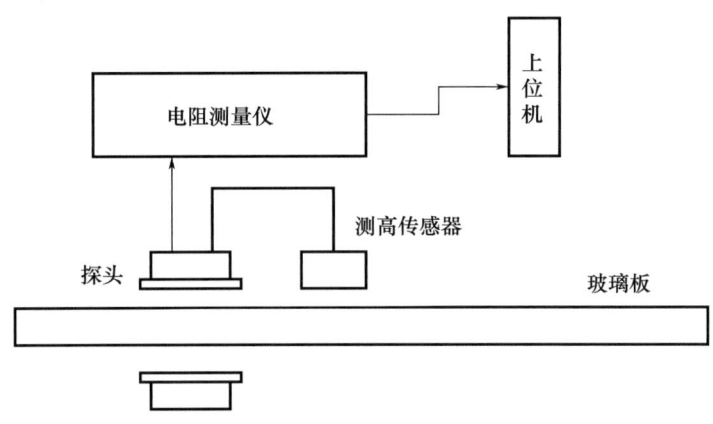

图 3-57 在线电阻测试原理

表面电阻的测量值，和传感器与玻璃表面的距离有关，因此，要配置一套超声波距离传感器，用于补偿距离偏差（玻璃带厚度）对测量结果的影响。电阻测量装置通过预设通信接口与测量系统主机连接，把测量结果传送至质量检测中心与生产控制中心。

电阻传感器与距离传感器同步做横向扫描，或者采用多通道多点测试的方式，即可测出玻璃带横向若干个点的电阻值。

3.7.3　智能化实施展望

3.7.3.1　在线检测设备的迭代升级

设备硬件功能配置和软件设置应可延伸，在线缺陷检测设备在硬件配置之初考虑性价比的时候，应为后续设备改进和升级预留一定空间，设备硬件的接口和串口，在安装和使用的过程中应跟进设置初衷。设备应具备深度学习等人工智能缺陷识别技术，确保检测设备的判断基准和判断项目能够按照设定的目标不断地补充学习。

3.7.3.2 缺陷诊断与工艺控制专家系统的建立

通过在线检测对玻璃物理尺寸、形状的监视,对玻璃带缺陷进行统计分析、质量等级判定,自动指导冷端工艺技术,形成冷端全闭环控制,减少或者取消人工干预,做到零漏检、零误判,精准分类。

建立缺陷数据库,通过工艺分析与积累,并利用合适的物理模型分析,准确判断出缺陷产生的位置与原因,通过自动推送机制,及时反馈给主控中心,对相应制造工序的工艺操作做出调整,减少或消除缺陷,提升产品质量。

在线检测系统与 MES、SAP/ERP 等系统关联,通过对缺陷信息数据的收集,经过专家库大数据处理,做出智能分析,找出缺陷产生和变化的规律趋势,对产品质量、设备运行状况的变化趋势做出判断,提前对可能产生的缺陷或异常做出预警和预判,在问题出现之初或未有苗头时能及时发现并制止。实现整线联动、大闭环的管控模式。

3.8 智能冷端

3.8.1 概述

平板玻璃(含浮法玻璃、压延玻璃)冷端由检测、切割、输送以及堆垛四个子工序组成,是智能制造与安全生产的重要组成部分。智能冷端通过构建冷端智能数据平台,通过数据逻辑分析判断,实现全闭环数据管控。核心内容包含利用感知和决策的优化切割系统减少人工参与程度;利用智能化数据分析与决策系统实现冷端机组设备的安全监控、预警及运行;利用机器人取片替代人工取片等。

依赖视觉识别技术,冷端部分已经基本实现对玻璃板的自动优化切割和堆垛,是平板玻璃整个制程中智能化水平最高的环节。

3.8.2 智能化目标

智能化冷端整体流程如图 3-58 所示,冷端的核心功能是检、切、送、装。随着计算机智能化技术的发展,浮法、压延等玻璃冷端智能化程度越来越高,通过智能化控制系统使得生产效率显著提高。智能冷端控制系统包含测速系统、检测系统、切割系统、输送系统、堆垛系统等。

3.8.2.1 优化切割系统

优化切割系统是智能化冷端的重要组成部分,主要功能是通过接收缺陷检测设备发送过来的玻璃缺陷信息，结合生产订单状况，进行多订单的智能柔性排产。优化切割系统的常规要求见表 3-36。

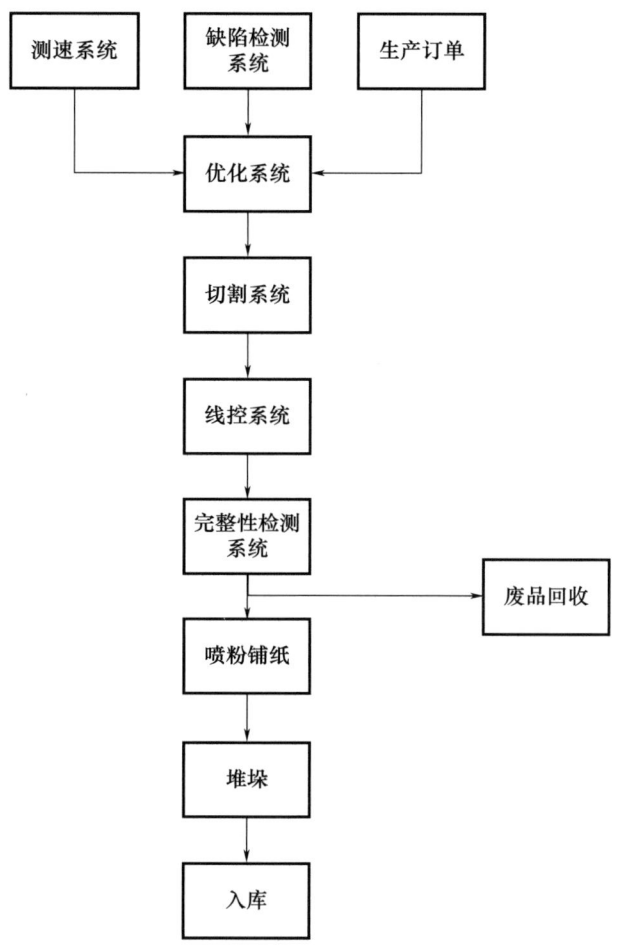

图 3-58　智能冷端系统流程

表 3-36　优化切割系统管控点

项目	管控目标
优化订单数	不少于 20 种
缺陷种类数	不少于 10 类
玻璃等级设定	不少于 3 个等级
数据来源	缺陷检测系统、用户订单
数据传输方式	TCP/UDP
优化系统组成	服务器、客户端
与优化系统关联的系统	缺陷检测系统、切割系统、线控系统、堆垛系统
优化系统智能化表现点	感知、决策、最优路径判别

通过多订单的优化切割，避让玻璃上的缺陷瑕疵点，可以提高玻璃的切裁成片率，同时达到对全线生产节拍的控制，有效盘活冷端装备，大幅提升装备使用效率，从而提高生产效率。

3.8.2.2 玻璃的分等与分级

根据国标要求，玻璃表面缺陷数量不同，对应不同的等级分类。玻璃等级的划分：通过视觉相机检测玻璃带上的缺陷，再由判等系统根据缺陷数量进行等级判别，再通过输送系统将不同等级的玻璃送至不同的堆垛位（图3-58）。根据现行国标《平板玻璃》（GB 11614—2009）的规定，平板玻璃（不含压延玻璃）分为合格品、一等品和优等品三个等级。《太阳能用玻璃 第1部分：超白压花玻璃》（GB/T 30984.1—2015）只规定了产品质量标准，未做等级分类。分等分级智能化系统的关键技术和目标见表3-37。

表3-37 玻璃分等分级管控点

项目	管控目标
玻璃缺陷的识别	不少于3类（结石、气泡、锡金），每类不少于10个等级
根据判等要求分等	计算机根据规则识别
将等级数据发送至其他系统	具备以太网等通用通信能力

3.8.2.3 玻璃自动堆垛、铺纸与防霉

玻璃的自动堆垛、铺纸与防霉是玻璃装箱前的三个重要步骤。对于超薄玻璃、电子玻璃，一般采用铺纸方式进行防霉，对于建筑玻璃通常采用喷防霉粉进行防霉。在这几部分中涉及三台重要设备，三台设备的智能化要求见表3-38。

表3-38 三台设备的智能化要求

项目	子项	管控目标
堆垛系统	机械人堆垛	自动堆垛，机械轴三轴联动控制
	垂直堆垛	玻璃翻转至垂直角，转角控制
	水平堆垛	水平移动至堆垛位，上下定位，横移定位
铺纸机		纸张长度测量，纸张相对玻璃前后沿位置的确定
喷粉机		喷头位置控制，喷粉区域控制

3.8.2.4 玻璃的切割与分片

玻璃切割分为横向切割和纵向切割，通过横纵切设备将整片玻璃带切割成单片成片玻璃。玻璃的分片是指由分片装置（纵分装置）进行不同组合达到分片效果。其管控点见表3-39。

表 3-39　切割系统管控点

项目	管控目标
切割精度	横向：±0.5mm 纵向：±0.75mm
对角线精度	±1.0mm
直线度	±0.5mm
纵刀定位精度	±0.5mm
智能化功能目标	横纵切割根据优化订单自动移动刀头位置，同时具备切割多种规格的功能

分片系统由纵掰纵分装备和转向装备组成，其管控点见表 3-40。

表 3-40　分片系统管控点

项目	管控目标
纵掰装置	—
纵分装置	横向：±0.5mm 纵向：±0.75mm
90°转向装置	±1.0mm
快速上下辊摆片装置	±0.5mm

3.8.2.5　智能打码和溯源系统

智能打码的目的是将玻璃信息数据化，存入计算机系统，并通过打码设备将产品信息码（二维码）打印到每片玻璃上，后续可以通过扫描玻璃上的二维码来实现对产品信息的溯源。打码信息通常要包含表 3-41 中的内容，并将内容存入计算机系统中。

表 3-41　智能打码系统管控点

内容	管控目标
板长	网络读取切割系统长度信息
板宽	网络读取切割系统宽度信息
板厚	网络读取切割系统厚度信息
等级	网络读取判等系统等级信息
堆垛位	网络读取堆垛系统位置信息

3.8.2.6　数字应用与协同

智能化冷端与前序工段通过计算机网络构建闭环的网络平台，达到数据实时反馈，及时对生产进行相应调整。如退火工段将主传动速度实时发送至冷端系统，冷端系统将玻璃表面缺陷信息反馈至熔化系统等，见表 3-42。

表 3-42　数字化应用系统管控点

内容	管控目标
主传动速度	前序工段至智能冷端
玻璃表面缺陷	冷端至前序工段
玻璃厚度	冷端至前序工段
等级	冷端至前序工段

3.8.2.7　视觉判别系统

智能化冷端视觉判别系统通过相机扫描玻璃表面，检测玻璃表面质量情况。其管控点见表 3-43。

表 3-43　视觉系统管控点

项目	管控目标
玻璃表面裂纹	相机拍照识别
玻璃角破损	相机拍照识别
玻璃长度方向误差	相机拍照识别
玻璃宽度方向误差	相机拍照识别

3.8.2.8　看板系统

看板系统用来显示冷端生产数据、关键设备运行数据、人员管理数据，供生产人员查看。看板系统主要数据来源于冷端智能化系统的各个 CPU，通过看板系统集中展示。通常看板系统包含表 3-44 所示的管控点。

表 3-44　看板系统管控点

项目	管控目标
人员到岗信息	来自公司 ERP 管理系统
玻璃产量信息	智能化冷端系统
玻璃损失信息	落板与完整性检测系统
设备运行信息	线控系统

3.8.2.9　堆垛系统

堆垛系统包含垂直堆垛系统、水平堆垛系统和机械人堆垛系统。堆垛系统的主要功能是将玻璃抓取至玻璃架子上，实现玻璃的装箱。堆垛系统管控点见表 3-45。

表 3-45 堆垛系统管控点

项目	管控目标
堆垛精度	±3mm
检测方式	视觉检测、光眼检测
控制方式	基于多轴联动的伺服控制方式
智能化功能	具备自动堆垛计片功能 具备故障报警功能 具备与优化切割系统联网功能 具备按等级分类堆垛功能

3.8.3 现状

玻璃带从退火窑出来后，通常是一个温度约为 70℃的长条玻璃带，宽度根据不同生产线会有所不同，通常宽度是在 2000~5500mm 范围内。自动切割的目标分为两个层面：一是从产品角度看，目标是将这种狭长的玻璃带切割成市场上流通的标准玻璃尺寸，用于后续的装箱、货运等；二是从智能化生产角度看，自动切割是冷端自动化、智能化系统数据的核心来源，需要通过切割系统将玻璃数据发送至后续的系统，实现玻璃冷端生产线的智能化。

为了实现上述目标，一般的智能化冷端通常包括以下几部分：（1）测速系统测速与速度诊定的智能化；（2）纵切机纵向移动定位的自动化；（3）横切机切割板长计算、切割速度同步的自动化；（4）横刀痕横向掰断的自动化。

而高阶的智能化冷端除了上述几点外，还需要实现以下内容：（1）玻璃缺陷检测的自动化；（2）根据缺陷位置分布、多订单同时切割的智能化切割系统；（3）基于多订单柔性生产的输送、堆垛等系统。

在某些方面，国内冷端技术还存在一些短板，部分高端装备仍需要进口，主要原因有：（1）国内在控制系统和控制软件上还不够健全，特别是对冷端玻璃进行优化切割这项技术，起步较晚；（2）国内冷端玻璃输送速度较慢，节拍调节装置和多支线分流技术发展较慢；（3）国内对冷端输送玻璃一般只进行纵向一维跟踪，较少进行横向跟踪，因而部分设备的跟踪还是靠人工完成；（4）国内冷端控制系统网络拓扑结构相对简单，对生产过程中产生的数据未能进行大规模采集，系统网络化建设比较初级。

3.8.4 智能化实施手段

3.8.4.1 互联互通的冷端通信网络

智能化冷端由众多子系统组成，子系统之间需要进行数据通信，因此必须有一套网络系统来保证数据通信的稳定性和有效性。如图 3-59 所示，智能化冷端采用分层分级拓扑结构，实现子系统间的互联互通。该网络结构分为三个层级，分别为 0 层、1 层和 2 层。

0 层：执行层，该层网络包含各个执行机构，如电磁阀、电机、各个传感器等。

1 层：计算处理层，该层负责收集 0 层采集的数据，并进行处理后，指挥 0 层相应执行机构；接受 2 层下达的指令，并将相关数据和结果反馈至 2 层。

2 层：监控层，该层提供交互界面和接口，是人与机对话的窗口。

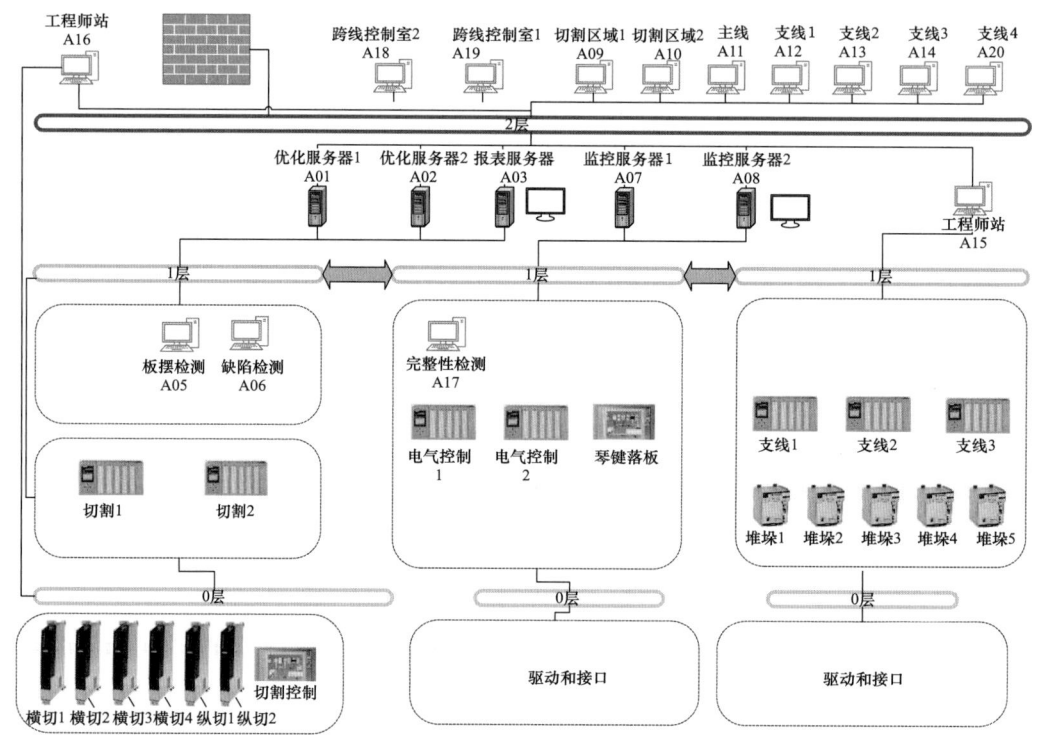

图 3-59　智能冷端系统网络图

3.8.4.2　决策和感知的优化系统

智能化冷端的一个显著特点就是具备优化切割功能，而优化切割的核心就是对玻璃切割的最优化利用。相比传统的固定式切割，优化切割能够显著提高玻璃的成品率，如图 3-60 所示。图中上半部分是传统的切割方式玻璃冷端效果，下半部分是具备优化切割的智能化冷端效果。通过智能化的切割方式，剔除玻璃中的缺陷，使玻璃成品率得到提高。因此，在智能化冷端，优化系统是非常重要的系统。

3.8.4.3　多轴联动的切割系统

切割系统包含三部分，分别是测速系统、纵切系统、横切系统。

1. 测速系统

测速系统用于测量玻璃板的拉引速度。此测速系统设计了两套双轮测速装置及增量

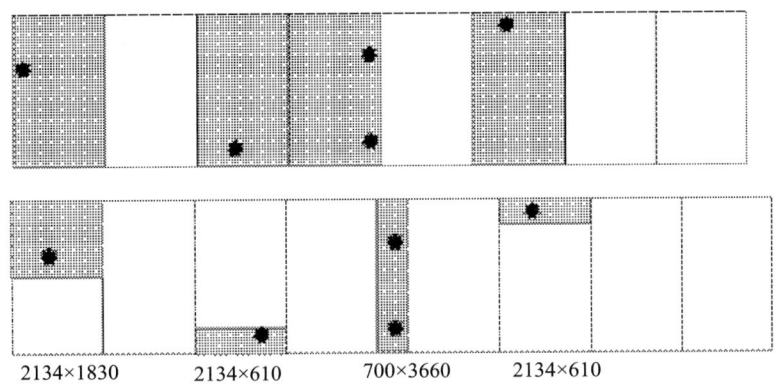

图 3-60 优化切割效果

型编码器,如图 3-61 所示。两套系统可同时使用,对数据互做校验,同时也可独立使用以应对炸板维护等特殊应用情景。两测速轮具备各自独立的修正系数,以保证测量精度。在对测速环境进行开发时,通过智能的自适应算法,使得测速系统能够自动补偿温度和滑动等变化对测速系统造成的影响。

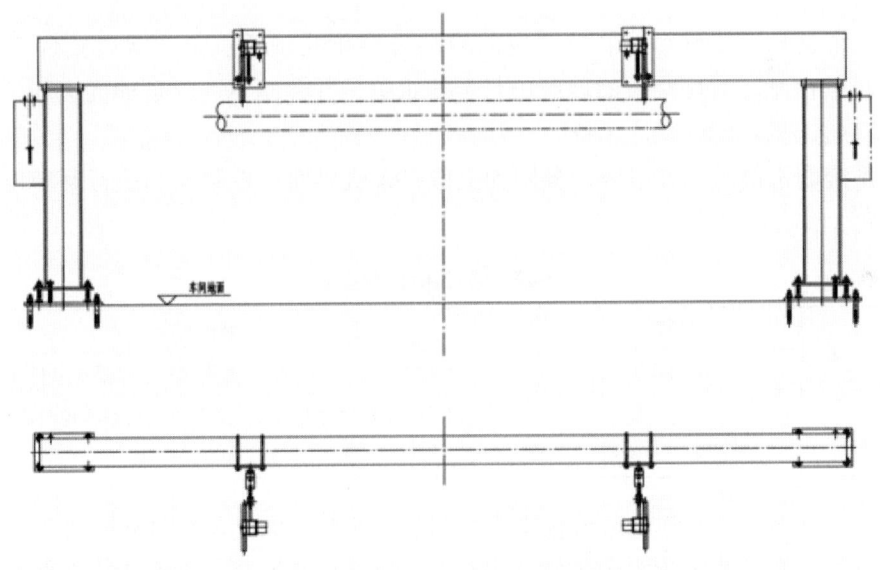

图 3-61 测速系统装备

2. 纵切系统

纵切系统由主控 PLC 和伺服驱动、电机组成,通常是每台纵切桥包含一台主控 PLC、数台伺服驱动与电机。该系统的功能是接受优化系统的指令,纵向移动定位纵切机构,使其达到预定的位置。纵切系统的控制程序包含以下几部分:(1)纵切机构回机械零位;(2)纵向位置的绝对定位;(3)纵刀抬落刀和加压点的准确控制;(4)与外界系统的数据通信。

3. 横切系统

横切系统的功能是控制横切设备进行玻璃横向切割。横切系统有两种形式，一种是满足基本和简单优化切割的控制系统，另一种是做到横切系统冗余并能满足复杂优化切割的控制系统。这两种控制系统的区别与对比见表3-46。

表3-46 横切系统对比

	基本横切功能控制系统	具备冗余与优化割的控制系统
切割刀之间协调系统	无	基于PC或者PLC的协调控制系统
切割刀自身控制系统	基于PLC的协调控制系统	基于PLC的协调控制系统
驱动系统	伺服驱动系统	伺服驱动系统
执行系统	伺服电机、电磁阀、电磁铁	伺服电机、电磁阀、电磁铁

用于优化切割的横切系统在硬件上的主要改变是增加了一套协调控制系统，此控制系统用来协调各单机横切系统（实际上也包含纵切）之间协调动作，来完成复杂的切割任务。针对智能冷端生产线，配置具备冗余与优化切割的控制系统是必不可少的。

3.8.4.4 玻璃信息全线跟踪的线控系统

线控系统是基于可编程控制器开发的冷端智能化控制系统，它接收前序系统（优化、切割）的信息，对切割后的玻璃进行全线跟踪，并控制每一片玻璃的去向，最终将每一片玻璃运送至其目标取片工位。

线控系统通常由三部分组成，分别为上位机人机界面，控制器和执行环节电机、电磁阀等，每个部分功能见表3-47。

表3-47 线控系统的组成

编号	项目	内容
1	人机界面	设定和监控生产工艺参数，通常采用上位监控软件或触摸屏
2	控制器	控制系统计算和处理中心，通常选用可编程控制器来控制
3	电机、电磁阀	辊道输送等执行层

在线控系统中，通常利用可编程逻辑控制器，实现对玻璃位置的跟踪计算。如利用可编程控制器，通过高速计数模块测得玻璃退火速度，并按照一定的比例系数控制冷端高速。可利用S7-300可编程控制器循环中断功能块（OB35）对速度进行积分累加运算，得到每一片的跟踪位置。该系统在智能化冷端的功能包括：（1）玻璃的掰断与加速分离；（2）玻璃的纵向掰断；（3）玻璃废品的落板；（4）玻璃喷粉和铺纸的协调；（5）玻璃去向的控制。

3.8.4.5 基于视觉的玻璃完整性检测系统

完整性检测系统如图3-62所示。通过架设在辊道上的相机，扫描下方通过的玻璃，通过计算机算法拼接成该片玻璃的图像，之后对图像进行分析，计算该片玻璃的信息。

图 3-62 完整性检测系统

完整性在线自动检测系统主要采用了计算机视觉技术与多参数测量综合识别处理检测技术,其安装在浮法玻璃生产线冷端,自动检测最终产品——玻璃原片的外观质量,即完整性,包括尺寸、公差、直边垂直度和外部轮廓、缺角、崩边、裂缝等缺陷。另外,能检测上端在线质量检测系统在玻璃带上喷打的等级标志,并将每块原片的检测结果送给冷端。PLC 驱动输送系统将不同质量等级的原片输送至不同的分片线。

完整性检测系统与线控系统在实际生产线上配合,来实现玻璃片质量的二次判别。线控系统与完整性检测系统通信数据的主要内容见表 3-48。

表 3-48 线控系统与完整性检测系统通信内容

序号	类型	符号	内容	标记
1	INT	ID_ production	Lite1_ LeftGlass_ ID_ production	生产 ID
2	INT	ID_ progressive	Lite1_ LeftGlass_ ID_ progressive	货单 ID
3	INT	Length	Lite1_ LeftGlass_ Length	标准长(无小数)
4	INT	Width	Lite1_ LeftGlass_ Width	标准宽(无小数)
5	INT	Glass_ Cut_ Number	Lite1_ LeftGlass_ GlassCut_ Number	切刀号
6	INT	Reserve1	Backup 1	
7	INT	ID_ production	Lite2_ LeftGlass_ ID_ production	生产 ID
8	INT	Reserve4	Backup 4	

完整性检测系统与线控系统通信数据的主要内容见表 3-49。

表 3-49 完整性检测系统与线控系统通信内容

序号	类型	符号	内容	备注
2	INT	ID_ production	Lite1_ LeftGlass_ ID_ production	生产 ID
4	INT	Vglass_ OK	Lite1_ LeftGlass_ Vglass_ OK	VS 判等等级

续表

序号	类型	符号	内容	备注
5	INT	VisionLength	Lite1_ LeftGlass_ Vglass_ Length	测量宽（无小数）
6	INT	VisionWidth	Lite1_ LeftGlass_ Vglass_ Width	测量长（无小数）
7	INT	GlassCut_ Number	Lite1_ GlassCut_ Number	切刀号
8	INT	Vglass_ X	Lite1_ LeftGlass_ Vglass_ X	玻璃中心位置
9	INT	Vglass_ Angle	Lite1_ LeftGlass_ Vglass_ Angle	玻璃角度
10	INT	reserve1	Backup 1	

通过这些数据配合，实现玻璃质量的二次自动检测，不合格的玻璃通过落板装置进入碎玻璃系统，实现回收，合格的玻璃输送至下一个环节。整个环节由计算机视觉配合线控系统自动完成。

3.8.4.6 玻璃堆垛系统

经过切割系统切割后的玻璃会经过输送皮带或辊道输送至堆垛区域下方，通过堆垛机构将玻璃取片上架。目前，玻璃厂使用的堆垛机构有水平堆垛机、垂直堆垛机、机械手等，玻璃堆垛的目标是将玻璃按照不同的等级堆垛到相应的工位。

1. 水平堆垛

水平堆垛是放置在辊道上并跨越辊道的一台玻璃抓取设备，目前在国内玻璃生产线上使用比较广泛。水平堆垛通过 PLC 和伺服运动控制器，实现机头提升和横移两个方向控制，达到水平堆垛的目的。

2. 垂直堆垛

垂直堆垛是指放置在辊道上的吸盘抓手水平抓取玻璃后将其立面放置在堆垛货架上，其特点是玻璃水平抓取、垂直放置。垂直堆垛系统包含两部分：垂直堆垛辊道线控部分和垂直堆垛本体部分。线控部分功能包含玻璃的转向、补片、挡正、定位等，垂直堆垛本体部分功能包含玻璃的抓取、垂直旋转、放置等。

3. 机械手堆垛

机械手堆垛是利用工业机械人通过多关节、多轴控制，实现玻璃的在线抓取。机械堆垛主要分为两部分：机械手视觉系统和机械手本体。机械手视觉系统功能包含玻璃位置检测、破损检测等，机械手本体功能包含玻璃抓取、按轨迹运行、放置等。

3.8.5 智能化展望

智能化冷端已经布局于从检测、切割、输送到堆垛的整个过程，并已经在国内得到初步应用。随着生产线的使用和后期功能的完善，智能化冷端相比于传统平板玻璃冷端，生产效益的提升将会变得日益明显。

3.8.5.1 智能冷端与订单的协同

最近十年来，计算机网络特别是网购平台占据了市场购物的主要部分。网购平台可与冷端智能化切割系统实现对接，数据交互至少包含表 3-50 所示内容。

表 3-50 网购平台与切割平台主要交互的数据

编号	项目	内容
1	玻璃尺寸	网购平台至智能冷端
2	玻璃厚度	网购平台至智能冷端
3	玻璃等级	网购平台至智能冷端
4	需求数量	网购平台至智能冷端
5	订单完成数量	智能冷端至网购平台
6	订单完成状态	智能冷端至网购平台

其网络结构规划如图 3-63 所示。

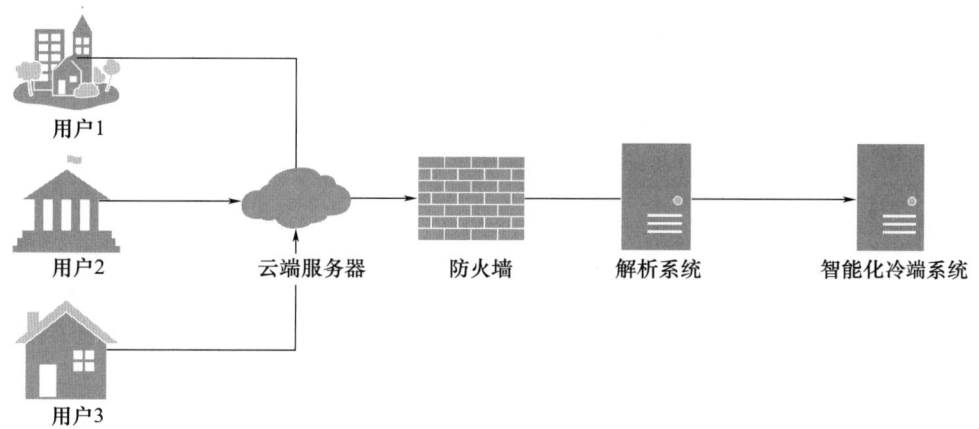

图 3-63 因特网平台与切割平台网络示意图

用户可以在世界各个角落通过云端服务器向智能化冷端下订单，这样直接将生产和市场耦合起来，做到生产和市场无缝连接。目前已经初步具备实施条件，预计在接下来的 5~10 年便可实现。

3.8.5.2 智能仓储接入智能冷端

智能化仓储系统目前在玻璃深加工行业已经逐渐开始使用，仓储的整体程序包括：(1) 玻璃被智能化小车载入仓储库，玻璃数据自动录入仓储系统；(2) 仓储系统数据库实时根据玻璃存储情况进行更新；(3) 输入查询或调取信息，根据玻璃编号、存储日期或玻璃等级等信息自动查询玻璃在仓库的分布情况；(4) 发出调出命令，自动化小车或相应装备自动取出相应玻璃。

智能化仓储系统在原片生产线上使用的意义在于，它使得堆垛系统直接进入了仓储系统，化整为零，这样能够更好地与订单相匹配，实现玻璃从网络订单到出库全部智能化完成，使玻璃生产变得实时、快速，完成了产业链全闭环。

3.9 锡槽保护气体

3.9.1 概述

3.9.1.1 任务

浮法玻璃在锡槽内成形，采用600~1100℃的金属锡液作为承托介质，高温下锡液极易与氧气反应，造成锡的损耗，同时反应产物形成玻璃表面缺陷，影响玻璃质量。

锡槽内通入保护气体的任务就是维持槽内微正压和还原性气氛，阻止氧气和锡液接触，保证浮法工艺的正常运行。保护气体为N_2和H_2，其中，H_2占比<10%。

3.9.1.2 工艺控制要点

国内大部分浮法玻璃生产线的锡槽保护气体由工厂自建的制氮车间和制氢车间供气，氮气采用空气分离法制得，氢气有氨分解法、水电解法和天然气裂解法等制气工艺。少数浮法玻璃生产线由外部的气体公司提供合格的N_2和H_2作为气源。

N_2和H_2分别通过专用管道输入浮法车间配气室，在配气室内经过质量检测、调压、流量计量、流量分配、部分N_2和H_2混合等工序后通过管道输入锡槽的进气点。对进入配气室的保护气体质量（含氧量、含水量）和流量管理、锡槽保护气体流量分配管理、锡槽保护气体排放管理和保护气体安全使用管理是锡槽保护气体系统使用的控制要点，见表3-51。

表3-51 保护气体控制要点

序号	关键工艺参数		控制指标	检测仪表
1	配气室保护气体质量和流量管理	氧气含量	≤5×10^{-6}	微量氧分析仪
		含水量（露点）	≤-60℃	微量水分析仪
		气体流量	波动值<1%	流量计、调节阀
		混合气氢气含量	波动值<0.5%	氢含量分析仪
2	锡槽保护气体流量分配管理	槽内压力	≥30 Pa	压力变送器
		槽内压力波动	<2 Pa	压力变送器
		罩内温度	≤250℃	热电偶
3	锡槽保护气体排放管理	槽内压力		压力变送器
		上表面滴落物缺陷	成品率损失<1%	玻璃板缺陷检测仪
4	保护气体安全使用管理	通入锡槽氢气比例	≤10%	氢含量分析仪
		配气室氢气泄漏量	空气中氢气<1%	可燃气体检测报警仪

3.9.2 现有控制手段及改进需求

为了实现锡槽保护气体的工艺任务，目前浮法玻璃厂保护气体系统都采用多角度综合性的检测及控制手段，即在线质量检测、流量计量、自动调节与人工现场操作、计量同时使用的方式，属于人工参与调节下的部分自动控制系统。由于很多环节需要人工现场调节，不能实现全生产过程的实时参数收集和智能控制。

3.9.2.1 现有控制手段

1. 配气室的保护气体质量和流量管理

高纯 N_2 和 H_2 由管道输送进入浮法车间配气室，经过质量检测、压力调节、流量调节、混合后，以 N_2/H_2 混合气和纯 N_2 两种气体状态输送至锡槽用气点。配气室内保护气体检测、调节、混合控制系统如图 3-64 所示。

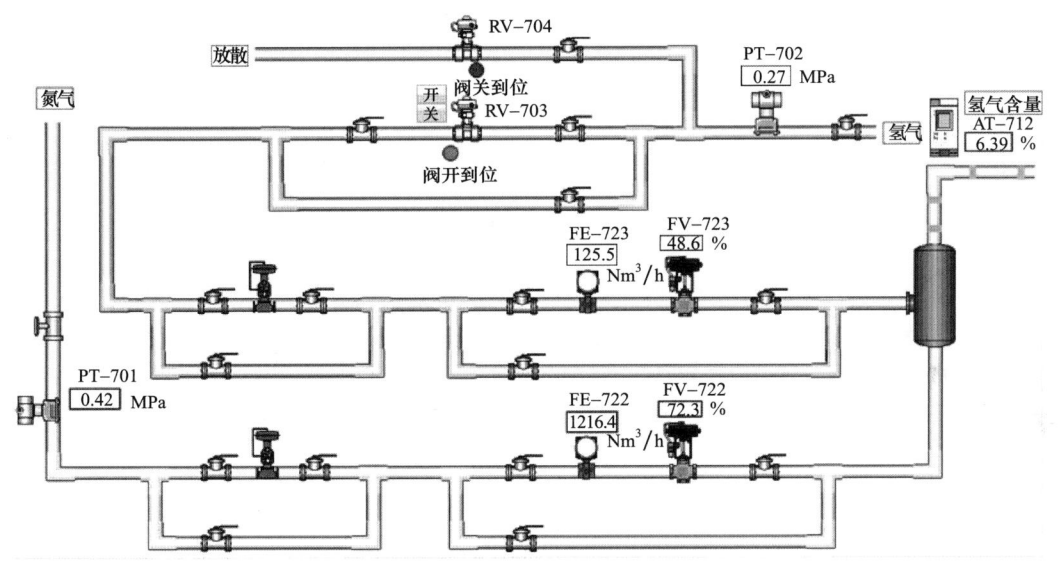

图 3-64 保护气体控制系统

全部的 H_2 在配气室内经过在线质量检测、压力与流量调节、流量计量的自动化控制，进入混合器与 N_2 混合。主要流程如图 3-65 所示。

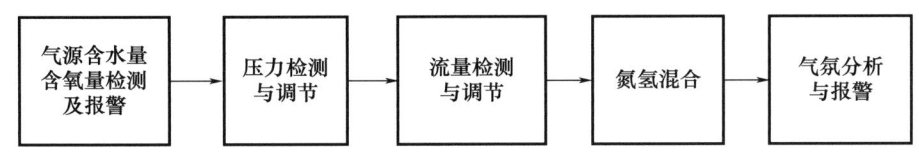

图 3-65 配气室保护气体运行流程

其中，在流量检测与调节环节采用负反馈调节方式，常见的负反馈传递函数如图 3-66 所示。

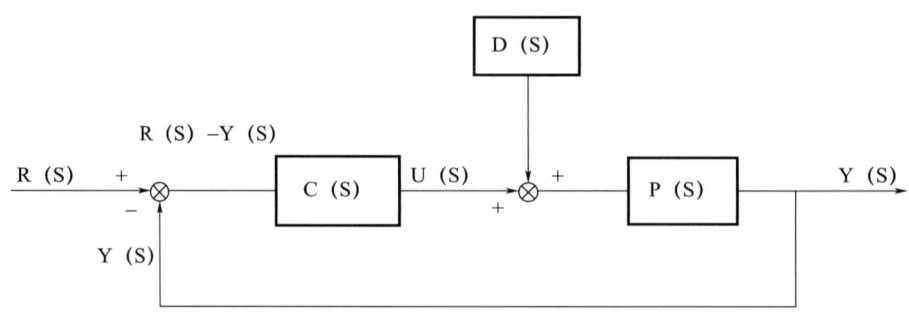

图 3-66 常见的负反馈传递函数

N_2 进入配气室后,基本控制流程与 H_2 一致,只是在压力调节后有部分 N_2 从总管分流出去,通过手动阀调节、玻璃转子流量计现场计量的方式进行分配,通往锡槽使用纯氮气的部位。

保护气体质量检测(微量氧、露点)和混合气中氢气比例检测流程如图 3-67 所示。

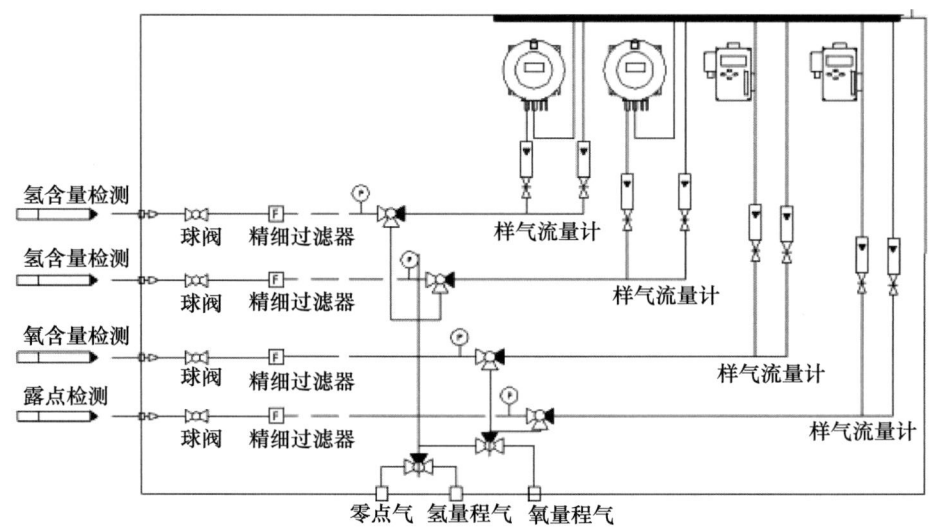

图 3-67 保护气体气氛分析流程

浮法车间配气室保护气体质量和流量管理详见表 3-52。

表 3-52 配气室保护气体质量和流量管理

序号	管控点	现有控制手段	改进需求
1	H_2 含氧量	在配气室进气管道上设有微量氧、微量水检测,要求含氧量 $\leq 5 \times 10^{-6}$,露点 $\leq -60℃$,检测指标不参与自动控制,在超限后报警提示人工处理	加强与制气车间供气质量控制的联动
2	H_2 含水量		
3	N_2 含氧量		
4	N_2 含水量		
5	H_2 进气压力	在配气室进气管道上设有压力变送器在线检测,在计算机系统显示,为管道压力调节提供数据	加强与气源供气压力控制的联动
6	N_2 进气压力		

续表

序号	管控点	现有控制手段	改进需求
7	H_2进气温度	在配气室气体管道上设有热电阻检测气体温度，在计算机系统显示，参与流量计的数据计算	
8	N_2进气温度		
9	H_2进气流量	采用平衡流量计，带压力和温度检测、补偿计算功能，在计算机系统显示	
10	N_2进气流量		
11	H_2调节阀	DCS系统采集流量信息，对所得信号通过二阶滤波器进行滤波及均值算法处理等手段预处理，经过PID自动调节后，将控制信号发出至调节阀处，通过改变调节阀的开度，实现对流量的控制，流量波动值<1%；阀门开度在计算机系统显示	加强与气源供气流量控制的联动
12	N_2调节阀		
13	混合气流量	参与混合的N_2和H_2流量相加得到，并在混合气总管上设玻璃转子流量计，进行流量复核	
14	混合气中H_2比例	通过氢含量分析仪进行测量，在计算机系统显示	

2. 锡槽保护气体流量分配管理

配气室内保护气体N_2/H_2混合气通过管道输送至锡槽顶罩上方，对应锡槽每一贝引出支管，人工现场手动阀门调节，玻璃转子流量计计量后从顶罩上方通入锡槽；其余氮气在配气室内分成多路，分别经过人工手动调节、玻璃转子流量计计量后供给锡槽顶罩二次混合用气、边封用气、工业电视用气、锡槽出口唇板用气。

通入锡槽的保护气体主要控制罩内温度、罩内压力、槽内压力等指标，保证锡槽生产操作安全和产品质量。

锡槽保护气体流量分配管理详见表3-53。

表3-53 锡槽保护气体流量分配管理

序号	管控点	现有控制手段	改进需求
1	槽内压力	压力变送器测量，监控槽内压力≥30 Pa，波动值<2Pa；监控罩内压力必须高于槽内压力	
2	罩内压力		
3	罩内温度	热电偶测量，温度超过250℃报警	
5	顶罩N_2/H_2混合气流量分配管理	N_2/H_2混合气总量根据操作系统输入的指令在配气室自动调节，顶罩每节的进气流量采用手动阀门调节、玻璃转子流量计计量的方式进行终端流量分配管理	玻璃转子流量计计量结果只能在现场观察，且不能追溯历史数据。需要提高各用气点流量的远程监控措施
6	锡槽用纯N_2的流量分配管理	在配气室对通往锡槽顶罩、边封、出口、工业电视等系统的纯N_2主管道上采用手动阀门调节、玻璃转子流量计计量的方式进行总管流量分配管理，在进入各用气点时也采用手动阀门和玻璃转子流量计的方式进行终端流量分配管理	

3. 锡槽保护气体的排放管理

正常生产时，锡槽内的保护气体处于动态平衡状态，通入锡槽的保护气体总量与排出总量是一致的，保证锡槽内的气氛环境处于稳定状态。

浮法玻璃离开锡槽的状态决定了锡槽出口存在着很大的泄漏面积，在槽内压力的作用下，大量的保护气体从锡槽出口排出。在锡槽高温区，槽内气氛中 SnO、SnS 等挥发物的浓度比其他区域高很多，在高温区设置保护气体导流装置，将挥发物有组织地及时排出锡槽，减少挥发物对其他区域的污染，减少玻璃板上表面滴落物缺陷数量。随着浮法生产线管理水平的提高，正常生产时锡槽其余部位的保护气体泄漏量几乎可以忽略不计。

锡槽保护气体的排放管理对于保持槽内压力、提高玻璃质量非常必要，详见表3-54。

表3-54 锡槽保护气体排放管理

序号	管理点	现有控制手段	改进需求
1	保护气体导流装置	大部分生产线是直排式，排放量通过简易手动阀门控制；少数生产线使用压缩空气引射带动保护气体排出，人工调节引射压缩空气的压力控制保护气体排放量。根据冷端缺陷检测人工调节导流装置排出的气体量，控制上表面滴落物对成品率的影响<1%	增加导流装置的排气量在线计量，实现调节的自动化、智能化控制
2	锡槽出口	浮法玻璃离开锡槽的状态由生产的特性决定，70%~80% 的保护气体从出口排放；尽量降低出口闸板或挡帘的高度以减少保护气体排放量，保持槽内压力≥30Pa	
3	锡槽入口	生产线日常加强密封，排出气体量可以不计	
4	锡槽边封		

4. 保护气体系统和配气室生产安全管理

保护气系统和配气室的生产安全管理主要分为保护气体气源供气故障时的安全管理和气体泄漏时的安全管理。

在保护气体气源供气故障时，进入配气室的 H_2 管道上设置有自动切断阀和室外放散管路，确保进入锡槽的保护气体总量中 H_2 比例不超过 10%，保证锡槽的使用安全。

在保护气体 H_2 管路出现泄漏时，在浮法车间配气室的空间里会发生 H_2 局部集聚情况，引起着火甚至爆炸事故。为杜绝此类事故，在浮法车间保护气体配气室内设有可燃气体探测报警和事故排风系统，如图 3-68 所示。

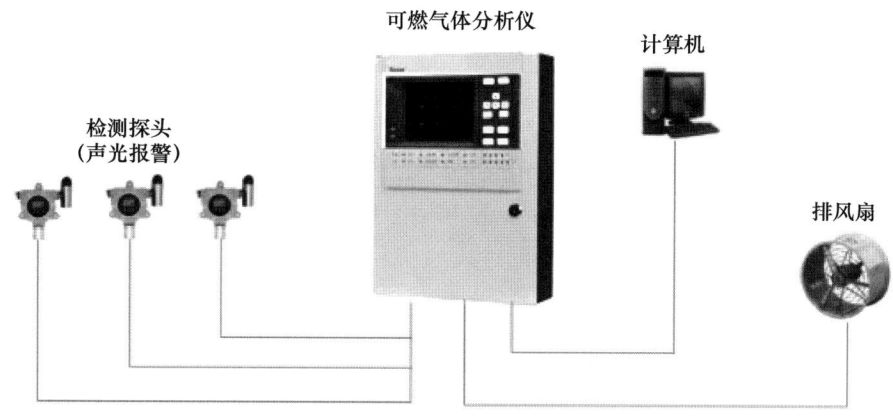

图 3-68　可燃气体探测报警和事故排风系统

保护气体系统和配气室生产安全管理详见表 3-55。

表 3-55　保护气体生产和安全管理

序号	管理点	现有控制手段	改进需求
1	氢气主管切断阀	氢气分析仪检测到混合气中氢气比例超标后报警并通过计算机系统发出指令，主管上切断阀切断通往锡槽的氢气供应，同时放散管上切断阀开启，将供气管道内的氢气安全放散至室外	
2	氢气放散管上切断阀		
3	可燃气体分析仪	1. 可燃气体分析仪检测到空气中氢气含量超过爆炸下限 10% LEL，探测报警器发出声光警报 2. 可燃气体分析仪检测到空气中氢气含量超过爆炸下限 25% LEL，联锁启动安装在配气室屋顶的事故排风机，将配气室内的氢气迅速排出到室外，以保证生产操作和维修的安全	在局部空间里 N_2 泄漏会导致 O_2 浓度不足，引起人身伤害。目前配气室内没有安装 O_2 浓度检测仪，存在安全漏洞
4	排风机		

3.9.2.2　改进需求

综合改进现有保护气体系统中的不足之处，进一步改进提高装备的自动化水平，提高系统控制和数据管理的智能化程度，详见表 3-56。

表 3-56　保护气体系统智能化管理措施

序号	改进需求	改进措施
1	加强浮法车间配气室的质量、压力、流量控制与制气车间的制气、供气系统的联动	1. 将浮法车间配气室的进气质量（含氧量、露点）检测数据引入制气设备的控制系统中，气源质量出现问题时及时发现、处理 2. 将浮法车间配气室的进气管道上的 N_2、H_2 压力测量值与制气车间供气调节阀联网，保持配气室进气压力稳定 3. 将制气车间的 N_2、H_2 供气流量值引入配气室流量调节阀的控制中，通过程序操控阀门动作，减少制气车间供气波动引起的锡槽进气量波动

续表

序号	改进需求	改进措施
2	锡槽保护气体系统中大量使用玻璃转子流量计，只能现场观察流量数据，无法观测流量波动数据	将玻璃转子流量计改进为能带远传功能的流量计，将数据实时传输到计算机系统的远程流量计进行数据显示和管理
3	增加导流装置的排气量在线计量，提高调节的自动化、智能化控制	1. 对排放的保护气体流量采用带远传功能的流量计进行计量，流量值输入计算机系统 2. 导流装置的控制阀采用远程控制的阀门，实现排气量定值控制 3. 气体排放量与缺陷检测仪的检测数据分析系统联锁，根据缺陷情况自动调节气体排放量
4	保护气体配气室未设 O_2 泄漏检测	在配气室内增加 O_2 浓度检测报警仪，空气中 $O_2 \leqslant 20\%$ 报警，并联锁打开屋顶排风扇

3.9.3 智能化实施展望

随着浮法工厂智能化管理整体水平的提高，保护气体系统也会成为全面智能化管理的有效组成部分。

保护气体智能控制系统由控制网、管理网组成，对目前缺乏检测仍需人工参与的现场管理部分增设智能化管理点，与现场已有自动化管理点组成现场控制网，全面监控生产现场，全系统数据自动收集、分析，实现全过程的智能化控制、管理。利用数据中心、采集站、大数据分析系统构成管理网，通过云计算平台、智能信息显示系统、手机App、远程诊断中心与全厂的智能化管理系统有机结合为一个整体，如图3-69所示。

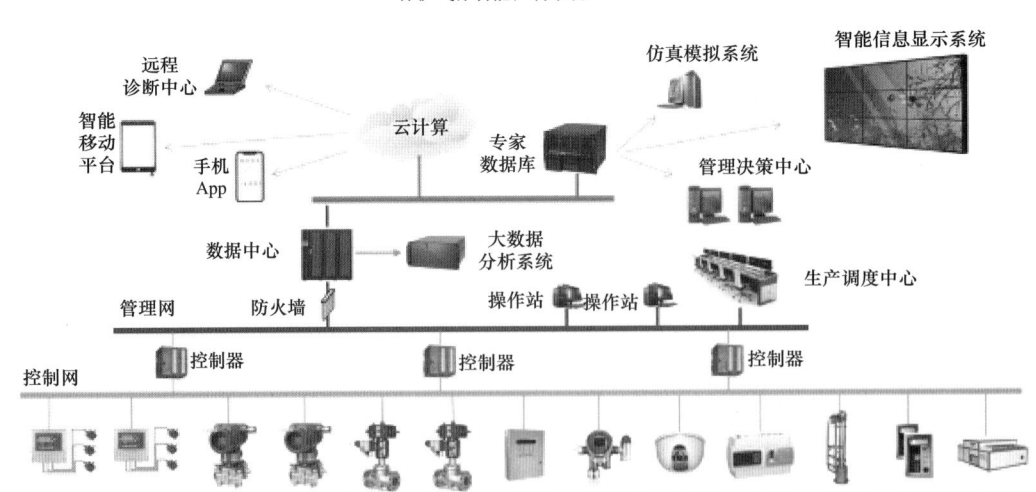

图 3-69 保护气体智能控制系统

4 深加工玻璃行业智能制造

深加工玻璃是应用领域使用玻璃的最终产品形态,它是以平板玻璃为主材、各种功能性材料为辅材,经各种工序设备深度加工而制成的具有安全、节能、选择性透反光、隔声、美观等多种使用功能的玻璃制成品。

深加工玻璃的主要工序包括原片的仓储转运、切割、磨边、钢化、热弯、镀膜、夹层复合、彩釉、中空合片等。其中,切割、磨边工序赋予玻璃尺寸,钢化工序赋予玻璃强度特性,热弯及弯钢化工序赋予玻璃弯曲形状特征,镀膜工序赋予玻璃光学和表面节能特征,夹层工序赋予玻璃安全特性,彩釉工序赋予玻璃颜色和图案外观特征,中空工序赋予玻璃构造节能、隔声特性等。

深加工玻璃使用的主要设备和生产线包括切割机、磨边机、钻孔机、钢化生产线、均质炉、夹层生产线、镀膜生产线、彩釉生产线、中空生产线等。

深加工玻璃产品的多功能性决定了其产品结构和复合的多样性。其生产特点是加工工序多、质量控制环节多、工序流程模式多、各工序间信息数据的关联性差别大,故难以实现全部工序连线的智能化生产模式。

根据智能化生产理论和实践的探索,深加工玻璃的智能化生产可采取分段连线关联度密切的工序或通过缓存仓储分别连接关联度低的工序的连线模式,建立工序与工序之间、工序与工厂数据中心之间的产品、物流和控制参数信息共享通道,应用生产管理和工艺控制软件优化生产流程和控制,从而实现智能化生产的目标。

本章汇集了国内深加工玻璃行业智能化生产探索的多种模式,展现了主流的生产现状和向智能化制造发展的趋势,以期为深加工玻璃行业未来的深度智能化提供有益的指导。

4.1 原片仓储

原片仓储是指用于制造深加工玻璃制成品的平板玻璃(以下简称原片)按品种、规格、尺寸不同分类堆放的专用仓储系统。其特点是原片品种繁多、单包重量大、易碎且不易搬运、占地面积大、查找费时费力、搬运过程中存在玻璃破裂等风险。原片搬运至生产线的效率严重制约着后续生产加工的效率，原片仓储智能化是提升生产效率的源头。

4.1.1 原片传统仓储方式

传统的原片仓储模式在原片存量大的情况下不易对原片信息进行有效的分类管理；原片叠压堆放的仓储方式会造成先到库的原片玻璃堆压在最后位置，按先入库先用的原则调运原片玻璃，需反复调运挪移后入库的玻璃才能调运出先入库的玻璃，调运过程费时费力、工作效率低，且存在安全隐患。传统的原片仓储如图 4-1 所示。

图 4-1 传统的原片仓储现场

4.1.2 原片智能仓储方式

为解决玻璃仓储过程中存在的问题，提高生产效率及安全性，通过实践创新研发了 3 种模式的玻璃原片智能仓储系统，即穿梭式仓储系统、龙门式仓储系统和混合式仓储系统。

4.1.2.1 穿梭式仓储

1. 穿梭式仓储系统

穿梭式仓储系统，顾名思义是以移动的穿梭车连接原片仓储区与玻璃切割生产线的自动仓储系统。穿梭车可沿导轨移动至指定原片仓储位，装载好切割机所需要的原片玻璃后移动至指定玻璃切割生产线卸载玻璃，实现原片玻璃在仓储区与生产线之间的快速搬运传输；穿梭车也可以将切割区未用完的玻璃重新转运到仓储区暂存，等待再次使用。穿梭车不仅可以实现原片仓储区与切割区之间的原片相互转运，也可以与仓储区外部对接，实现原片的自动补库（当仓储区的原片数量、品种不足以满足切割生产需求时，需要从仓储区外补充玻璃原片）和自动退库（仓储区有的玻璃长期不会使用，为了避免其占据存储位置，需要将这部分玻璃及时清理）。

（1）穿梭式仓储系统的构成：穿梭式仓储系统由原片仓储区、穿梭车、原片补库区、原片退库区、玻璃切割区、防护系统及控制系统等模块组成。典型穿梭式仓储如图 4-2 和图 4-3 所示。

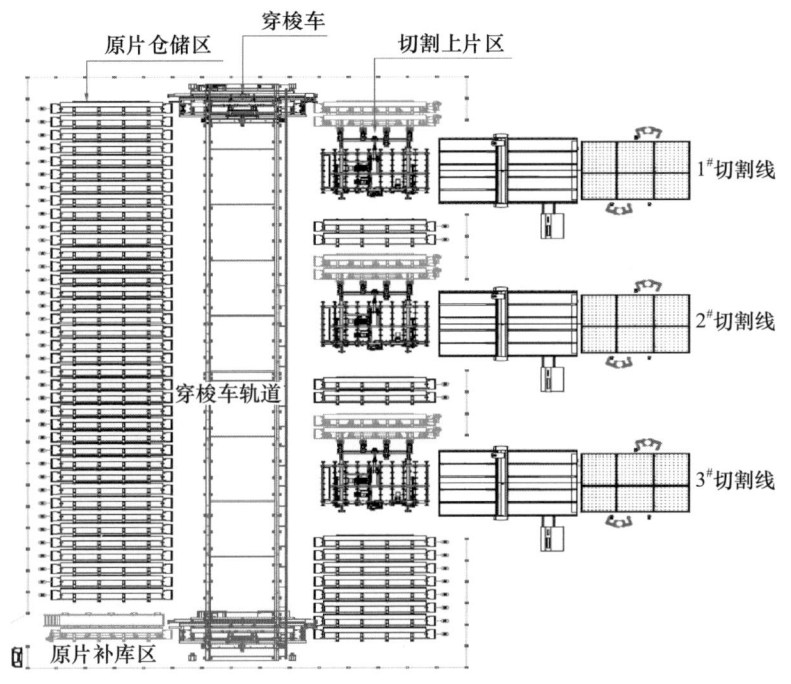

图 4-2　典型穿梭式仓储平面布置图

图 4-3　典型穿梭式仓储现场

（2）原片仓储库：原片仓储库可以分为离线原片仓库和在线原片仓库。离线原片仓库是指采购回来的、暂时还未列入生产计划使用的玻璃存储区，一般存储量较大，堆放比较紧密，玻璃信息管理比较困难；在线原片仓库是指与生产线衔接的、仓储信息实时的动态仓储库。在线原片仓储区划分为若干存储小单元，穿梭车可以将每个存储单元上的玻璃转运到指定工位，原片玻璃补库到原片仓库时系统即赋予原片玻璃唯一的标识信息，该标识信息包括该包玻璃的位置、品种、规格尺寸、数量等，该包玻璃提用后信息实时自动更新，并且可以将相关信息发送给工厂管理系统或数据中心，为生产调度提供原片玻璃仓储的即时消息。

（3）穿梭车系统：穿梭车系统的设计适用于供给多条切割生产线，通过穿梭车 X 和 Y 两个方向的移动，实现玻璃的全自动出库、上架、换架、退库等操作。原片玻璃的尺寸、厚度、生产厂家、颜色、膜系等相关信息录入信息库后，仓储库存区数据与数据中心同步并共享，实现信息的实时更新。

2. 穿梭式仓储系统的特点

该系统可提高库存原片的活跃度，配合提升原片切裁率；穿梭车行走采用激光测距等全闭环控制和高效稳定的通信系统，行走位置精度可控；仓储区玻璃架、上片位及补库位采用锁紧机构，确保运行安全；可与玻璃切割系统、玻璃打标识码系统数据交换，实现智能化控制。

4.1.2.2 龙门式仓储

1. 龙门式仓储系统

龙门式仓储系统由横跨原片仓储区及切割区的自动吸片机构实现原片在仓储区及切割区之间的转运。龙门式仓储系统包含玻璃仓储区、移动式龙门取片架、接片台、切割区、防护系统及控制系统等模块，如图4-4所示。

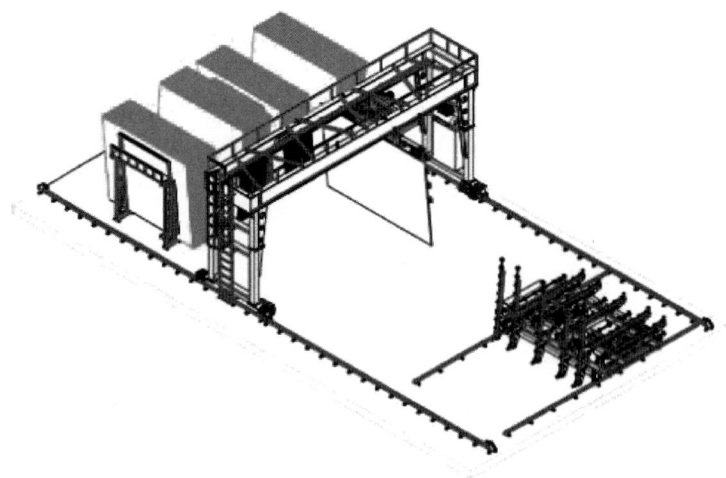

图4-4 龙门式仓储系统平面布置示意图

2. 龙门式仓储系统的特点

龙门式仓储具有仓储量大、自动化程度高的优点，特别适用于原片品种多但同一原片需求量较小的生产模式。龙门式仓储采用一次抓取一片或者多片的方式向切割机送片，基本不存在未用完退库的现象。根据生产后端产品的工艺需求，龙门式仓储系统可以根据生产要求，完成不同玻璃配置的配对需求。但是，其同样也存在局限，即当需要对仓储区进行补库时，整个系统需暂停运行，影响生产效率。

龙门式仓储系统的原片仓库管理和穿梭式仓储系统类似，仓储区的原片具有唯一的位置信息，原片的尺寸、厚度、生产厂家、膜系等相关信息录入信息库后，仓储库存区数据与数据中心同步并共享，实现信息的实时更新。移动式龙门取片架接收切割生产线或者上层系统发送的需求指令，自动抓取需用的玻璃送至接片台。

龙门式仓储系统因其特有的灵活性，在线补片模式优势尤为明显，很好地解决了生产过程中的破片及时补片的难题，同样也减少了玻璃吊装的危险性（特别是单片的吊装），生产过程顺畅、高效、安全。

4.1.2.3 混合式仓储

1. 混合式仓储系统

混合式仓储系统包括原片固定仓储区、原片移动仓储区、移动式龙门取片架、接片台、切割区、防护系统及控制系统等模块，如图 4-5 所示。

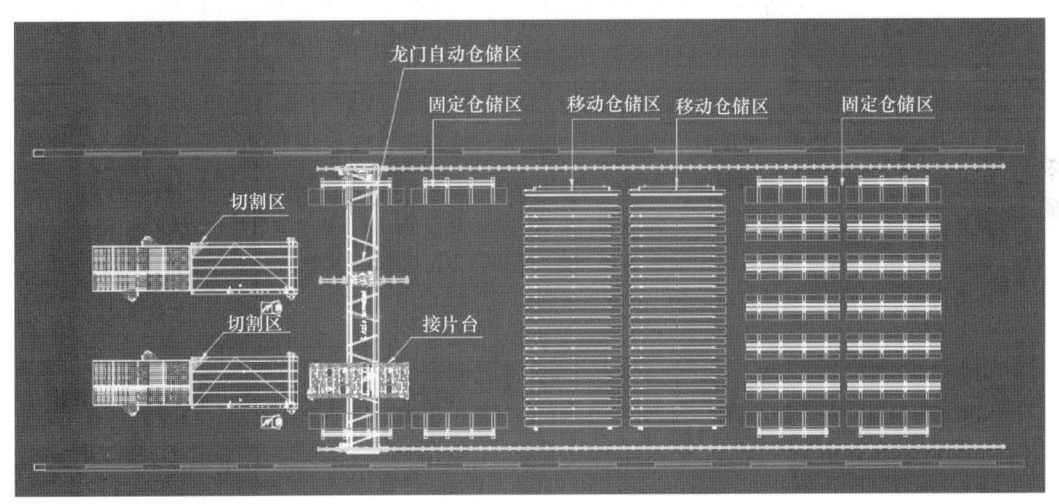

图 4-5 混合式仓储系统平面布置示意图

2. 混合式仓储系统的特点

玻璃从原片仓库外补库到混合式仓储系统，无论是移动存储区还是固定存储区，各种不同原片的位置信息是唯一的，各个位置的原片数量随着生产的进行或原片补库实时更新。系统将实时数据发送给上层管理系统，方便管理系统及时准确地了解原片仓库信息，从而下达正确生产指令。

混合式仓储系统的固定仓储区具有单位仓储空间存储量大的优点,移动仓储区具有单位仓储空间仓储品种多的优点,将两者集成在一个系统内既满足了存储量大的需求,又满足了品种多的需求,实现了有限空间内最大限度地满足仓储的需求。移动仓储区暂时不使用的原片架紧密堆放,当使用时,原片架会自动开合,为龙门式取片架让出取片空间。龙门式取片架吸取固定仓储区的玻璃时,对应的移动仓储区会为龙门式取片架让出通道,使其完成取片工作。接片台采用双面移动式设计,可实现不同切割生产线的原片供给。

4.1.3 原片仓储系统的数据信息

4.1.3.1 系统的数据信息分类

1. 静态数据模型

主要定义仓储系统日常生产中不需变动的数据,包含原片类型、颜色、尺寸、仓库、架位信息等。静态数据描述系统的设置项,限定信息的运算范围,提供仓储系统软件运行的条件,处理用户信息的显示界面,如图 4-6 和图 4-7 所示。

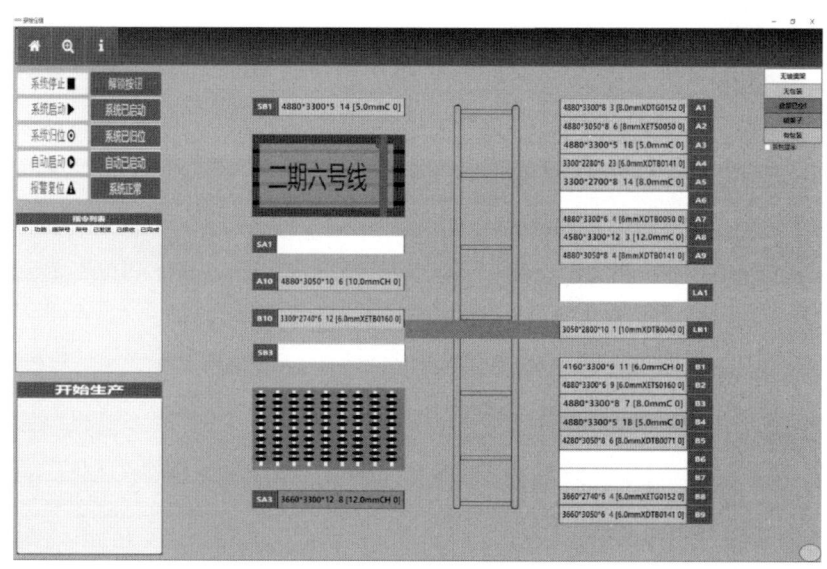

图 4-6 静态数据模型示意图(一)

2. 动态数据模型

主要定义日常生产中必须产生的单据,包含入库单、出库单、库存变动单、架位变更单。动态数据在生产过程中产生,其详细记录生产日志,动态生成生产报表,用于用户查询、对账等,如图 4-8 所示。

4.1.3.2 原片仓储系统与信息系统的对接

原片仓储系统可与 ERP 或 MES 对接,一般将数据存储于数据库中(例如 SQL 数据

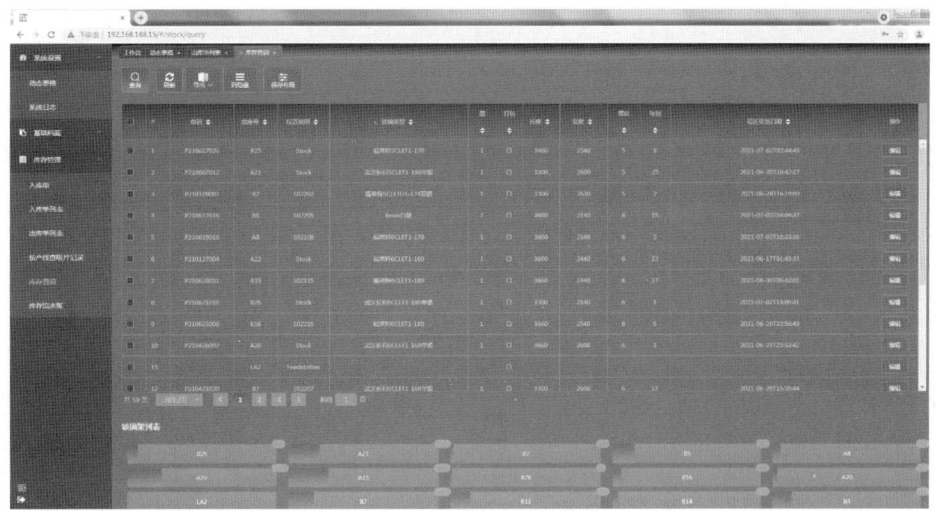

图 4-7 静态数据模型示意图（二）

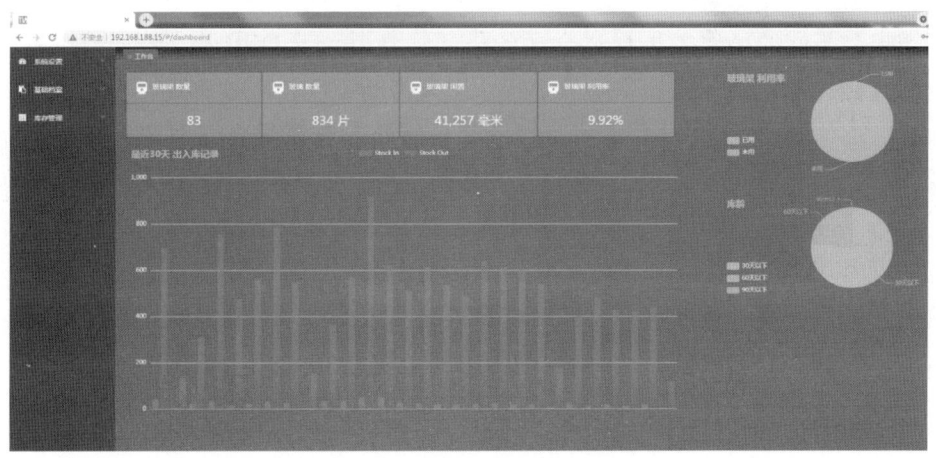

图 4-8 动态数据模型示意图

库），ERP 读取数据库中的数据，亦可把数据写入数据库中，仓储系统读取数据库数据并导入原片仓储系统中，转换成自身的数据结构，形成仓储的库存记录。原片仓储系统作为玻璃深加工的源头工序，可通过上述方式和下道切割生产线进行数据交互，或者仓储系统直接读取切割机的共享文件，根据共享文件中的数据信息给切割生产线提供所需原片，并把自身的生产数据传输至下道工序，作为下道工序生产的依据，通过传输当前上片的玻璃类型和尺寸等信息，下道工序即可自动进行处理。原片仓储系统数据库界面如图 4-9 所示。

4.1.4 原片仓储系统智能化发展方向

不管哪种原片仓储系统，都是为了解决玻璃存储和调度之间的方便性、及时性、安

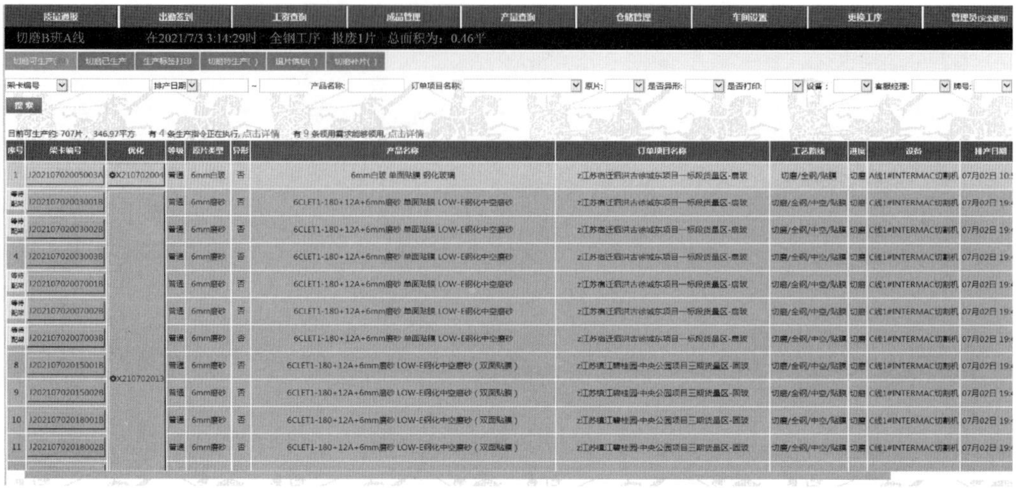

图 4-9　原片仓储系统数据库界面示意图

全性，同时为全厂智能化提供必需的基础数据支撑。不同的系统有各自的优缺点，要根据不同需求、不同的场地去选择最合适的模式，让其满足使用需求的同时，性价比最高。目前几种原片仓储系统自动化程度高、工人劳动强度低、效率高，但也没有完全实现无人化，离"黑灯工厂"还有很远的距离。例如，现在的仓储系统在自动运行的时候需要人工去取玻璃间隔块/条，需要人工去拆包装，这些不仅需要人员的参与，而且破坏了生产的连续性；玻璃采购回来需要人工将玻璃吊装到指定位置，并录入玻璃信息到系统。有时还需将玻璃放到在线库房外面，要用的时候再次吊装入库，耗时耗力。希望随着技术的发展及各种传感器技术的进步，在不久的将来可以实现机械设备的自动吊装、自动拆包装、自动取玻璃间隔块/条等动作，实现完全无人化生产，工厂或终端客户直接在 App 上下单，中途不需要人工干预，可以直接收取成品，实现真正的智能化生产。

4.2　玻璃身份识别

4.2.1　玻璃身份识别的目的

为了解决每片玻璃加工过程中易于辨认和能够连续加工以及能够准确快捷地安装等问题，需要在每片/套/架玻璃上进行相关的辅助标识，或制造系统可通过玻璃标识读取产品信息和相关的加工内容等，从而进行身份识别。

在智能制造系统中，设备与设备之间无论是软件连接还是硬件连接均必须做到：系统可通过读取玻璃标识上的信息进行身份识别，达到自动反馈加工信息、实时进程，以及转化成工作指令给下道工序进行作业或进行产品溯源等目的。

4.2.2 玻璃身份识别的要求

4.2.2.1 传统玻璃身份识别的局限性

传统玻璃身份识别主要通过人工粘贴在玻璃上的纸质标签得以体现，在标签纸上显示出玻璃的品种、厚度、尺寸、客户信息等内容（图4-10）。

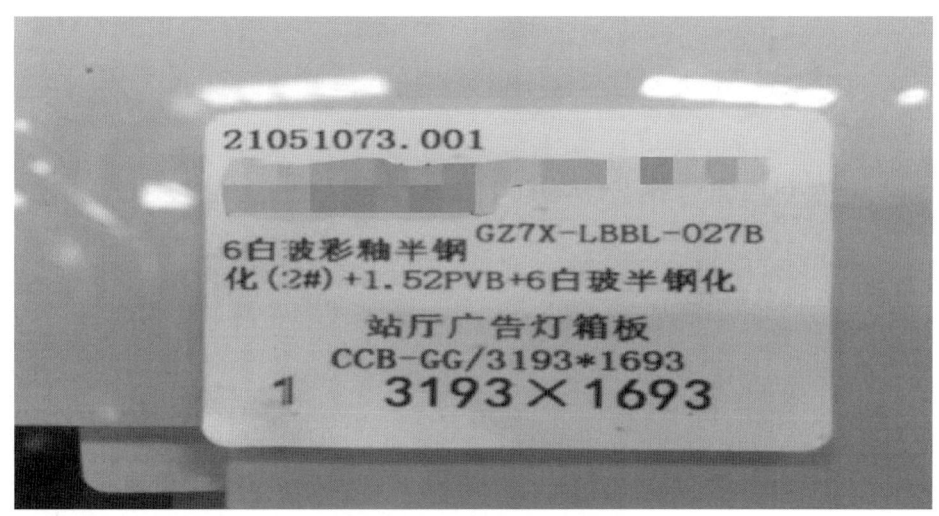

图 4-10　传统玻璃身份识别样式

虽然粘贴纸质标签操作较简单方便，但是标签上涵盖的内容有限、标签易被污染或脱落丢失信息、人工查找核对信息时费时费力，且无法实现实际加工过程与系统实时自动对接等，不利于智能化制造的发展。

4.2.2.2 智能化玻璃身份识别的要求

用于智能制造的玻璃身份识别主要以二维码的形式体现，系统先将每片/套玻璃所对应的品种、厚度、尺寸、客户信息、加工要求、工艺流程、注意事项等详细内容汇总编辑生成唯一对应的 ID 号码，并将 ID 号码和一些简单的必要信息一起自动转化成二维码，再以某种方式将二维码附在玻璃表面，系统通过读取二维码可还原所有需要的信息并指导生产等，各种扫码器也可以通过扫码获取一些简单的必要信息。

智能制造要求每套玻璃产品都有唯一的 ID 号码，智能制造系统可以通过此 ID 号码制造出唯一对应的产品。

4.2.3 智能化玻璃身份识别的数据信息

智能化玻璃身份识别的数据信息如图 4-11 所示。

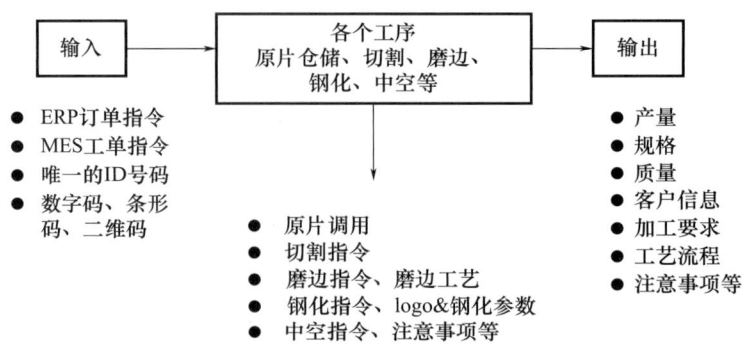

图 4-11 智能化身份识别数据信息 IPO 图

4.2.4 智能化玻璃身份标识的方式及特点

智能化玻璃身份标识主要是在玻璃表面通过激光打码、自动贴标、彩釉喷码等方式产生标识。

4.2.4.1 激光打码

激光打码是利用激光发生器（图 4-12）生成高能量的连续激光光束对玻璃进行局部照射，并通过控制激光在玻璃表面的路径，从而留下永久性标识的一种打标方法。

激光打码这种打标方式在传统玻璃深加工中实用意义不大，其主要运用在玻璃智能制造系统中。通过智能制造系统自动生成每件/套玻璃对应的二维码（图 4-13），然后自动传输至安装在加工生产线上的激光发生器，激光发生器将标识打印在经过的对应玻璃上。

通过激光打码生成的标识与玻璃同期存在，方便永久质量溯源，是一个非常值得推广的方法，但现阶段推广的最大阻力是目前技术打印出来的标识不易识别、使用条件较苛刻，以及激光发生器节拍较慢、价格昂贵。

图 4-12 激光发生器

图 4-13 激光二维码

4.2.4.2 自动贴标

对于智能制造来说，自动贴标是指系统自动生成每片/套玻璃唯一对应的二维码（图4-14），然后自动传输至安装在生产线上的标签打印设备，使玻璃在线上流转经过该设备时或标签打印设备动态寻找到对应的玻璃后自动将打印好的标签贴在玻璃表面。

图 4-14 自动贴标

自动贴标的最大优势是成本低，易被大众接受，但不足之处是标签上的字迹易褪色、标签易被污染或脱落，不利于成品溯源且影响成品美观。

4.2.4.3 彩釉喷码

彩釉喷码（图4-15）是指智能制造系统自动生成每片/套玻璃唯一对应的二维码或条形码，然后自动传输给安装在生产线上的彩釉打印机，当玻璃经过彩釉打印机时在玻璃表面自动喷印对应的内容。

彩釉喷码的釉料可选择低温和高温釉料。低温釉料选择喷码的工序非常灵活，但易局部脱落而造成信息不全，不利于加工和溯源。高温釉料经烧结后与玻璃同期存在，非常有利于加工和溯源，但选择工序时只能放在清洗和钢化工序之间，使用时有一定的局限性。

图 4-15 彩釉喷码

4.2.5 智能化玻璃身份识别的应用

智能化玻璃身份识别是由 ERP 或 MES 等系统生成相关信息，并通过各种打标方式对应的设备将二维码附在玻璃表面。打标动作可以发生在切割工序，也可以发生在成品或半成品在加工过程中第一次离开生产设备时所对应的工序；当半成品离线后，第二次接触加工工序设备时，由读码器读取二维码进入系统还原信息并指令设备按要求加工。

激光打标和自动贴标可以发生在玻璃加工的任意工序，自动贴标若用在清洗前则要使用防水标签，较实用的高温釉料喷码则只能选择在清洗后、钢化前进行。

目前，智能化玻璃身份识别主要在切割工序完成打标，然后供整个智能制造过程识别使用。其中，切割工序激光打码（图4-16）时，在上片台与切割机之间安装一台激光打码设备，激光打码设备根据MES系统发送的打码文件开始打码，每一张原片玻璃打码完成后，MES系统再向切割机发送与当前打码相对应的切割版面数据文件，保证打码版面与切割版面能一一对应，实现了对每一片成品玻璃的管理。

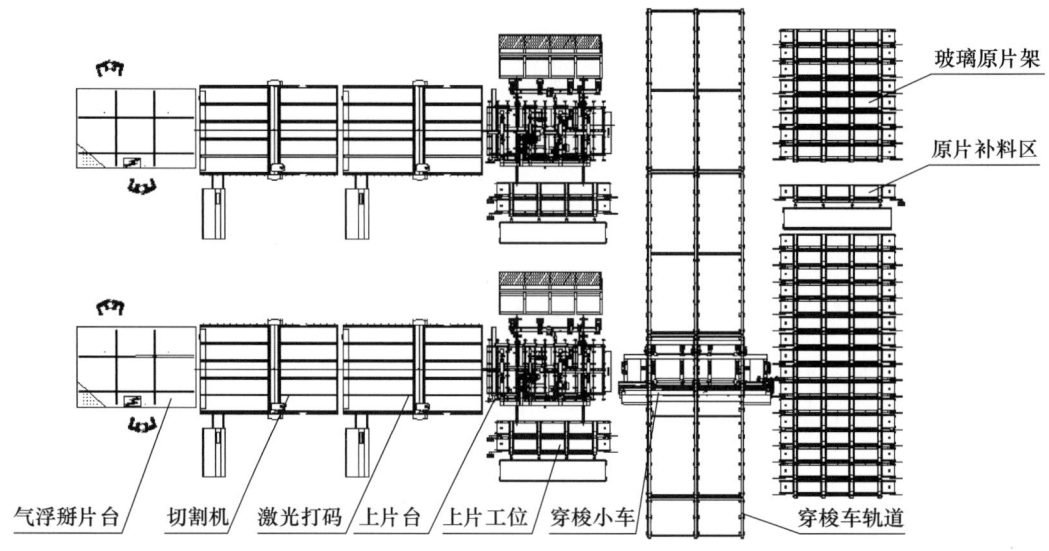

图4-16　原片仓储、激光打码及切割流水线布局

随着玻璃深加工企业对管理的提升，由原来按架管理逐渐演变为按片管理，此时任意工序都需要每片玻璃的身份信息，根据每片玻璃的身份信息确定玻璃的加工工艺、物流路径，激光打码设备对每片玻璃打印唯一的身份识别码，在所需的输送设备或工艺设备前进行读码，读码结果通过MES系统解析后确定此片玻璃的加工工艺及物流路径，从而实现玻璃的片管理以及玻璃成品出厂后所有数据的追溯管理。

4.2.6　玻璃身份识别的意义

传统玻璃身份识别主要通过人眼辨别，智能化玻璃身份识别主要通过扫码仪识别初始信息并传回智能化系统后还原各种所需信息。

智能化玻璃身份识别是玻璃智能制造的必备要素，玻璃上标识的内容在智能制造中起着连接硬件和软件信息转换的桥梁辅助作用，用好玻璃上的标识有利于现阶段玻璃智能制造水平的提高。智能制造就是通过扫码仪扫描玻璃上的二维码，然后将信息传输给系统，系统再根据捕捉到的信息还原成相关内容，并自动下发相对应的指令给生产设备，生产设备可根据这些指令自动调整参数组织生产，也可以将还原的相关内容显示在计算机屏幕上。扫码设备如图 4-17 所示。

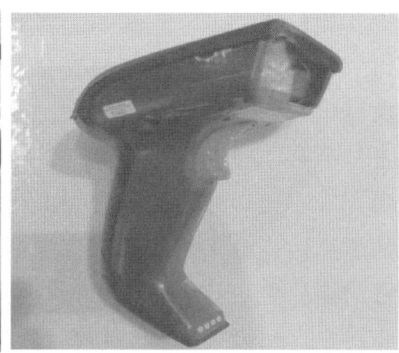

图 4-17 扫码设备

4.2.7 玻璃身份识别前景展望

虽然现阶段玻璃身份识别在玻璃加工和使用时必不可少，但是随着智能制造的深度发展，当工厂里硬件连线足够自动化和智能化时，生产全过程玻璃表面可以无任何标识，直到产品包装前才产生方便后续安装和溯源的简单二维码。

4.3 切割及余料管理系统

4.3.1 切割工序

4.3.1.1 切割工序的目的

切割工序的目的是指将原片按照订单要求进行切割后再掰片，得到订单要求规格的玻璃。

切割生产线接收人工输入的数据指令或生产管理软件发出的数据指令文件后，由计算机控制驱动原片传输、切割架移动、切割刀具动作，在原片表面划出切痕，经人工或机械方式沿切痕掰片完成切割。

4.3.1.2 切割生产线

切割生产线通常由上片台、切割机、气浮掰片台组成。

1. 上片台

上片台由机架、翻转电机、连杆机构、大臂机构、吸盘组件、真空泵等组成，将原片按指令要求从原片架上吸取、翻转并输送至切割机。上片台有单侧大臂机构单工位、双侧大臂机构单工位、单侧大臂机构多工位、双侧大臂机构多工位等多种模式。

工作流程简述：接到上片指令后，翻转电机驱动连杆机构将大臂机构翻转至指令要求的角度，机架移动接触到原片后真空泵打开开关，通过吸盘组件吸取玻璃，再通过翻转电机驱动连杆机构将玻璃平放至机构上，并输送至切割平台。

2. 切割机

切割机由切割平台、输送机构、龙门横梁、切割刀头组件、主控计算机等组成，将上片台输送的原片按指令进行切割，完成后输送至气浮掰片台。

工作流程简述：主控计算机发出指令驱动龙门横梁及切割刀头组件，刀轮机构按指令完成下刀、行走、抬刀等动作，切割完成后将玻璃输送至气浮掰片台。

3. 气浮掰片台

气浮掰片台由气浮台、顶杆、顶杆气缸、风机等组成，风机开启后将玻璃悬浮于气浮台上，用于玻璃移动及掰片。

工作流程简述：将玻璃切割刀线对齐顶杆，由顶杆气缸驱动顶杆将玻璃沿切割刀线掰断。

图 4-18 为由上片台、切割机及气浮掰片台组成的切割生产线。

图 4-18 切割生产线

4.3.1.3 切割工序的智能化目标

由于技术的日渐成熟，越来越多的玻璃深加工厂及设备生产制造厂都在考虑实现多工序之间的智能化连线，减少玻璃的下架次数，从而实现提高产品品质和生产效率的目标。

多工序实现智能化连线后优势很明显，可减少玻璃下架次数，提升品质和效率，减少人工，降低人员劳动强度，达到降低成本、提质增效的目的。但是，智能化连线也有几大难点需要克服，如当生产线生产的玻璃厚度的跨度过大，如需要生产 5~19mm 玻璃，造成各工序各工艺设备节拍很难匹配。生产玻璃规格大小差别过大，造成生产线中各输送台、储片等机构过大,单机设备制造难度过大。生产线矩形异形同时生产,造成异形切割完后需离线在其他设备上生产,从而造成矩形玻璃产能不足等问题。

因此,在设计智能化连线时需考虑各工序产能、各工艺设备节拍、单机设备的制造难点等,当某类所需加工的玻璃产品订单达到一定数量时,应设计规划一条智能化连线针对此类订单,以达到最佳的使用效果。

1. 切割生产线的智能化目标

通过主控计算机读取 ERP 的优化结果数据并解析生成生产工艺参数指令(与相关厚度匹配的直线切割压力及速度、异形切割压力及速度、加减速幅度等),驱动设备自动完成上片、切割、传输及掰片动作,实现无人干预、安全可靠的切割智能化目标。

2. 切割生产线连线的智能化目标(原片仓储+切割,切割+磨边,原片仓储+切割+磨边三个智能化)

切割生产线既可与上道工序(原片仓储系统)亦可与下道工序(磨边工序)实现智能化连线,完成不同规格、品种原片的自动上片、切割、掰片、磨边、清洗的生产过程,实现无人化、智能化生产目标。

4.3.1.4 实现智能化目标的方式

目前与切割生产线的智能化连线方式有以下三种。

1. 原片仓储系统与切割生产线智能化连线

原片仓储系统与切割生产线智能化连线如图 4-19 所示。实现智能化连线后,MES 系统接收 ERP 下发的计划订单自动优化排产,并进行优化排版,确认切割方案并形成切割及原片仓储数据信息。原片仓储系统、切割生产线根据数据信息完成上片切割,直至完成所有任务。

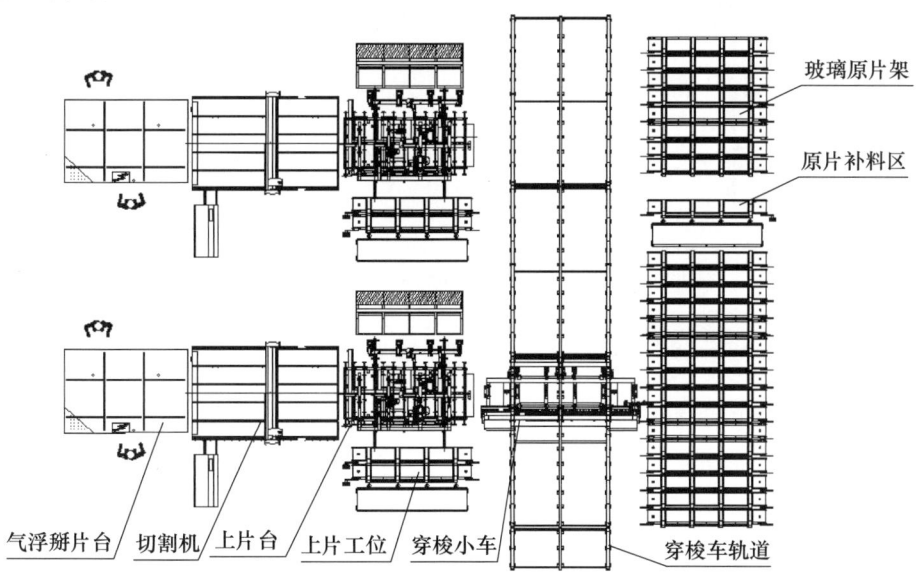

图 4-19 原片仓储系统与切割生产线智能化连线

2. 切割生产线与磨边生产线智能化连线

切割生产线与磨边生产线智能化连线如图 4-20 所示。实现智能化连线后，MES 系统接收 ERP 下发的计划订单自动优化排产，并进行优化排版，确认切割、磨边方案并形成生产工艺及工序间物流数据信息，实现连续地切割、磨边一体化生产。

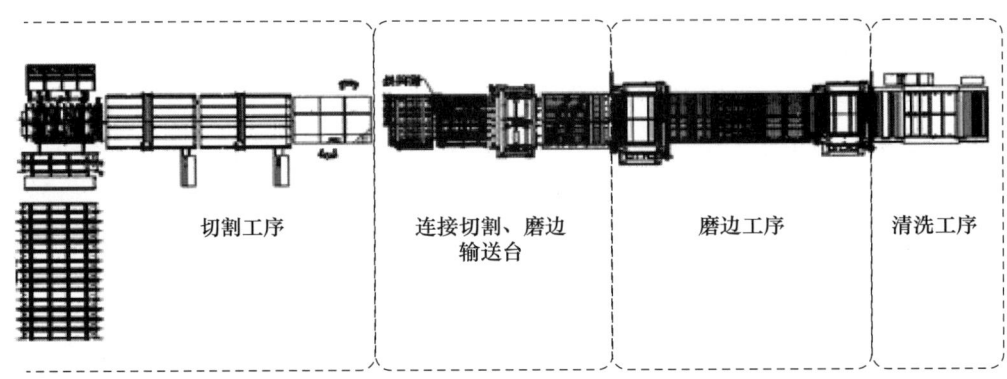

图 4-20　切割、磨边智能化连线布局

3. 原片仓储系统、切割生产线与磨边生产线智能化连线

原片仓储系统、切割生产线与磨边生产线智能化连线如图 4-21 所示。实现智能化连线后，MES 系统接收 ERP 下发的计划订单自动优化排产，并进行优化排版，确认切割、磨边方案并形成生产工艺及工序间物流数据信息，实现连续地上片、切割与磨边一体化生产。

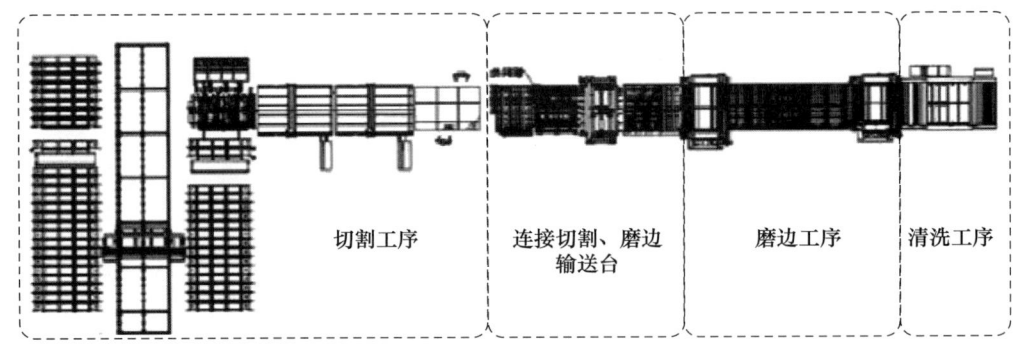

图 4-21　原片仓储、切割与磨边智能连线布局

4.3.1.5　智能化切割工序的数据信息

智能化切割工序的数据信息流程如图 4-22 所示。

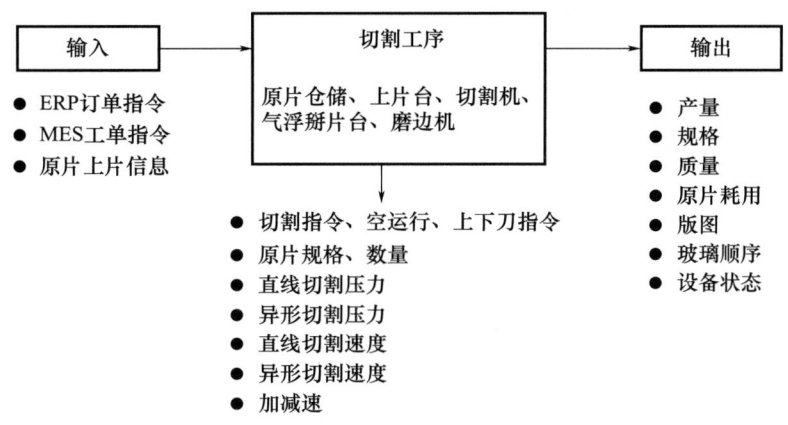

图 4-22 智能化切割工序的数据信息流程

4.3.2 自动掰片

4.3.2.1 掰边处理

玻璃加工企业切割工序的掰边处理有两种方式：一是人工掰片处理，二是设备自动掰边处理。现阶段，人工掰片适用于异型玻璃的处理，随着企业自动化水平能力的提高将逐步实现自动掰片。

4.3.2.2 自动掰片

系统包括：传输带（x 向）、定位感应器、切割后原片（y 向）掰边器、原片横向（y 向）断片顶杆、切割后连体片双边部（x 向）掰边器、连体片（yx 向）掰边器、连体片（x 向）断片顶杆、余料分解器、卧式 90°转向台、玻璃渣收集装置等。

（1）在系统中预先设置最小余料尺寸，尺寸区间一般定义为 270~300mm。

（2）自定义原片玻璃（x、y）向掰边最小数据，一般设置见表 4-1。

表 4-1 自定义原片玻璃（x、y）向掰边最小数据值

玻璃厚度（mm）	最小数值（mm）
5	14
6	16
8	20
10~12	30

（3）数据信息输入，相关信息如原片玻璃尺寸、厚度等，生成预优化批次方案，选择最佳结果，传输至切割机系统中，系统驱动设备完成动作。智能化掰片的数据信息流程如图 4-23 所示。

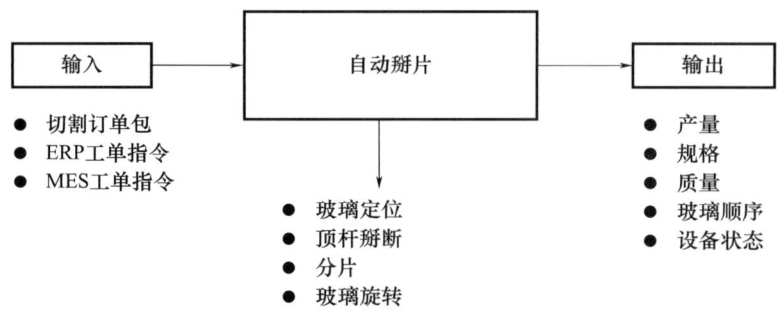

图 4-23 智能化掰片的数据信息流程

4.3.3 余料管理系统

对于玻璃深加工企业，原片玻璃占据了原材料的很大比例，所以原片的利用率也就成了玻璃深加工企业不断改进提升的方向。

为了避免造成浪费，除了提高利用率外，还要对生成的余料统一进行管理，建立余料管理系统，使余料处于一个有序受控状态，使实际的原片利用率得到再提高，从而降低生产成本。

4.3.3.1 余料管理需求分析

对余料进行有序可控管理、合理利用，不仅有利于提高原片的利用率，提高生产加工的经济利润，还有利于提高余料管理水平，解决企业生产加工中的余料堆积问题。余料利用整体布局如图 4-24 所示。

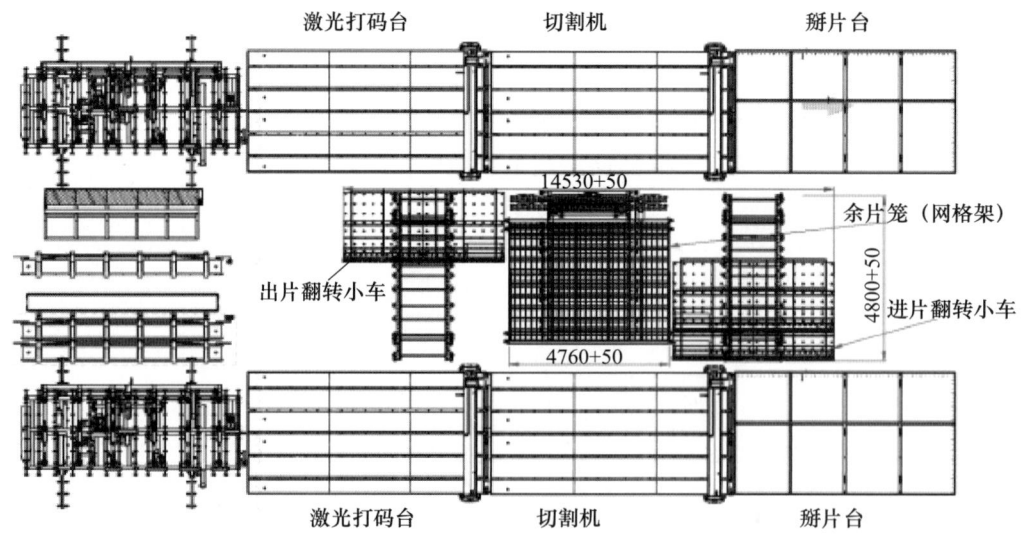

图 4-24 余料利用整体布局

1. 余料的定义

指原片玻璃经过开料切裁后产生的可继续使用的剩余材料部分。

2. 余料的产生

产生余料的原因大致上有原片规格采购不合理，导致利用率无法达到最大化；排版不合理。

3. 余料管理的难点

余料数量较多、规格不一；余料管理信息化水平低；余料堆放混乱，余料较难跟踪管理；余料数据依靠人工管理和统计，工作效率低。

4.3.3.2 总体设计方案

1. 总体设计遵循的原则

（1）有限空间最大存储量原则。

（2）工艺流程最合理原则。

（3）功能完备、全面满足生产工艺要求原则。

（4）柔性原则：系统具有经济性，安装操作简单，运营成本低，系统易于修改和升级，维护简单且成本低。

（5）实用性原则：以用户方的当前需求为出发点，并考虑未来发展需要。

（6）灵活性原则：模块化的设计，使用标准的单元模块，单独控制，能够通过增加单元数量来提高系统存储能力，确保价值最大化。

（7）硬件设备的可靠性和软件系统的容错性。

（8）控制界面人机友好，操作简单方便，现场设备的控制和监视界面直观。

2. 设计布局及功能

用于余料管理的设备，余片笼采用立式存放结构，由一组网格架单元组成，每个单元格最多可存储不同规格尺寸的玻璃两片。布局分布如图 4-25 所示。

图 4-25　布局分布示意图

（1）余料存储管理功能：可自动存取，对库内存储物料进行智能化管理，主要功能模块有仓库管理、余料管理、库存管理、盘点管理、任务管理、监控管理等。

（2）入库巷道自动分配功能。系统可根据入库余料规格、品类，对存储位置进行分配，使巷道存储最大化。

（3）出入库功能。对接出入库指令，进出库小车自动完成出入库动作，并且是一键式操作。

（4）系统与 MES 对接接口功能。

4.3.3.3 余料系统

1. 系统硬件

系统硬件由操作台、余片笼、进出片传送机构组成。其管理系统主要控制整个余料系统中的设备,向上连接到上位机系统,接收物料的输送指令;向下连接设备,实现底层设备的运行控制、物料的检测与识别,完成物料出入库过程控制及信息的传递,横向完成其他单机系统的控制集成。此外,仓储系统还提供内容丰富、形象直观的人机界面、安全保护措施和多种操作模式,辅助工作人员进行设备操作和维护。

余料系统控制网络采用工业以太网网络进行架构。PLC 控制器向上连接上位机及上层计算机系统,向下连接设备网络,将上层网络和底层控制网络进行物理隔离。

2. 管理系统

管理系统是自动化余料系统的调度核心和信息存储处理中心,运行在计算机网络环境和数据库系统上,可实现余料的自动化存取;统一的管理和调度,确保了快速、准确、高效的物料出入库。系统可与上层 ERP/MES 系统进行数据交互,进行出入库及产线数据的对接,实现信息的高度集成。

4.3.3.4 出入库作业流程

1. 余料入库作业

当有余片需要进行存储时,向系统申请分配库位,发送入库申请信息。系统根据收到的入库申请信息,指挥进库翻转小车将余料存放在指定的巷道,然后将完成信息返回给控制系统,等待接收下一条操作指令,系统生成库存信息。

2. 余料出库作业

当需要使用余料时,系统生成相应的物料需求信息,进行出库作业。系统根据收到的需求信息自动进行出库作业,并返回作业完成信息,管理系统更新库存数据库中的余料信息和库位占用情况,完成出库管理。

4.3.3.5 系统的技术特点

(1)设备具有自动控制、状态显示检测、保护、报警等功能,能够进行系统故障自诊断。

(2)操作界面友好且易于操作,能接收 MES 系统或前端设备提供的数据信息。

(3)设备具备远程诊断功能,通过网络连接可实现远程监控和维护。

4.3.4 切割及余料管理智能化展望

由于激光器的飞速发展,目前玻璃也可实现激光切割,采用皮秒红外激光器,最厚可实现 8mm 厚度、100mm/s 的切割速度。相比传统金钢厂刀轮切割方式,具有切割精度更高且切割后无锋利的刀口，不容易引起玻璃划伤等优势，但加工速度慢、设备成本高，限制了其在玻璃切割行业的发展，目前只在超薄玻璃行业有少量应用。随着国产激光器的不断研发与改进，成本也随之越来越低，后续更高功率玻璃切割激光器的问世是未来发展趋势，其高精度、无锋利刀口等众多优点必然会改变整个传统玻璃切割工艺。

余料管理贯穿了玻璃深加工企业的整个生产过程，产品设计、生产车间、库存管理、财务管理等各部门都需要从余料管理中获取余料信息以进行工作，由此可以看出余料管理在生产中的重要性。余料管理系统的建设是玻璃深加工智能工厂的一个重要组成部分，相较于传统的余料仓储方式，自动化的余料管理系统能够准确查询实时动态库存信息，智能化数据处理，节省人力、物力和仓储空间，提高作业效率，减少资源浪费，实现仓储管理合理化，出入库自动化，操作简便化、人性化，加快"智慧工厂"目标的实现，提高现代企业的生产管理水平。

4.4 磨边工序

4.4.1 磨边工序概述

磨边是通过研磨、抛光去除玻璃边部端面的斜边、锐边、毛刺等，使玻璃边部端面平整、平滑光洁的加工工序。磨边是现代玻璃深加工生产中不可或缺的工序，玻璃边部端面的质量直接影响着深加工玻璃制成品的安全性、耐候性和美观效果。

磨边既可加工玻璃的直线边磨出平直的边部端面（图4-26），亦可加工玻璃的曲线边磨出圆润光滑的端部曲面（图4-27）。

图 4-26　经直线磨边的玻璃

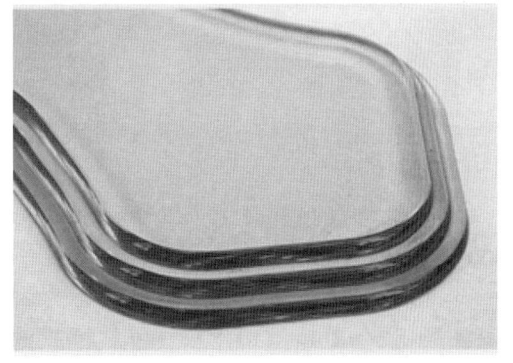

图 4-27　经异形曲线磨边的玻璃

4.4.2 磨边生产线（磨边机）

磨边生产线（也称磨边机）按加工要求和功能分为异形磨边机、单边直线磨边机、双边直线直边机、双边直线圆边机、四边直线磨边机、CNC加工中心等机型。根据用途、外形、边部形状、边部光滑程度要求的不同,可分别选择不同的磨边机进行磨边加工。

4.4.2.1 双边直线直边机

双边直线直边机(图4-28),其主要结构是多套磨头组分别对称固定在两侧箱体上,活动箱体固定在可调整宽度的基座滑座上,两侧箱体上设置了同步传输的下承托带和上压紧带,通过上下夹紧玻璃同步带动玻璃向前传输。其特点是一次磨削玻璃两边、效率高、品质好、平行度高,而且磨头配置可根据磨边质量、速度要求,除膜、倒角等功能要求进行变更,灵活性较高。应用于平板、建筑、中空、淋浴房、家电、电子等多个领域。技术上主要使用了 PLC 控制技术、电气控制技术、组态工控技术、传感器技术、伺服控制技术。

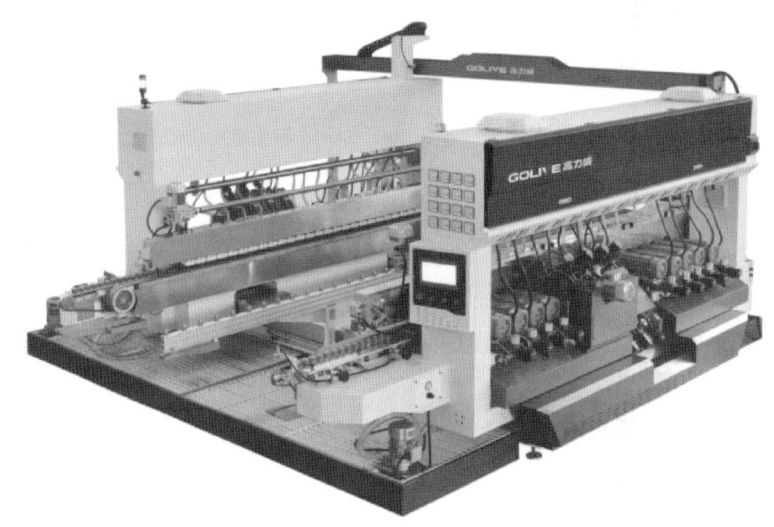

图 4-28 双边直线直边机

4.4.2.2 单边直线磨边机

单边直线磨边机(图4-29),玻璃立式通过其中的加工区域,通过分布成排的多个磨头分别对玻璃下直边及倒角进行磨削,由其结构方式衍生出的多级边单边机属于同类产品。单边直线磨边机主要应用于建筑、中空、家具领域的玻璃生产,由其结构决定了每次只能磨削一边,效率满足不了市场需求,逐渐被双边直线磨边机替代。其技术应用只停留在普通 PLC 控制技术、电气控制技术和传感器技术上。

4.4.2.3 异形磨边机

异形半自动化磨边机(图4-30),其装、卸玻璃由人工操作完成,机械动作采用气动器件和压力控制技术。工作时启动磨轮、吸盘机构转动玻璃,使磨头根据调整后的压力沿着玻璃边部轮廓进行异形磨削。磨轮可根据玻璃侧端形状定制。

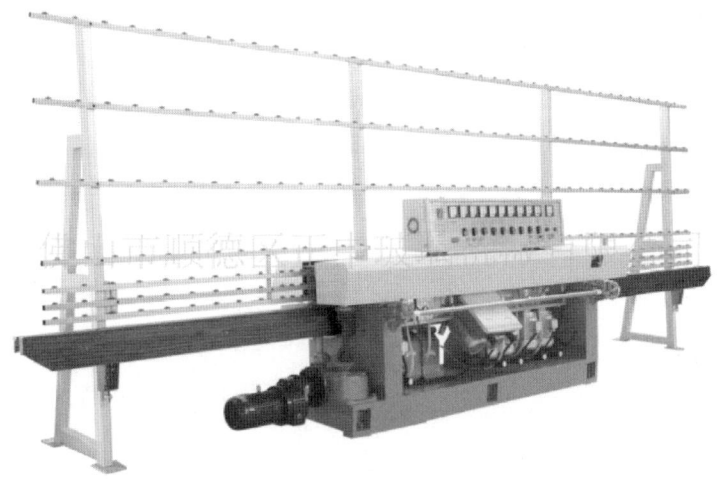

图 4-29　单边直线磨边机

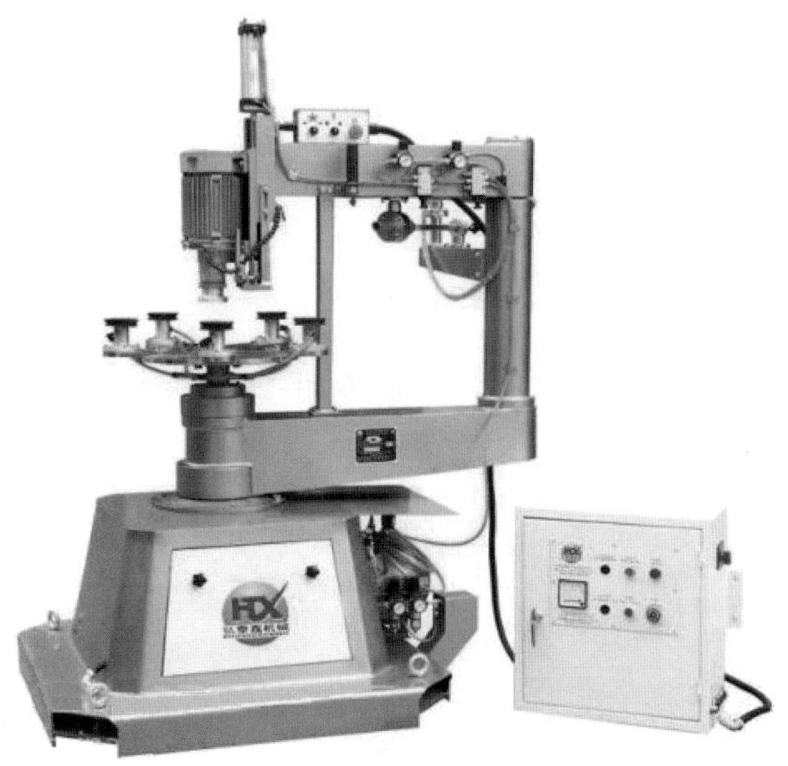

图 4-30　小型异形磨边机

4.4.2.4　双边直线圆边机

双边直线圆边机（图 4-31），其结构原理和应用技术与双边直线直边机相似，不同的是其磨头为竖装结构，通过磨轮外周进行磨削，磨轮为弧边成型轮，磨削出来的玻璃边部为弧形。其特点是磨削品质高、平行度好、效率高。其磨轮使用外周磨削方式，磨轮形状容易变形，磨轮更换频率高。双边直线圆边机主要应用于光伏玻璃批量订单生产，智能化技术应用还停留在探索和试验阶段。

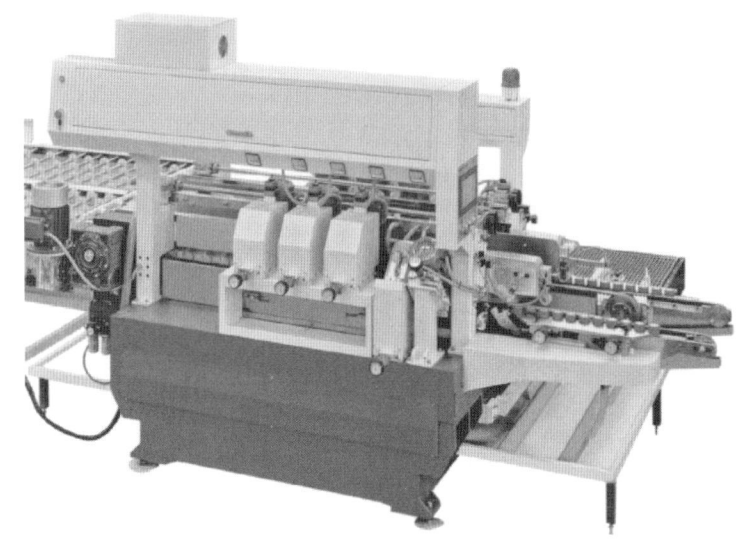

图4-31　双边直线圆边机

4.4.2.5　四边直线磨边机

四边直线磨边机（图4-32），其特点是磨头柔性磨削，一次连续磨削矩形玻璃四条边。其结构方式和磨头结构特点使设备能耗低、占地小、效率高、价格便宜，同时控制要求高、磨削量小，但磨削品质不高、尺寸靠开料尺寸控制。四边直线磨边机能基本满足中空玻璃生产品质要求，主要作为附加设备应用于散单生产。其应用技术有PLC工控技术、组态控制技术、伺服控制技术、传感器技术等，智能化技术应用还停留在探索阶段。

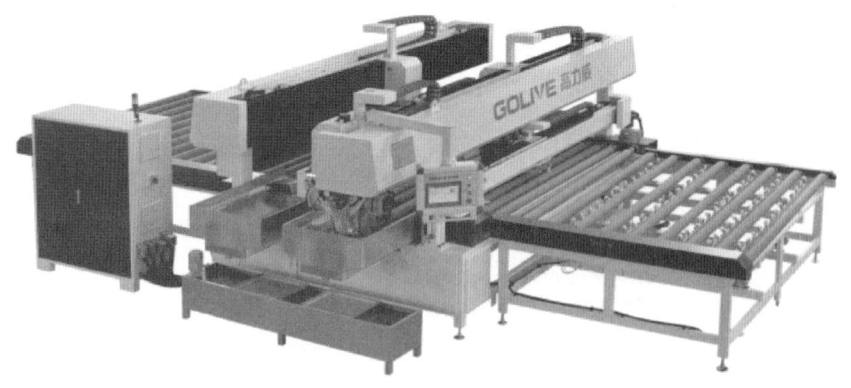

图4-32　四边直线磨边机

4.4.2.6　CNC加工中心

CNC加工中心（图4-33），其结构特点是单磨头通过x、y、z三轴方向运动，通过程序设定轨迹及光电传感技术使磨轮沿着玻璃边缘磨削，高端 CNC 加工中心带有自动换刀机构，可完成边部弧边研磨、抛光、铣槽、弧面、雕刻等功能，功能齐全、应用范围广。现有结构决定了其装、卸玻璃需要人工操作，效率低，自动化连线程度低，磨轮磨损较快。其应用技术有 PLC 工控技术、组态控制技术、伺服控制技术、传感器技术、插补技术等，智能化技术应用还停留在探索阶段。

图 4-33　CNC 加工中心

4.4.3　磨边工序的智能化应用

当前磨边技术在磨边品质方面可以达到各应用领域的要求，但由于各行各业在生产工艺上存在许多差异，生产效率也不尽相同，提高生产效率、自动化信息反馈、生产智能调控成为生产厂商的主要需求。效率的提升需要前后段智能化设备的配套辅助，组成切割-磨边、磨边-钢化工艺段连线。其涵盖的设备包括上位机（切割）、检测台、理片系统、激光打标机、磨边机、转向台、清洗机、钻孔铣缺设备、缺陷检测设备、理片排版系统、下位机（钢化）。其中应用的技术有 ERP、MES 等上层管理软件技术，有设备层的检测技术、激光技术、计算机技术、磨边机技术、自动补偿技术、信息可视化技术、视觉检测技术、散单优化技术等。磨边工序在智能制造应用技术总体框架中的流程如图 4-34 所示。

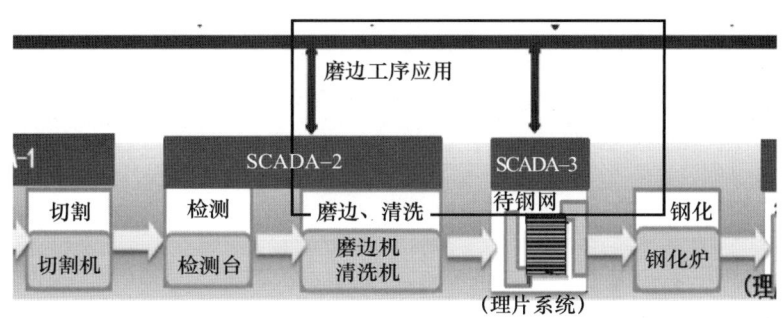

图 4-34　智能制造应用技术总体框架中的磨边工序示意图

4.4.3.1 自动检测技术

检测台通过传感器测量玻璃的长、宽、厚尺寸,与系统订单包数据进行比对数据,确定玻璃身份 ID,并通过网络把数据下发到下位机。理片系统通过软件算法、计算机技术,优化玻璃流转顺序,使玻璃按最优路径进行优化,提高设备稼动率,节省资源。

4.4.3.2 磨边参数组合技术

磨边可调整参数有磨边宽度、厚度(包含上倒角高度和压紧架高度)、磨削速度、磨轮进给量、余量实时速度、抛光功能选择等参数。根据玻璃厚度不同,可以存储多组厚度加工参数组合及品质加工参数组合。磨边机通过上位机的信息传输选择对应的加工参数组合进行自动调整,大大减少了磨边机的待机时间。

4.4.3.3 磨轮自动补偿技术

通过磨头托板的伺服控制技术,对磨轮的磨削位进行精准控制。此技术有效应用于磨削量自动调整及磨轮磨损后的定时补偿控制,实现了快速变换磨削参数的作用,同时可对磨轮余量不足进行报警提示。

4.4.3.4 信息可视化技术

该技术使检测信息在各设备间流动,方便进行实时监控及仿真模拟。此技术方便人员观察每块玻璃的去向和位置,方便工艺段尾端人员进行相关操作。最典型的应用案例就是清洗后的看板系统。

4.4.4 切割-磨边-钢化工序智能化连线

玻璃深加工行业已经突破了切割-磨边-钢化工序连线的技术难点,实现了智能化制造的应用。图 4-35 是切割-磨边-钢化工序连线生产模式设备布置图。

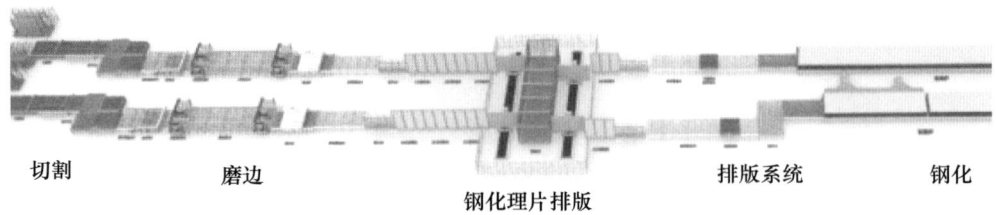

图 4-35 切割-磨边-钢化工序连线生产模式设备布置

该智能化连线生产模式实现了产品数据信息共享。图 4-36 是数据信息流原理框图。

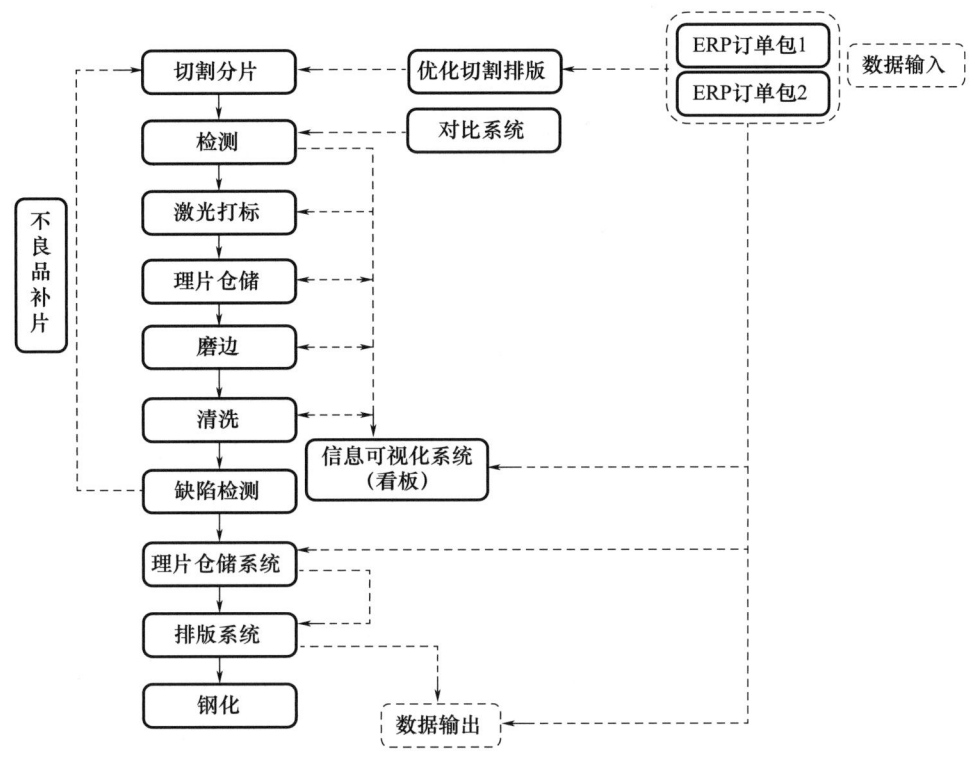

图 4-36　切割-磨边-钢化连线数据流原理框图

该智能化连线生产模式共享的数据信息、输入及输出的数据流信息、生产过程中产生数据信息列于图 4-37。

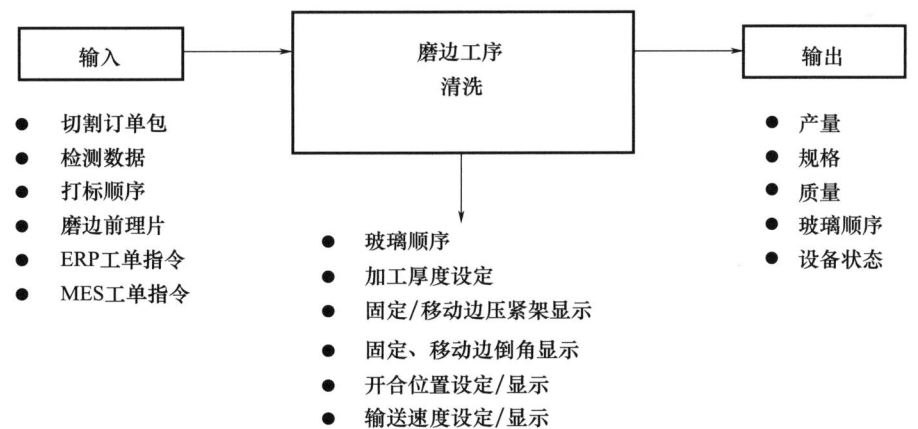

图 4-37　智能化磨边的数据信息图

4.4.5　磨边工序智能化展望

磨边智能制造的最终目的是走向全线无人化，短期内目标是要从现有的自主式智能走向自适应智能阶段。从现阶段的案例应用可知，在完整连线当中，数字化技术把原来单个设备的信息孤岛连接起来，把整线数据信息共享，前后设备互联，实现了含实时数据传输、软件数学计算、位置实时监控、实时反馈、实时自动调整的自主式智能化应用。

现阶段磨边工艺还存在一些难点和不足：

（1）信息输入方式不统一：许多厂商的进口 ERP、原片仓储系统、切割机数据接口不开放，导致信息不能从 ERP 实时传输到设备端，而是需要用 USB 线下连接方式，直接影响了智能化控制必备的数据流传输需要。

（2）切割、检测设备由于存在加工误差和检测误差，使切割和检测与要求的规格不一致，直接影响了生产工艺的流畅性，个别情况需要人工介入操作。

（3）激光打码由于受到后续在线读码器性能的限制，受到一定的约束，使打码的字符不能太多（一般在 20 个字符以内），而且二维码的尺寸不能打印得太小，否则可能读不出二维码信息。

（4）一些起到承上启下作用的高智能化设备（如理片系统）的功能结构和应用场合还不够丰富，远远达不到大范围使用、完全定制的需求。

未来的目标很明确：在巩固、深化现有技术的基础上，继续开发新的检测技术、连线转运智能设备，实现全生产线切割、磨边、钢化、中空四大工艺段的无缝连接，真正实现全厂自动化和智慧工厂愿景。

4.5 异形玻璃加工

4.5.1 异形、钻孔及挖缺玻璃概述

钻孔是指在平板玻璃平面内用钻头进行机械加工，钻出周线闭合的孔或缺，孔周可以为圆形或其他形状。

挖缺是指在平板玻璃的边、角部位用机械设备钻磨加工，挖出相应要求的缺口，从而使整块玻璃按需求缺少一部分。

异形玻璃是指形状为平面非直角矩形、弧面或圆弧边的各种形状、玻璃边部或玻璃表面挖缺或钻孔的玻璃。平面异形玻璃包括直边梯形、直边三角形、直边非直角多边形以及不规则形状的各种弧线边玻璃等，图 4-38 所示为部分平面异形玻璃。

弧面异形玻璃包括单曲面、双曲面、球面等所有非平面几何形状的玻璃，图 4-39 所示为单曲面和多曲面玻璃。

挖缺异形玻璃包括玻璃边部挖缺，玻璃面上挖缺、钻孔的平面或曲面玻璃，图 4-40 所示为挖缺、钻孔玻璃。

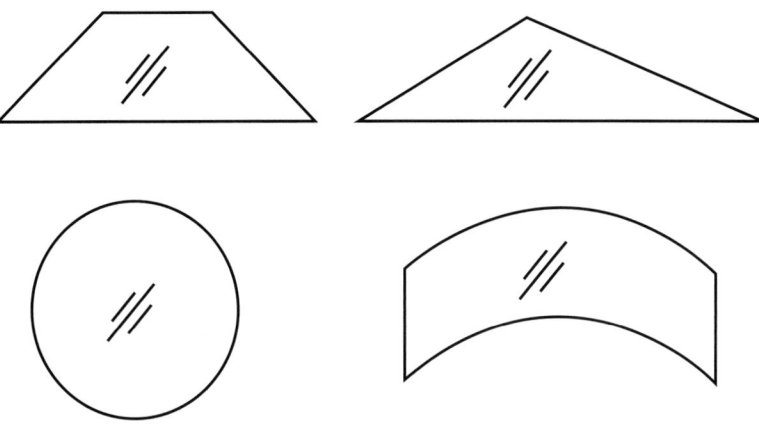

图 4-38　部分平面异形玻璃示意图

图 4-39　单曲面和多曲面玻璃示意图

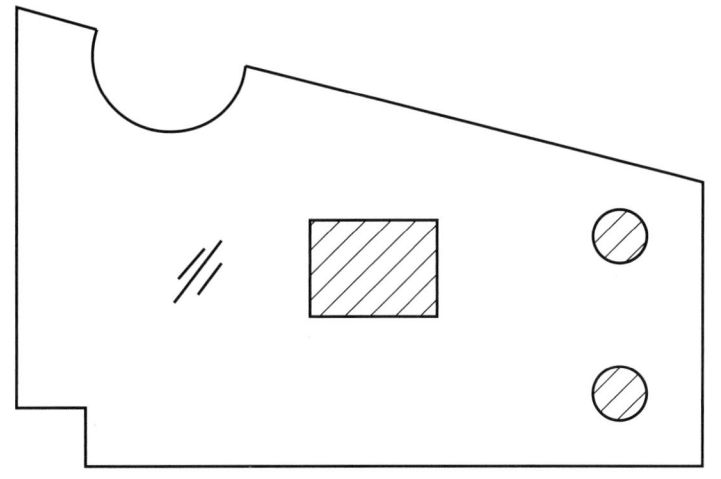

图 4-40　挖缺、钻孔玻璃示意图

4.5.2　异形玻璃加工设备

异形玻璃加工设备主要有水刀切割设备、激光切割设备、全自动玻璃加工中心（CNC 加工中心）装备等。

异形玻璃磨边设备主要有直线单边磨边机、手工异形磨边机、自动异形玻璃磨边机、玻璃加工中心等装备。

挖缺玻璃加工设备主要有手动金刚石玻璃切割专用刀、自动化加工中心、水刀设备、激光设备等。

玻璃钻孔设备主要有卧式钻孔设备和立式钻孔设备、水刀钻孔、激光钻孔等加工设备。

其中，全自动钻孔设备和加工中心均由计算机数控系统、伺服系统、机械结构主体、电控、气路系统等组成，具有全自动加工和自动快速换刀具的功能。

全自动钻孔设备可根据不同玻璃行业钻孔加工工艺要求，获取 MES 工艺图纸数据，设备进行钻头孔径自动匹配，根据玻璃孔位坐标进行钻孔孔位自动输送、定位、孔径匹配，实现玻璃钻孔工序全自动智能控制、加工。该设备自动定位，加工精度高、可操作性强、加工效率高、加工质量稳定，尤其擅长各种玻璃的定位加工及钻孔。

全自动加工中心拥有集全自动智能控制进行磨边、雕刻、斜边加工、钻孔、写字、挖缺等多种功能于一体的智能化控制设备，其自动定位，加工精度高、可操作性强、加工效率高、加工质量稳定，尤其擅长各种异形玻璃的定位加工及钻孔、挖缺。

4.5.3　钻孔、异形玻璃加工工序

4.5.3.1　玻璃钻孔工序

原有玻璃钻孔方式，采用人工在玻璃上画线，人工将画好线的玻璃搬运至手动台式钻孔设备，通过手柄下压方式进行玻璃钻孔操作，且钻孔孔径发生变化时，需要人工频繁更换工具钻头，才能进行不同孔径的钻孔工艺操作。

现有钻孔工艺，可根据不同玻璃行业加工工艺要求，钻孔设备获取到钻孔工艺图纸数据，设备进行钻头孔径自动匹配，根据玻璃孔位 X、Y 坐标，进行钻孔孔位自动定位，无须人力干预，实现玻璃钻孔工序自动化加工。

4.5.3.2　玻璃钻孔智能化装备

自动钻孔设备结构、功能、性能、自动化控制软件不断升级迭代，不断适应现有工业化智能生产的加工模式。智能化的钻孔设备，在获取 ERP/MES 软件的加工工艺数据后，结合生产线上下游智能化设备数据的输送对接，实现玻璃在线钻孔、智能化完成钻孔加工（图 4-41）。

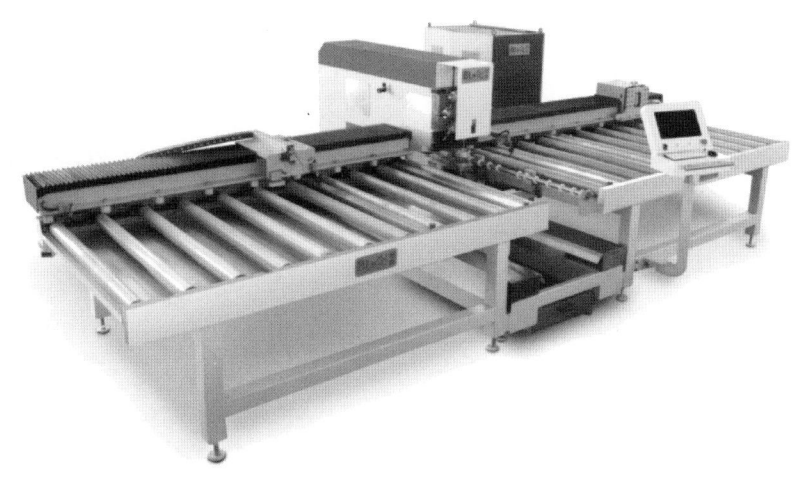

图 4-41 全自动钻孔机

4.5.3.3 加工中心生产加工流程

从客户下单开始,信息自动输入 ERP 系统,包含订单信息及图纸、加工过程流转等信息。根据客户图纸及要求制图后输入唯一编码和单号存储到指定位置。玻璃流转到加工中心工序时,工厂内设置有局域网,设备计算机可以联网,通过公共云盘或拷贝文件均可实现自动识别功能并可以根据流程卡 ID 调取订单图纸,然后找到对应的加工图形,输入边长、入刀半径、速度,选择对应的刀具进行扫描和自动加工。

根据订单图纸要求和定位原点位置,选用加工过程中先后使用的刀具种类和型号,设备进行自动取刀,对玻璃进行自动加工。

4.5.3.4 加工中心装备的智能化

数据信息输入及智能化控制:在下单前,将订单及图纸信息输入文件并存文件夹到局域网云盘或进行单独拷贝(采用 USB 接口连接)。连接后根据所需找到对应的文件及订单号,然后根据加工的实物编号找到对应的图号,加工时计算机调出该项目文件资料即可识别对应的图纸及要求,按照图纸要求人工导出图形或用设备软件绘制图形。设备依据各项数据识别最小加工和最大加工参数,输入玻璃厚度及入刀半径和出刀半径,选择刀具后按启动键即可启动加工。加工过程中依据产品要求实现设备 X 轴、Y 轴、Z 轴、C 轴、A 轴 5 轴联动加工,完成曲面加工、异形加工、打孔挖缺等空间立体的自动测量识别和运行作业等。

4.5.4 异形加工的数据信息及智能化应用

4.5.4.1 异形加工刀具

根据异形玻璃的加工要求及需要,加工中心可选择不同类型的刀具。异形加工刀具主要有钻头、倒孔钻头、铣刀、光边金刚轮、光边抛光轮、表面研磨金刚轮、表面研磨抛光轮、斜边金刚轮、斜边抛光轮、侧边写字笔、刻沟金刚轮、刻沟抛光轮、切割轮、固定式锯片、弧形用锯片、滚轮、上钻头、下钻头、刻沟钻石轮、雕刻刀、切割圆盘、球面碗形用的钻石轮、球面碗形抛光轮、光边钻石轮+下方轮，光边抛光轮+下方轮、三轴圆盘锯、三轴金刚石蚀刻、三轴抛光轮蚀刻等。

4.5.4.2 与其他工序连线

钻孔工序可实现玻璃上片、自动切割、磨边、倒角、钻孔、钢化、自洁、玻璃齐套后直接进入包装的智能化生产全线贯通的过程，减少了从订单下达到产成品完成出货之间的在制品库存，缩短了产品生产周期，实现了从玻璃原片到包装产品的完整的生产流程。

加工中心工序可根据生产计划自动将加工中心加工的玻璃转到该生产线现场或采用连线生产，生产班组及操作工按照生产计划的先后顺序，使用自动生产线的设备上下片并与下道工序衔接，形成流水线作业或连续加工。

4.5.5 异形玻璃智能化制造的现状及展望

针对异形玻璃形状和倒角位置采用激光扫描，存储到计算机进行图像识别和处理。加工的刀具定时进行扫描和记录，在磨边、钻孔、挖缺加工过程中实施全自动或半自动加工控制并实时存储信息。

加工中心目前未设定加工产品的质量监控功能，加工产品质量依靠人工检查，效率较低。随着工业4.0的发展，在钻孔、异形玻璃加工方面应加装自动检测装置来满足生产过程中加工质量的跟踪检查，确保产品质量符合要求并满足客户的需要。根据行业现状及未来市场需求，异形玻璃和多曲面玻璃的应用会越来越多，生产规模和自动化生产必将迎来新的发展阶段，这对异形玻璃的加工既是机遇也是挑战。因此，在现阶段必须发展异形玻璃加工的自动化设备和有效的在线检测装置，以此来保证生产的快速高效。

4.5.6 数据库

数据库用于存储不同图形和图库以适应不同形状的玻璃加工。使用时可直接调取图形或进行绘制图形轨迹的多段线，供设备执行。输入数据后，设备通过代码传输上位机显示，根据数据的关联性进行运算和输出执行，最终体现在执行命令方面。加工完成后，设备自动记录存储信息，同时ERP系统也进行输出并转到下道生产工序。

4.5.7 异形玻璃加工的智能化发展

现代的机械加工中心是现代技术和工业创新的集成，是国家制造业水平的主要标志，也是国家工业的基础和支柱。加工中心已经成为加工制造业中最主要的设备，其加工范围广，使用量大，在品种、性能、功能方面有很大的发展，生产效率高且具备柔性化。普遍采用了万转以上的电主轴，转速可在 6 万～10 万 r/min；制造商提高加工中心的双向定位精度。糅合了激光加工的复合功能，结构上适合于组成模块式制造单元（FMC）和柔性生产线（FMS），并具有机电、通信一体化功能。

未来客户对产品要求越来越高，尤其是玻璃产品的边角部位及可见边等部位，不仅讲究安全性、实用性，而且要满足建筑的美学性能。未来一定会以更高的标准要求、更优质的产品、更高的生产效率及质量来满足现代化复杂产品加工制造的需求。

4.6 彩釉工序

建筑用彩釉玻璃是将无机釉料（又称墨水、油墨）印刷到平板玻璃表面，然后经烘干、钢化加工处理，将釉料永久烧结于玻璃表面而制成的一种耐磨、耐酸碱腐蚀的装饰性玻璃产品。

4.6.1 彩釉玻璃传统制造工艺

彩釉产品的传统制造工艺主要包括辊筒印刷工艺和丝网印刷工艺。

辊筒印刷工艺是指在玻璃传送过程中，印刷胶辊在旋转过程中将无机釉料均匀地印刷到玻璃表面，通过调节传送筒等印刷设备参数（由传送带、传送胶辊、烘干炉等几部分组成）实现工艺参数的控制。该工艺具有操作简单、生产效率高和釉料涂层厚的特点，产品形式主要为单色满涂的钢化彩釉玻璃，多以单片玻璃的形式应用在建筑物上。该工艺在印刷过程中釉料消耗量较大，且印刷后会在涂层的表面产生有规律的印刷波纹，透光观察产品时很容易看到此类波纹，故仅适用于非透光使用的场所。该制造工艺在建筑玻璃制造行业未得到普及。

丝网印刷工艺是指将待印刷图案（或单色全幅版）在丝网上做成漏孔版，通过刮板的压力把无机釉料通过漏孔转移到玻璃表面，形成所需完整图案。其产品形式主要为条纹、点状、块状等简单几何图案的钢化彩釉玻璃，可制成单片、中空或夹层彩釉玻璃等结构形式应用在建筑物上。长期以来，丝网印刷工艺在国内占有绝对的数量优势，是建筑彩釉玻璃的最主要传统制造技术。

建筑彩釉玻璃丝网印刷工艺包含丝网印版、无机釉料、刮板、承印物（玻璃基板）和丝网印刷机五个基本要素，其中，丝网印刷机一般由台板工作面、传送升降装置、定位装置、印刷回墨装置、离网机构、印物厚度调节机构、网版夹持及调节装置、吸气吹气装置、辅助模版装置等机构组成（图4-42）；辅助设备还包括烘干机、上片机等。

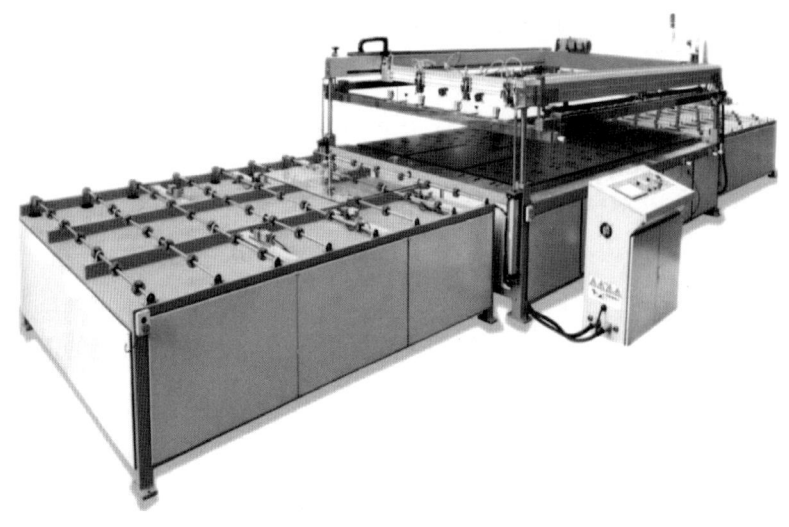

图 4-42　丝网印刷机

建筑彩釉玻璃丝网印刷工艺实现智能生产的难度较大，主要制约因素如下：

（1）目前丝网印刷机没有识别、读取和转化计算机设计图纸的能力。

（2）单台丝网印刷机同一时间只能用一种油墨，不能对图文颜色进行自动切换及输出，很难表现出图案的多元、多变、丰富及立体层次的效果。

（3）建筑玻璃一般属于定制产品，规格尺寸较多，需要分别制作网版。玻璃尺寸较大时，相应的大尺寸网版制版难度及费用较高。印刷时常需更换相应尺寸的网版，效率较低，油墨浪费明显。目前网版的更换仍由人工完成，整个过程需要花费的时间和人力较多。

（4）丝网印刷技术必须借助丝网漏孔版，网版的质量（如网纱材料、网目、网版曝光度、感光胶、网版张力等）直接影响印刷图案效果。印刷时刮胶厚度、膜层厚度和灰平衡的控制比较困难，从而使印刷难度增加，严重限制了丝网印刷工艺的发展。

当然，在具有规模化生产条件的行业，若设计出智能化程度较高的生产线，丝网印刷工艺同样具有许多技术优势。

4.6.2　彩釉玻璃智能制造工艺

4.6.2.1　数码喷墨打印技术

由于建筑彩釉玻璃的产品特点及丝网印刷技术的制约，加之彩釉玻璃在建筑玻璃品种中所占体量较小，彩釉工序在整个建筑玻璃深加工各工序中智能化程度偏低。为解决传统制造工艺对智能化发展的限制，行业开发出了一种非接触、无压力、无印版式的印刷技术，即数码喷墨打印技术。该技术引发了彩釉行业的革命性变革，使得产品追求更加丰富的色彩与图文成为现实。

数码喷墨打印技术是指使用计算机软件自动识别并转化彩色图文信息后，将信息传输至数码喷墨打印机,经打印机控制程序读取图文信息后,输出电信号分别控制打印头上的压电陶瓷喷头,将各色釉料挤压喷射到各种介质表面上,从而实现非接触、高速度、低噪声的彩色图文印刷技术。

4.6.2.2 彩釉玻璃智能生产线

彩釉玻璃的智能化生产,关键在于彩釉生产设备的智能化。近几年,受建筑市场需求上升、进口数码喷墨打印机价格降低及国产设备制造技术升级等因素影响,国内不少玻璃加工厂添置了该类设备。常见的彩釉玻璃智能生产线如图 4-43 所示。其主要包括上/下片翻转吸片机、清洗机、数码喷墨打印机、烘干机等。

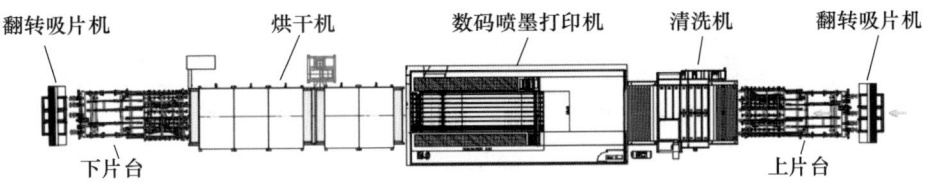

图 4-43 彩釉玻璃智能生产线示意图

数码喷墨打印机是实现整个生产线智能化的关键。该设备充分利用数字、色彩管理、新材料等技术,可独立完成丝网技术需要人工或其他载体才能完成的工作。

数码喷墨打印机主要由喷墨机组、打印平台、输传带、操作柜组成(图 4-44)。其中,喷墨机组又包含供墨机构、喷头机构、过滤机构、操作和管理系统等。供墨机构包含储墨罐、循环罐、墨盒、过滤器、墨泵、管路等在内的循环供墨系统,操作及管理系统包括灰度控制器、显示器、芯片、接口在内的驱动电子设备、控制软件等。

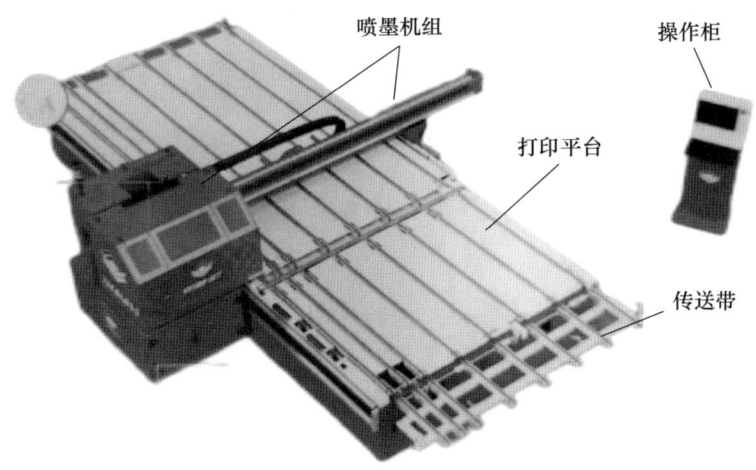

图 4-44 数码喷墨打印机

数码喷墨打印输出品质核心相关三因素包括打印机自身、墨水品质及软件处理系统,三者的完美搭配才能输出最佳的色彩。数码喷墨打印机的关键部件与相关技术如下。

1. 压电喷墨喷头与压电喷墨技术

市面上的数码喷墨打印机应用最广泛的喷墨打印技术是压电喷墨技术，该技术具有精度高、喷头寿命长、对墨水的要求低、对墨滴控制力好、可以使用黏度较低的墨水、打印分辨率高等优点。

压电喷墨喷头则是喷墨打印机的一项关键部件，按结构可分成压缩型、弯曲型、剪切型及推进型，结构如图 4-45 所示。该类产品的工作原理是通过脉冲成像信号给压电陶瓷元件施加电压，使其体积产生瞬间变化，进而影响油墨腔室的体积，产生正压或负压，使喷头中的墨水喷出或补充，喷墨量由压电陶瓷的形变量进行控制。

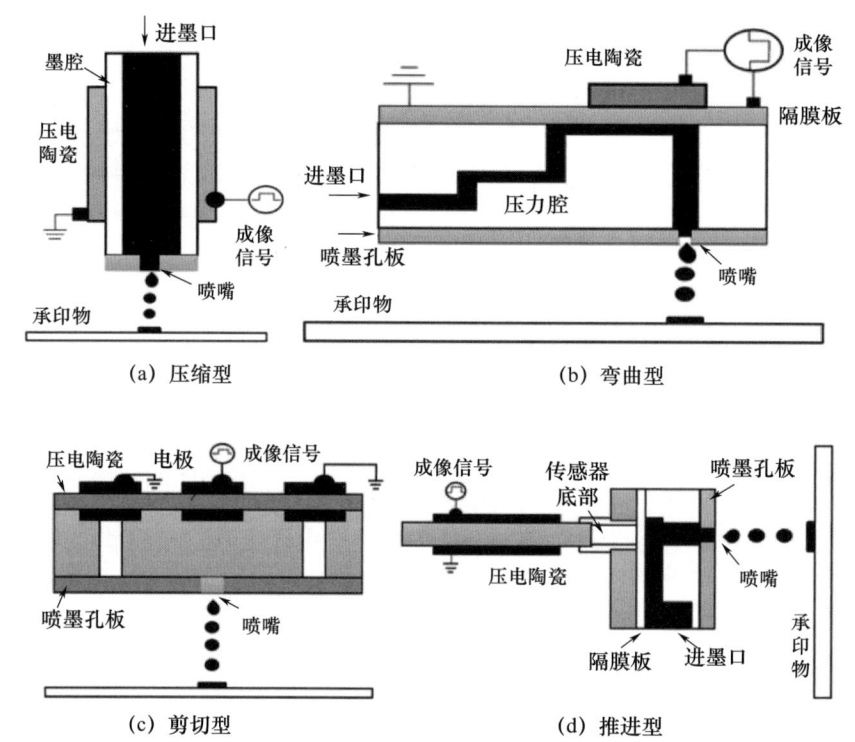

图 4-45　不同结构的压电喷墨喷头示意图

2. 墨水与供墨系统

墨水制备技术是建筑彩釉玻璃数码喷墨打印机工业化应用的核心技术之一。墨水以高温无机墨水为主，通常由无机颜料和易溶玻璃粉料溶剂、分散剂、结合剂、表面活性剂及其他辅料构成。其中，无机颜料和玻璃粉料是墨水的关键物质，通常有如下要求。首先，颗粒度小于 $1\mu m$，且颗粒尺寸分布窄；在墨水中能保持良好的化学和物理稳定性，不会出现化学反应和颗粒团聚等现象。其次，在喷墨打印过程中，无机颜料和玻璃粉料颗粒在短时间内能以最有效的堆积结构排列，获得较大密度且附着牢固的打印层，煅烧后获得较高的烧结密度。最后，打印的墨水在高温烧成后具有良好的呈色性能以及与玻璃良好的结合性能，并且具有好的耐酸碱性能。

墨水系列主要有红色、蓝色、黑色、绿色、白色、黄色，不同颜色的墨水由供墨系统分别输送至喷墨机组。数码喷墨打印机一般采用多级墨盒连续供墨方式，主要由储存搅拌桶、抽墨泵、循环泵、循环墨盒、过滤器、消泡过滤器、墨管、接头组成。供墨系统如图 4-46 所示。

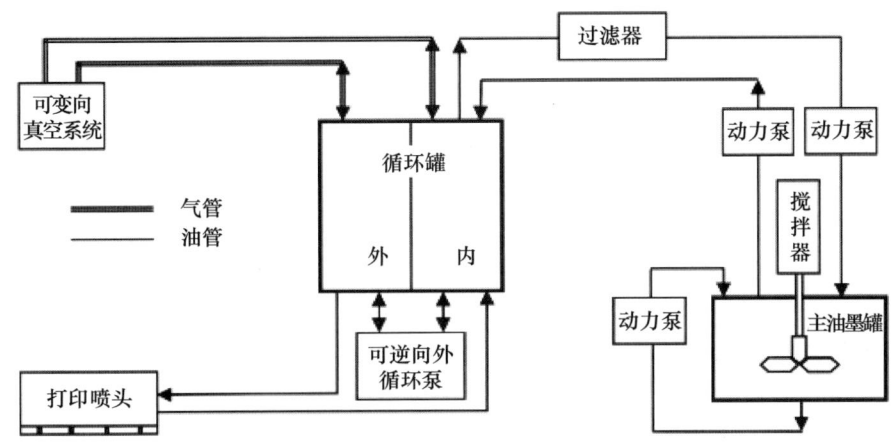

图 4-46　供墨系统示意图

3. 光栅图像处理器（RIP）与图像分色

光栅图像处理器是一种能够将待印刷图像处理为高分辨率点阵图像的工具，这类点阵图像为一系列能被数码喷墨打印机识别并打印输出到承印介质上的 CMYK（青色、品红、黄色和黑色）印刷四色模式色点数据信息。数据信息文件被打印控制软件调用后，后台处理对应设备每个颜色通道和每个喷头的数据，传输到每个喷头的喷头板卡，喷头板卡控制喷头打印。

图像分色的正确性直接影响图像 RIP 处理后的色彩还原度，虽然 PS 软件可以直接调用 ICC 曲线（墨水色彩曲线）将标准 CMYK 或者 RGB（红色、绿色、蓝色）图稿转换成针对玻璃设备墨水的分色图稿，但是由于彩釉玻璃行业和普通喷墨行业不同，玻璃墨水的颜色不是标准的 CMYK 颜色，所以对于 ICC 曲线的应用不能套用标准化流程，需要根据设备与油墨情况进行调色。比较主流的分色手段是根据设备打印生成的墨水标准色卡及通过校色仪读取打印烧成后色卡的色彩信息，使用色彩管理软件运算得出 ICC 曲线。

4.6.2.3　数码喷墨打印技术的特点

数码喷墨打印机充分利用了数字技术，省去了许多人工衔接的烙印，为彩釉玻璃的智能化生产架起了桥梁。无机玻璃墨水核心技术的突破，为高温油墨数码打印机的广泛应用奠定了物质基础。高温油墨数码打印机的成熟和无机玻璃墨水性能的稳定为彩釉智能生产扫清了障碍。数码喷墨打印技术作为一种彩釉玻璃智能制造技术，主要有以下特点：

（1）摆脱了传统丝网印刷工艺中需要制片、晒网、刻版等中间工序，缩短了生产周期，大幅提高了成品率，减少了原材料浪费。

（2）可以通过设备直接读取、识别、转换设计图纸文件的相关信息，打印过程完全由计算机程序控制，大幅提高了彩釉装饰过程的机械化程度和生产效率。

（3）按需供墨方式提高了产品质量的稳定性及图案精度，可以制备出复杂、高精度的装饰图案，提高了产品档次。

4.6.3 数码打印作业流程

彩釉玻璃的智能化生产作业，主要是由生产人员通过 ERP、MES 等工厂管理系统将生产制造数据传输至具备智能化功能的彩釉生产线，以减少人员的投入，缩短生产周期，降低生产一线员工劳动强度，保证品质，满足更多个性需求等。

以丝网印刷为例，传统彩釉生产工艺流程如图 4-47 所示。从流程信息来看，流程被分割成以下两部分，但相互连接生硬，实现自动化、智能化的难度非常大。

（1）图像转化：丝网印刷机无法直接识别图纸信息，更无法直接转化到承印物玻璃上，需提前制作网版。

（2）油墨配色：由于丝网印刷机无法实现自动配色功能，只能事先专色调配，且专色专用，易出现短缺或造成浪费。

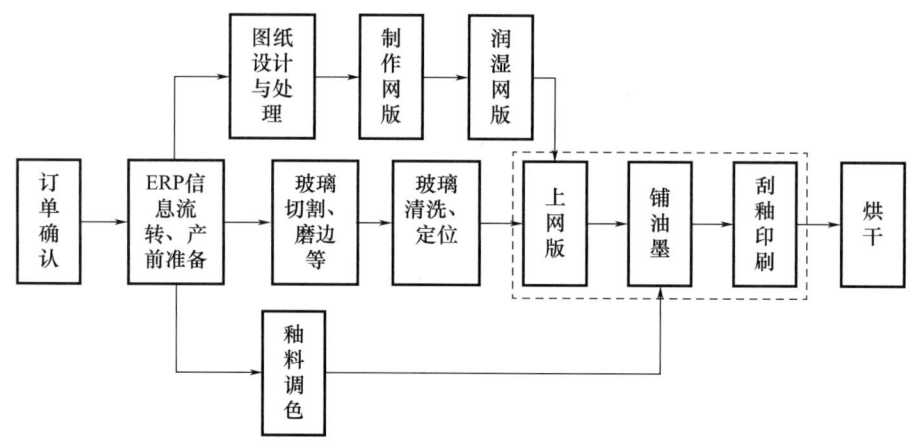

图 4-47 传统丝印工艺流程

要实现彩釉玻璃的智能化生产，必须解决以上两个关键问题，而数码喷墨打印技术基本解决了以上两个问题，工艺流程如图 4-48 所示。

（1）图像转化：数码打印机应用 RIP 软件解决机器识别图文转化为机器语言的问题，不需要再依赖制版这一载体来实现图文的转印。

（2）油墨配色：数码打印机可以根据图文信息自动在基础色中选色、配色及控制油墨量。

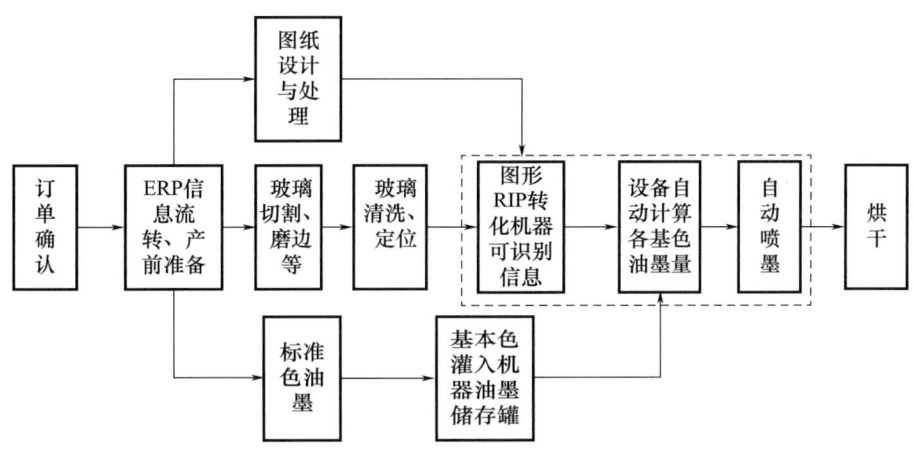

图 4-48 高温数码喷墨打印工艺流程

4.6.4 彩釉玻璃智能化发展方向

目前数码喷墨打印机已基本实现智能化生产，但还存在几个可改进的方面：

（1）对于彩色的图案，高温油墨数码打印机有很大的优势，但对单色的印刷，其饱和度、遮蔽性以及实惠性均不如丝网印刷或滚筒印刷。若要全面取代传统工艺，此为必须考虑之处。

（2）现有数码打印墨水的颜色不是标准的 C、M、Y、K 颜色，所以对于 ICC 的应用不能直接套用标准化流程，有时需要反复进行分色试验。有些颜色不能通过基础色墨水调配出来，仍需要配备特殊的墨盒及打印喷头，成本较高。因此，研究出标准色墨水，生产工艺将得到优化。

（3）对于原图文件相关信息的识别与分解，目前的光栅图像处理器仍有升级发展空间，以使打印设备达成高度准确的输出，甚至可以将像素较低的图片变成高清晰度的拓展打印。

（4）设备维护方面，现有打印喷头每日都需要进行养护性打印，防止墨水凝结堵塞喷墨口，墨水消耗、清洗、排污及人工等方面仍是不可忽略的开支。因此，打印喷头的结构进一步改进、数码打印墨水的性能优化、降低维护成本也是数码打印技术的发展方向。

4.7 钢化工序

4.7.1 钢化玻璃及其制造工艺

钢化玻璃及其特点：钢化玻璃是由平板玻璃加工制成的，玻璃表面层呈现压应力状态，而中间层呈现张应力状态。钢化玻璃的应力状态决定了钢化玻璃具有抗弯曲能力强、抗冲击强度高、抗热冲击性能优异的特点，可以提高承载能力，增强玻璃自身的抗风压性、抗冲击性等，因而钢化玻璃属于安全玻璃。但用于建筑领域的钠钙硅酸盐平板玻璃，物理加工钢化后存在自爆的缺陷。

制造钢化玻璃的两种成熟工艺技术：物理钢化工艺、化学钢化工艺。

4.7.1.1 物理钢化工艺

玻璃物理钢化流程：装片（排片）→加热阶段→骤冷、续冷阶段→卸片。

（1）装片（排片）：可由人工、机械手或智能化机器人最大化装载排放玻璃。智能化装片可与上道磨边等工序机械连线接收玻璃，并共享上道工序传输的数据信息优化排片，以使装载率最大化。

（2）加热阶段：玻璃原片由室温进入钢化生产线加热，初始加热玻璃表层膨胀产生暂时的张应力，热量沿玻璃的厚度方向和平面方向扩散，受热不均会导致玻璃产生翘曲变形；后续加热直至玻璃表面温度均匀，玻璃逐渐软化并展平，达到设定的出炉温度。控制加热温度和加热速率是保证钢化玻璃质量的关键。

（3）骤冷、续冷阶段：玻璃由加热阶段进入骤冷阶段，受均匀高压冷却空气吹风，表面层快速收缩固化形成压应力，中间层受到已固化表面层的阻尼作用，收缩幅度小形成张应力，冷却后这种应力状态被固化。骤冷阶段是控制钢化玻璃应力值的关键阶段。在续冷阶段继续降温至可卸载操作。

（4）卸片：可由人工、机械手或智能化机器人按产品不同分架堆放，或采用机械连续将钢化玻璃转运至下道工序或缓存仓储系统。

4.7.1.2 化学钢化工艺

化学钢化生产线的工艺：将玻璃浸入碱盐溶液中，使玻璃表层中的离子进行交换，交换后体积变化，使玻璃的两表面形成压应力，内部形成张应力，从而达到提高玻璃强度的效果。

化学钢化工艺主要受玻璃成分、碱盐溶液的成分、离子交换时间、离子交换温度和离子交换量的影响。化学钢化工艺一般采用低温离子交换法，工艺流程如下：低温预热→高温预热→离子交换→高温冷却→低温冷却→清洗。

化学钢化玻璃的特点：优点是可达到更高的表面应力、可维持原片的平整度和表面质量，且不会产生光学变形；缺点是玻璃的表面应力和强度会随时间衰减。

化学钢化工艺的缺点：产能低，生产成本高。

4.7.2 钢化生产线

钢化生产线（也称钢化设备）是用物理或化学方法生产钢化玻璃的设备，主要分物理钢化生产线和化学钢化生产线两种。在建材工业领域，基本采用物理钢化生产线。

4.7.2.1 物理钢化生产线

物理钢化生产线是指通过物理钢化工艺,将普通退火玻璃加工成为钢化玻璃的设备,由于此种钢化方式并不改变玻璃的化学组成,因此称为物理钢化生产线(图4-49)。

图 4-49 物理钢化生产线

物理钢化生产线按照不同的功能方式有以下三种分类方式。

(1)按钢化生产线的加热方式分类,分类及相关特点见表4-2。

表 4-2 按加热方式分类及相关特点

分类	特点
对流式加热钢化生产线	(1)有半对流和全对流两种对流方式、对流面及对流工艺的选择 (2)对流式加热炉加热室寿命较长、稳定性极好,基本可以达到长年不换加热丝 (3)温度控制更加精确,准确控制陶瓷辊道的温度,使上下部的加热更加均匀,实现上下部同步加热 (4)针对特定玻璃品种,尤其适合 Low-E 玻璃和镀膜玻璃的加热 (5)加热更高效与节能,热风循环系统,传热效果更好
辐射式加热钢化生产线	(1)炉子上部传热较为单一 (2)对热辐射的吸收能力很大程度上取决于玻璃的黑度

(2)按钢化生产线的加热室结构形式分类,各类型及相关特点见表4-3。

表 4-3 加热室结构类型及相关特点

类型	特点
连续型	(1)采用连续式传动及加热工艺,有效地减少玻璃与陶瓷棒表面的摩擦,实现梯度加热温度的提升 (2)进炉段工作温度低,避免进炉后玻璃热变形过大导致表面损伤 (3)连续工作模式,大幅度提高产量,适合大批量生产 (4)单向运动模式,减少玻璃表面摩擦,提高玻璃品质
单加热室型	(1)比较传统的加热室架构,仅有一个加热室 (2)灵活性高,场地占地少,适合中小玻璃企业 (3)变压器功率小,经济投入少 (4)适合小批量多品种的生产模式

类型	特点
双加热室型	（1）两个加热室分段加热，有效缩短加热周期，提高风机利用率，达到高效节能目标，提高产能近一倍 （2）采用较低工作温度，可减少进炉后玻璃的不良反应，提高玻璃表面质量 （3）双加热室可提高玻璃温度的均匀性，从而提高钢化质量，减少破损

（3）按钢化生产线的功能分类，各类型及相关特点见表 4-4。

表 4-4　按功能分类及相关特点

类型	特点
平钢化生产线	（1）仅适用于生产平板钢化玻璃 （2）单向出炉模式
弯钢化生产线	（1）CNC 加工方法，保证弯曲精度 （2）自动计算机调弧结构，减少调整时间 （3）适用于生产曲面钢化玻璃
组合式钢化生产线	（1）由两种或两种以上功能单元组合，实现一机多用 （2）单向进双向出或双向进出炉模式 （3）对设备升级或置换结构，减少场地，节约投资 （4）既可生产平板钢化玻璃，也可生产曲面钢化玻璃

4.7.2.2　化学钢化生产线

化学钢化生产线是一种全密闭式的设备，可实现自动作业，适用于各种普通玻璃钢化处理，具有增强玻璃硬度、不变形、抗冲击等特点。处理后的玻璃广泛用于各种电子仪器、家用电器、精密仪器的玻璃显示屏等。

化学钢化生产线主要由控制系统、熔盐槽、预热炉、冷却炉、提升输送设备及玻璃吊架等组成，如图 4-50 所示。

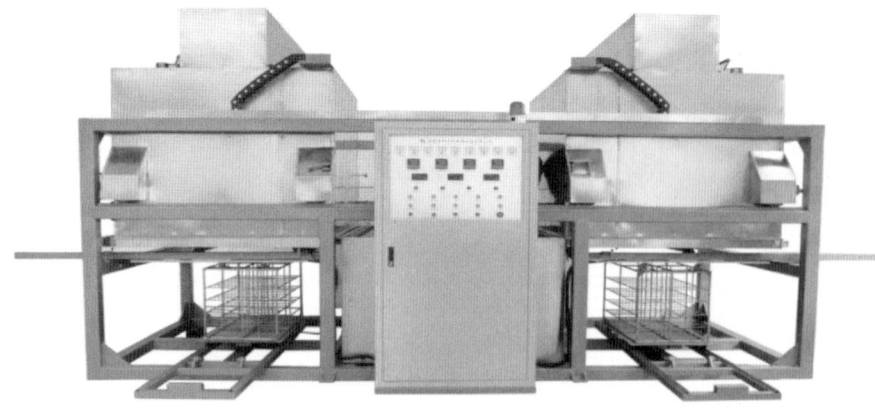

图 4-50　化学钢化生产线

4.7.3 钢化玻璃的智能化生产

4.7.3.1 钢化玻璃智能化生产的数据信息

钢化玻璃智能化生产过程中的数据信息如图 4-51 所示。

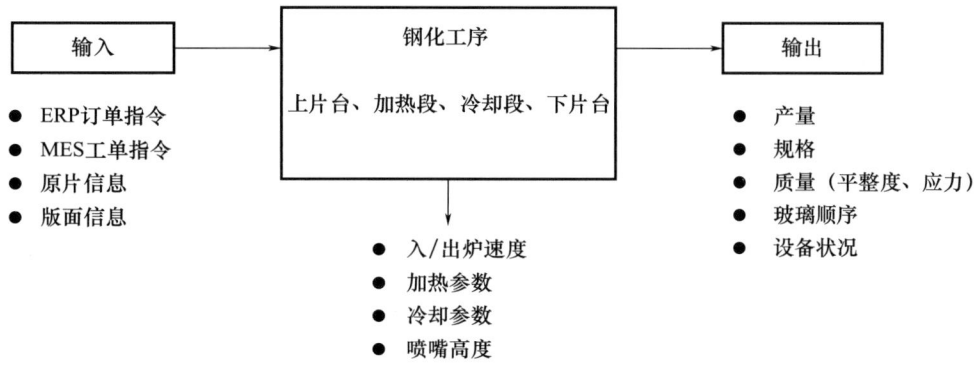

图 4-51 钢化玻璃智能化生产的数据信息

4.7.3.2 钢化生产线的智能化

1. 控制系统智能化

由智能传动系统和温度控制系统组成，采用了温度采集模块、温度控制算法，实现加热温度控制精度在 ±2℃。采用总线方式进行数据采集与控制，从而使设备反应速度快、控制效果好，实现了原有玻璃控制系统的智能化升级，并在此基础上进一步采用工业 PC 的模式，通过工业 PC 强大的处理功能与网络功能，使信息处理速度、控制精度大大提升。

2. 钢化生产线结合工业物联网技术

通过搭建玻璃钢化产线管理运营云平台，实现设备信息履历全生命周期管理，设备远程监控运维，设备健康诊断报告，故障报警推送，工艺数据优化分析，安装、售后服务线上管控，降低售后服务管控成本，提升设备运行的稳定性。可针对每种机型设备设定对应的故障判断逻辑组合，采集数据触发报警后可即刻将故障信息及相应处理对策推送到企业的设备数据管理终端，用户可通过查阅匹配的故障处理对策文档、图片、视频等资料自行处理解决问题。

4.7.3.3 钢化生产控制的智能化

1. 优化排版

钢化工序的优化排版，其方法是获取所有玻璃的尺寸和数量，根据钢化生产线的装载率，随机生成多种组合，并通过计算机高级编程运行算法，从而实现玻璃的优化排版。

(1) 智能化优化排版

钢化工序中，钢化玻璃的排版是上片作业中的关键操作。对未连线的单台钢化生产线，一般由人工输入产品信息，并通过专用排版程序控制机器人或者机械手在上片端进行排版；对与上道工序连线的钢化生产线，则上道工序输出的产品数据信息成为钢化工序优化排版的输入信息，通过优化排版程序控制机械设备完成排版。

玻璃排版所需的数据信息：包括玻璃的几何尺寸、数量，玻璃的品种，钢化生产线的装载率。

玻璃排版数据信息的获取：有两种方式获取信息——上道工序的产品数据信息直接传输输入本工序的主控计算机，或在钢化生产线上片端前由专用的数据读取设备实时读取产品数据信息，并传输至主控计算机。

玻璃排版数据信息的实时反馈：在玻璃传输到上片端时，若实时读取的数据信息与上道工序传输数据信息存在差异，则需通过数据端口反馈至上道工序校正数据，并实时自动更新；若上道工序传输的排版数据信息不满足钢化工序的装载率和玻璃品种的要求，需通过数据接口传递空炉率信息和玻璃品种不符的警告信息。装载率不符合要求，则需通过机器手或机器人对每片玻璃进行重新排版，以提高装载率；玻璃品种不符，则需更换钢化前原片玻璃。

玻璃排版数据信息的可视化：钢化上道工序传递的玻璃数据信息可在上片端的屏幕上显示，数据信息包括玻璃的长度、宽度、厚度、品种、数量等，以及当前排版的模式和上片时间等信息。操作者可实时监控上片的玻璃排版数据，进行钢化工序的工艺参数预处理。

(2) 优化排版的未来趋势

排版的生产效率与装载率的关系：人工手动排版，可对每片玻璃进行方向调整，装载率较高；自动排版，若每片玻璃都进行方向调整则生产效率较低，不进行方向调整则装载率较低。未来的解决方案，需从提高自动排版的效率着手，提高排版系统的响应能力以及与机器人或者机械手的衔接，从而提高自动排版的效率。

提高装载面积利用率：现有玻璃排版方法采用单个目标函数的排版算法，没有最优考虑玻璃原片和装载面积的关系，装载面积的利用率不高。未来的解决方案，或可采用类似印刷行业的排版搜索法、剩余空间搜索法等，将钢化生产线上片端的装载面积和玻璃尺寸等信息输入钢化生产线的主控计算机，执行最高装载率的排片算法，通过机械手有选择性地进行快速排片，来提高排版效率和空间利用率。

2. 智能化控制生产工艺参数

(1) 玻璃出炉速度的自动调整

玻璃出炉速度的快慢对平整度影响较大，通常情况下，玻璃出炉速度越快，玻璃的平整度越好。由于玻璃的厚度越薄，对玻璃的平整度要求越严格，因此玻璃出炉速度主要依据玻璃的厚度和板面大小来决定。上道工序传输的玻璃数据信息可通过接口传递到钢化生产线的主控计算机进行储存和处理，并自动对玻璃的出炉速度进行合理的调整。

（2）骤冷时间与冷却时间的智能设定

钢化工序中，骤冷时间与冷却时间是冷却工艺里的重要参数，时间的设定主要取决于玻璃的厚度，玻璃越厚，冷却时间也会相应变长。主控计算机根据上道工序传输的玻璃数据信息经运算后发出指令，自动分配适当的骤冷时间与冷却时间。

（3）加热工艺参数的自动给予

加热工艺中的加热时间主要取决于玻璃的厚度和炉内温度，加热温度和加热速度除了受玻璃厚度影响之外，还与玻璃的成分、颜色以及玻璃是否镀膜有关。合适的加热温度可以有效提高玻璃的钢化品质和钢化效率，而玻璃越厚则加热时间越长，但过长的加热时间与过高的加热温度可能导致玻璃的平整度、表面质量变差。上道工序传输的玻璃数据信息，包括玻璃厚度、成分、颜色、是否镀膜等，可作为加热工艺参数的原始依据，经主控计算机运算处理，发出适合该规格种类玻璃的钢化工艺参数指令。

（4）骤冷风压与冷却风压的自动调节

骤冷风压与冷却风压和钢化玻璃的钢化程度与效果有直接的关系，它的设定主要取决于玻璃的厚度。骤冷风压设置越大，理论上玻璃的冷却效果会越好，但过高的骤冷风压会导致风机能耗的浪费，因此，具备合理的风压与流量才能获得最佳的冷却效果，保证玻璃钢化所需要的表面应力。调节风压可将上道工序传输的玻璃数据信息通过主控计算机运算处理后反馈给风机冷却系统，实现骤冷风压与冷却风压的自动调节，达到最佳的冷却效果与节能效果。

（5）风栅喷嘴高度的自动设定

风栅喷嘴的高度主要根据骤冷风压和冷却风压进行调节。风栅喷嘴与玻璃的距离与喷射在玻璃表面的风压有直接的关系，通过实时检测玻璃表面的风压及与主控计算机系统反馈的风压标准值进行比较，最终给予风栅提升机构信号，适当拉大或者减小风栅喷嘴与玻璃之间的距离。

（6）钢化工序生产工艺参数的智能组合

钢化生产线的生产工艺参数往往是各种组合，每个组合是一个参数包，根据上道工序提供的玻璃数据信息、装载率等进行生产工艺参数的自由组合。目前行业的智能化程度在于前期在 PLC 中建立不同参数的玻璃原片的生产工艺参数包，利用钢化生产线排片时，针对玻璃原片的板面大小、厚度、装载率选择合理的生产工艺参数包进行投产，自动化程度目前与排片的智能化程度相对应。

3. 智能化检测平整度、应力值

钢化玻璃的平整度和应力值是钢化玻璃成品的两个重要检测指标，自动检测平整度、应力值数据并向下道工序传输，实现智能化钢化数据的输出。

（1）平整度

① 检测玻璃平整度方法的现状

检测环境：正常光照、灯台照明，肉眼距离 50～70cm 以 45°～90°目视，以灯检来检查及判定。

检测工具：检测灯台、卷尺、千分尺、塞尺。

检测方式：目视、灯测、工具测量。

② 钢化玻璃平整度的自动检测趋势

目前，钢化生产线的平整度自动线上检测还没有先例，仍在研究开发过程中。未来，结合克服钢化玻璃在设备下片段的平稳性技术难题，平整度的自动检测将会朝着以下三个方向发展：

一是平整度数据的输出，将通过线上检测仪器，在钢化工序的下片段，在线采集玻璃的平整度，反馈平整度指标到钢化生产线的 PLC 与数据系统中；

二是输出的数据要求应符合国家产品标准的要求，并通过 I/O 接口将平整度指标传输到下道工序的数据接口；

三是为了保证数据的有效性，可以在数据输出前，在钢化生产线的 PLC 中，根据不同厚度、不同板面的玻璃设定不同的平整度数据有效范围值，如果实际检验的数据在有效范围内则可以传递到下道工序，否则将反馈到钢化生产线的 PLC 中，通过自动调节能影响平整度的几个因素与参数，采取钢化工艺参数智能调节等手段，重新调整生产工艺参数，最后实现钢化玻璃平整度的在线检测与生产工艺参数的自动调整，实现以玻璃品质为导向的钢化生产工艺参数的智能化。

（2）应力值

钢化玻璃应力值是反映其性能的重要指标之一，因此，在生产环节就对其进行实时检测，保证产品质量，是从根本上杜绝不良产品的最佳方法。

应力值检测分为破坏性检测和非破坏性检测两类。目前的检测基本采用非破坏性、离线检测的方法，测量过程需要人为干涉，不仅无法保证生产效率和控制检测时间，而且其检测精度也易受人为因素影响。

钢化玻璃应力值的在线自动检测趋势，是在钢化工序的下片端配置高精度的在线检测仪器，检测并输出应力值数据。目前国外采用基于激光散射光技术的应力检测仪，可实现在线非接触式检测钢化玻璃的应力值，反馈至钢化生产线的 PLC 与数据系统中，并通过 I/O 接口将应力值传输至下道工序数据接收端口。

为了保证数据的有效性，可在钢化生产线的 PLC 中根据不同厚度、不同品种的玻璃设定不同的应力值数据有效范围，满足要求的应力值数据向下道工序传输，不满足要求的反馈到钢化生产线的 PLC 控制系统中，通过控制方法的补偿，比对测量值与标准值的差异，调整影响应力值的生产工艺参数，最终实现钢化玻璃应力值的在线检测与生产工艺参数的自动调整，实现智能化控制。

4.7.4　钢化生产线与其他工序的智能化连线

4.7.4.1　切割（磨边或缓存仓储）与钢化连线模式

切割、磨边、缓存仓储这三大工序，通过一个自动化的输送装置将上道工序的出口端与钢化工序的进口相连接，钢化工序进口端配备机器人或者机械手装载上片。相比传统的翻转式上下片设备，高速自动化输送装置可实现多轴联动，实现快速装载，机械上的动作补偿采用插补动作和位置偏移动作。

与上道工序数据信息共享传输：在输送装置上配备检测玻璃厚度、版面、数量、品种等数据信息的传感器和扫描仪，各传感器与控制装置电性连接，数据采集部分具备统一的数据采集模块，针对整线每台设备 PLC 或者控制器的组成，通过网口/串口以及各类工业通信协议实现上游工序应用数据的采集、下发，并且数据采集可配置，可兼容不同类型控制器，捕获到的输入数据通过电信号反馈到钢化生产线的控制系统里进行数据分析，通过可视化屏幕显示准确的上游输入数据，并进行智能化生产。

4.7.4.2 钢化与中空连线模式

钢化工序与中空工序主要通过一个智能化卸片装置连接，卸片装置具有变速功能，能与下道工序的进口端匹配变速。配置数据 I/O 接口与以太网接口，并支持标准接口与 ERP、工厂级 MES 系统实现 IOT、订单等业务数据的双向交互传输。接口主要输出钢化玻璃的版面、数量、平整度、应力值等数据信息，具有破片报警功能，能与下道工序连线系统进行数据交换，同时具有卸片自动报警功能。

4.7.5 钢化智能化生产展望

在钢化上道工序中，目前已经用上了 MES 系统的数据传输，传递上道工序如磨边、切割或者仓储反馈的玻璃数据信息，再结合钢化上片端的玻璃扫描仪，在线自动检测玻璃排版等数据，进行对比，由数据接口指挥机器手或者机器人对排版进行最优装载率的整理，同时把输入数据转化信号传递至钢化生产线的主控计算机中。

目前在钢化生产过程中，通过钢化生产工艺的标准化，主控计算机存储大量的不同参数玻璃原片的生产工艺参数包，根据玻璃数据信息、装载率指标等选择合理的生产工艺参数包指导生产。生产工艺参数自动选择目前精度还不够高，对于不同品种的玻璃还未做到快速准确地实时反馈调整。运行工艺优化算法，计算每种加工规格玻璃的最优工艺配方包，软件自动选择匹配最优工艺方案，形成端-边单数据闭环，实现"无人操守"设备，是智能化发展的一大趋势。

钢化成品的数据输出，如平整度和应力值，目前市场上还没有在线自动检测设备，对于在线自动检测除了要考虑检测的精度以外，还需要考虑检测数据的及时反馈与检测效率的问题。

综上所述，未来钢化工序的智能化生产趋势应该是，检测仪器的数据收集、反馈与钢化生产线的生产工艺参数的调整相结合。MES 系统和在线检测仪器互为作用，应该是未来智能化钢化的一大趋势。

4.8 夹层工序

夹层玻璃是在两片玻璃（或有机透明材料）或多片玻璃（或有机透明材料）中间夹一层或多层有机聚合物中间膜，经脱气（辊压或抽真空）去除玻璃之间的空气后再经高温高压处理，使刚性的玻璃和弹性的中间膜永久黏合为一体的复合材料。

夹层玻璃作为一种具备安全、节能、环保的功能材料，具有安全、抗冲击性强、隔声降噪、阻挡紫外线、防弹防盗等独特性质，被广泛应用于高层建筑门窗、玻璃幕墙以及观光电梯通道、玻璃护栏、室内隔断、采光顶棚等有较高安全性能要求的场所或部位。

4.8.1 夹层工序的自动化生产

夹层玻璃生产工艺通常有干法热压工艺和湿法灌浆工艺两种。干法热压工艺通过施加较高的温度和压力，使玻璃与中间层材料牢固地黏结在一起。目前用于干法夹层的中间层材料有PVB、EVA、SGP等。湿法灌浆工艺是指将液态的高分子材料灌入两片玻璃之间的间隙，通过日光暴晒或高温烘烤使其固化，同时与玻璃表面进行黏结。总体而言，湿法对设备要求低，干法对设备要求高，但干法得到的夹层玻璃一般比湿法的性能好，应用更为普遍，在工程玻璃领域，基本替代湿法夹层。

干法夹层玻璃的一般生产流程为：玻璃→清洗→合片→预压→高压釜热压→检验装箱，如图4-52所示。整个过程涉及玻璃片清洁、合片方式、预热预压、高压釜内玻璃的操作技术等，生产工艺流程较为复杂，普遍存在自动化程度不高、人为因素影响大等弊端。

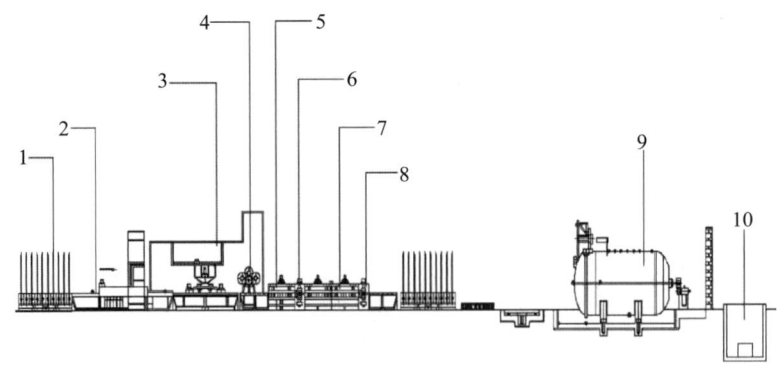

图4-52 高压釜层压工艺

1—可倾斜玻璃装载台；2—玻璃清洗机；3—人工气候调节室；4—旋转式PVB扶轮；
5—第1加热炉；6—第1压辊；7—第2加热炉；8—第2压辊；9—高压釜；10—高压釜冷却水槽

特别是在预压和高压釜之间,设备无法衔接,在预压之后需要把玻璃下架,转运到高压釜重新上架后再进行热压处理。这个过程耗费大量的人力物力。

从智能制造和自动化生产的角度分析,夹层工序本身实现自动化存在以下瓶颈。

1. 上片与下片

随着机械化、自动化程度的提高,自动上、下片台(装载、卸载台)逐渐在各大玻璃加工厂推广和普及。图4-53为目前行业中使用较为普遍的一种自动上片台。一般包括带万向轮的可翻转的传送台、真空吸盘吊等,可大幅提高生产效率、减轻劳动强度。

图4-53 夹层玻璃生产线的自动上片台

经预压后两片玻璃已完成合片,玻璃质量翻番,下片装置比上片装置承受的重量更大,易超出吸盘式翻转台的受力极限而发生玻璃掉落等安全事故。因此,一般采用吊夹的方式进行转运(图4-54),垂直放置在进入高压釜的轨道车上。

图4-54 夹层玻璃生产线预压后的吊夹式下片装置

2. 夹层合片

合片室作为在玻璃上铺设 PVB 胶片、存放即将使用的 PVB 胶片的地方，温度要求为 20~25℃、相对湿度为 25%~28%。

合片时将清洁后的玻璃平放，选择合适宽度的 PVB 胶片，将 PVB 胶片在玻璃上铺开展平，放上另一块玻璃，并将玻璃的外片和内片对整齐。由于 PVB 胶片会出现热收缩，因此需要在合片的边缘留有一定余量，一般为 2~5mm，再切裁多余胶片。合片完成后，即可进入辊压炉里进行预压。

虽然合片过程满足整体连线的要求，但是仅就合片过程而言人为操作占比较大，自动化程度有很大的提升空间，主要有以下两方面：

（1）开放式合片

传输第一片玻璃至目标位置并定位，在铺设好胶片后，合片机吸盘吸取第二片玻璃至目标位置进行合片（图 4-55）。在此过程中，由于定位及吸盘控制不够精确，两片玻璃容易出现错位，需要人工进行微调，保证两片玻璃重叠精度。合片过程中严格控制杂物，包括头发、服装纤维、纸片、粉尘颗粒、汗渍指纹等，以免夹入夹层玻璃中造成质量问题。

图 4-55　夹层玻璃生产线的合片装置

（2）人工铺设胶片和修边

根据来料玻璃的尺寸和厚度，PVB 胶片的尺寸需要略大于玻璃尺寸。在人工铺设 PVB 胶片时，需要手动拉 PVB 胶片至覆盖玻璃。由于 PVB 胶片的热收缩性，一般需留边 2~5mm。在铺设完胶片之后，需要人工进行修边，如图 4-56 所示。

目前在行业中，整个铺设胶片和修边基本上是人工操作，不仅容易出现胶片起皱、花纹错位、折痕、留边余量过大过小等问题，而且大幅增加了人工成本，需要注意各种人为因素引发的质量问题。

3. 高压成型

高压釜热压工艺是夹层玻璃生产过程的关键一步。将预压预热后的玻璃放入高压釜内进行恒温高压处理，排除胶片中残留的空气，最终使玻璃与 PVB 胶片牢固黏结在一起，如图 4-57 所示。

图 4-56　夹层玻璃生产线的铺设胶片和修边

图 4-57　夹层玻璃生产线的高压釜

高压釜热处理一般由升温、保温和降温过程组成,整个过程为 55~80min。但是,加上预压完之后玻璃下架、装车、高压釜排气以及成品玻璃下架的时间,根据装载玻璃数量和配置不同往往需要 5~8h。因此,高压釜是间歇性生产,按每一高压釜来算,单独一釜的生产成本很高。对于一些零单补片、紧急订单,往往无法单独排产,需要与批量订单一起生产。

4. 下片和修边

在高压釜处理完成之后,夹胶玻璃已具备良好的透明度和优良的安全性能。与预压完成后的下片一样,高压釜处理之后的下片装置一般采用吊夹的方式。由于在合片时胶片留有余量,虽然在高温过程中有所收缩,但是仍然需要修边。目前仍由人工割胶修边,人工割胶存在误差,外观无法平直,既增加了人工成本,也存在一定的安全隐患。

4.8.2 夹层工序的自动化连线

随着玻璃深加工行业的转型，智能制造、自动化生产、自动化连线等概念也逐步被提出。夹层玻璃生产工序也需要结合自身的特点思考如何实现夹层工序与上下工序的自动化连线等现实问题。

4.8.2.1 夹层工序与上下工序的衔接

夹层中空玻璃的加工顺序，先夹后镀为：仓储→切割→磨边→钢化→夹层→镀膜→中空→包装；先镀膜后夹层工序为：镀膜大板→切片→磨边→钢化→夹层→中空→包装。

夹层工序处于钢化和镀膜或者钢化和中空之间。因此，夹层工序与上下工序理想化的衔接方式如图4-58所示。

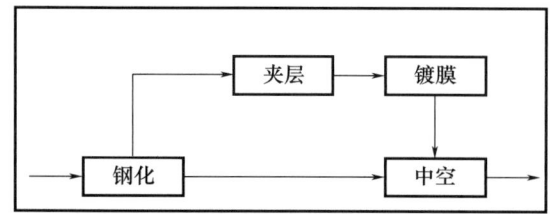
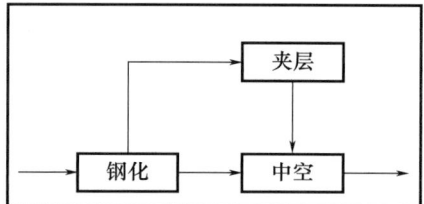

图 4-58 夹层工序与上下工序理想化的衔接方式
（左为先夹后镀的连线方式，右为先镀后夹的连线方式）

目前的自动化连线方案往往不会把夹层线纳入自动化连线的范畴，抛开场地因素，还有以下两个主要原因。

1. 产量占比小

常见的玻璃产品有钢化玻璃、中空玻璃、夹层玻璃、夹层中空玻璃等，而夹层玻璃的占比偏小。在北京、上海、深圳等一线城市以及其他经济发达地区，很多项目出于安全考虑会使用夹层中空玻璃，而在其他城市由于成本因素，中空玻璃产品占绝大部分。不足的订单无法支撑起自动化连线的基本运转要求。

2. 高压釜工艺无法实现自动化

夹层生产线中，合片、预压等设备与高压釜设备不相连，预压完成之后需要下架后再转运至高压釜轨道车。而且，高压釜为间歇性生产，每一釜时间为 5~8h 不等，无法满足自动连续的生产条件。因此，需要引入新的可连续性生产层压工艺来实现自动化连线。

可根据高压釜的夹层工艺设计连线方案，而高压釜式连线方案其实为半自动连线，如图4-59所示。

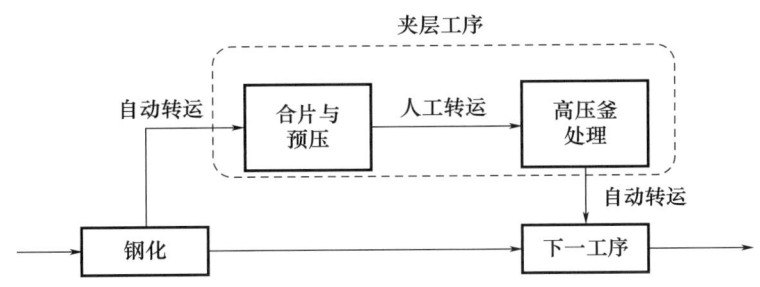

图 4-59 高压釜式的半自动连线方案

4.8.2.2 非高压釜式连线方案

在传统高压釜生产夹层玻璃的工艺中，高压釜处理前的工序均可具备高自动化的连续生产特征，但高压釜处理是人工处理的批次法间歇工序。这一过程不仅需要大量人力和时间，而且会产生巨大耗能，每批次生产都需经加热/冷却循环。高压釜层压也成为一个生产和能源效率双低的非连续工艺。这迫使业界开发一种不用高压釜工艺又可连续生产的夹层玻璃制造工艺。目前，这类技术的研发和工业化已取得了相当的进展，间歇式和连续式真空层压等都在不断尝试，摆脱了对高压釜的依赖。

连续式真空层压也是一种夹层玻璃连续制造工艺，采用新型玻璃层压系统，工艺由三段加热和一段冷却构成。可控振动传送带在各段间连续传送"三明治"玻璃并使其受热均匀，先后经第1、第2加热炉，辊压/抽真空，使PVB湿气含量介于 0.5% ~ 1.1%，第3加热炉（热空气加热，辊压）和冷却室（冷空气冷却）实现夹层玻璃的连续制造。因此，可根据非高压釜的夹层工艺设计连线方案，而非高压釜式连线方案为真正的自动连线，大大提高了夹层工序的生产效率，如图 4-60 所示。

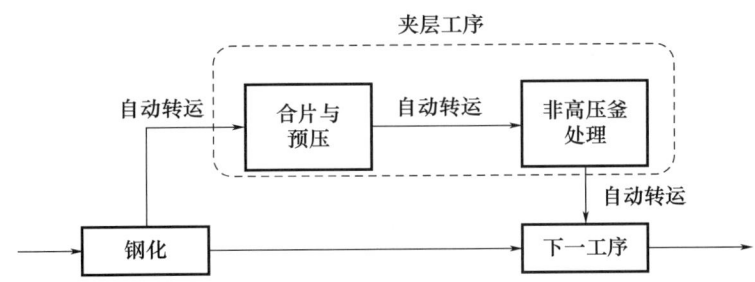

图 4-60 非高压釜式的自动连线方案

4.8.2.3 智能化数据信息

夹层工序自动化连线的信息系统相对简单。每一片夹层玻璃都由两片玻璃组成（此处不考虑三玻两夹产品），因此，输入一个产品结构，对应两片玻璃（先夹后镀为两片非镀膜玻璃，先镀后夹为一片镀膜玻璃和一片非镀膜玻璃）。具体信息流控制如图 4-61 所示。

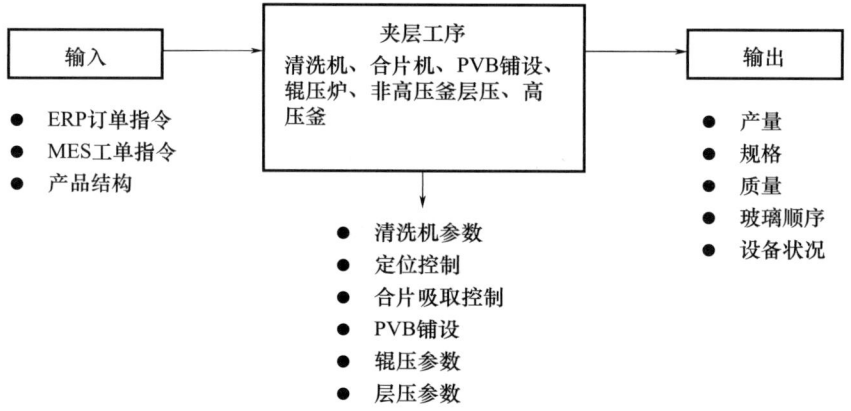

图 4-61　夹层工序信息流控制表

4.8.3　展望

夹层玻璃是一种安全玻璃，随着近年来对建筑外立面玻璃安全性能的重视，夹层玻璃的需求和产量日益增加，夹层玻璃订单也逐年增加。但是，目前夹层玻璃的制造工艺主要还是传统的高压釜层压工艺，自动化程度低，无法与上下游工序有机连接等问题仍然亟待解决。夹层工艺也应参照国家工业4.0的要求，提高智能制造水平。

非高压釜层压工艺、自动化连线、自动传输和自动制造是未来夹层玻璃智能生产线的发展趋势。这不仅是挑战，而且是机遇，值得玻璃行业的设备厂家和生产厂家去共同努力和推广。

4.9　中空工序

4.9.1　中空产品及流程概述

4.9.1.1　产品概述

中空玻璃是一种节能玻璃，具有良好的隔声、隔热性能。中空玻璃由两片或多片玻璃组成，玻璃间用内部灌有干燥剂的空心间隔条或热塑性间隔条隔离。同时，中空部分充入干燥空气或惰性气体，并用丁基胶、聚硫胶或结构胶进行密封处理，具有节能、隔声、防霜露等三大基本功能。

4.9.1.2　中空玻璃制作流程

中空玻璃生产流程因采用的间隔条/热塑性间隔条不同而有所差异，采用间隔条的中空玻璃生产线增加了将间隔条制作成间隔框的工序，其完整的生产流程为：

制间隔框→灌装分子筛→涂布丁基胶─────┐

上片→ 除膜 → 清洗 → 上间隔框→合片（充 Ar 气）→封胶→卸片

采用热塑间隔条的中空玻璃生产线，由于省去了制作间隔框的工序，生产流程相对简洁，其完整的生产流程为：

上片→除膜→清洗→涂布热塑性间隔条→合片（充 Ar 气）→封胶→卸片

4.9.2 中空设备

中空工序的设备主要包括除膜机、清洗机、上框段、热塑间隔条涂布机、合片机（压片机）、封胶机，同时辅助有上片机、卸片机、折弯机、丁基胶涂布机、分子筛灌装机等。随着智能化设备的不断发展，新型的热塑间隔条（TPS 等间隔条）中空线得到大力推广，热塑间隔条取代了间隔框折弯、丁基胶涂布、分子筛灌装等人工作业流程，为实现中空玻璃生产智能化创造了更大的空间。

4.9.2.1 自动除膜机

离线低辐射（Low-E）玻璃由于其膜层致密度差、耐腐蚀性弱，需在合中空前除膜。自动除膜分为切割生产线除膜、磨边生产线除膜、中空生产线除膜三种。

1. 切割生产线除膜

切割生产线自动除膜是在切割机头位置加除膜机构（图 4-62），先对玻璃除膜再进行玻璃切割，对异形、打孔、规格尺寸大小等没有局限。

图 4-62 位于切割机头的除膜机构

2. 磨边生产线除膜

磨边生产线除膜是在磨边生产线的磨轮机构后端加一组除膜机构（图4-63），玻璃磨边时选择除膜机构，磨边和除膜及清洗一次性完成（仅限矩形玻璃）。

图4-63 位于磨轮机构后端的除膜机构

3. 中空生产线除膜

中空生产线除膜机构位于中空生产线上片装置后端，属于立式除膜（图4-64）。中空生产线除膜机构包括前传送段、后传送段、真空吸附装置、真空吸尘机构操作台等。

以上三种除膜工艺均能精准控制除膜宽度，有效除去玻璃边部的Low-E玻璃膜层，确保密封胶与玻璃可密切黏结。

图4-64 中空生产线除膜机构

4.9.2.2 清洗机

玻璃清洗采用立式清洗机进行清洗和风干。立式清洗机主要由以下几部分组成：输入段、清洗机本体、循环水箱、风机箱、输出段。

清洗机装有玻璃厚度自动检测装置，通过PLC逻辑控制，使清洗机毛刷和干燥段可根据玻璃种类和规格进行自动调整，清洗机配有三个独立的不锈钢水箱，每一个水箱装有一台循环水泵，可实现清洗机自动补水、清洗循环等功能。

4.9.2.3 上间隔框

中空玻璃间隔框的上框工作方式一般是采用传统间隔条（铝制间隔条、不锈钢间隔条、暖边间隔条）制框后由人工上框的方式完成，分为四个关键操作环节：间隔条自动折弯、分子筛灌充、丁基胶涂布和上框。具体环节如下：

（1）间隔条自动折弯机，在操作面板输入中空玻璃所需规格及封胶深度即可将自动间隔条折弯成间隔框。

（2）分子筛灌装机有单头和双头两种，可以满足四边或三边灌装。

(3) 丁基胶涂布机有手动和自动两种，可以对 6~27A 的间隔框进行丁基胶涂布。

(4) 上框段目前基本上是人工作业，人工使用靠尺或利用靠栅将间隔框置于玻璃面上。

4.9.2.4 TPS 涂布

1. 热塑间隔条（TPS）的特点

TPS（Thermo Plastic Spacer）是间隔条的一种，它由掺有分子筛等功能材料的特殊丁基聚化合物构成，具有导热系数小、黏结性强、耐候性强等特点。使用 TPS 间隔条的中空玻璃具有密封性强、使用寿命长、边部导热系数小、耐风压强、水汽透过率低、露点温度低等优点。在当前我国高度重视生态环境建设、减少碳排放和大力兴建被动式建筑的背景下，TPS 间隔条中空玻璃成为有效解决建筑运行阶段能耗问题的主要热点产品，发展潜力巨大。图 4-65 所示为采用 TPS 间隔条的中空玻璃结构。

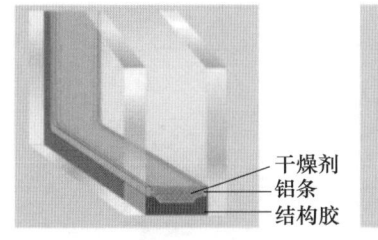 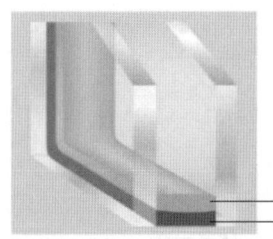

(a) 传统铝隔条中空玻璃　　(b) 热塑间隔条（TPS）中空玻璃

图 4-65　采用不同间隔条中空玻璃结构示意图

2. 工艺流程

与传统中空玻璃制备工艺相比，热塑间隔条（TPS）工艺不需要间隔条折弯机、分子筛灌装机和丁基胶涂布机。TPS 涂布形成间隔框是指将混有分子筛的特殊丁基胶通过加热设备变成塑性流体，通过涂布机涂覆在玻璃周边，形成封闭的间隔框。TPS 离开喷嘴后温度降低，液态胶立刻固化。图 4-66 是通过涂布热塑间隔条（TPS）形成间隔框的照片。

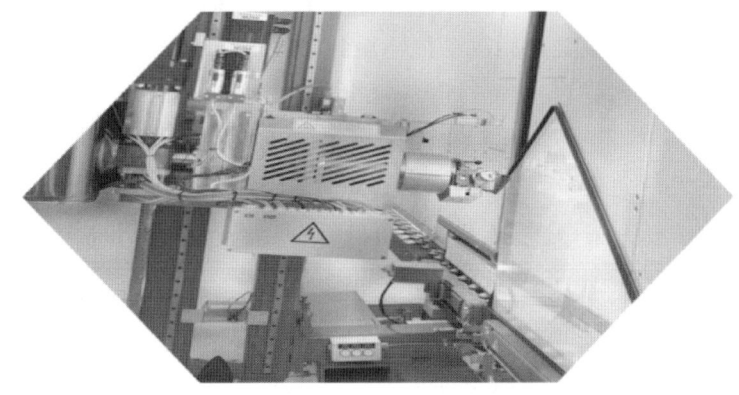

图 4-66　涂布 TPS 形成间隔框

4.9.2.5 自动合片

1. 自动合片板压工作原理

自动合片机能实现玻璃自动合片、板压、自动出片等功能。自动合片分为板外合片和板内合片两种。合片流程：第一片玻璃→定位销位置等待→第二片玻璃带间隔框→定位销位置等待→自动合片（多腔体玻璃第三片、第四片顺延）→合片机自动压合完成合片。

2. 板外合片

板外合片是在压片机外进行的，分为合片台和压片机两段。铝框在玻璃上定位粘接后，传送到合片台，高度横梁检测到玻璃后，合片台与带框玻璃整体后退，第二片玻璃随后传送到合片台，由底部滚轮和横梁支撑，玻璃传送到位后，横梁升高，辅助压轮压在玻璃上，两片玻璃合片，合片后的玻璃传送到压片机内进行压合（图4-67）。

图 4-67　板外合片现场

3. 板内合片

板内合片是指合片与压片均在合片机内进行，合片与压合设备集合为一体，第一片玻璃进入合片机内被外侧压板吸附并后移，第二片玻璃粘接铝框后进入合片机内，到达合片位置后，外侧压板带着第一片玻璃向第二片玻璃移动并压合。两片玻璃自动对齐，进入压合机自动合片，完成合片后自动传输至封胶段。板内合片可以根据客户需要对中空玻璃进行惰性气体灌充。板内合片如图4-68所示。

（a）第一片玻璃板内吸附　　　　　（b）板内压合

图 4-68　板内合片的吸片与压合

4.9.2.6 自动封胶

中空玻璃所用的密封胶主要包括硅酮结构胶、硅酮密封胶和聚硫胶。中空玻璃传送出合片段进入封胶段,经过自动检测装置,获取玻璃厚度、铝框厚度、封胶深度,自动调整封胶参数配置,封胶机根据调整后的封胶参数进行封胶作业。

(1) 全自动中空玻璃封胶机以 PC 芯片为控制中心,根据封胶速度、检测的中空玻璃厚度、后片玻璃厚度、间隔框厚度、封胶深度等参数使胶缸自动定量供给密封胶。

(2) 可配备三轴机械手,三轴机械手与打胶机统一通信,相互配合。封胶机把胶配比、混合后定量供到三轴机械手,三轴机械手可实现半圆、圆形、半圆弧、四方形、三角形等不规则形状打胶作业。

(3) 可以满足三边或四边大小片封胶、异形封胶、三玻两腔封胶等高级功能。

4.9.2.7 自动下片

中空玻璃在生产线完成封胶作业后被传输至下片段,进行下片落架。由于封胶后的胶需要一定的时间进行固化,因此目前采用的下片方式如下。

1. 龙门架自动寻址下片

中空玻璃下片区域安装龙门架,并设置中空玻璃库位架,配合快速移动吸盘组,吸盘组能够根据订单库位号将已封好胶的中空玻璃快速移送到对应的库位架上。满架后整架中空玻璃移到固化区进行固化,库位架上替换为新的架次。

2. 机械手自动下片

中空玻璃到达下片区域后,机械手吸住中空玻璃,底部托钩承托中空玻璃底部,机械手吸盘与中空玻璃一起伸出,移动到固定位置的铁架,顺序放置。

3. 人工操作悬臂吊下片

中空玻璃到达下片段后,人工操作悬臂吊将中空玻璃从生产线上提起,并转移到铁架上。

4.9.3 中空工序智能化目标

4.9.3.1 自动配片

生产计划从 ERP 系统采集订单信息,包括规格、数量、交货期,根据资源进行优化中空排产,完成前道工序加工的玻璃进入中空生产线的理片仓储系统,并根据加工指令按定序、尺寸或其他规则自动配片。

4.9.3.2 前道工序信息传输

前道工序传输的信息与中空生产线的控制系统对接,根据订单对应的要求,如尺寸、厚度、间隔框宽度、封胶深度等，分别录入对应中空生产线，完成后按照加工要求的顺序在中空工序的上片工位完成配对及上片。

理片仓储系统可位于中空生产线上片工位的前端或后端（图4-69），ERP系统根据订单信息将需加工的玻璃数据导入中空生产线的理片仓储系统，仓储系统根据订单配置的先后顺序出片，同时将折框（TPS涂布）、除膜、清洗、合片（充气）和封胶等信息数据通过MES系统分别传输给相应的设备，指令中空生产线各工序的动作。

图4-69　中空生产线前端自动理片仓储系统

4.9.3.3　自动上框

（1）间隔条自动折弯机通过数据下载模式自动输入尺寸、封胶深度等信息并完成连续折弯，同时实现插接件自动插接。目前，部分进口生产线可以实现折弯机与主线联机，实现简单的数据传输，国产设备大多需要通过USB进行数据复制完成折框数据导入。

（2）分子筛灌装目前是由人工将间隔框放置到灌装设备上，设备自动完成打孔、分子筛灌装、丁基胶封孔等操作。随后制成的间隔框在丁基胶涂布机上完成丁基胶涂布。

（3）丁基胶涂布有手动和自动两种工作模式，由于自动丁基胶涂布的性价比不高，应用较少，国内只有少数规模企业使用，以手动丁基胶涂布为主。

（4）上框工序目前基本上是单机作业模式，一般采用人工手动上框的模式，国内极少数企业选用自动上框机。

中空工序中的上框设备总体自动化程度较低，由于涉及材料差异、质量要求不同等情况，总体智能制造水平较低，虽然有部分工位采用了数据传输或自动化应用，但是使用范围极其有限。

4.9.3.4　涂布 TPS 制成间隔框

与传统间隔框中空玻璃制备工艺相比,热塑间隔条(TPS)工艺不需要间隔条折弯机、分子筛灌装机、丁基胶涂布机和上框机,通过在玻璃表面直接涂布 TPS 制成间隔框,因而极大地简化了工艺流程,与中空玻璃理片仓储系统连线可实现全程无人化操作生产,大幅提升生产效率。

4.9.3.5　自动充气合片

中空合片机具有自动合片/压片的功能,将氩气等惰性气体充入玻璃腔体内,充气率达到设定范围还需配置相关的充气和检测专用设备。这些设备可使惰性气体通过传感器发出信号等方式实现自动充气及压合,可在线测量充气量,并通过压力传感器调整压力和平整度,从而大大提高充气效率。

4.9.3.6　自动检测封胶

自动封胶机可以进行双层或三层矩形中空玻璃的第二道密封,配有专用装置的自动封胶机可以进行特殊形状或大小片中空玻璃的第二道密封。密封胶的出胶宽度、出胶量、比例设定等参数需要人工设定。高黏度的双组分密封胶则需要由特殊的胶泵供给。但是,基本上均可根据封胶速度、间隔框厚度、封胶深度等参数自动定量供给密封胶。

4.9.4　实现中空工序智能化方式

中空玻璃配片一般依据 ERP 的数据信息分架,各工序人工进行配片加工,分架后玻璃配片依旧很难实现,加工过程控制仍然复杂。在智能化自动配片模式下,玻璃从之前的工序间卸片转运模式转变为从切割工序直至中空工序全过程连续加工、传输。玻璃在全过程中不落架、不接触操作人员,减少了玻璃划伤、崩边、破损的质量缺陷,杜绝了玻璃在转运过程中丢失的风险,降低了周转架、场地、垫块、吊装、叉车等安全管理的成本。

流程卡齐单后,MES 系统会在计算机界面提醒订单已完成可以出库,中空工序可以按照整单或者分配的流程卡散单分别进行选择性出片,出片模式按面积从大到小、面积从小到大,以及客户装架要求等不同模式选择出片。

如果有玻璃破损,则在流程卡自动显示器界面标注破损,玻璃的信息会自动上传到 ERP 系统流程卡信息中,从系统中重新下达补片指令进行排产加工,经过切割、磨边、钢化等工序加工后,传输到中空生产线的理片仓储系统以补齐订单数量。

理片仓储系统根据订单配置的先后顺序出片,同时将折框(TPS 涂布)、除膜、清洗、合片(充气)和封胶等数据通过 MES 系统分别传输给相应的设备,完成中空线各工序的动作。

4.9.5 中空工序智能化展望

普通自动中空生产线按照日产 800 片的产能需配置的人员有：上框和丁基胶涂布 1 人，制框和灌分子筛 1 人；如果是双工位加工三玻两腔产品，为了保证产量输出达到 500 片，该工位的人员配置增加到 4 人（1 人负责制框，1 人负责灌充分子筛，2 人负责丁基胶涂布及上框），总体用工人数较多。

如果要实现自动化，依据材料发展及设备技术发展，初步有如下两套解决方案：

（1）对间隔框中空玻璃生产线，可通过网络实现制框与全自动上框的数据传输，全自动完成丁基胶涂布。自动上框机通过网络数据，要有尺寸比对、确认，再自动上框，从而实现自动中空玻璃生产线中间段 4 工位自动化。

（2）对热塑间隔条或柔性间隔条（TPS/TPE，SUPERSPACE）中空玻璃生产线，市场上目前已经有国产设备，同时，相应的材料已经有国内及国外供应商在生产，但由于其材料和设备价格较高，产品的单位面积成本也高，目前市场占有率偏低。但是可以预见的是，随着行业发展，热塑或柔性间隔条方案必将随着材料成本的降低、生产设备技术的成熟和完善而逐步成为中空玻璃生产的主流，从而提升中空玻璃的智能化制造水平。

另外，劳动密集型企业面临的用工难问题也将推动自动化的应用。"原片仓储＋切割工序＋磨边工序＋理片仓储＋钢化工序＋中空工序的智能化连线"，在真正意义上实现了从玻璃原片到中空玻璃成品全生产过程中玻璃不落地的智能化生产。中空玻璃全自动化生产、中空玻璃生产线的间隔框精准无叠差置放、在线涂覆丁基胶、超大板中空自动化生产、氩气灌充在线自动检测、中空缺陷自动检测等，都是未来需要发展和突破的方向。

4.10 镀膜工序

4.10.1 镀膜工序的定义

镀膜工序是玻璃深加工工厂将普通玻璃加工为镀膜节能玻璃的工序，主要运用的设备有真空磁控镀膜生产线或化学镀膜生产线，目前以真空磁控溅射镀膜生产线为主。玻璃镀膜的制备过程就是使用不同的材料在玻璃基片表面沉积一个新的材料表面，以改变玻璃的光学、电学、力学和化学等方面的性能，达到装饰、节能、环保等目的。镀各种膜后的玻璃被称为镀膜玻璃。

4.10.2 玻璃镀膜的基本工艺原理和工艺流程

玻璃镀膜工艺根据原理通常可分为两大类：一类是真空工艺，另一类是化学工艺。真空工艺中磁控溅射镀膜原理如图4-70所示，在一定真空度下，电子在电场作用下加速飞向基片的过程中与氩原子发生碰撞，电离出大量的氩离子和电子，电子飞向基片。氩离子在电场作用下加速轰击靶材，溅射出大量靶材原子，呈中性的靶材原子（或分子）沉积在基片上成膜，这就是镀膜过程。同时，二次电子在加速飞向基片的过程中受到洛伦兹力的影响，被束缚在靠近靶面的等离子体区域内。该区域的等离子体密度很高，二次电子在磁场的作用下围绕着靶面做圆周运动，并且运动路径很长，在运动过程中不断与氩原子发生碰撞，电离出大量氩离子再次轰击靶材，经过多次碰撞后电子的能量逐渐降低，摆脱磁力线的束缚，远离靶材，最终沉积在基片上。

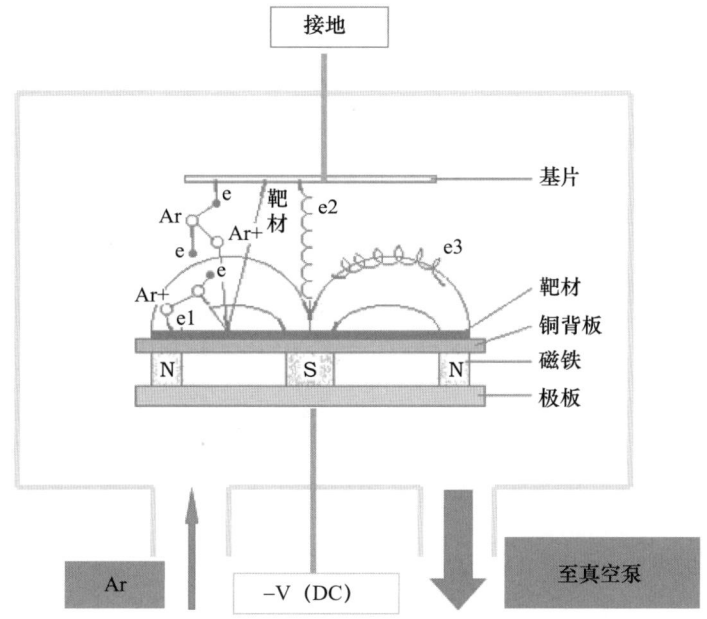

图 4-70 磁控溅射镀膜原理

真空磁控溅射镀膜工艺流程大致如图4-71所示。

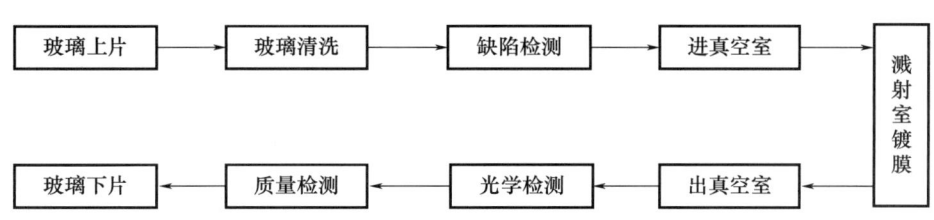

图 4-71 真空磁控溅射镀膜工艺流程

4.10.3 镀膜生产线

4.10.3.1 镀膜基片上片（装载）

1. 镀膜上片工位

将前工序来的要镀膜的基片玻璃放置在镀膜线上片台上，玻璃可以分为两类，一类是定制尺寸玻璃镀膜，另一类是大板原片玻璃镀膜；将放置好的玻璃通过传送过渡台传送到玻璃清洗机。

2. 上片工位现有作业手段和改进需求

根据订单生产执行计划，人工（调度）安排将切、磨、钢（夹）等工序加工后的要镀膜的定制尺寸玻璃批次输送到（人工转运）镀膜上片工位，人工上片排片，或通过人工吊运要镀膜的大板原片到镀膜线自动上片台上，根据操作人员指令自动控制上片台上片。操作人员将上片工位已上好的玻璃自动输送到传送过渡台、清洗机。

现有镀膜上片工位自动化水平较低，生产订单执行需通过人工（调度等）查询要镀膜的玻璃到位情况以安排生产，并且定制尺寸都是人工上片、排片，大板也是人工调运原片，距智能化安排生产还有很大的差距。

4.10.3.2 玻璃清洗

1. 玻璃清洗工位

玻璃清洗工位用来清洗上片工位自动输送过来的玻璃基片，并用风刀吹干。玻璃基片表面严格要求洁净干燥，以保证良好的膜层附着率。玻璃不能有划伤、污迹等缺陷。镀膜清洗要使用纯水，纯水净化系统是镀膜线必不可少的辅助配套设施，纯水电阻率要达到 $10M\Omega$ 以上，清洗机厚度（3～19mm）及走速（1～15m/min）等参数根据镀膜玻璃的需要调整。

2. 清洗工位现有作业手段和改进需求

镀膜清洗机现有作业方式为操作人员现场控制，通过现场操作界面自动启动清洗机（包括传动、盘刷、毛刷、风机等），根据镀膜玻璃类型设定厚度、清洗速度等工艺参数，确保玻璃清洗后满足镀膜质量要求。

4.10.3.3 镀膜前质量观察检验

1. 玻璃镀膜前质量观察检验工位

用来观察镀膜玻璃基片的清洗干燥情况，根据镀膜玻璃清洗质量检验标准，检查玻璃是否有清洗不干净、残留水迹、划伤等质量缺陷，如发现质量缺陷，通过人员操作可将玻璃传出，分析玻璃质量缺陷的原因并采取补救措施。

2. 现有作业手段和改进需求

现有作业方式为人工现场肉眼观察，借助镀膜线安装的检验灯箱等。现有检验手段较落后，要完全借助于人工，受检验人员的经验水平影响，存在漏判、误判的可能，并且人员无法24小时盯在现场，对检验出的缺陷也无法做到自动分类统计分析。

4.10.3.4 磁控溅射镀膜

镀膜主线目前主要采用的是五室结构，五室结构优于三室结构，避免了玻璃传入溅射区域时附带杂质气体对溅射区域稳态的冲击和污染，成膜纯净度高，膜结构牢固，抗腐蚀及紫外照射性强，理化性能好。在阴极的选用上，使用平面阴极和直流电源，采用旋转阴极和中频电源，会使镀膜工艺更稳定、膜层更致密。

镀膜主线由几个真空室组成，如图4-72所示。

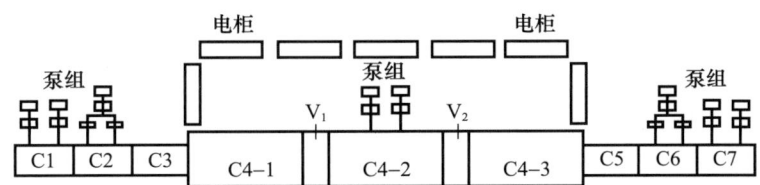

图4-72 镀膜主线真空室组成

图中，C1室为第一个进口室，主要作用是将玻璃传入真空室，然后抽真空，抽到一定真空度（约0.8mbar，80Pa）后将C1与C2的狭缝阀打开，玻璃传入C2室；进口缓冲室C2持续抽真空，当C2室的真空度满足要求时（约10^{-2}mbar，1Pa），C2与C3真空室的狭缝阀打开，玻璃传入C3室；C3的真空度要接近C4室，玻璃在C3室要完成玻璃的传送追赶，确保合适的锅间距，通过C3进入C4室。出口室C5、C6、C7的作用与C3、C2、C1基本相同，玻璃完成镀膜后从溅射室经过C5、C6、C7室逐级传送到真空室外。

C4室为镀膜磁控溅射室，是玻璃镀膜核心的工艺室，整个镀膜过程都在这里完成。其采用模块化设计，分为多段，每一段都是一个真空室，真空室内有阴极、分子泵、传动辊、供气管路系统等，如图4-73所示。在C4溅射腔室之间装有一个服务阀室（如图4-72中的V_1、V_2等），用于分隔各个溅射室（工艺区），可以实现分段放气，有利于提高换靶及维护的效率和镀膜品种的切换。阀室通常可安装膜层光学测量传感器，可及时测量膜层厚度颜色并调整，提高调膜效率。

1. 磁控溅射镀膜的工艺控制要点

磁控溅射镀膜工艺的核心控制点是膜层均匀性调整、膜层厚度调整，主要有以下要求。

（1）膜层均匀性控制

玻璃镀膜前要先将单靶均匀性调好，金属层厚度波动范围应低于0.02nm；化合物厚度波动范围为，单银产品应低于0.03nm，双银产品应低于0.02nm。单靶均匀性调好后，

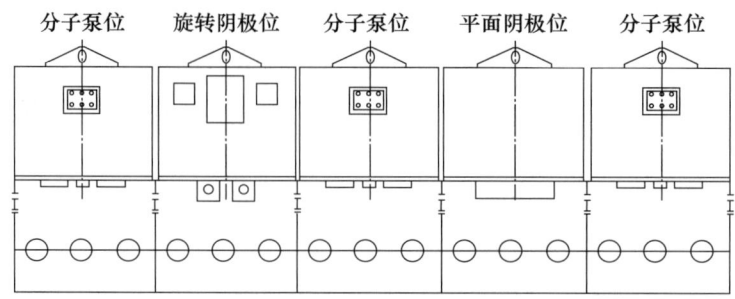

图 4-73 溅射室泵位示意图

根据不同膜系调节单层均匀性，对于介质层，如单靶均匀性调整不是很到位，可以靠多个阴极溅射叠加的单层均匀性改善；单靶或单层均匀性调整是否到位，可通过镀膜在线光度计检测，如一次调整不到位，需要多次调整，直至达到膜层均匀性要求。

（2）膜层厚度及颜色控制

膜层厚度不同会导致颜色及各方面性能等有很大的不同，因此，不同膜系的镀膜玻璃对膜层厚度有严格的要求。金属层厚度应保持与定标产品时的厚度一致；化合物保证厚度一致并兼顾颜色值（警惕溅射氛围发生变化）。

① 颜色目标值

每种膜系的颜色目标值为 6mm 白玻 Gstr 在线光度计和 Datacolor550 同点检测保存的光谱曲线颜色标准，外观颜色为标准中空板中点颜色。

② 颜色控制原则

工艺参数的确定以最终的实际玻面、膜面及透过率曲线与标准曲线基本吻合为准，根据产品的类型不同允许有一定的偏差。

对 Low-E 镀膜玻璃产品，首先要保证两个面的 R、L^*、a^*、b^*，其次保证透过率 T（%）。颜色在线控制标准如下：

- Low-E 面位于 2# 面产品：

    $0.3 < \Delta L_g^* < 0.3$；　　$-0.3 < \Delta a_g^* < 0.3$；　　$-0.3 < \Delta b_g^* < 0.3$；

    $0.5 < \Delta L_f^* < 0.5$；　　$-0.5 < \Delta a_f^* < 0.5$；　　$-0.5 < \Delta b_f^* < 0.5$；

    $0.7 < \Delta T\% < 0.7$。

- Low-E 面位于 3# 面产品：

    $0.5 < \Delta L_g^* < 0.5$；　　$-0.5 < \Delta a_g^* < 0.5$；　　$-0.5 < \Delta b_g^* < 0.5$；

    $0.3 < \Delta L_f^* < 0.3$；　　$-0.3 < \Delta a_f^* < 0.3$；　　$-0.3 < \Delta b_f^* < 0.3$；

    $0.7 < \Delta T\% < 0.7$。

（3）外观质量颜色控制

① 玻面外观颜色要求：产品与标板的外观颜色在 0°、45°、60° 观测角时无明显色差。

② 膜面外观颜色要求：产品与标板的外观颜色在 0° 观测角时无明显色差。

生产过程中用在线和离线测量仪器对产品进行颜色和性能控制。颜色通过测量色差判断控制。

2. 磁控溅射镀膜的现有控制手段及改进需求

目前，镀膜线单靶均匀性主要通过操作人员调整：首先将阴极磁钢磁场均匀性调好，对旋转靶均匀性偏差要求在±1.5以内，对平面靶均匀性偏差要求在±1.0以内；对膜层均匀性不好的阴极，通过换靶时离线调整，以及对磁钢的不同调节点（根据磁钢不同，调节点间距为200~300mm）进行调整，现场用高斯计检测阴极磁钢均匀性，反复调整直至达到目标要求。如在阴极磁钢均匀性满足指标要求基础上，在烧靶及工艺调试时，还要调试单靶膜厚均匀性，开始时可不加分段供气，如单靶膜厚均匀性仍不理想，工艺操作人员还可以通过分段供气（根据镀膜线宽度不同可分为3~7段）对单靶均匀性进一步调节改善，以达到更好的指标。

膜层厚度主要通过控制室工艺人员调整，根据不同膜系对各膜层厚度的要求，由控制室工艺操作人员设备使用阴极的工艺参数，包括功率、电流、工艺主气选择流量设定、分段供气流量设定，确保膜层在控制要求的范围内，通过在线光度计检测玻璃玻面反射、膜面反射以及光学曲线与标准曲线对比，如超出标准范围，则工艺参数还要继续调整，直至满足标准要求。

以上均匀性和膜层厚度调试的缺点是要人工调整，对操作人员技能水平依赖大，尤其是均匀性调整，主要靠事后调整，达不到及时性要求，对生产影响大，无法满足玻璃镀膜产品快速调整的需求。

4.10.3.5 镀膜光学参数在线检测

1. 镀膜光学参数及质量缺陷在线检测

玻璃镀完膜离开真空室后进入镀膜在线质量检验工位，需要用仪器来检测最终膜层的光学性能。与该膜系对应的标准数据对比，如超过偏差范围，还要反馈再调整，直到符合标准要求。镀膜主要光学检验指标如下。

（1）颜色检验指标

低辐射镀膜玻璃的颜色差别，采用CIELAB均匀颜色空间的色差ΔE、Δa、Δb表示，单位为CIELAB。

根据不同的膜系要求，基本控制的色差范围是：玻面颜色总色差$\Delta E_g = [(\Delta L_g^*)2 + (\Delta a_g^*)2 + (\Delta b_g^*)2]1/2 \leq 1.3$，其中，$|\Delta L_g^*| \leq 0.9$，$|\Delta a_g^*| \leq 0.6$，$|\Delta b_g^*| \leq 0.6$；透过率差$|\Delta T| \leq 1.5$，膜面总色差$\Delta E_f \leq 3$。

（2）边缘效应检验指标

距离玻璃边部50mm处颜色与玻璃中部颜色色差$\Delta E \leq 1.5$。

（3）均匀性检验指标

均匀性要求最大值与最小值之间的差别$\Delta L_g^* \leq 0.9$，$\Delta a_g^* \leq 0.6$，$\Delta b_g^* \leq 0.6$。

（4）光热性能检测指标偏差

可见光透射比偏差≤1.5，可见光反射比偏差≤1.5，太阳光透射比偏差≤1.5，太阳光反射比偏差≤1.5，遮阳系数偏差S_c≤0.02。

2. 镀膜光学参数及质量缺陷在线检测的现有控制手段及改进需求

目前主要采用光度计作为最终的产品检测设备。光度计可检测玻璃面及膜面反射率、玻璃透射率及面电阻值。仪器可在整个玻璃宽度方向实现30个点测量，所有测量可由测量设备在玻璃沿着玻璃宽度方向的轨道移动时完成。光度计是镀膜生产线的在线光学质量检测系统。玻璃检验后数据曲线显示在光度计计算机屏幕上，并与该膜系标准数据曲线对比，由操作人员判定镀膜玻璃光学指标是否满足偏差标准要求，如不满足，通过操作人员再调整溅射室镀膜工艺参数，直到玻璃光学指标满足偏差标准要求。同时，在生产过程中，对每一锅玻璃光学指标也实施在线测量监控，如发现测量数据偏差超标，则停止生产、检查原因及再调试等，直至满足偏差标准后方可再生产。

目前镀膜在线光学质量检验测量完后，光度计计算机生成数据，如测量数据偏差超标，需要操作人员判断并执行，如暂停生产、再次调试等，镀膜光学质量检测系统与镀膜生产工艺调试系统是相互独立的，无法做到闭环控制，如发现测量偏差超标，无法通过自动调整工艺参数解决。因此，研究开发玻璃镀膜智能化调膜系统，对镀膜线的效率提升及质量管理有重要意义。

4.10.3.6 镀膜质量缺陷在线检测

1. 镀膜质量缺陷在线检测

镀膜成品在线检测主要是指外观缺陷检测，包括原片的气泡、结石、夹杂、脏污、划伤，还有膜层缺陷放电、脱膜、针孔、亮点、黑点和整版色差，将以上缺陷进行分类统计分析、建立档案并制订解决方案等。

2. 镀膜质量缺陷在线检测的现有控制手段及改进需求

目前镀膜质量缺陷在线检测是由建在镀膜玻璃传输辊道上方的封闭暗室内的检测装置自动扫描完成的。传送辊下部装有灯箱组，用于观测镀膜玻璃是否有各类质量缺陷等。

目前镀膜玻璃在线缺陷检测是通过人工完成的，镀膜线上有产品缺陷检验台，镀膜产品的各种缺陷通过在线质检人员根据相应的产品质量标准进行人为判定，受人为因素的影响，存在漏判、误判的可能，检验质量信息有一定滞后性，对生产及质量管理水平的提升有较大制约作用。因此，开发及应用镀膜玻璃在线自动缺陷检测系统势在必行，其对质量管理水平的提升有重要意义。

4.10.3.7 镀膜玻璃下片

1. 镀膜下片工位

将镀完膜的玻璃按照生产工艺要求分类下片转存或直接输送给下道工序。玻璃可以分为两类，一类是定制尺寸镀膜玻璃，另一类是大板镀膜玻璃。

2. 下片工位现有作业手段和改进需求

现有镀膜下片工位自动化水平较低，对于定制尺寸玻璃，主要是人工下片装架或装箱，大板玻璃下片台自动装箱后，人工包装、调运入库，以上作业过程中人工参与多，与智能化生产还有很大的差距。

4.10.4 玻璃镀膜智能化数据信息

镀膜工序与上道/下道工序之间的数据交换见表4-5。

表 4-5 镀膜工序与上道/下道工序之间数据交换

上工序输入的信息	镀膜工序产生信息	镀膜工序输出信息
订单代码、订单规格（厚度、数量、尺寸）、膜系代码、膜层颜色及均匀性等质量要求信息	镀膜工单排产顺序、排片规则、落架信息、镀膜工艺参数、颜色及质量检测信息	镀膜玻璃规格（数量、尺寸、厚度）、镀膜玻璃质量（合格、不合格）、玻璃架或仓储架位、包装入库或下片工位、补片信息

镀膜整单生产需在排产前明确订单规格及要求，并确认镀膜基片齐片信息；根据膜系代码及基片厚度数据，镀膜线生成设备工艺参数，调试片镀膜后进行膜层信息检测，修正设备工艺参数；确定工艺参数后，镀膜线根据订单规格（数量、尺寸）进行工单优化排产，并形成排片规格发送给上片工位，最大限度提高镀膜效率。

镀膜后进行镀膜玻璃质量检测，合格品输出镀膜玻璃规格，定制尺寸镀膜根据排片规格引导下片台自动下架，并记录架位信息；大板镀膜将镀膜玻璃规格信息发送给成品仓储系统进行成品管理。

镀膜后，根据质量检测结果，对不合格的镀膜玻璃进行规格识别，独立落架并形成补片信息，发送给补片管理系统进行补片。

4.10.5 玻璃镀膜智能制造平台发展趋势及展望

搭建完整、成熟的信息化和网络化平台架构，并依托广泛的信息采集与开放的工业通信机制，建立灵活、稳健的工厂信息流，使工厂内基于各个层面、职能与环节的分支系统实现更加紧密与无缝的纵向集成和闭环控制。图4-74所示为玻璃镀膜智能制造平台架构。

智能制造在未来的发展，既体现出智能、绿色、高效、互通互联等宏观方向，又依托于诸多细分技术的交叉更迭和不断更新。智能化与信息技术、设备管理技术、设备新管理思维集成和融合后，可使设备具有自主分析、自主推理、自主诊断、自动预警、自主决策和自主控制功能，提高镀膜线精细化控制水平，提升生产线效率。

4.10.5.1 上片工位智能化管理措施及展望

生产订单执行系统（MES等）通过订单结构分析，以镀膜工序为核心制订排产计

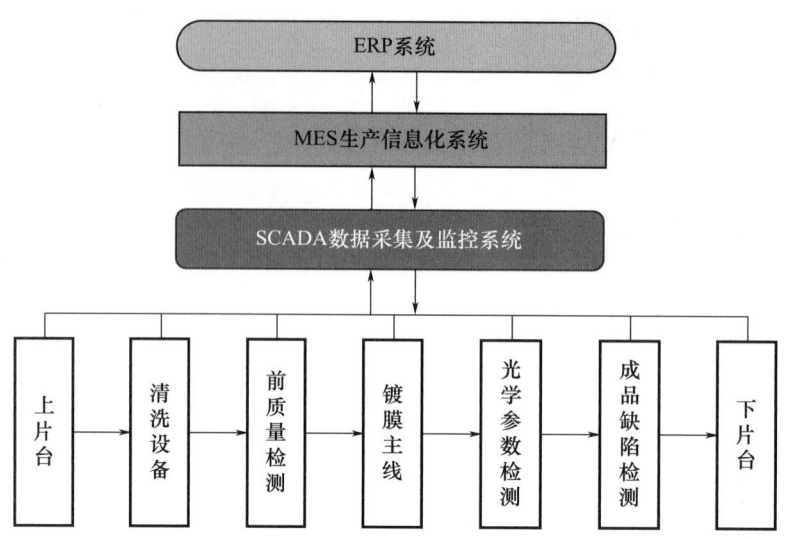

图 4-74　玻璃镀膜智能制造平台架构示意图

划，并确保镀膜线装载率及一次成品率。系统自动查询确认玻璃到位情况及镀膜线生产设备状况并自动安排生产。

1. 定制尺寸镀膜

根据生产订单执行系统（MES 等）输出订单玻璃规格尺寸自动排片，并将所需要的玻璃信息显示在相关输出屏上。若玻璃镀膜前工序与镀膜线上片之间没有配备玻璃自动输送系统，则基本上片方式是工人将所需要的玻璃通过转运工具转运到指定上片工位（可多架）进行自动上片、排片，排片台根据系统预先计算的版面图将玻璃输送到指定位置完成自动排片操作，如玻璃需要旋转则通过旋转台完成，以提高装载率最大化为目标。另外，更智能化的方式是镀膜前工序与镀膜线之间配备散片玻璃自动仓储（Buffer）系统，如图 4-75 所示，生产订单执行系统（MES 等）根据镀膜订单自动排产，通过仓储系统将玻璃单片或几片进行自动输送及排片，每片玻璃根据装载情况可以自动旋转，实现装载率最大化。

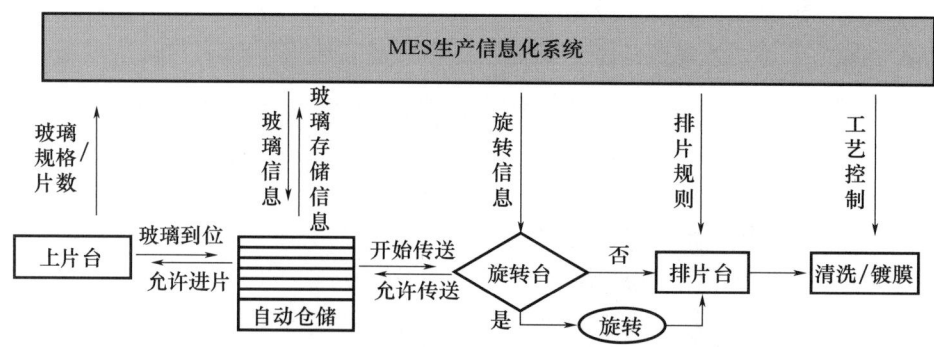

图 4-75　定制尺寸镀膜上片/排片流程

2. 大板镀膜

根据生产订单执行系统（MES 等）排产大板生产计划，并将所需要的玻璃信息显示在输出屏上。基本方式：可通过人员吊装及镀膜自动片装置实现自动上片。更智能化的方式是镀膜大板上片与原片智能仓储系统建立智能化上片系统，将自动上、下片台与智能仓储物流系统对接（图 4-76），集成上、下片台电气控制系统和仓储控制系统和及储管理系统，实现软件与硬件、玻璃基片与信息、人与系统、设备与仓库的高度融合，可与 ERP 数据联通进行库存实时交换，根据优化结果可自动调取玻璃架，将玻璃架送到上片台工位上。具有独立的库存管理及补料功能，在工作中会根据订单情况及现场实际工作状态进行调度，将指令发出，控制小车自动执行。可彻底把人从简单重复的搬运工作中解放出来，使玻璃入库、出库、补货等均实现自动化。在降低劳动强度、保证生产连续性、提高生产效率、提升安全作业环境方面有非常大的使用价值。

玻璃放置好后通过系统自动控制依次自动传送到大板装片台、传送过渡台及清洗机工位。

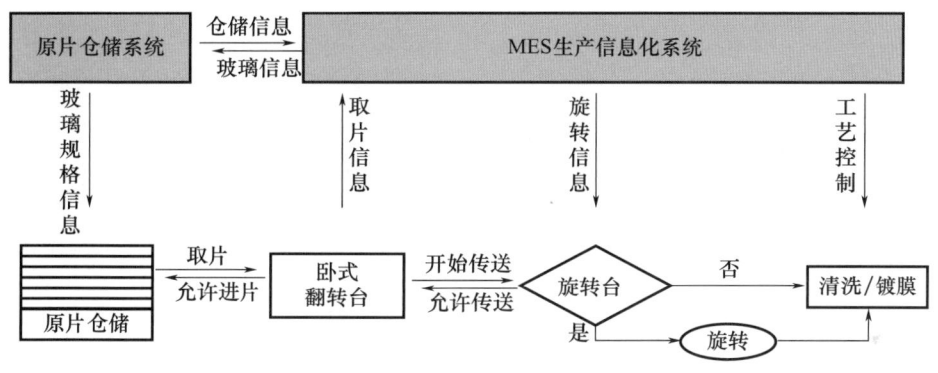

图 4-76 大板镀膜上片流程

4.10.5.2 清洗工位智能化管理措施及展望

现有镀膜清洗机操作自动化水平较高，但智能化水平较低，需要人员现场操作及检查，与智能化生产还有较大差距。通过生产订单执行系统（MES 等）控制清洗机，根据清洗玻璃类型、基片种类及质量要求、镀膜溅射室走速等状况自动调节清洗机参数。清洗机具有基片厚度、传动速度、盘刷、毛刷、风机、纯水电阻率等实际参数测量和状态信息反馈系统，通过闭环调节达到目标值，如图 4-77 所示，做到无人智能化操作，大大节省人工成本，提升产线效率。

4.10.5.3 智能化管理措施及展望

在玻璃清洗后检验观察台上引入视觉自动检测系统，其功能是代替人眼的作用（其高分辨率和对光超高的感应性大大超越了人眼辨识能力）。视觉检测在玻璃深加工生产过程中主要承担了玻璃表面缺陷检查、原片玻璃和镀膜后玻璃光学性能检测的功能，检

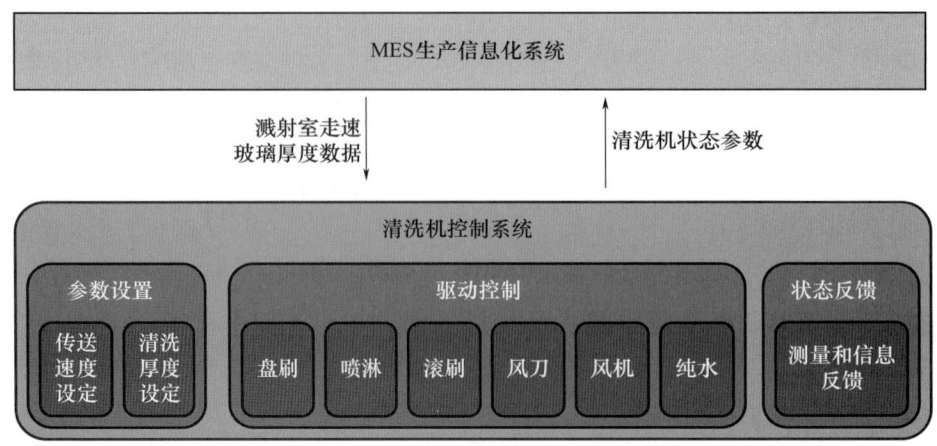

图 4-77　清洗机智能控制流程

测玻璃基片本身缺陷和生产过程中造成的划伤、污迹及尺寸偏差等缺陷。

视觉检测与自动化系统结合：视觉系统将检测结果与设备自动化控制和质量大数据分析系统结合起来才是最终产生价值所在。该磨边后自动视觉检测系统配套玻璃自动分流台、MES 系统和大数据分析系统有机结合，实现了磨边质量控制闭环，并且将质量缺陷要素进行了分析，为改善加工流程、加工工艺与设备提供了有效依据。流程如图 4-78 所示。

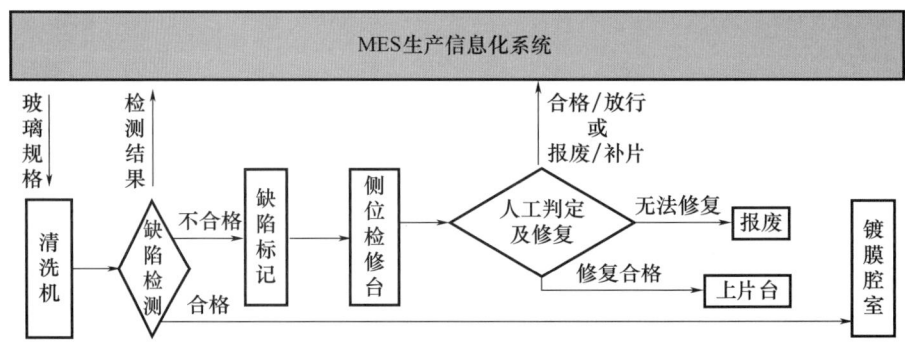

图 4-78　玻璃在线缺陷检测流程

4.10.5.4　磁控溅射镀膜智能化管理措施及展望

积极推进智能传感器等产品与技术在生产设备上的应用，提高生产设备的智能性、精准性、安全性及效率水平。

1. 单靶均匀性在线自动调整

基于智能传感器集成传感单元、处理单元和网络接口单元，目前已开发出旋转阴极和平面阴极的在线可调磁钢，每个调节点均由微电机控制，磁钢上各个调节点均可通过控制系统在主控室操作计算机自动调节。基于单靶均匀性指标要求（平面靶 ±1.0 以内，旋转靶 ±1.5 以内），在不开启分段供气的条件下，通过磁钢均匀性在线自动调节、光度计检测反馈、再调节，将阴极磁场均匀性曲线尽可能调平直，达到标准要求。将阴极磁场均匀性调整到最佳状态后,再开启分段供气辅助调节,根据磁场均匀性偏差情况,自动调整阴极各分段供气量大小来进一步修正均匀性曲线,目标越平直越好。操作流程如图4-79所示。基于在线磁场调节系统、分段供气系统、传感器检测系统、膜层厚度均匀性检测系统等反馈系统的互联互通,实现了均匀性的在线智能化调节,极大地提高了生产效率。

2. 膜层厚度及颜色控制

建立镀膜工艺设备数据信息系统平台,包含工艺要求、设备信息、膜层光学数据、基材基础信息、膜层检测反馈系统等。与目前成熟的镀膜分析软件相结合,通过大数据辅助分析各种工艺参数控制,建立虚拟的镀膜设备即"云端镀膜线",可快速计算出当前产品需要的各项工艺控制参数,通过MES系统等将生产工艺执行数据同步到镀膜线控制系统,通过在线膜层光学检测系统检测、反馈、自动修正工艺参数,实现快速自动调膜及试样生产,其流程如图4-80所示。

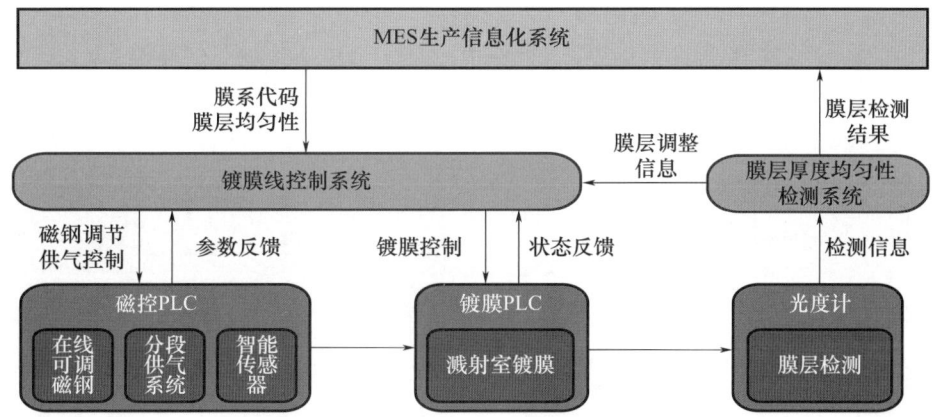

图4-79 单靶均匀性在线自动调整示意图

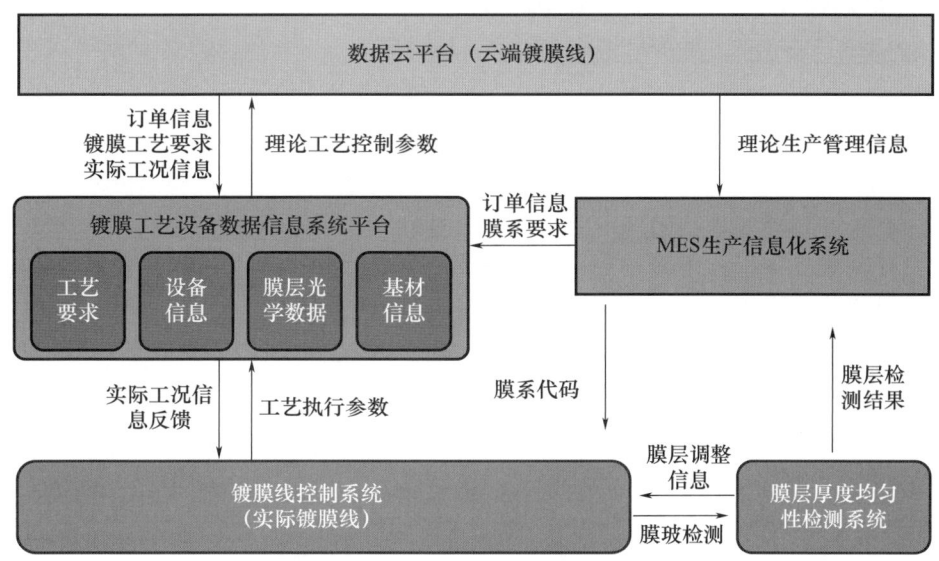

图4-80 "云端镀膜线"示意图

"云端镀膜线"还可进行新产品开发仿真，根据不同的靶材选型、工艺控制，"制造"出相对应的"数字镀膜玻璃"，极大地简化了镀膜工艺研究，具备跨时代的意义。

4.10.5.5 镀膜光学参数及质量缺陷在线检测的智能化管理措施及展望

1. 开发玻璃镀膜自动调膜系统

镀膜层 1→镀膜层 n……光谱透反射仪在线扫描测量系统→自动测量→测量可视化系统→光学模型→自动分析膜厚和均匀性→控制转换系统→自动调节靶材功率。其流程如图 4-81 所示。

2. 自动调膜系统阶段测量系统

普通浮法玻璃进入真空溅射室，阀室内置在线光谱扫描测量仪，镀膜层 1 玻璃到达服务阀室 VC1 时，光谱扫描仪自动测量并将光谱颜色数据通过 TC 柜光谱模块用网络通信传输至终端软件系统显示镀膜层 1 颜色，镀膜层 1 常用 SiNx、ZnSn、ZnAl、TiOx 等材料。

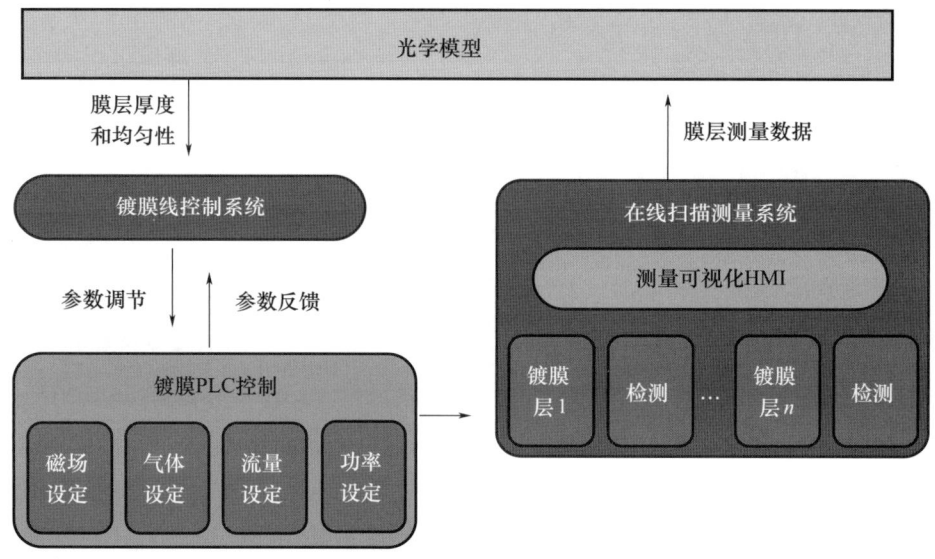

图 4-81　自动调膜系统

镀膜层 1 经过检测后进入镀膜层 n，镀膜玻璃每到达 VC 服务阀室时，服务阀室内置的光谱扫描仪自动测量并将光谱颜色数据通过 TC 柜光谱模块用网络通信传输至终端软件系统并显示镀膜层光谱颜色。镀膜每层光谱颜色传输至测量可视化系统中并实时记录每锅测量光谱数据。

镀第 n 层膜全部完成后，镀膜层成形，通过光谱透反射仪在线扫描测量系统自动测量总膜层光谱，显示在测量可视化系统操作界面中，测量系统自动显示光学模型，自动分析每层膜厚和每层膜厚均匀性并通过控制转换器系统分别对镀膜层 1～n 层的功率参数设定、磁场均匀性调节设定、工艺气体及分段供气参数设定，进行数据修订完善，再通过网络通信接口 PLC 控制系统传输至每个靶位，达到最终光学模型与标准参数一致。

4.10.5.6 镀膜质量缺陷在线检测的智能化管理措施及展望

研究开发镀膜在线自动缺陷检测系统是为了提升质量管理信息化水平，对产品缺陷在线分类检测统计，实时提供生产线在线镀膜质量管理信息，为生产订单执行系统提供快速决策依据，提升质量管理水平，降低质量成本，提高齐片交付率。

研究开发在线自动缺陷检测系统是为了缺陷检测、在线分类及向生产线在线提供质量管理信息，以根据质量等级优化产品或者排除次品。其可全天候工作。通过使用数据图像处理，其可提供非常详细的、大量的测量结果。被检测出来的缺陷可自动地被分析和分类分级。自学习工具与数据分析功能和数据库结合起来，可将检测信息数据分析快速实时地传递。总之，该系统可提供实时信息的在线分类和参数优化，从而减少废品，也可自动生成质量报告。例如，每种产品的质量可以文件输出，或者在产品上打标记，生成的检测结果也可以作为避免加工过程质量投诉的工具。

生产线上的玻璃板 100% 自动检测。没有更多的手动控制将是必要的，这样可节省大量的成本。该系统对各种涂层缺陷具有较高的检测、识别和分类性能，避免了客户的索赔。强大的生产许可证监控功能，时刻关注产量，掌握生产线的整体性能。良好的质量控制和产品分类，可以进入新的市场，保持现有客户。该系统使所有与质量和生产相关的信息在整个站点上可用。统计分析使持续的过程改进成为可能。

原理：创建一个超级样板图像，并采样分析新特性。每一组像素将被分别分析并与另一组对比，从而检测非均匀性缺陷或高低对比度的缺陷。可以精确检测掉渣、脱膜、放电、划伤（膜面划伤和玻面划伤）、色差、水迹、污渍等，如图 4-82 所示。

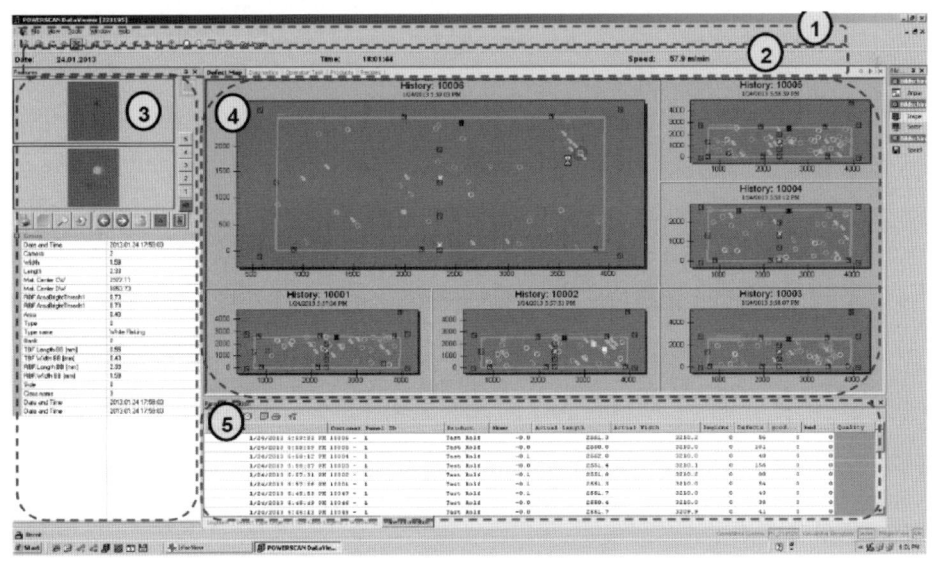

图 4-82　镀膜质量缺陷在线检测系统界面

典型分类：基于不同的光学属性（如形状、大小、对比度、位置等），系统能够识别缺陷类型。

等级分类：系统能够决定不同类型缺陷的不同等级，基于不同的可选属性进行分类。

镀膜在线检测实践：在玻璃深加工生产过程中，目前 Dr. Shenk 有应用案例，该系统安装在镀膜下片传动台上，包括机架、线扫 CCD 相机、LED 透射和反射光源、速度检测编码器、电气控制箱、图像采集和处理计算机、冷却系统等。

通过镀膜玻璃质量缺陷在线自动检测系统，可以很方便地实现镀膜玻璃的信息化、智能化管理，系统将检测的镀膜玻璃质量信息发送给生产订单执行系统（MES、ERP 等），进行质量分析管理和对有缺陷的产品进行快速决策处理，如即时补片等，大幅提高工序的齐片交付率。

4.10.5.7 下片工位智能化管理措施及展望

为提高镀膜下片工位智能化水平，下片工位也要纳入生产订单执行系统（MES 等）中。下片工位开发配备生产自动化下片系统和信息化管理，主要分为定制尺寸镀膜下片和大板镀膜下片。

1. 定制尺寸镀膜下片

镀膜下片工位配备智能化下片系统，系统根据订单玻璃规格尺寸及上片自动排片信息数据，并将每一锅要下片的镀膜玻璃信息显示在大屏上。基本方式是下片区域可排布多个架位，在 MES 系统管理下，自动下片系统将每一片玻璃自动下到相应的玻璃架或自动装箱，完工后需要人工将玻璃转运到下工序或入库。更智能化的方式是镀膜下片工位前安装自动仓储（Buffer）系统，在 MES 系统管理下玻璃直接进入仓储系统，然后输送到下工序或装箱入库，如图 4-83 所示，全过程实现无人操作，大幅提高生产效率并减少人为操作过程中产生的废品。

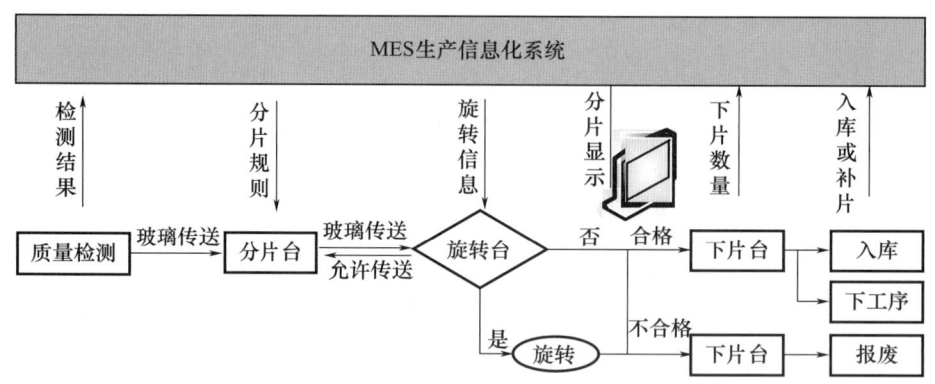

图 4-83　镀膜定制尺寸下片流程

2. 大板镀膜下片

根据生产订单执行系统（MES 等）大板生产计划，将要下片的玻璃信息显示在大屏上。基本方式：通过镀膜线下片台自动下片装箱，之后由人工将装好箱的镀膜大板玻璃吊装入库。更智能化的方式是建立镀膜大板智能仓储系统，镀膜大板下片与仓库大板玻璃智能仓储系统建立智能化下片自动输送系统（通过小车自动转运），将自动上、下片台与智能仓储物流系统对接，集成上、下片台电气控制系统和仓储控制系统及仓储管理系统，实现软件与硬件、镀膜玻璃信息、人与系统、设备与仓库的高度融合，可与ERP数据联通进行库存实时交换，如图4-84所示。智能化下片、输送、入库管理，在降低劳动强度、保证生产连续性、提高生产效率、提升安全作业环境方面有非常大的使用价值。

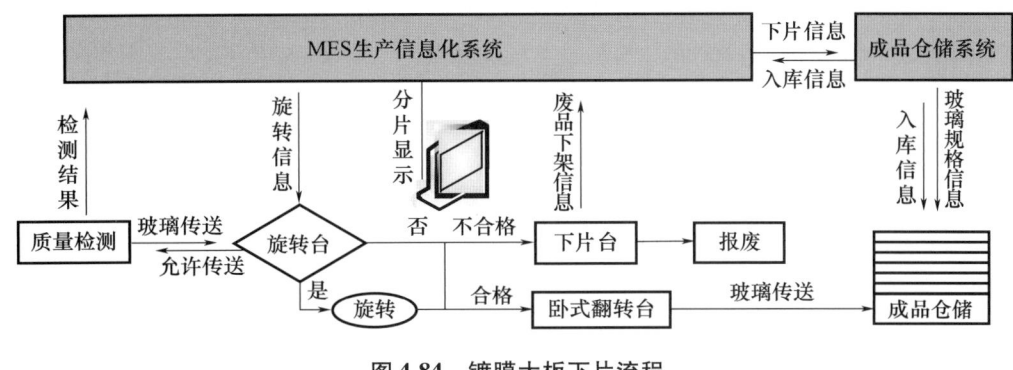

图 4-84　镀膜大板下片流程

4.11　智能化连线技术及应用

智能化连线技术包括连接各工序的机械设备、数据信息传输和处理系统、管理软件系统等。

4.11.1　传统的玻璃周转方式

建筑玻璃加工企业大多用工量大，叉车或液压车是场内周转玻璃的主要工具（图4-85），存在诸多生产隐患和安全事故风险。

图 4-85　叉车周转玻璃方式

使用叉车或液压车周转玻璃需使用大量的玻璃架，造成场地占用大、玻璃定位麻烦、玻璃补片难寻等问题。此外，由于周转架的磨损、丢失，企业每年还需补充采购大量的玻璃架。因此，近年来，连线技术成为取代人工周转搬运玻璃的有效手段，其既可减少人力资源，提升生产效率，又降低了工伤事故发生的概率。

4.11.2 连线设备概述

4.11.2.1 连线设备分类

连线设备按功能可分为以下几种：

（1）原片仓储与切割工序连线，以实现切割生产线的自动上片。原片仓储形式分为龙门式仓储、穿梭式仓储、混合式仓储，可多工位上片配合切割生产线实现智能化生产。

（2）切割工序与磨边工序连线，以实现切割和磨边工序之间的自动化传输。其形式包括卧式理片机、卧式储片机、立式理片机、立式仓储及过渡台直连等，可实现自动化生产。

（3）磨边工序与钢化工序连线，以实现磨边和钢化之间的自动化传输。其形式包括卧式云梯系统、立式仓储系统、自动排版系统及过渡台直连等，可实现自动化生产及钢化排版等功能。

（4）钢化工序与中空工序连线，以实现钢化后中空玻璃的配对。其形式包括立式仓储系统、立式理片系统。

（5）其他设备连线，指的是除以上主要功能设备外的其他设备，例如打孔、加工中心、彩釉、均质、镀膜等生产设备的连接，其中采用较多的为自动上下片系统、机器人上下片系统等，也可采用其他方式实现设备连线。

以上设备之间的衔接可通过各类不同方式的组合实现从原片至成品包装的整个过程的在线周转，配以下架暂存的方式实现玻璃非离线生产。结合以上设备并有机地串联切割、磨边、钢化、中空等生产线，形成一套建筑玻璃智能化加工系统。该智能化系统可分为硬件和控制软件两部分。

硬件部分包括原片仓储（或浮法生产线连接系统）、龙门吸片机、切割生产线、掰片机、磨边生产线、钻孔/挖缺机、清洗机、前端/预处理分拣机、预处理仓储设备、前端传送机、打码机、排版机、钢化生产线、扫描仪器、可视化质量检验机、后端分拣机、后端仓储设备、中空工序前端捡配片传输机、除膜机、中空玻璃配套设施（间隔条折弯机、干燥剂灌装机、丁基胶涂布机、氩气灌装机）、中空玻璃生产线等设备。

软件部分主要包括 ERP、MES 等系统。其中，ERP 系统包括物料采购、财务、人力资源、生产订单过程跟踪（下单、生产分配、补片）、物料仓库、质量管理、成品入库包装、发货运输、信息传输等模块；MES 系统包括玻璃原片仓储至中空玻璃成品生产的智能化控制管理系统。

4.11.2.2 连线设备要实现的目标

智能连线系统通过软件系统与硬件系统有机结合,优化生产流程,可提高产品质量和生产效率。连线技术是颠覆传统玻璃深加工模式的智能化解决方案,使尺寸繁多、繁重、间隔周期大的玻璃产品从玻璃原片仓储开始系统化、规范化生产,可大量减少玻璃周转过程中的周转架、人工等的消耗。同时,可根据玻璃的工艺要求,对每个工序进行智能化管理,实现企业信息化、工业化高度智能融合。

当按订单生产时,原片取片系统根据订单玻璃的组合情况自动抓取不同工位上的原片玻璃,例如6Low-E+12A+6C结构的中空玻璃,原片系统自动选择先取白玻,用于切割,再取Low-E玻璃;经优化切割完成的玻璃,系统自动按照磨边、钻孔/挖缺工艺要求有序地进行磨边、钻孔/挖缺作业;经磨边、钻孔/挖缺工艺处理后,玻璃经前端/预处理分拣机分拣,将非经热处理和需热处理的玻璃分别处置。需热处理的玻璃存储于预处理仓储系统中,进行智能化调度、激光打标,按照热处理工艺要求进行优化排版;热处理后的玻璃经扫描仪、可视化质量检验机扫描后,根据订单信息,需要镀膜和夹层加工的玻璃经后端分拣机分拣自动下架,中空工序配片的玻璃自动输送到后端仓储系统,分拣机自动配对,优化中空玻璃生产线的生产,全过程实现在线实时补片、身份识别。智能化系统的一线人员配备较传统模式可减少60%以上,生产效率提升30%以上,产品合格率99%以上,整个生产过程实现玻璃不落地、不倒架、连续化、智能化实时可视化生产。

智能连线系统是对现有按工序各自加工方式的全新改革,实现人、物、设备及顾客的全方位的管理和把控。结合ERP、MES、设备自动化控制及设备信息化的诸多特点,可实现对玻璃深加工订单处理、任务派发、设备管理、流程管理、库存及其业务相关事项进行数字化的有效管理。软件系统亦可部署于云平台,不受网络区域和服务器限制,不受计算机配置影响,随时随地都可通过专属网络地址登录系统进行业务处理。系统亦可提供手机端支持,能更有效帮助企业管理层了解企业各方面的信息,提高企业的运行效率,并对各类生产信息进行专业数字化管理,减少各环节的操作差错,追踪每一片玻璃的加工过程,使销售数据和生产数据能够快速地统计和查询,能够快捷地查询生产加工进度情况;实现生产计划的合理安排,保质保量地完成生产任务。图4-86是仓储联线系统实物照片。

图4-86 仓储联线系统

智能化连线系统需实现：

（1）客户自主下单或高效信息识别转化系统，提高下单效率、准确率；通过扫描二维码或者其他的识别方式，实现产品可追溯；

（2）实现智能化排版、优化原片裁切率、智能分架、结合实际工艺优化生产流程；

（3）自动排产计划、按需排产、视频监控，可实时了解生产状况；

（4）设备机台全连线作业，实现无标签生产流程、在制品精确定点管理；

（5）在制品按片管理、自动实时报完工，实现以片为单位的实时数据跟踪、实时在线补片；

（6）订单数据与生产系统实时对接，自动更新用料情况；

（7）设备机台状态数据实时反馈，实现按计划保养，提高设备稳定性及综合利用率。

4.11.3 理片仓储系统

理片仓储的发展分为五个阶段：人工仓储阶段、机械化仓储阶段、自动化仓储阶段、集成化仓储阶段和智能化仓储阶段。现已发展形成卧式和立式两大类理片系统。目前，涉及此类理片系统的设备厂家众多，智能化仓储技术已日益完善，将是未来发展的主要发力方向。

4.11.3.1 卧式理片系统

卧式理片系统主要分为三类：卧式储片机、卧式理片机和云梯。

卧式储片机分为两种：一种是固定框架、硬质结构的网格架，大多为 10 层左右，其特点是结构简单坚固，可以存质量大、板面大的玻璃；另一种是链条式、可折叠的网格架，一般 30 层左右，其结构轻巧，占地空间小，存储容量大，可扩展性强。两种储片机仅能做到先进后出，能很好地起到暂存的作用，如图 4-87 所示。

卧式理片机的结构框架类似于皮带输送机与硬质结构的卧式储片机结合，一般在 10 层左右，其在输送层有一套独立的皮带输送机驱动机构，玻璃能在卧式理片机内随机进出，尤其适合磨边机前抓取相同尺寸的玻璃，按序送至磨边机提高磨边效率，如图 4-88 所示。

云梯是一种类似于"滚轮输送机 + 升降机"的组合，用于玻璃的存取，同时，储片机构采用多层平层轮输送机，可以实现 30 ~ 50 层的存储。其结合了卧式储片机和卧式理片机的优点，不仅增加了存储容量，实现了随机存取的功能，而且具有钢化生产前优化排版的功能，如图 4-89 所示。

4.11.3.2 立式理片系统

立式理片系统可分为立式仓储分拣系统和立式理片机。

立式仓储分拣系统是一种竖琴架结构的存储系统，其采用立式的输送机在一组轨道

图 4-87　卧式储片机

图 4-88　卧式理片机

上前后移动将玻璃送入/取出与其配合的一套竖琴架系统的仓储笼，实现玻璃的随机进出。因其运算量高，一般无法用 PLC 完成系统控制，需要用计算机控制管理，以实现自动控制运输车进行存取作业的仓库。因为玻璃产品有其内在的特殊性，其存取方式与

图 4-89　云梯

普通货物存在明显的区别，是特殊产品的特殊储存且各个环节流程之间存在半成品储存的不确定性。立式仓储分拣系统的适用性非常强，能用于生产过程的各个环节，如图 4-90 所示。

图 4-90　立式仓储分拣系统

立式理片机可视为简化版的立式仓储分拣系统，其竖琴架格栅一般在 60~80 格，采用整个竖琴架移动取代仓储车运动的方式实现玻璃的随机存取，如图 4-91 所示。

4.11.4　排片及分片系统

排片系统与钢化生产线的装载系统连接如图 4-92 所示。排片和分片系统首先从前道工序获取玻璃的尺寸和厚度信息，并根据钢化炉尺寸采用"预先计算""同尺寸同炉钢化"的排炉方式，玻璃上片后，根据预先排炉规则上片，通过双向定位台进行尺寸调配、初定位，并送入排片台按要求排片。

图 4-91 立式理片机

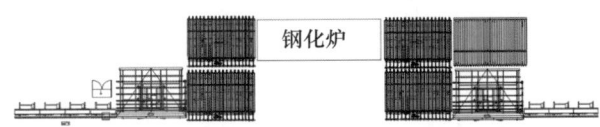

图 4-92 排片系统与钢化生产线连接平面图

排片系统 A：其排片功能由双向台完成，双向台底部带一组伺服传输系统，根据玻璃版面要求及前端给定的玻璃尺寸信息移动至相应的位置进行排片处理，并进行 Y 向排队，完成 Y 向排队后，送入后序的排片机构进行 X 向排队，最终实现整炉的排版。

排片系统 B：排片机由"滚筒机构+气动顶升机构"组成，底部带一组伺服传输系统，根据玻璃版面要求及前端双向定位台定位的位置信息，送入排片台前端取片工位，伺服机构定位玻璃位置，输送到排片台指定的版面位置，定位后通过气动顶升机构顶升玻璃，最终实现整炉的排版。还可以考虑以下因素：

（1）前段预处理仓储系统与分拣系统应扩大，以便于钢化炉的排版优化，从而实现同尺寸玻璃同炉生产，提高产品的平整度；

（2）应根据企业自身需求选择连续钢化炉或往复钢化炉；

（3）激光打码机应用，实现钢化前打码，减少入炉的打码操作；

（4）由于生产效率高，应进一步完善后道工序，如中空工序的下片包装工艺快速进出。

4.11.5 工艺设备间连接设备

连线系统中的设备需要提供能够与 MES 系统进行数据通信的接口，包括实现数据采集的上行接口与参数及指令下发的下行接口。接口首先要稳定可靠，速率和连接模式需要考虑到具体的数据吞吐量和数据延迟时长。如果数据量较大，则需要架设 MES 服务器，通过上位系统实现数据采集和相关工艺参数及指令的收发。

若无法实现 MES 系统的上位对接,则需要提供设备的主控 PLC 的连接地址并开放有效的通信协议,实现通过直接读写 PLC 地址段的方式与上位机进行数据交互。

连线设备的各个设备方需要提供主要参数内容和对应的参数的 PLC 地址。参数内容一般包括:OEE 相关参数,如设备启动、停止信号;产量相关参数,如原料投入量、产量;工艺相关参数,如温度、湿度等;品质相关参数,如出入温度等。

4.11.6　连线系统的优势

理片分拣系统结合计算机管理,通过自动存取系统,加快了生产的运行和处理速度,提高了生产效率,降低了操作人员的劳动强度;采用智能化技术后,计算机控制能够始终准确无误地对各种信息进行存储和管理,减少了流程处理和信息处理过程中的差错;借助于计算机管理还能有效地利用仓库存储能力,实现产品生产零库存,从而提高生产管理水平。同时,由于使用智能化仓储,促进企业的科学管理,减少了浪费,保证了均衡生产,也提高了操作人员素质和管理人员水平。其优点归结如下:

(1) 生产效率高:从原片到中空玻璃成品,整个过程不落地,每道工序间可实现有序对接,不受产品尺寸差异影响,实时补片,真正实现连续的自动化生产,大幅提高产能,尤其适合零散订单的生产。

(2) 成品率高:整个生产过程中,玻璃不落地、不堆垛、不倒架,人员触摸频率低,使产品在加工过程中的损伤概率降低。

(3) 安全性高:整套系统现场作业人数在 30 人以内(根据不同产能配置要求),智能化的加工模式,使工人最大限度地减少与玻璃的接触,从而降低工人在作业期间的受伤概率。

(4) 生产成本低:传统深加工企业年产能在 100 万 m^2 中空玻璃的,生产作业人员一般为 200 人以上,而智能化连续玻璃深加工系统人员一般为 100 人以下(均按 2 班/天计算)。

(5) 生产计划实施准确:可以提前排产并进行优化,在生产过程中可进行动态调整,最大限度确保交货周期及交货次序。

4.11.7　连线系统的展望

现阶段深加工玻璃行业处于转型升级中,生产工序间连线系统还在探索阶段,是否实施智能化连线受制于以下因素:

(1) 受制于企业资金状态,投入资金较大,需量身定制;
(2) 受限于企业既有的生产场地布局;
(3) 受限于现行设备稳定性;
(4) 受限于现行设备供应商的智能化能力。

一旦玻璃加工企业的连线设备实现互联互通,可极好地解决现场智能化、连续化生产问题，进一步提高玻璃产品的生产效率、质量，降低劳动强度和事故发生的概率，有效保护作业人员的生命安全。数字化智能化的连线系统可为玻璃加工企业提供一种新的、先进的生产模式，促使企业转型升级、挖潜增效，为行业提供全新的发展方向。

连线智能系统将最终取代大量的人工，实现少人化甚至无人化的管理及生产。连线智能方案需要进一步围绕着《智能制造2025》进行深入的研究和拓展开发，最终实现生产、物流、消费者的全方位管理，完成从客户订单开始的整体化、透明化生产。

5 质量控制

5.1 概述

5.1.1 平板玻璃

在平板生产实践中，从原料加工、配合料制备、熔化、澄清、均化、冷却、成形及退火、切裁等各环节中，不论是工艺制度的执行，还是实际操作可能的偏差，都会导致在玻璃原板上形成各种不同的缺陷，从而影响玻璃质量。平板玻璃质量检测指标与依据列于表5-1，各项国家标准的检验方法均为抽样离线检测，属于成品检验，目的是控制成品品质，并对生产过程形成反馈，用于指导工艺控制与调整。目前主要是基于视觉检测系统或光谱检测系统，能够实现自动在线检测点状缺陷、板厚、应力、可见光透射比、可见光反射比、雾度、色差、镀膜玻璃电阻等；离线检测弯曲度、光学变形等。

表 5-1 平板玻璃产品质量检测指标与依据

序号	产品类别	主要检测依据	主要检测内容
1	平板玻璃	《平板玻璃》（GB 11614）	尺寸偏差，对角线差，厚度偏差，厚薄差，外观质量（点状缺陷、点状缺陷密集度、线道、划伤、裂纹、光学变形、断面缺陷），弯曲度，光学性能（无色透明平板玻璃可见光透射比、本体着色平板玻璃透射比偏差、本体着色平板玻璃颜色均匀性）
2	压延玻璃	《太阳能用玻璃 第1部分：超白压花玻璃》（GB/T 30984.1）（原片部分）	外观质量［压痕、皱纹、线条、线道、裂纹、霉变、不可擦除污物、开口气泡、膜层脱落、圆形气泡、长形气泡、划伤、夹杂物、边部质量（爆边、缺角、凹凸、倒角、磨边）］，尺寸偏差（长度与宽度偏差、对角线差），厚度偏差及厚薄差，弯曲度，光伏透射比，铁含量

续表

序号	产品类别	主要检测依据	主要检测内容
3	在线镀膜玻璃	《镀膜玻璃 第1部分：阳光控制镀膜玻璃》（GB/T 18915.1），《镀膜玻璃 第1部分：低辐射镀膜玻璃》（GB/T 18915.2）	尺寸偏差，厚度偏差，对角线偏差，弯曲度，外观质量（针孔、斑点、斑纹、暗道、膜面划伤、玻璃面划伤），光学性能（紫外线透射比、可见光透射比、可见光反射比、太阳光直接透射比、太阳光直接反射比、太阳能总透射比），颜色均匀性，辐射率，耐磨性，耐酸性，耐碱性
4	薄膜光伏用在线镀膜透明氧化物导电膜玻璃（在线TCO）	《太阳能用玻璃 第2部分：透明导电氧化物玻璃》（GB/T 30984.2）	外观质量［针孔，斑点，膜面划伤，玻璃面划伤，玻璃气泡及夹杂物，断面缺陷（爆边、缺角、凹凸、斜边）］，尺寸偏差（长度与宽度偏差、对角线差），厚度偏差和厚薄均，弯曲度，光伏透射比，雾度，方块电阻，耐热性，耐冻性，耐湿性

5.1.2 深加工玻璃

玻璃深加工质量检验以检验外观质量为主，检验标准包括平板原片缺陷和加工过程中形成的缺陷两大类。原片缺陷主要为结石、气泡、裂纹等，执行《平板玻璃》（GB 11614—2009）；玻璃深加工过程中不同工序的检验标准有所不同，比如钢化工序执行《建筑用安全玻璃 第2部分：钢化玻璃》（GB 15763.2—2005），镀膜工序执行《镀膜玻璃 第1部分：阳光控制镀膜玻璃》（GB/T 18915.1—2013），其他工序执行相应的国家标准或企业内控标准。玻璃深加工质量控制的目标是实现半成品玻璃外观质量和性能指标达到成品玻璃的指标要求，目前玻璃深加工的质量控制以离线设备或人工检验为主，智能化在线视觉检测尚在探索中。深加工玻璃质量检测指标与依据列于表5-2。

表5-2 深加工玻璃质量检测指标与依据

序号	产品类别	主要检测依据	主要检测内容
1	原片玻璃	浮法玻璃质量符合 GB 11614—2009	尺寸偏差，对角线差，厚度偏差，外观质量（点状缺陷、点状缺陷密集度、线道、划伤、裂纹等）
2	切割工序 磨边工序	浮法玻璃质量符合 GB 11614—2009、企标	外观质量（点状缺陷、点状缺陷密集度、线道、划伤、裂纹等），边部质量（爆边、缺角、凹凸、倒角、磨边），尺寸偏差（长度与宽度偏差、对角线差）
3	钢化工序	浮法玻璃质量符合 GB 11614—2009，钢化玻璃质量符合 GB 15763.2—2009，半钢化玻璃质量符合 GB 17841—2008	外观质量（点状缺陷、点状缺陷密集度、线道、划伤、裂纹等），表面应力，破碎颗粒度，平整度（弓形、波形、波纹方向等）
4	热浸工序	钢化玻璃热浸处理符合欧盟标准 EN 14179-1：2016	表面应力、破碎颗粒度

续表

序号	产品类别	主要检测依据	主要检测内容
5	夹层工序	浮法玻璃质量符合 GB 11614—2009，夹层玻璃质量符合 GB 15763.3—2009	外观质量（点状缺陷、点状缺陷密集度、线道、划伤、裂纹等），尺寸偏差（长度与宽度偏差、厚度偏差、叠差、弓形等），PVB 缺陷（点状缺陷、线状缺陷、裂口、脱胶等）
6	彩釉工序	浮法玻璃质量符合 GB 11614—2009，彩釉玻璃质量符合 JC/T 1006—2006	非彩釉区外观质量（点状缺陷、点状缺陷密集度、线道、划伤、裂纹等），彩釉区外观缺陷[针孔、漏光点、疵点（不透光的点），彩釉面划伤、网纹印、斑纹、图案完整性等]，彩釉色差
7	镀膜工序	阳光控制镀膜玻璃质量符合 GB/T 18915.1—2013，低辐射镀膜玻璃质量符合 GB/T 18915.2—2013	表面质量/镀膜缺陷（针孔、斑点、暗道、膜面划伤、玻面划伤、室外面颜色均匀性）
8	中空工序	浮法玻璃质量符合 GB 11614—2009，钢化玻璃质量符合 GB 15763.2—2009，半钢化玻璃质量符合 GB 17841—2008，夹层玻璃质量符合 GB 15763.3—2009，中空玻璃质量符合 GB/T 11944—2012	尺寸偏差（长度与宽度偏差，厚度偏差、叠差、弓形等），中空外观（基片外观、夹层玻璃外观、镀膜玻璃外观、中空内腔、中空划伤等），中空结构检验（间隔条、结构胶、分子筛、丁基胶等）

5.2 质量控制的智能化需求

5.2.1 平板玻璃

平板玻璃生产企业，尤其是有多条平板玻璃生产线，甚至有多个生产基地的生产企业，目前以传统方式管理为主，存在质量管理难度大、效率低等问题。

（1）数据由各条生产线人工手工抄录，工作量大、出错率高；

（2）本地服务器独立工作，缺少主动推送问题报警机制；

（3）管控中心无法及时核验数据的真实性和准确性，数据的二次处理工作量大、出错率高；

（4）质量追踪需要层层分解，耗费大量人力，时间长；

（5）无法自动提供各生产线关键质量数据的直观比对图表；

（6）缺少统一的数据分析和支撑平台，决策缺乏客观依据，统筹管理难。

质量的集中管控已经成为当今平板玻璃企业质量管理的迫切需求，需要建立和完善一套以现有检测数据为基础、以网络共享为途径、以数据安全和质量为根本、以数据价值挖掘为手段、以集中管理为目标的玻璃质量在线管理平台。

5.2.2 深加工玻璃

目前玻璃深加工行业质量管理以离线纸质检验表格和现场人工检验为主，不同工序有不同的检验项目和判定标准。首检通常由工序设备操作人员完成，抽检由专职检验人员完成。现场检验结果则以人工记录方式保存，作为提交给客户的质量控制凭证，最终手工录入计算机进行存档。

以磨边工序过程检验为例，操作人员和现场专职检验人员按照表 5-2 的标准进行检验和判定。检验操作如图 5-1 所示，在磨边工序下片处设置检验台，安装背光或正光的检验照明光源。基本检验过程如下：

（1）首片玻璃尺寸和边部质量情况检验，从而调整磨边机开合尺寸和磨轮给进度；

（2）表面缺陷检验，首先经过正光源进行初检，初检后有缺陷的玻璃在背光源检测台进行详细检验、判定和修复。

图 5-1　磨边后操作人员检验

玻璃深加工行业面临劳动力成本高、多规格与小批量造成的生产效率低、品质要求不断提高等诸多不利因素，迫使玻璃深加工企业必须走智能制造之路。

视觉检测系统是实现玻璃深加工智能化质量管理的主要方法，结合玻璃深加工自动化连线系统，可进一步推动玻璃深加工智能化发展。目前实践和推广最多的是"切割—磨边—钢化—中空"自动化连线。其可最大限度地减少生产人员，降低工序之间半成品积压，加快工序流转，控制生产顺序和工单时间。传统以工序为单元的生产模式每台机组都有操作人员，操作人员能够进行过程抽检，品质要求高的产品甚至实现全检。在 A 型架或 L 型架工序之间转运期间，专职品控人员按照现场检验规定进行定期或规定项目抽检。操作人员的自检配合专职检验人员的规范抽检，能够保证传统生产模式下的半成品质量。但在连线模式下，工序之间的品质检验却成了新的问题，一旦不同工序之间实现连线生产，玻璃自动转运和流向控制，工序之间不再配置操作人员，以及受设备空间限制而不便于专业质检人员作业，从而使得工序之间半成品的检验成为薄弱环节。目前国内自动化连线以"切割—磨边—钢化"为主，这些工序的质量控制又非常关键，容易造成批量的不合格产品，不利于生产及成本控制。因此，为了推进玻璃深加工智能制造，确保自动化连线能够有效实施，过程中的自动品质检验变得至关重要。线扫相机和面阵相机作为抓取玻璃表面缺陷和尺寸误差的主流方法，配合图像处理软件、质量缺陷分类和报表系统、分析与预警系统，形成了一整套视觉检测系统。

5.3 智能化质量检测

5.3.1 平板玻璃

平板玻璃质量在线检测与集中管控平台是平板玻璃质量智能化系统的核心，该平台总体架构设计的原则是遵循 SOA 的架构设计思想，以服务为核心，提供标准化的服务接口、服务组件和服务访问方式；以重用为原则，尽可能地实现服务在整个数据平台所承载的各类应用中的重用；提供不同粒度的数据服务、多种信息交换方式，以满足玻璃质量在线检测需求。

（1）基础设施层：基础设施层为各类应用提供基础的支撑环境，包括支撑各类应用运行网络设备和基础硬件设备等。

（2）数据交换与共享层：完成各业务系统之间、业务系统与数据中心之间的各种数据交换与共享，实现从本地服务器抽取检测数据后无缝传输到数据中心进行集中存储；通过数据标准与数据质量管理，对数据进行清洗转换、匹配合并，将杂乱的数据整合成可以复用的数据资源和资产，最终形成质量管控需要的业务数据中心。

（3）应用功能层：以数据为支撑、业务为导向，对外提供服务，例如工作台（根据用户角色分为决策界面、管理界面和操作界面）、玻璃质量分析等，并且实现与公司 ERP 系统的集成，实现统一数据存储、统一用户管理、统一权限管理、界面展示集成等。

（4）接入终端层：支持在 PC 端进行数据分析展示，并扩展到手机端、显示大屏等其他终端设备。

根据各条生产线本地服务器的数据存储格式建立接口，在规定的时间周期内主动进行数据抽取。系统提供参数界面维护，主要包括数据格式、时间周期等。同时，提供时间抽取日志管理，为后期问题查找提供支撑。可以通过图形展现界面查看到各个采集终端的运行状态，分析出现的问题并快速解决，以保证数据的实时性。

在新增生产线时，通过后台管理员可以新增采集终端，保证平台的完整性。

数据交换与共享平台的主要功能包括交换网络管理、交换网络监控、数据总线、数据质量管理、数据标准管理、数据资源中心、资源目录管理、调度监控、系统管理九大功能模块。

平台网络部署架构如图5-2所示，平台功能设置如图5-3所示。

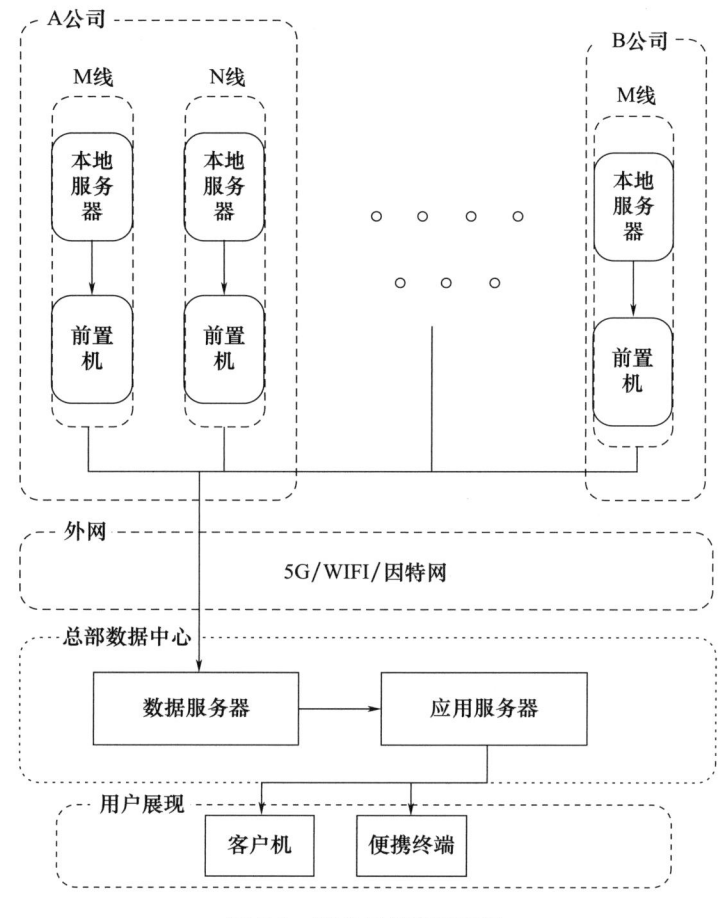

图5-2 平台网络部署架构

玻璃质量分析系统用来对玻璃检测数据进行各种专项的统计分析，主要包括历史玻璃带、玻璃板质量分析和缺陷统计、生产线缺陷对比等部分。

（1）历史玻璃带：展示一段时间内的玻璃带生产情况，可选择某一块玻璃板进行详细查看。可提供缺陷信息导出功能，导出指定玻璃板的缺陷信息。

（2）历史缺陷带：展示一段时间内生产线上所有缺陷信息。可通过系统提供的缩放功能查看缺陷带的整体情况，分析当时的生产问题。

（3）玻璃板统计分析：根据玻璃等级设定，统计出一段时间内各类玻璃板的数量，并以图表的形式展示。

（4）缺陷统计分析：提供某一时间段内各类缺陷数量的图表展示。可对缺陷的空间分布、尺寸大小进行统计。

（5）板宽统计：展示玻璃原板宽、净板宽、牙距等相关信息的统计曲线。

（6）生产线玻璃带对比：提供多条生产线历史生产状况对比。

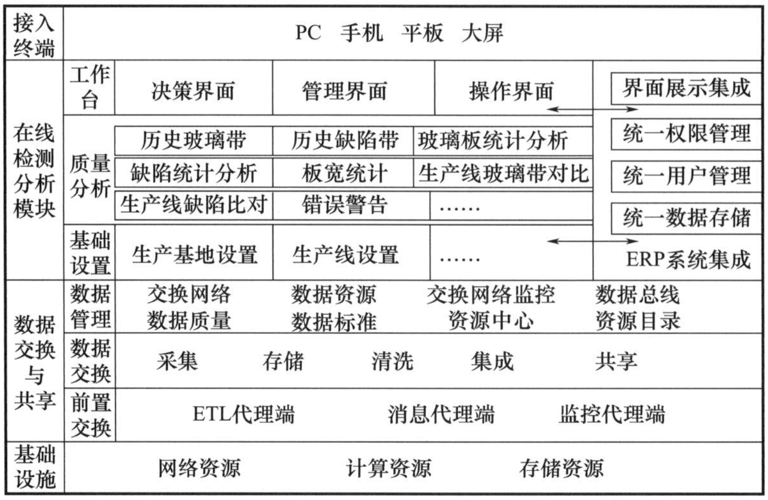

接入终端	PC　手机　平板　大屏			
在线检测分析模块	工作台	决策界面	管理界面	操作界面	界面展示集成
	质量分析	历史玻璃带	历史缺陷带	玻璃板统计分析	统一权限管理
		缺陷统计分析	板宽统计	生产线玻璃带对比	统一用户管理
		生产线缺陷比对	错误警告	……	统一数据存储
	基础设置	生产基地设置	生产线设置	……	ERP系统集成
数据交换与共享	数据管理	交换网络 数据质量	数据资源 数据标准	交换网络监控 资源中心	数据总线 资源目录
	数据交换	采集	存储	清洗	集成	共享
	前置交换	ETL代理端	消息代理端	监控代理端	
基础设施	网络资源	计算资源	存储资源	

图 5-3　平台功能设置

（7）生产线缺陷对比：提供多条生产线缺陷带的对比情况查看，亦可单独查看单条生产线。

（8）后台配置展示：可以按照各个生产线展示后台的配置数据。

通过数据资源平台对玻璃检测数据进行集中管理和分析玻璃生产情况，为改进生产工艺、提高生产质量、提升公司竞争力提供可靠的数据支撑。主管负责人可以通过网络实时查看所有生产线的生产情况和生产数据，在发现问题时，及时进行问题跟踪，可以与日常办公系统进行互联，查找问题根源，优化生产环境。

5.3.2　深加工玻璃

玻璃深加工智能化质量管理以智能视觉玻璃缺陷检测展开，从而实现玻璃尺寸与缺陷的在线自动检测。视觉检测的基本原理：

（1）将 LED 背向照明光源和高速线阵相机分别设于玻璃带的下方和上方，且在同一垂直面上；

（2）光源由 LED 发光器组成，光源发出的光透过玻璃带，被线阵相机接收；

（3）工业计算机通过现场总线接口实时采集的光强信号，并转换为灰度数据；

（4）通过边沿检测识别玻璃边界，计算玻璃尺寸；

（5）根据上、下阈值判断当前玻璃带上有无缺陷，丢弃无缺陷的数据，保存缺陷数据行、列坐标和幅值；

（6）根据缺陷数据的坐标和幅值分析缺陷的类型、大小、位置；

（7）将尺寸、缺陷数据传送到用户计算机，显示尺寸及缺陷信息。

5.3.2.1　视觉检测承担的任务

视觉检测的主要目的是代替肉眼辨识，但又因其高的分辨率和对光超高的感应性，大大超越了肉眼辨识范围。因此，视觉检测在玻璃深加工生产过程中主要承担玻璃表面缺陷检查、原片玻璃和镀膜后玻璃光学性能的检测任务。

根据不同工序的特点，视觉检测承担不同的任务：

（1）切片、磨边工序：检测原片及生产过程中造成的划伤、崩边和尺寸偏差等缺陷；

（2）钢化工序：判定空气面和锡面、热成像及钢化后变形；

（3）镀膜工序：检测原片和镀膜后光学性能及原片、膜层及生产过程中造成的划伤、辊道印、放电等缺陷；

（4）夹层工序：检测原片、镀膜及PVB夹层气泡、划伤等缺陷；

（5）中空工序：检测合片前单片玻璃、膜层、夹层等质量缺陷，以及中空产品表面缺陷。

5.3.2.2 视觉检测系统架构

玻璃缺陷尺寸检测系统由多组8K线阵相机、高频反射光源、透射光源、嵌入式处理器、信号接口平台组成；玻璃对角线偏差检测由4个面阵相机、1组反射光源组成；1个高精度的速度编码器与检测下传动辊相连，作为玻璃长度尺寸的预测量。编码器将玻璃长度数据提供给控制系统，从而判定启动4组面阵相机中相应的相机进行测量；检测系统的图像数据和缺陷数据，都由数据处理中心进行处理，并对数据进行统计和分析；数据中心作为现场操作界面可供数据展示，同时将检测数据与MES系统或大数据系统进行交换；冷却系统给各个检测系统提供冷却水，确保各检测系统长期在适宜的温度环境下运行。系统架构如图5-4所示。

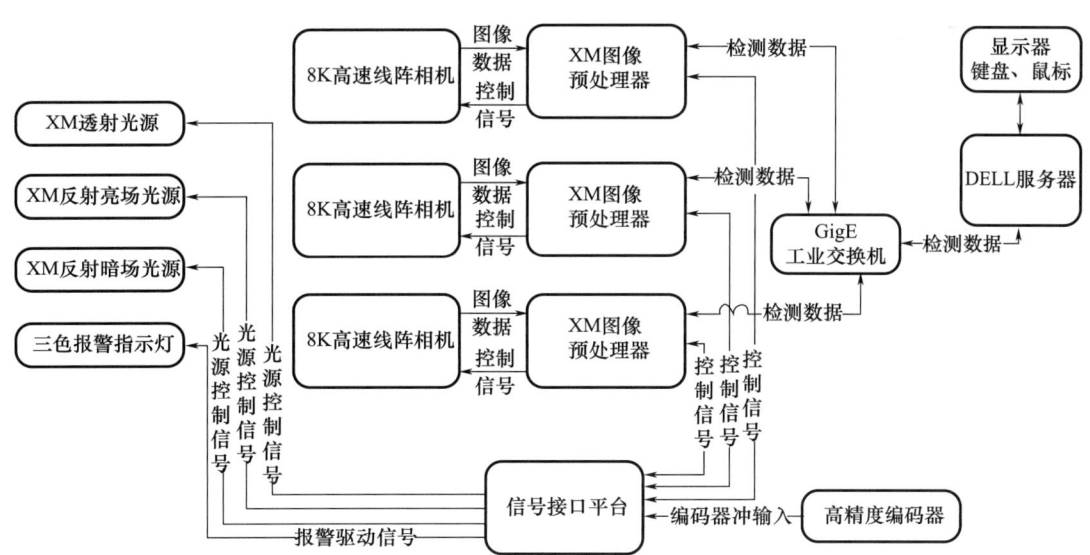

图5-4 玻璃缺陷尺寸检测系统架构

5.3.2.3 视觉系统基本技术

1. 硬件部分

系统总体结构包括立柱、横梁、相机、反射光源、透射光源、电气箱和三色警示灯。当检测到玻璃的尺寸或缺陷不符合要求时,三色警示灯报警提示。

2. 光学部分

(1) 成像部件:横向成像部件采用多套线阵相机,基于 Cameralink Full 与图像预处理部件进行通信。多套线阵相机平行安装,除去部分重叠的视场区域,满足最大视场宽度要求。

以系统所采用的高速线阵相机的有效像素 12288 像元、最高行频为 8kHz、横向采集宽度 1200mm 为例,如果 $S_w=0.1$mm/像素(横向分辨率 $S_w \geq W/N$,S_w 为被拍摄到的实际玻璃宽度 W 与水平方向上像素个数 N 的比值),则其能够检测 0.1mm 的缺陷。

纵向分辨率依赖于相机行扫描频率与被检测玻璃运行速度的匹配度。要保证系统的纵向检测精度,须避免出现图像采集过程中由于相机行扫描频率与玻璃带运行速度不匹配造成的图像拉伸或压缩。

以玻璃带生产线运行速度 300mm/s(18m/min)为例,线阵相机应具有:

$$L(行扫描频率) = \frac{输送带运行速率(mm/s)}{S_h 纵向分辨率(mm/pixel)}$$

$L=300/0.1$mm $=3$kHz,即相机的行扫描频率应大于 3kHz。

要保证玻璃带的运行速度与相机的行扫描频率完全匹配,线阵相机必须工作在外同步模式,通过安装在玻璃带上的速度编码器产生行触发信号,触发线阵 CCD 相机采集数据,实现输送带的运行速度与相机的行扫描频率完全匹配。

(2) 光源部件:光源部件包括反射亮场光源、透射亮场及暗场光源。玻璃中的各种杂质在光学特性上必然与玻璃本身有差异,如图 5-5 所示。当光线入射玻璃后,各种杂质会在反射、折射等方面表现出与周围玻璃不同。例如,当均匀光垂直入射玻璃时,如玻璃中没有杂质,出射的方向不会发生改变,则可探测到均匀的光线;当玻璃中含有杂质时,出射的光线就会发生变化,光线由于杂质的存在(杂质周围会发生应力集中及变形)导致光路变化,则可探测到光线随之变化,在视觉成像的图形中易于分辨。如遇到光透射型缺陷(如裂纹、气泡等),光线在该缺陷位置会发生折射,光的强度比周围的要大,因此,相机靶面上探测到的光也相应增强,若遇到光吸收型(如砂粒等)杂质,则该缺陷位置的光会变弱,相机靶面上探测到的光比周围的光要弱。分析相机采集到的图像信号的强弱变化、图像特征,便能获取相应的缺陷信息。

由于玻璃是透明材质,其反射率比较低,并不适用常用的反射照明方式,因此采用透射照明的方式。为了获得较高的对比度、比较清晰的整体轮廓及突出缺陷的特征,光源的配置是一个非常重要的技术环节。同时,考虑到系统的使用寿命以及稳定性等因素,一般选择 LED(发光二极管)作为发光体。该光源被置于玻璃的下方,光线穿过玻璃后经镜头进入相机获取相应的缺陷信息。

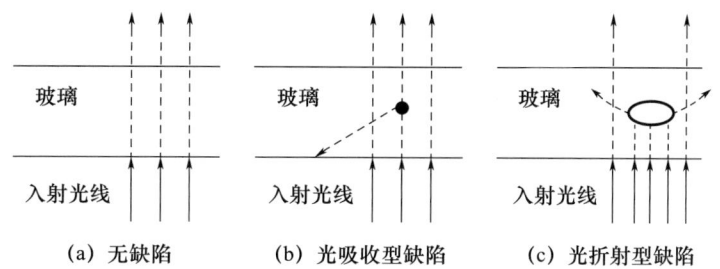

(a) 无缺陷　　(b) 光吸收型缺陷　　(c) 光折射型缺陷

图 5-5　玻璃缺陷光学变化

（3）尺寸偏差测量部分

尺寸检测的原理：对于四边形玻璃，为了确定其尺寸的偏差，首先要准确模拟出该玻璃的形状。线扫相机检测出玻璃端头和尾部的宽度尺寸，面阵相机检测出玻璃一条长度边以及同边的两个角度，从而绘制出玻璃形状，通过图像处理系统计算出玻璃尺寸，并计算对角线偏差。

检测过程：在玻璃运动方向基于线阵相机进行尺寸检测，由于受辊道运行速度均匀性及运行平稳性影响，采用面阵相机抓拍玻璃边角，从而测量计算得到运行方向边长度和两边夹角。如图 5-6 所示，玻璃边角 A、B 分别由面阵相机 1、2 拍摄图像，分别计算边角 A、B 在相机视场的像素坐标，再根据相机标定后的转换模型，最终得到视界坐标系下 AB 玻璃边的长度以及玻璃边夹角 α、β，加上线阵相机测量得到的 AA' 与 BB' 两个玻璃边的长度，可以计算玻璃尺寸及对角线长度偏差。

图 5-6　面阵测量示意图

3. 软件部分

如图 5-7 所示，系统软件主要由检测服务、用户界面、产品/缺陷数据库、质量分析系统四部分组成。系统软件运行于 Windows7 及以上的操作系统，运用 OpenCV 视觉处理库，具备线扫相机管理、图像处理、尺寸识别等功能。

（1）检测服务是整个系统软件的核心部分，主要包括缺陷检测、智能分类、等级判别、接口通信等功能。其运行于系统后台，负责检测过程中所有的计算任务以及与各设备之间的通信。

① 缺陷检测：通过多场图像结合的方式检测缺陷。

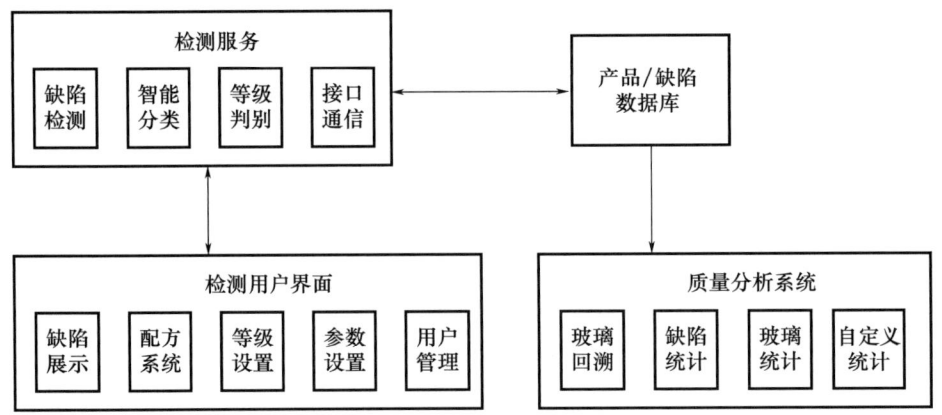

图 5-7 玻璃缺陷尺寸检测软件架构

② 智能分类：采用传统机器学习方法、深度学习以及人工规则结合的方式对缺陷进行分类。

③ 等级判别：采用国家标准要求或自定义规则等方式对玻璃进行判别。

④ 接口通信：通过 I/O、以太网或串口等方式进行交互。

（2）用户界面主要提供在线检测运行过程中可视化的用户界面，方便用户设置不同的参数以适应生产线的需求。其主要包含缺陷显示、等级设置、参数设置、用户管理等功能。

① 缺陷显示：通过不同大小、颜色、形状的图标，模拟缺陷和玻璃运动方向。

② 等级设置：基于国家标准要求及自定义规则，用户可自行添加适用于不同生产线的等级标准。

③ 参数设置：可查看相机、处理器状态，配置处理器和检测服务的运行参数。

④ 用户管理：可根据不同岗位设置不同权限的登录用户，方便生产线进行权限管理。

（3）产品/缺陷数据库是基于关系数据库和文件系统结合的高效、便捷的数据库系统，可方便检索、回溯海量缺陷及产品数据。

（4）质量分析系统主要包括玻璃回溯、缺陷统计、玻璃统计、自定义统计等功能。其可提供历史数据回溯、统计，方便用户分析玻璃历史质量。

① 玻璃回溯：以过往检测数据为单位、以时间为序列，将历史检测数据模拟为现实检测进行展示，并对缺陷信息进行初步统计。

② 缺陷统计：统计缺陷在等级、类型、位置、时间上的分布。

③ 玻璃统计：统计玻璃在等级、时间上的分布。

④ 自定义统计：通过用户配置，可灵活统计缺陷、玻璃在不同维度的分布。

5.3.2.4 玻璃深加工质量检测

视觉系统在玻璃深加工行业的应用是一个久远而又新颖的话题，说久远，是在真空磁控溅射镀膜方面，线光度计已经应用了几十年，应用于检测原片玻璃和镀膜玻璃光学性能；说新颖，是在视觉系统质量检测的方面应用刚刚开始，还处于探索阶段。视觉在线检测在玻璃深加工各个工序的研究和实践建立在以上的行业应用基础上，对现有失败和成功技术的总结。

1. 切割、磨边工序在线检测

玻璃深加工生产流程中，切割、磨边属于最前端的两个工序，由于是对玻璃原片的物理加工，不需要加热，因此俗称"冷加工"。

切割工序是加工平板玻璃的第一道工序，由于平板玻璃在生产过程中已有相应的缺陷检测和等级分类，且原片在包装时有喷粉等隔离措施，因此切割工序不再需要重复检测原片缺陷。但由于切割过程中会产生玻璃屑，因此玻璃在切割、传输过程中容易造成下表面划伤。

磨边工序是钢化前的重要工序，磨边过程中如果尺寸控制不严、对角线偏差，容易造成中空或夹层玻璃边部或角部重叠错位；同时，如果玻璃表面质量差，容易加大钢化过程及成品质量控制的难度。因此，对磨边清洗后的玻璃检验的重点缺陷项目有气泡、结石、崩边、脏污、划伤、沾锡等，其缺陷检测精度要求达到0.1mm。

如图5-8所示，该视觉自动检测系统安装在磨边机、清洗机出口，由安装支架、3个线扫相机和嵌入式图像处理器、4个面阵相机、缺陷检测正反光源、边长检测正向光源、图像处理服务器、计算机机箱、电源控制柜、水冷系统等组成。

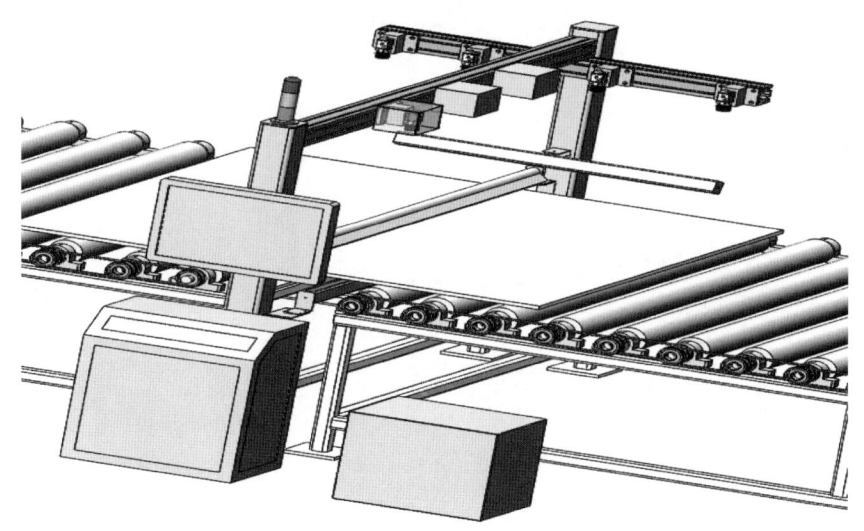

图5-8 磨边工序在线检测

2. 钢化工序在线检测

钢化工序在线检测主要针对钢化过程中玻璃的波形、应力斑和弯曲变化的检测。由于钢化是对玻璃进行加热处理，因此俗称"热加工"。钢化工序在线检测如图5-9所示，但由于波形和尺寸检测不够准确以及判定标准不明确而未使用。

图 5-9　钢化工序在线检测

3. 镀膜工序在线检测

镀膜工序在线检测主要检测原片的表观缺陷，如气泡、结石、夹杂、脏污、划伤等；膜层缺陷，如放电、脱膜、针孔、亮点、黑点和整版色差等。镀膜工序在线检测如图 5-10 所示，检测系统安装于镀膜下片传动台上部，包括机架、线扫 CCD 相机、LED 透射和反射光源、速度检测编码器、电气控制箱、图像采集和处理计算机、冷却系统等。

图 5-10　镀膜工序在线检测

该系统性能如下：
- 缺陷检出率：≥1.0mm，99.5%；≥0.5mm，99%；
- 缺陷分类准确率：≥0.5mm，99%；
- 缺陷位置准确度：玻璃宽度和长度方向都是 ±2mm；
- 误判率：≤0.5%；

●缺陷尺寸误差：缺陷尺寸≤2mm，≤10%；≤2mm＜缺陷尺寸≤10mm，≤5%；缺陷尺寸＞10mm，≤3%。

镀膜工序在线检测系统存在的问题：

（1）精度太高，轻微缺陷都能检出（如灰尘、细微划伤等）；

（2）缺陷分类不清，如放电（无法区分膜系、厚度等）、细微颗粒（灰尘与脏污等）；

（3）操作设置复杂、重复性差，如膜系、玻璃厚度切换调试设置时间长；

（4）厚玻璃缺陷检测难度大，特别是夹层产品识别率低；

（5）环境要求高，温度需控制在30℃以下；

（6）检验结果无报警。

4. 中空工序在线检测

中空工序是玻璃深加工过程中的成品工序，前道所有工序质量缺陷都累积到中空工序，同时，中空成品的检验也只能在中空包装前完成，因此，中空品控是整个玻璃深加工过程的最后质量控制点。中空工序的质量检验分别位于合片前及中空成品包装前。中空工序检测囊括了白玻、膜玻、夹层等玻璃的全部缺陷检测，相比磨边后玻璃的缺陷检测要求，其难度高好几个量级。在传统的检测过程中，中空的质量检测人员配置最多、要求最严格，尤其是海外订单，必须逐片、双面详细检测，其工作量巨大，人员要求非常苛刻。因此，中空工序在线检测是整个玻璃深加工过程中最迫切的，国内外诸多视觉检测厂家亦投入了大量人力物力进行研究。

中空合片前在线检测的设备利用中空清洗机出口传动台与合片前传送台之间的100mm左右的间隙作为线扫相机的检测区域，采用CCD相机加透射和反射光源进行缺陷检测，编码器与中空传动台传动辊连接作为缺陷位置的定位。该系统与磨边后、镀膜后视觉自动检测基本相同，但是缺陷检测、缺陷分类和判定系统不但要兼容所有白玻、膜玻的缺陷检测要求，而且要兼容多片玻璃夹层缺陷检测要求。系统难度大，目前还在摸索研究阶段。

5.4 质量数据管理

5.4.1 质量数据获得

生产过程的质量管理以各工序的质量数据采集和统计为基础，现场或过程质量数据可通过在线检测设备直接获取。比如，平板玻璃冷端配置的在线缺陷检测，能够将玻璃成品的点状缺陷、板厚尺寸、应力数据、可见光透射比、可见光反射比、雾度、色差、镀膜玻璃电阻等数据自动获得；玻璃深加工过程中，能够通过在线视觉检测系统自动获得玻璃表面缺陷和尺寸等数据；有部分数据需采用离线检测设备或人工检验获得，比如玻璃的弯曲度、光学变形等。

5.4.2 质量数据维护

质量数据根据获得的路径不同采用不同的维护方式,维护的目的是实时确定检测到的质量数据的准确性,过滤设备或人工检测到的非正常数据,从而避免检测过程的判定误差。

1. 在线检测数据维护

质量数据获得后需经过数据识别分析,比如,采用 CCD 相机的视觉检测系统在获得图像后,提取各种有害杂质的光学特征和形态参数并进行有效的分析,包括其几何特征、灰度特征、梯度特征、纹理特征等,在此基础上,通过计算机的分析识别,判断出缺陷类型、位置及尺寸。

(1) 图像预处理:主要包括去除噪声和图像增强两部分。

由于受到非理想成像条件和采集设备自身噪声等因素的影响,采集到的玻璃图像不可避免地存在噪声和干扰。如果噪声强度高,则容易将噪声误认为缺陷,因而选择有效的去除噪声的算法是进行缺陷分析和识别的关键。常见的算法有邻域平均法、中值滤波、维纳滤波等。邻域平均法虽然计算速度快,但是容易造成图像边缘和细节模糊;维纳滤波虽然保留了边缘和图像的高频成分,但图像处理时间长;中值滤波是一种非线性平滑滤波方法,在图像处理中常用于保护边缘信息,对多脉冲噪声和图像扫描噪声非常有效,并且该方法简单快速,常常用于玻璃缺陷图像的滤波。

图像增强技术主要是根据实际需要对给定的图像进行适当处理,突出图像中的某些需要信息,弱化或去除尽可能多的不需要的信息,使处理后的结果比原图更适合某些特定应用。图像增强算法一般可以分为空间域处理和频域处理两大类:空间域处理是在原图像上直接进行局部运算或者点运算;频域处理是把图像在傅里叶等变换域上进行处理,增强感兴趣的频率分量,然后进行傅里叶反变换,得到感兴趣对象的增强图像。

另外,数学形态学和小波分析都是图像处理的强大工具,在其他图像处理上有优良的表现。

(2) 目标缺陷提取:预处理后的目标图像根据缺陷图像的特征,通过设定上、下两个阈值对目标图像进行二值化处理,并提取其几何特征和梯度特征等实现目标缺陷的提取。处理方法:当灰度值介于上下阈值之间时,则视为无缺陷数据,丢弃该数据;当灰度值高于上阈值时,将该像素的幅值赋 1,存储该像素的行、列坐标和幅值 1;当灰度值低于下阈值时,将该像素的幅值赋 0,存储该像素的行、列坐标和幅值 0。此处理方法经过实验验证,每秒采集的数据量由此前的 206MB 压缩到 6MB(均为缺陷数据)以内,有效地减少了数据的存储量和运算量。

(3) 缺陷特征提取:扫描存储的缺陷数据的行、列坐标和幅值 0 或 1 的信息,通过缺陷数据坐标的连通性判断是否属于同一缺陷,并统计缺陷的大小。

2. 人工检验数据维护

对于离线设备或人工检测过程,数据的异常处理主要是靠人工依据质量控制经验数据或设备稳定状态下的检测数据进行判断并进行修正。

5.4.3 质量数据统计

质量数据获得后，可与各单项检验判定标准数据进行对比，判定单项检验项目、单个产品或批量产品合格与否，或给出质量等级评分。质量数据获得的目的不仅是防止不合格品流转，而且是进行不同工序质量数据的统计，为设备性能、操作流程及加工工艺改进提供依据，从而形成质量管理闭环，实现产品品质的不断改善。

在线检测设备可通过其数据库进行自动统计，供人员查询，也可通过 TCP/IP 网络，采用标准的数据交互协议与生产管理系统，如 ERP/MES 系统进行数据通信。现场离线检测或人工检测数据，一般通过人工录入企业质量管理系统进行展示和查询。

5.5 质量控制

5.5.1 平板玻璃

平板玻璃行业经过多年研究和实践，不断对各种缺陷进行探讨、分析、总结，已经基本掌握玻璃缺陷形成的机理和规律，通过对玻璃缺陷的快速检测统计，建立缺陷数据库，利用合适的物理模型分析，可以判断出缺陷产生的位置与原因，及时反馈给主控中心，对工艺操作进行调整，减少或消除缺陷，提升产品质量。

1. 平板玻璃质量控制点

平板玻璃的缺陷种类和产生原因有很多，大致可以按照形成部位、在玻璃中的位置、显微结构等情况来分类。

（1）按缺陷形成部位，平板玻璃的缺陷分为六大类。

① 原料缺陷。原料缺陷指由于原料自身质量问题或外来杂物引起的缺陷，如结石、节瘤、芒硝泡等。

② 熔化缺陷。熔化缺陷指由于熔化不良引起的缺陷，如澄清气泡、二次气泡等。

③ 耐火材料缺陷。耐火材料缺陷指耐火材料以熔蚀、脱落、挥发等方式进入原料或玻璃本体内部引起的缺陷，如耐火材料杂质泡、耐火材料结石等。

④ 成形缺陷。成形缺陷指在成形部位形成的缺陷，如沾锡、光畸变点、雾斑、厚薄不均等。

⑤ 退火缺陷。退火缺陷指在退火过程中由于退火工艺不合适或其他事故造成的缺陷，如翘曲、辊痕等。

⑥ 冷加工和储存缺陷。冷加工和储存缺陷指玻璃切裁、包装和储存过程中形成的缺陷，如划伤、断面缺陷、发霉等。

（2）按在玻璃中的位置，浮法玻璃的缺陷分成三大类：

① 玻璃板中的内在缺陷。主要存在于玻璃板体内部，一般由熔化或配合料引起，通常以固体夹杂物（结石）和气体夹杂物（气泡）、条纹、节瘤的形式出现。

② 玻璃板上表面缺陷。其分为两种：由于熔窑碹顶或锡槽槽顶滴落物（液滴、粉尘）在玻璃板上表面产生的结石等缺陷；由于闸板异常在玻璃上表面形成的闸板泡等缺陷，一般泡径比较大。

③ 玻璃板下表面缺陷。包括沾锡、下表面开口泡、划伤、光畸变点等。

（3）按显微结构，浮法玻璃的缺陷分为两大类：

① 非晶态缺陷。包括气相缺陷（气泡）、玻璃相夹杂物（条纹和节瘤）、由不均匀应力产生的缺陷和划伤压裂等。

② 晶态缺陷。包括熔化物残留、侵蚀的耐火材料、玻璃熔体的析晶、锡槽产生的上表面缺陷等。

对于压延玻璃而言，成形缺陷类型还包括橘皮、辊印、黑点、辊斑、花纹变形、微裂纹、厚薄不均、隐线、亮线、L印、疱缺陷等，其缺陷更加复杂。

2. 原材料质量控制

平板玻璃的主要原料有硅砂、长石、白云石、石灰石、纯碱、芒硝等。其中，硅砂、白云石、长石、石灰石是民矿产品，纯碱和芒硝是化工产品。化工产品一般都有相应生产资质和产品标准，可控性较好。由于民矿产品来源容易产生波动，造成质量不稳定，因此需要定期到矿点了解矿山变化情况，加强对矿点的加工工艺指导和质量检查，从源头上控制进厂原料质量。

原料监控点主要包括：原料化学成分稳定性和均匀性的控制；水分的控制；难熔重矿物质的控制；颗粒物的控制。可参考的质量标准：《平板玻璃用硅质原料》（JC/T 529—2000）、《平板玻璃用白云石》（JC/T 649—1996）、《玻璃原料粒度测定方法》（JC/T 650）、《硅质玻璃原料化学分析方法》（JC/T 753—2022）、《平板玻璃用长石》（JC/T 857—2000）、《平板玻璃用石灰石》（JC/T 865—2000）、《玻璃原料水分含量测定方法》（JC/T 866）、《光伏玻璃用硅质原料》（JC/T 2314—2015）等。

3. 生产过程质量控制

平板玻璃生产过程检验在各工序中完成，与各自工艺制度形成反馈，详见第3章相关内容。

5.5.2 深加工玻璃

玻璃深加工的质量数据可指导设备改进、操作优化、工艺改善，提高产品质量。在智能制造过程中，视觉检测系统与设备自动化控制系统质量大数据分析系统结合是玻璃深加工的最终产生价值所在。随着质量智能控制系统的不断发展，以视觉检测系统配套玻璃自动分流、MES和大数据分析系统的有机结合为主要方式，实现质量控制闭环，并且将质量缺陷要素进行分析,为改善加工流程、加工工艺与设备提供有效依据。

视觉检测系统与大数据分析系统和自动化控制系统的结合形成质量检测与分析、反馈系统,如图 5-11 所示。视觉检测系统是整个玻璃检测的核心处理系统,包括一台工业计算机、人机界面、图像处理软件、接口软件和数据展示软件。通过人机界面(人工输入、U 盘导入或 TCP 网络传送)将玻璃缺陷检验标准(国外标准、国家标准或企业标准)输入视觉处理系统,作为缺陷判定的基准;视觉检测系统接收到自动化控制系统检测需求后,启动 LED 背向照明、线阵相机和编码器,实时处理线阵相机和编码器的数据,分辨出玻璃缺陷类型、数量和位置信息,同时在玻璃检测完成后实时给出玻璃表面缺陷图以及玻璃长宽尺寸数据;根据预设的产品标准,视觉检测系统实时将玻璃判定结果(如良品/不良品)反馈给自动化控制系统,自动化控制系统自动将良品玻璃分流到下道工序,不良品分流到复检工序。

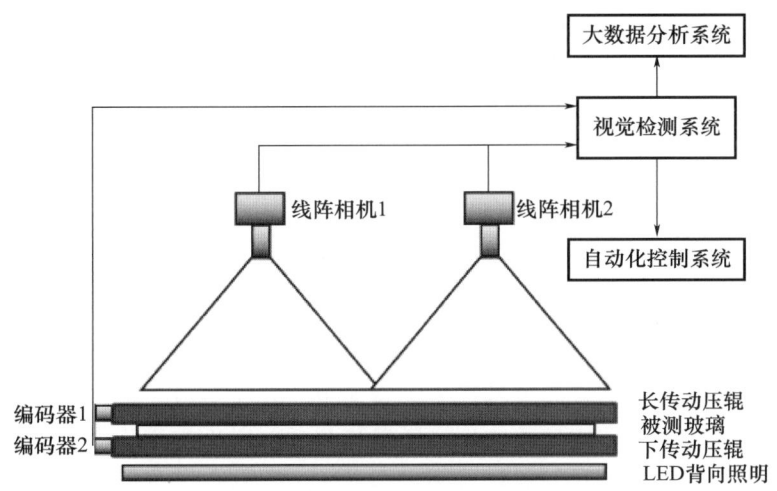

图 5-11 视觉检测控制和反馈

如图 5-12 所示,自动化设备结构由①工序设备、②玻璃检测台、③视觉检测系统、④流向控制台、⑤不良品分流台、⑥良品传送台构成。

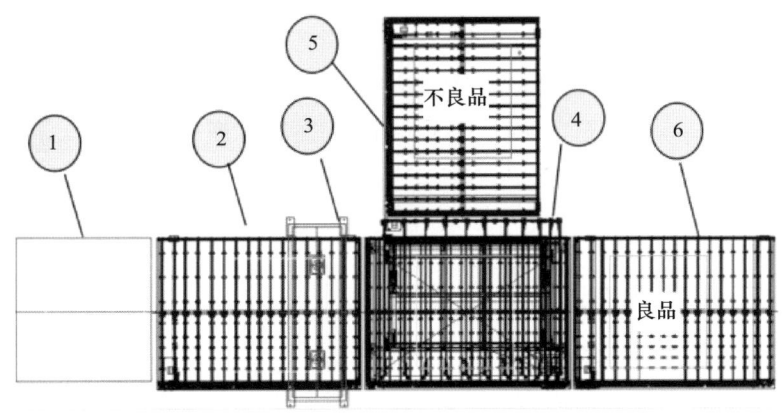

图 5-12 视觉检测与设备自动化控制系统结合

控制动作流程如下：

（1）工序设备①加工后的玻璃经过玻璃检测台②传输到视觉检测系统③位置；

（2）视觉检测系统③自动启动检测程序；

（3）根据预设的判定标准，视觉检测系统③做出良品和不良品判定，并将实时信息传递给自动化控制系统；

（4）自动化控制系统根据视觉检测系统③判定结果，控制流向控制台④的不同动作，将不良品传送到不良品分流台⑤，不良品可以根据复检需要进行离线检测处理；良品自动流向良品传送台⑥并被传送到下道工序。

5.6 分析与提升

常言道，"产品品质是生产出来的而不是检验出来的"，所以，一切检验过程和手段的最终目的必须围绕三点进行：第一，及时发现生产过程中造成不良品的风险；第二，准确指出不良品的要素点；第三，明确工艺改进方向或改善措施。在线视觉检测可在取代人工检测的基础上，作为质量控制的必要手段，尤其是其质量反馈和大数据分析可为进一步的工艺改善提供依据。但检测设备不能被认为是一台独立的功能设备，要将其作为生产过程中的一个"天眼"，7×24小时、逐片检查玻璃，同时可对采集的数据进行分类、统计分析。质量管理系统能够与生产控制系统（如 MES 系统）进行数据交换，并与质量大数据系统结合，或者系统本身加载的算法，最终根据大数据分析，为各个工序、各个设备和不同结构的玻璃提供质量预测和工序生产指导，反馈给生产控制系统，从而屏蔽人为的干扰，达到质量自动控制，实现产品加工过程的质量闭环控制。

5.6.1 大数据质量分析

大数据分析系统可部署于本地或者云端，具备数据接口、数据存储、数据分析和展示功能。其与视觉处理系统之间可采用 TCP/IP 通信，数据交换可采用 XML、数据库、HML 等标准格式。视觉检测系统将质量检测数据传输给大数据分析系统。平板或镀膜玻璃的主要缺陷有气泡、结石、裂纹、划痕、表面污物、崩边、崩角、掉渣、脱膜，以及表面形状尺寸偏差等。大数据分析系统进行统计和分类，分析影响产品质量的各个要素占比，将其作为质量控制分析数据，提出关键质量因素工艺改善方向。

5.6.2 视觉检测现状

自动化连线系统的推广已成为行业共识，虽然与智能化应用还存在一定的差距，但也得到了一定的研究与实践。其中，视觉检测作为替代人工离线检测的主要途径，技术的发展和行业的需求也在不断推动其在玻璃深加工领域的全面应用。

5.6.2.1 现存问题

纵观玻璃深加工行业视觉检测的应用现状，存在的问题可归结为两方面：一是设备本身的性能不满足要求和成本过高；二是对玻璃检测工艺理解和工序应用不清。

1. 设备问题

作为新技术或设备的推广应用，可靠、易用、成本可接受是基本的评价标准。视觉检测技术在平板玻璃在线检测方面已经非常成熟，也得到了普遍应用，但在玻璃深加工领域却难以推进。其根本原因是平板玻璃是流程行业，整线包括从原料到成品，视觉检测成本在其整条线成本中微乎其微；同时，平板玻璃检测缺陷比较单一（如原片气泡、结石、沾锡等），而且检测缺陷尺寸也比较宽泛，同样技术和性能的视觉系统在平板玻璃生产线上就能达到可靠、易用的效果。而玻璃深加工是典型的离散行业，工序之间不连续，玻璃以单片来控制，生产设备分散，单设备成本较低，比如，国产切割设备价值在60万元左右，固定资产最高的也就是镀膜线，最高配置也就1.2亿元，远远不能和平板玻璃生产线相比。同样一套视觉系统，以进口的为例，价值在80万元左右，由此就可以看出其与生产设备之间的关系。另外，平板玻璃生产线一般为一套成品视觉检测系统，而玻璃深加工如果按照传统的单机生产来说，每条线都需要一套视觉检测系统，无论设备成本还是设备数量都是深加工行业无法承受的。按设备性能而言，玻璃深加工涉及工序多、检测缺陷项目及尺寸要求高，平板玻璃在线检测设备无法满足玻璃深加工的需求，虽然设备制造商在设备性能、成本及新技术应用上不断探索，但还没达到玻璃深加工检测的要求。

2. 应用问题

作为历史悠久的传统行业，多年来依赖人工操作的生产模式和管理思路已经固化，而且行业盈利能力在不断下降，对新的技术和新的模式接受比较困难。这就需要行业领头企业承担起振兴行业的重任，敢于"第一个吃螃蟹"。首先，针对不同产品结构、不同客户要求，梳理各个工序检测标准和判定方法，形成统一规范，把现有的国家标准或行业标准与企业标准统一，这样有助于视觉检测企业规范设计产品；其次，新技术的应用和推广需要行业内有领导地位的组织牵头，给予资源上的调配，促成新技术和新设备的研究落地；最后，对研究成果能够及时给予权威性的评价和汇总，逐步形成标准文件或者行业规范，指导后续的推广与应用。

5.6.2.2 视觉检测研究方向

行业的发展是必然的，技术的进步也是不可逆的，玻璃深加工视觉自动检测代替现有人工检验也是大势所趋，深入研究、认真落地、不断迭代才是正途。针对5.6.2.1中所述的两大问题，可以从以下三点着手研究：降低设备成本、深挖行业工艺、与生产系统软件结合（如MES系统、大数据质量分析系统）形成质量控制闭环。

1. 降低设备成本

视觉自动检测系统经过近几年在玻璃深加工行业的探索及应用，虽有一定的进步，但还需要更加切合玻璃工艺需求，准确判定缺陷。为了满足深加工的检测功能，设备厂家需采用高性能的设备，特别是相机和光源，这样成本就会不断提高，而高成本则制约了视觉检测的推广和应用。如何在满足性能的情况下让客户消费得起，这永远是一个值得钻研的问题。在玻璃深加工行业视觉检测方面，应按不同工序缺陷要求设计不同的检测设备，不做"大而全"的设备，不同性能要求采用不同配置设备，以降低设备的使用成本。

2. 深挖行业工艺

每个行业都有自己的 Know-How，特定的生产流程与工艺也就决定了特定的需求，其他行业应用的技术可以借鉴，但不可全盘复制，需要通用性技术与专有技术的结合。玻璃深加工行业视觉检测也是一样，需要行业自身深挖不同工序的工艺需求，发现具有特性的地方，形成针对性的解决方案提供给设备厂商，设备厂商在深入研究和理解工艺需求的基础上，利用现有成熟技术和特性开发的结合，不断实践，不断迭代。

5.6.3 平板玻璃专家系统的应用

平板玻璃质量控制点在每个工序独立完成，并形成各自的反馈控制，最终的质量累计在成品部分，为此，将每个工序的质量数据自动采集，实时反馈到专家系统，并经过专家系统的分析，实时调整原料配方、热端加热工艺和冷却过程参数，形成质量缺陷的自诊断和自调节，是整个智能化质量控制的研究方向。

6 生产管控

6.1 概述

6.1.1 平板玻璃生产管控

平板玻璃的销售订单涉及改板（板宽、板厚）与换色问题，根据订单需要，下达生产计划，展开作业。实际上是根据不同的玻璃品种，执行不同的工艺制度，在制程控制与生产管理上并没有本质区别，生产掌控主要是质量控制和能源管理，原料、熔化、成形、退火各工序都有涉及，在第3章也都有详细描述。

6.1.2 深加工玻璃生产管控

相对于平板玻璃生产过程以批量生产的流程行业，生产计划简单、生产过程掌控容易的特点，玻璃深加工行业是典型的离散制造，而且随着个性化产品的不断增加，订单批量越来越小，产品规格和结构越来越复杂，特别是膜系结构和颜色不断增加，夹层玻璃占比不断提高，造成了玻璃生产计划的编排非常复杂，整个生产过程掌控困难。

传统的玻璃深加工生产企业，生产计划大多在ERP内完成，计划员根据销售订单情况、设备能力、库存情况和人员安排进行人工的编制，生产计划可分三个层级——月计划、周计划和日计划；生产过程则以工单为基础，现场调度员或班组长进行人工安排。随着智能制造相关技术的发展，特别是WMS系统代替人工仓管管理，APS系统逐步代替人工计划编排，MES系统代替人工生产过程管理，整个生产过程逐渐以订单顺序、订单时间、成本和能耗、品质、及时交货等为主要控制点实现智能化管控。

6.2 订单管理

平板玻璃以销售订单的需求安排生产,原料、燃料均为大宗常规产品,长期批量采购,其生产过程从原料投入到玻璃成品流出实现整线生产。生产订单管理主要为原料库存管理和成品玻璃库存管理,相对容易掌控。

玻璃深加工订单计划以销售订单的交货期为目标,以齐片为原则,特别是准确的交货日期对客户而言尤为重要,而齐片关系到楼层玻璃安装成本和完工验收等问题。因此,玻璃深加工企业必须以满足客户需求为计划执行的准则。订单计划分为销售计划和生产计划两个阶段来实施,而生产计划的顺利执行是企业人、机、料、法、环、测全方位合理调度的结果。本节主要以玻璃深加工订单管理原则和方法进行论述。

6.2.1 销售订单管理

玻璃深加工的销售合同以项目合同为主,该合同一般只规定了玻璃数量、规格、结构,而没有明确的交货期。其交货进度需随着建筑主体的进度完成,该进度的不确定性给计划的编制和下达造成了极大的难度。销售依据客户要求的交货日期和合同规定的款项情况编制月度计划,并以此订单的结构和规格初步优化出原片规格和数量,计划人员则在 ERP 内完成订单的下达、原材料的库存信息查询及采购计划提交。

6.2.2 生产订单管理

生产部计划员完成生产计划的编制和执行,该人员分解销售部的月度销售计划,并结合设备能力和人员安排、原片库存编制出周生产计划。该计划编制原则如下:
（1）以中空交货期为拉动;
（2）以镀膜膜系计划为中心;
（3）兼顾钢化、夹层高能耗设备的能力发挥;
（4）以原片优化切裁率最高为出发点;
（5）以切片计划为源头;
（6）以补片、插单为异常计划处理点。

生产部制单人员首先将销售订单转化为生产加工单,该加工单以发货单元装载能力为依据,例如以发货木箱为单元,考虑到木箱最大承载重量、同箱内玻璃尺寸最大差别、木箱厚度等约束条件,将一批玻璃编制在一个单元内,作为生产执行和流转的单位。这种加工单也叫流程卡,是该批玻璃在生产过程中计划管理的最小单元,也是现场流转的跟踪单。APS 则将 ERP 的生产加工单作为工单进行具体的生产安排,需动态考虑原片的变化信息、生产设备的加工能力和状态、现场半成品的流转、人员配置情况，以及中空、镀膜、钢化核心工序的需求，对每个加工单要给出具体的加工设备、生产时间、生产顺序，而且要不断根据生产进程动态调整生产执行指令。

6.3 生产作业管理

6.3.1 平板玻璃生产作业管理

平板玻璃（包括浮法和压延）运用的是连续的封闭式的自动化生产线，所谓生产管控，主要是针对各工序工段的工艺进行监控、调节和反馈。各工序都有固定的工艺规程与操作制度，相对稳定、单一。制程中间不存在物流问题，只有在原料入库、成品仓储阶段有物流的问题，在冷端有针对智能仓储的专门描述。

6.3.2 深加工玻璃生产作业管理

玻璃深加工的主要产品为 Low-E 镀膜中空玻璃，其次为夹层、钢化等安全玻璃，其主要生产设备为切割、磨边、钢化、镀膜、夹层、彩釉及中空等生产线。对于玻璃深加工生产过程而言，每片玻璃从原片仓储起，玻璃生产流向都是单向流转，返修和改制比较少。

现有生产模式正以单机离散为主逐步向连线生产模式发展，而连线以切—磨—钢—中空连线为主，生产作业的管理以工艺流程为依据、以玻璃物流为抓手、以设备管控为基础，整个生产作业的管理在 MES 系统内完成。

6.3.2.1 玻璃深加工工艺流程

玻璃深加工工厂有多个加工工序，除中空产品是最终产品，切割、磨边为半成品外，其余的工序产品既可以是半成品也可以是最终产品。按产品品类分：最终产品有镀膜、彩釉钢化、钢化（弯钢化）、夹层、Low-E 镀膜中空、夹层镀膜中空、彩釉镀膜中空、弯钢化中空等。最终产品一般需经过 4～7 道工序，按主流 Low-E 镀膜中空玻璃产品的生产流程来分析，主要工艺流程为：原片→优化切割→磨边→清洗→钢化→镀膜→中空→检验包装，如图 6-1 所示。

（1）玻璃深加工的工艺流程较为简单，适用于流水线式的工序布置；

（2）"切—磨—钢"三个工序近乎是"绝对相关"工序，有条件合并为一个整体工序，关键技术是做好工序产能匹配、磨边效率提升和钢化效率提升等；

（3）中空工序存在"玻璃配对"问题，通常做法是在钢化工序后、中空工序前配置缓存理片系统。如能引入信息化系统，则可以有效提高中空工序的产能。

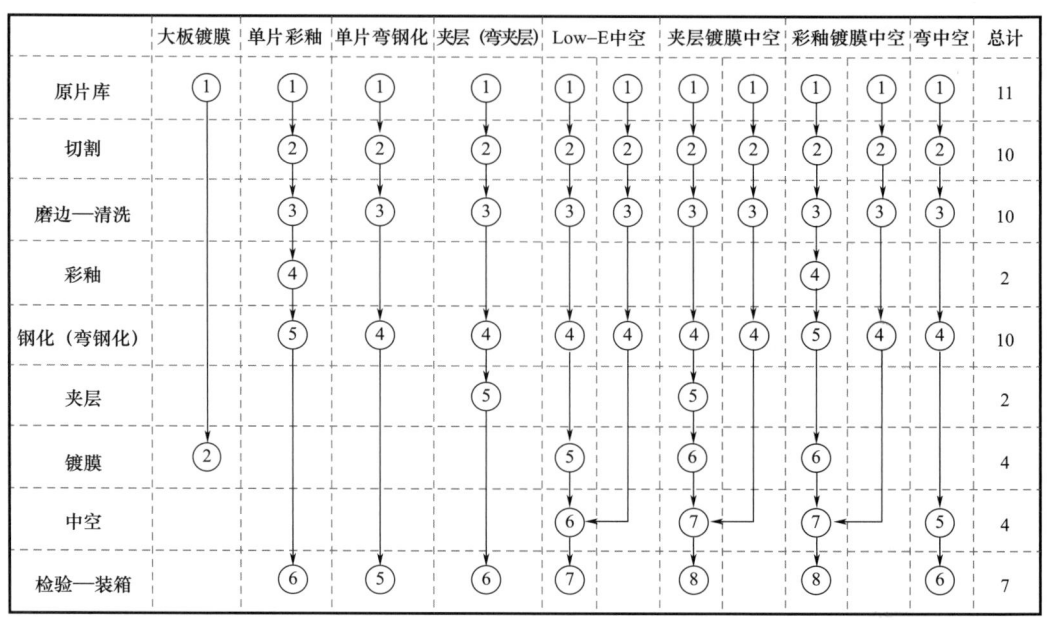

图 6-1 玻璃深加工产品工艺流程

6.3.2.2 生产作业管理过程

1. 生产作业管理原则

玻璃深加工现场作业管理以 APS 为依据，由 MES 系统控制物流和设备运行。MES 系统中玻璃深加工作业以现场的流程卡为单元，也是作为中空配对的最小单元，从人、机、料、法四方面驱动，如图 6-2 所示。

(1) 需求目标
(2) 操作技能
(3) 积极性　　　　　　　　　(1) 优化、有序性（规格更换最小化）
(4) 作业有效性　　　　　　　(2) 及时性
(5) 操作流程合理性　　　　　(3) 易查找

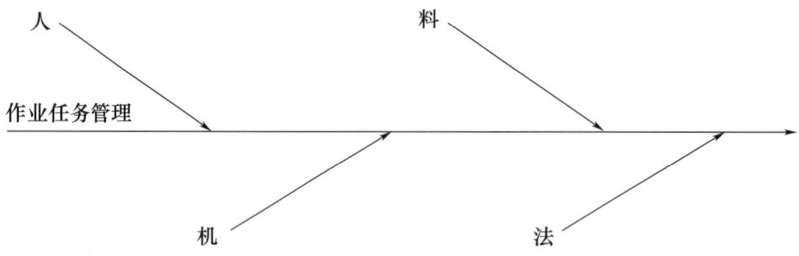

(1) 快速调整　　　　　　　　(1) 产品优化性
(2) 易损件消耗记录，预警更换　(2) 后道工序需求拉动
(3) 加工连续性　　　　　　　(3) 操作通用性
(4) 最低单耗性　　　　　　　(4) 核算规范化
(5) 最大利用率　　　　　　　(5) 制度可执行性

图 6-2 生产作业驱动

玻璃深加工生产管理以中空交货时间倒推各个工序的生产顺序和加工时间，但是所有的作业管理从切片工序开始，依次执行。为了保证交货日，同时为了满足核心镀膜和钢化的生产需求，对每个工序进行"倒计时"管理，见表6-1。

表6-1 玻璃深加工作业管理时序

项目	切割	磨边	钢化	彩釉	夹层	镀膜	中空
切割		倒计时量					倒计时量
磨边			倒计时量				倒计时量
钢化						倒计时量	倒计时量
彩釉							倒计时量
夹层							倒计时量
镀膜							倒计时量
中空							发货量

2. 生产信息化管理方法

在信息化方面，除自动化连线设备可以由 MES 系统进行现场作业管理外，鉴于大部分玻璃深加工企业以现场调度员和班组长进行调度的模式为主，移动 App 是一个低成本的、能够获得高效率的 MES 管理方法。

（1）按照工艺流程建立生产管理模型和流程，确定管理逻辑，如图6-3所示。

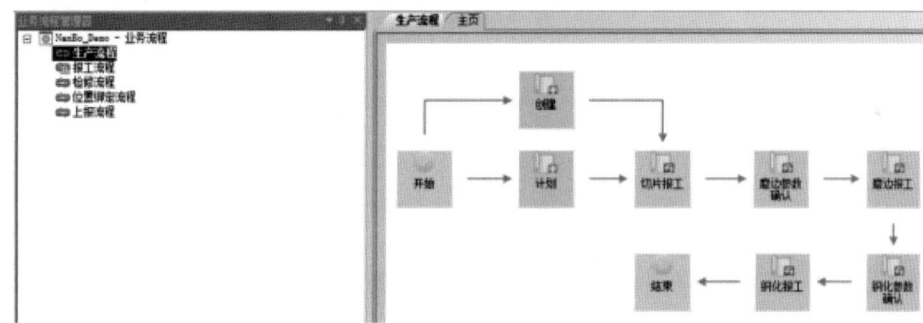

图6-3 业务流程管理逻辑

（2）工单的导入和调度

移动 App 管理系统提供方便易用的工单调度管理功能。从 ERP 导入的生产工单（生产流程卡），可以在工单管理调度界面进行调度。生产工单默认被安排到对应的生产工艺区域，通过管理调度，工单可以被细化安排到指定设备。同时，支持因设备故障而需要中途转设备的工单调度。被确认的工单下达到对应的移动端。

工单调度管理功能提供多种查询过滤条件模式，例如区域、设备、时间范围、工单号、客户、状态等，可帮助调度人员快速定位到需要调动管理的工单或者设备，提高执行效率。

工单调度管理功能实时显示工单的执行状态和完成产量情况，通过颜色区分状态，使用人员可对工单情况一目了然,为工单管理提供更有效的信息支持。

(3) 生产任务编排

移动 App 管理系统提供了使用便捷、功能强大的作业计划排程功能。排程功能应用于设备维护点检、质量检测等移动作业任务。作业任务排程功能可临时手动创建作业任务,也可设置周期生成作业任务。预先排程的任务,在到达设定的时间点时,作业任务可自动发布。界面通过不同的颜色标示不同状态的作业任务,一目了然。系统提供动态可调的管理界面,使用者可以以每天、每周、每月的时间单位来调整管理界面,设置最适合的操作方式。排程操作多为拖拽移动,大大简化了操作步骤,提高了调度效率。排程操作可以调整作业任务的执行时间、执行设备、执行人、作业规范、作业参数属性、作业例外说明等信息,如图 6-4 所示。

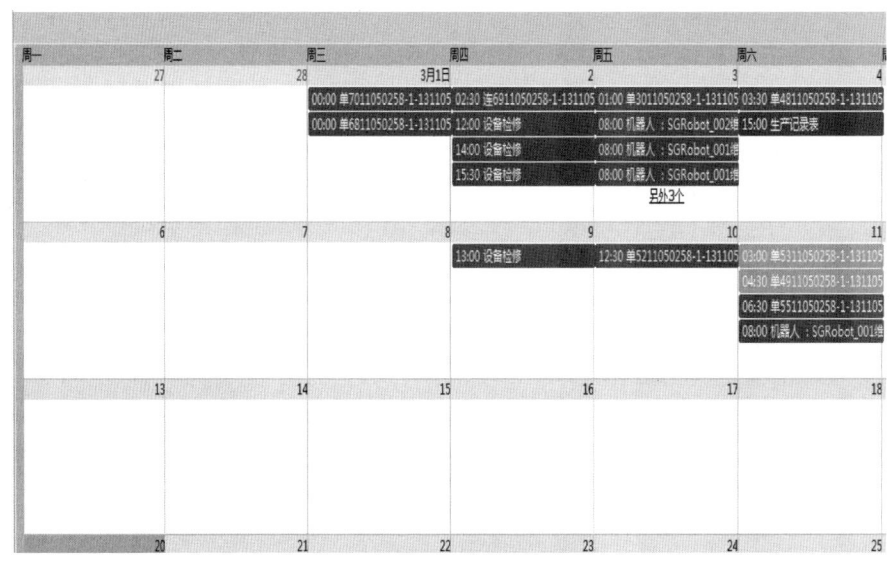

图 6-4　移动作业排程管理界面

(4) 生产作业执行

移动作业平台的优势体现在手持终端的作业执行形式。工单执行、参数下达、设备维护等作业任务,操作人员均直接在手持终端上执行。

移动作业 App 支持安卓、IOS 环境,操作人员可以在 Pad、手机上执行工作任务。手持终端的作业模式,不但体现在执行形式的灵活上面,而且对于终端物理硬件也是一个体积优化、成本与维护的削减。被调度确定下达的工单,将被分派到对应的移动终端用户名下。用户登录移动作业 App,将获取对应的工单作业任务。用户通过使用移动终端扫描纸张流程卡上的一维/二维码,将直接在移动终端 App 上打开对应的工单任务,用户可在 App 上输入工单完成和产出情况,输入信息将被 ERP 系统接收。

3. 异常推送与处理

玻璃生产过程中异常主要表现在两个方面:生产破片、设备故障。处理异常事件的及时性是关乎生产作业能否顺利进行的关键。在智能化系统中,移动终端可作为及时异常信息推送的主要方法。移动作业终端 App 可以主动向 ERP 系统推送生产相关信息，主动推送信息有助于随机性事件的及时有效沟通与处理，可以提高事件处理效率，提升生产的透明度。

信息推送主要划分为两大类：一类是基于已有的作业规范格式来推送数据；另一类是日志交互信息类的推送数据。移动终端提供基于规范的设备故障信息推送、产品检验信息推送和生产报废信息推送，同时可提供基于即时沟通的日志交互信息推送。

6.4 品质管理

无论是平板玻璃还是玻璃深加工行业，玻璃的外观质量直接影响着公司的产品质量和企业声誉。人们对建筑玻璃产品的质量要求越来越高，外观质量成为客户选择产品的重要因素。平板玻璃过程品质管理由各个工序独立完成，及时反馈，并完成工艺调整。但是目前在建筑玻璃深加工行业，外观质量通常采用人工抽检这种非常传统的检测方式，往往导致许多玻璃外观缺陷如结石、气泡、划伤等难以检测识别，或者在后续加工过程中逐渐被后工序或者客户检查出来，直接影响了玻璃深加工的加工成本。人工检测效率低、检测数据对制程的反馈严重滞后，不利于产品品质的提升，并且工人频繁地搬运玻璃产品还会增加玻璃的二次划伤和表面污染，效率低下。因此，人工抽检的传统检测方式无法满足现代化规模生产的要求。

图 6-5 移动 PDA 质量抽检

智能制造的品质管理以在线自动检测为主，以视觉检测和现场人员抽检为辅。在线检测的质量数据直接与 MES 系统对接，进入 MES 系统的质量管理模块；而人员现场抽检，采用 PDA 移动终端采集信息，对接 MES 系统的质量管理模块。如图 6-5 所示，以专职品控人员巡检表为模板开发的 PDA 移动品控管理，将以前品控人员手工纸质记录表记录后，再由办公室人工录入系统的做法，变成在 PDA 上点击或书写，直接进入质量管理流程，异常可得到实时处理。

6.5 绩效管理

6.5.1 产量质量绩效管理

对于玻璃加工行业而言，设备的产出是生产绩效的最好表征。OEE 是一个独立的测量工具，它可用来表现实际的生产能力相对于理论产能的比率。通过 OEE 模型的各子项分析，可准确清楚地反映设备效率、各生产环节的损失，以及相应的改善工作。它由可用率、表现性以及质量指数三个关键要素组成：

$$OEE = 可用率 \times 表现性 \times 质量指数$$

其中，可用率的开机时间、停机时间、实际生产时间从设备数据采集读入 ERP 系统；表现性指每台设备的理论产能，可根据设备设计性能或实际运行数据核算，实际产能可以通过 ERP 获取数据；质量指数可以通过 MES 系统获取。

玻璃深加工各加工基地要推行 OEE，有以下几方面的问题需要解决。

1. 生产时间监控设备安装及软件开发

首先，自动采集相关设备的开机时间、停机时间、实际生产时间数据，此工作可由 SCADA 系统提取能够反映该设备运行状态的变量，包括正常开机、故障停机、有效加工、正常停机四个状态的监控。其次，将采集到的变量进行运算，分析出其逻辑关系，有效反映设备的可用率，此工作可由 MES 系统中的设备管理模块完成。

2. 设备理论速度制定

OEE 中的表现性 = 实际产量/理论产量（理论速度 × 实际工作时间，可由各设备的理论速度核算）。

3. 质量指数

质量指数由 MES 的质量管理模块完成，数据来源于现场专职人员的抽检记录以及在线自动质量检测设备的统计数据。

4. 绩效管理系统

OEE 系统的开发主要基于 SCADA 系统对设备运行状态、加工工单和质量信息的采集，再经过后台系统的计算，做出 OEE 绩效查询，并展示报表，如图 6-6 所示。

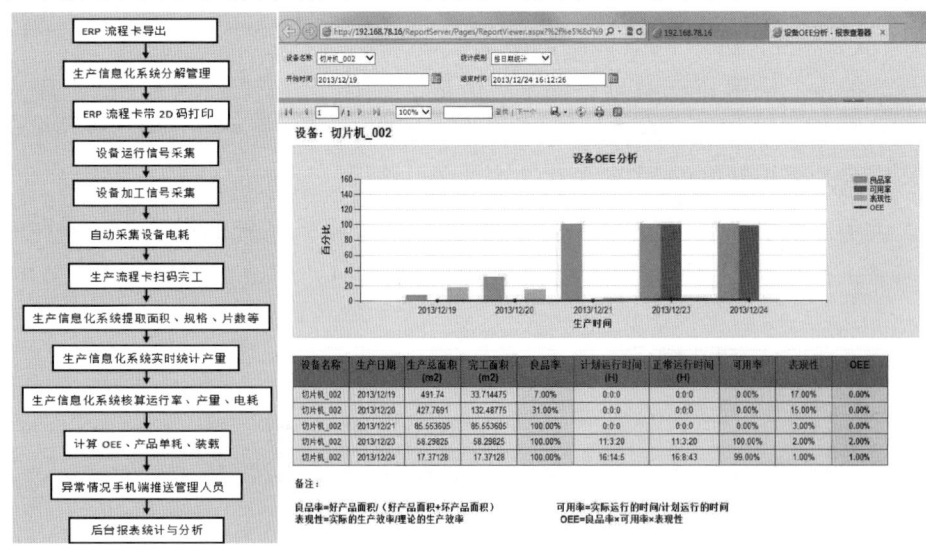

图 6-6 OEE 绩效开发流程和统计方法

6.5.2 能耗管理

平板玻璃生产过程的能耗管理以天然气和电耗为主，玻璃深加工过程的能耗管理以电耗为主；平板玻璃能源管理手段以余热发电系统为主，而玻璃深加工行业以核心电耗的钢化、镀膜、夹层三个工序为主要抓手，采取降低单位产品能耗的管理措施［单位产品能耗＝单机班组总电耗（kW·h）/单机班组总产量（m^2）］。

1. 设备能耗获得

单机设备安装智能电表，后台能管系统通过现场的网络和相应的协议自动读取每台设备的能耗，采样周期可以根据核算的细致要求设置，比如每 5 分钟读取一次，并存入数据库。

2. 设备产量获得

对应的设备实时产量可以通过读取 ERP 内的生产报工数据获得，也可通过生产管理 MES 系统获得，细化到具体的产品规格、数量等。

6.5.3 设备管理

设备的稳定运行是企业高效生产的关键前提，良好的设备运维体系则是企业高效生产的保障，但现状却是大部分的维护检修作业均以纸张运维卡作为记录介质。纸张运维记录保存不便，容易损坏，数据统计分析困难。

移动终端 App 系统提供设备运维管理功能，能有效管理设备点检、巡检作业、维修任务，保障设备装置能更高效、稳定运作。移动端运维管理的实现，可按照用户需求，方便地配置各类设备针对性的巡检任务模板、维修任务模板；可通过计划排程，安排设备运维任务到指定的人员。运维人员在移动终端 App 上执行其相关的巡检维修任务，如图 6-7 所示。

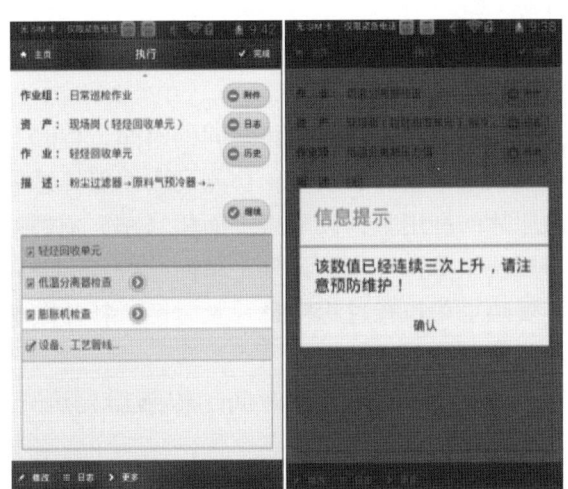

图 6-7 维护人员移动终端

基于规范的信息推送，维护人员按照已有规范模板的要求填写条目，例如设备状态、故障描述、产品检测的详细项目和结果等。配置特定触发条件，可触发创建相关作业任务。日志可按实际需要上报的情况编写日志（日志可以是生产中人员需要沟通、分享的提醒事项、生产经验等信息）并推送到日志社区。日志社区则支持网页登录，企业成员可以在移动终端或者网页上进行日志交互。信息推送不仅可以上传文字，而且支持图片上传以增强信息展现力，如图6-8所示。

图 6-8 移动终端信息推送

6.6 生产数据管理

6.6.1 生产关键数据

玻璃深加工生产过程关键数据如下：

（1）原片连续性，检测相邻两片原片上料之间的时间，检测上片台传感器（DI）；

（2）设备连续性，反映人工掰片的效率，切割到头原点传感器（DI）；

（3）切裁率，反映原片的利用率，读取报工面积（AI）/读取原片面积（AI）；

（4）工单执行率，反映工单执行率、计划工单面积/报工工单面积、时间和顺序；

（5）齐片周转率，反映工单执行过程中补片及时性、补片数量及频次；

（6）齐片交货率，反映工单完成情况；

（7）设备利用率，反映设备有效工作时间，传感器检测开机（DI）、切割动作（DI）；

（8）单位产品能耗，反映产品单耗情况，读取电表电耗/报工面积；

（9）辅料消耗，反映辅料的用量及利用率；

（10）人员绩效，反映人员有效工作、人工产出率，核算人员工资，刷卡记录人员上下班时间、人员名、数量，报工面积/（人员数×上班时间）及报工工时核算方法。

6.6.2 数据统计与分析

玻璃深加工过程数据按工序在生产作业中的要求分别进行统计分析。

6.6.2.1 切割工序

切割工序见表6-2。

表6-2 切割工序

项目	采集点	核算方法	展示方法举例
生产时间	实际上下班时间	按分钟计时	2/8 8：00—17：00
生产班组	实际操作人员读卡	实际班组人员、数量	张三组、李四、王五
计划产量	当班设备计划排产	订单号、面积、优先级	201808020001 100m² 1）
实际产量	流程卡完工扫码	订单号、面积、补片	201808020001 96m² −4
切裁率	原片尺寸、片数	原片面积/实际产量	90%
切割周期	切割刀原点	两片之间停留时间	60s
磨边需求	磨边工序排产顺序	订单号、面积、时间	201808020001 100m² 5h
中空需求	中空工序排产顺序	订单号、面积、时间	201808020001 100m² 10h
设备效率	开机、加工信号	加工时间/开机时间	50%，↑↓（相对月度平均效率）
人均效率	实际产量、人员数	实际产量/人员数	100m²/人↑↓（相对核算效率）

6.6.2.2 磨边工序

磨边工序见表6-3。

表6-3 磨边工序

项目	采集点	核算方法	展示方法举例
生产时间	实际上下班时间	按分钟计时	2/8 8：00—17：00
生产班组	实际操作人员读卡		张三组、李四、王五
计划产量	当班设备计划排产	订单号、面积、优先级	201808020001 100m² 1）
实际产量	实际测量玻璃尺寸	订单号、面积、补片	201808020001 96m² −4
钢化需求	钢化工序排产顺序	订单号、面积、时间	201808020001 100m² 2h
中空需求	中空工序排产顺序	订单号、面积、时间	201808020001 100m² 6h
设备效率	开机、加工信号	加工时间/开机时间	50%，↑↓（相对月度平均效率）
人均效率	实际产量、人员数	实际产量/人员数	100m²/人↑↓（相对核算效率）

6.6.2.3 钢化工序

钢化工序见表6-4。

表6-4 钢化工序

项目	采集点	核算方法	展示方法举例
生产时间	实际上下班时间	按分钟计时	2/8 8：00—17：00
生产班组	实际操作人员读卡		张三组、李四、王五
计划产量	当班设备计划排产	订单号、面积、优先级	201808020001 100m² 1)
实际产量	流程卡完工扫码	订单号、面积、补片	201808020001 96m² −4
镀膜需求	镀膜工序排产顺序	订单号、面积、时间	201808020001 100m² 2h
中空需求	中空工序排产顺序	订单号、面积、时间	201808020001 100m² 4h
设备效率	开机、加工信号	加工时间/开机时间	50%，↑↓（相对月度平均效率）
产品单耗	实际产量、电耗	实际电耗/实际产量	$100kW \cdot h/(g/m^2)$↑↓（相对核算效率）

6.6.2.4 中空工序

中空工序见表6-5。

表6-5 中空工序

项目	采集点	核算方法	展示方法举例
生产时间	实际上下班时间	按分钟计时	2/8 8：00—17：00
生产班组	实际操作人员读卡		张三组、李四、王五
计划产量	当班设备计划排产	订单号、面积、优先级	201808020001 100m² 1)
实际产量	实际测量玻璃尺寸	订单号、面积、补片	201808020001 96m² −4
发货需求	中空发货顺序	订单号、面积、时间	201808020001 100m² 3h
设备效率	开机、加工信号	加工时间/开机时间	50%，↓（相对月度平均效率）
人均效率	实际产量、人员数	实际产量/人员数	100m²/人↑↓（相对核算效率）

6.6.2.5 镀膜工序

镀膜工序见表6-6。

表 6-6 镀膜工序

项目	采集点	核算方法	展示方法举例
生产时间	实际上下班时间	按分钟计时	2/8 8:00—17:00
生产班组	实际操作人员读卡		张三组、李四、王五
计划产量	当班设备计划排产	订单号、面积、优先级	201808020001 100m^2 1)
实际产量	流程卡完工扫码	订单号、面积、补片	201808020001 96m^2 −4
中空需求	中空工序排产顺序	订单号、面积、时间	201808020001 100m^2 4H
设备效率	开机、加工信号	加工时间/开机时间	50%,↑↓（相对月度平均效率）
装载率	生产面积、生产面积	生产面积/生产面积/理论装载率	50%,↑↓（相对月度平均效率）
电单耗	实际产量、电耗	实际电耗/实际产量	100kW·h/（g/m^2）↑↓（相对核算效率）

6.6.2.6 现场管理人员（工段长、班组长）

现场管理人员可做如下玻璃深加工过程数据的统计：
（1）异常事件推送手机端；
（2）设备连续性异常，如以 10min 为阶段的停机、30min 之间的低效等；
（3）生产率（实际/计划）：每两个小时为单位，总完成率，与后续工序需求偏差；
（4）异常处理提示：及时补片信息、设备故障问题；
（5）单班耗能指数：产品单耗异常变化提示。

6.6.3 数据展示

移动终端 MES 系统的目的是将整个生产过程透明化，量化目标、改善可见、实时数据展示是生产过程异常的最直接信息来源。产品的追踪、质量的分析、效率的分析以及人员的管理，大量的数据统计和分析则至关重要。MES 系统中的工单管理、设备管理、质量管理信息等数据是 MES 系统的看板和报表的基础信息。

MES 系统可提供丰富多元展示形式的报表功能。形式上有表格、柱状图、饼图、折线图等。分析维度上可以从时间、班组、设备、人员、作业工单等角度进行报表数据分析展示。

MES 系统报表组件需减少底层代码开发，在实现灵活有效分析数据的同时，兼顾报表模型维护的简便性。

图 6-9 ~ 图 6-13 所示的报表均为动态报表，查看人员可以根据自己查询需求勾选筛选条件，报表界面即自动展现最新报表界面。

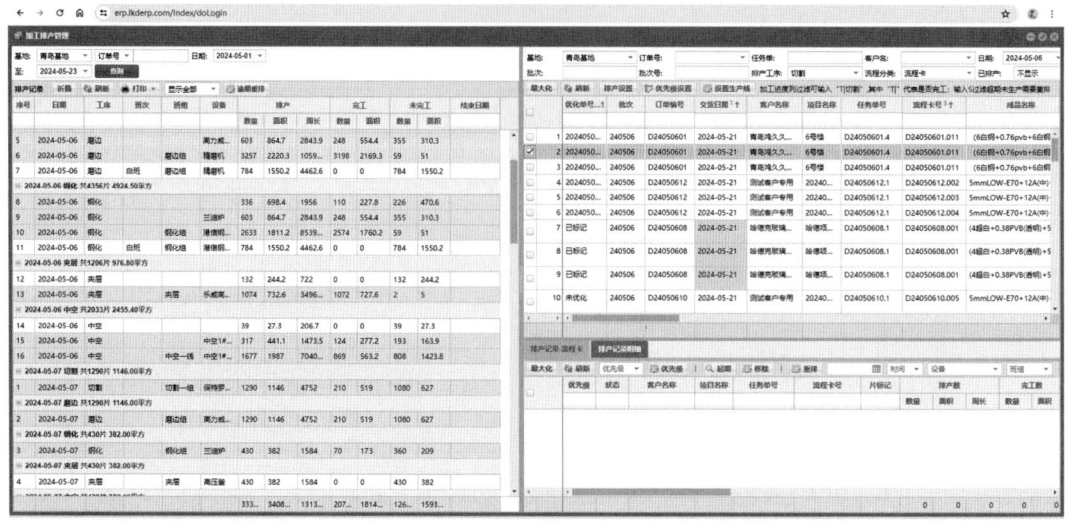

图 6-9　工单详细信息报表界面

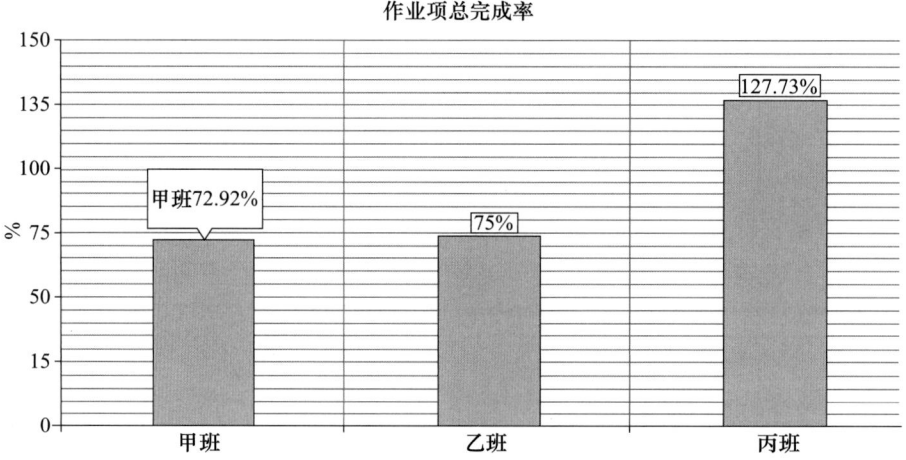

图 6-10　各班组完成任务率界面

图 6-11　设备问题的分类汇总报表界面

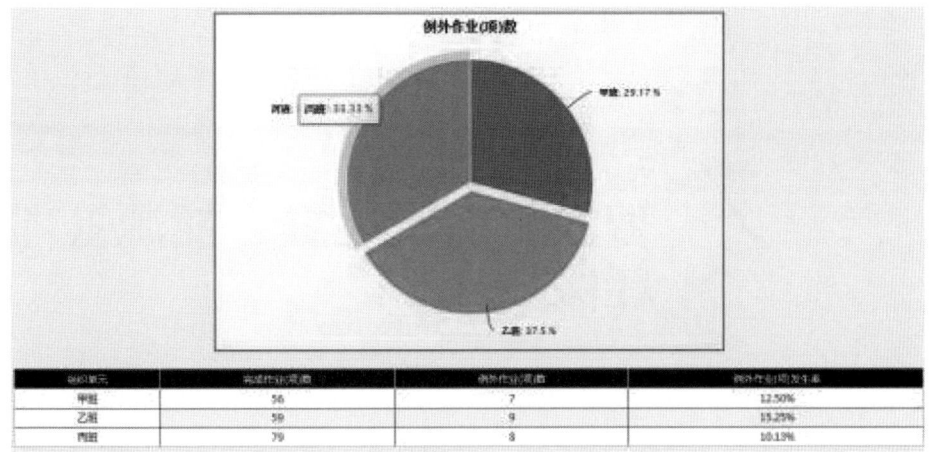

图 6-12 各班组的绩效考核占比报表界面

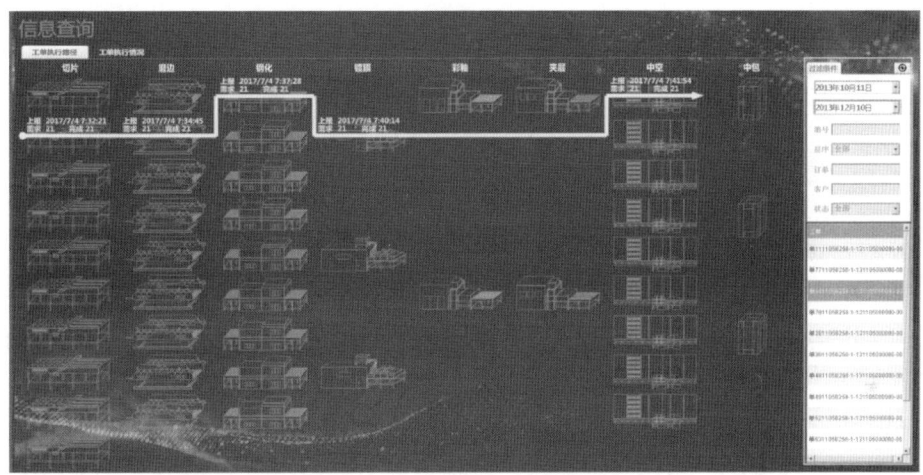

图 6-13 工单加工过程追溯界面

7 智能化设备运维、能源管理与环保技术

7.1 智能化设备运维

7.1.1 概述

1. 平板玻璃

由于玻璃原料需要进行熔化，窑炉内的玻璃始终要保持高温液态，因此平板玻璃的熔窑从开始点火直至冷修，在整个窑期内（10年左右）都要持续运行。在此期间设备会进行周期性切换，即利用生产操作的间隙切换备用设备，关键设备需要尽快安排检修，但不是所有设备都有备用设备可以替换。

平板玻璃的各生产工序环环相扣，关键设备故障停机会导致玻璃生产不稳定，影响当前玻璃产品的产量和质量，容易造成较大损失。

2. 深加工玻璃

玻璃深加工大多采用传统的设备维护和保养模式，设备的运行状态监控主要靠人员每天固定时段的抽检进行，其可靠性和准确性完全依赖巡检人员的责任心和经验。设备维修以日常应急排障为主，设备计划周期性的维护和保养目标性差，备件得不到及时准备，设备运行稳定性得不到保障。

7.1.2 现状分析与需求

7.1.2.1 现状分析

1. 平板玻璃

（1）配料现状

配料工序为批次配料，根据投料机料仓容量确认配料断料最大容忍时间，正常有

20% 空闲时间用于人工巡检清理和设备例行保养。其关键设备为称量系统、混合机和皮带机输送系统。虽然配有 DCS 控制和设备故障报警及计划性工作提醒，但是还需人工切换应急配料线路（全比例碎玻璃和应急投料机加干料）。

（2）熔窑现状

其关键设备为投料机、熔窑燃烧系统、搅拌器和熔窑保护性冷却风机等。

熔窑燃烧系统采取 DCS 控制，例如换向运行意外中止时对设备故障信息的提示。理想的情况是关键设备能够在必要的在线维护下持续使用一个窑期，如投料机和搅拌器等。但是，难以做到各种冷却风机均会采取在线备用。

根据设备动力需求和重要性考虑 UPS 或柴油发电机供电，工艺则要求大部分风机设备做到根据风量风压检测，异常后自动切换。

（3）锡槽现状

除电加热设施需要一个窑期的持续使用外，其他锡槽设备如拉边机和各种水冷设备需要定期维护，通过 SCADA 系统监控设备振动状态、温度，水冷系统的温度、流量，锡槽底壳风机、熔窑风机等。

（4）退火现状

退火窑关键设备为传动，持续一个窑期的使用（需要自动切换，在线维护，一用一备），退火窑各种冷却风机和加热设备通过 SCADA 系统监控设备振动状态、温度等。

（5）冷端现状

关键设备为冷端控制和检测系统、应急落板的碎玻璃回收皮带机系统，一般会采取双路皮带输送保证运行。冷端的工艺性质决定了其切割、输送和堆垛设备需要实现系统自我诊断、异常报警提示等。

2. 深加工玻璃

玻璃深加工设备以工序单机设备运行为主，设备的运维主要以设备故障报警为依据，是进行设备维护和保养的基础。通过故障报警信息能实时了解设备状态，及时处理，保障生产。目前国内部分玻璃深加工工厂实现了局部自动化、信息化，但各生产工序的设备故障报警未兼容于各生产工序系统中。玻璃深加工的工序多，设备厂家多，系统多样，故障报警信息分散，大多为人工记录入档，运用信息化手段将故障报警信息实现智能化管理的需求非常迫切。故障报警系统监控各个过程变量异常情况，可以通过高亮、闪烁和声音等方式提醒生产运行人员注意可能的异常情况并及时采取应对措施，避免系统异常发展为严重的事故并造成损失。

7.1.2.2 智能化运维需求

1. 平板玻璃智能化运维需求

（1）适合于平板玻璃的智能化信息运维平台，可以针对平板玻璃设备、设施的分布特点，人员、设备的综合管理难点，融合物联网技术，对配电系统、水系统、消防系统以及设备系统进行全天候、立体式监控。利用手机 App 完成人与设备、人与人之间的信息互联，实现维护保养闭环监管、巡检管理无纸化以及维护保养档案溯源等功能，提升设备综合管理效率。系统可采取数据仓库技术实现多源异构数据（设备层次较复杂）的抽取与汇聚，为设备及机电设施智慧大数据健康诊断提供数据保障。

（2）可引入二维码技术，实现现场设备资产状况查询及现场创建非计划性维护保养工单，辅助以现场人员维修及巡检保养。后台能够实时获取维护保养人员上传的维修记录（含图片信息等），维修人员可远程根据文字描述及图片等形式查询维修情况。

（3）推进巡检工作无纸化和透明化。根据设备现场维保流程，定制不同类设备维护保养监管流程，实现闭环维护保养，保证任何一次设备维护保养或检修活动皆可通过维护保养人员的文字描述与图片进行佐证，所有记录可溯源，有效提升设备维护管理水平。

2. 玻璃深加工智能化运维需求

加工设备是玻璃深加工工厂的核心资产，生产对设备的依赖度非常高，特别是随着自动化设备及配套系统的不断应用，设备的复杂性和相互关联性越来越高，而生产设备运行的稳定性、可靠性决定了企业生产产量和产品质量的水平，也是决定着加工成本的直接要素。保证生产设备的稳定性与可靠性，设备的维护和保养是关键。目前人工进行的日常设备巡检方法不仅费时费力，对于设备的状态也只是单时间点的检查，不能形成趋势分析和实时异常报警。智能化的设备状态监控与感知、预测性维护和计划性保养的模式对玻璃深加工生产而言变得异常重要。

7.1.3 设备运维的智能化

7.1.3.1 维护保养信息

1. 维护保养信息的定义

维护保养信息即生产设备日常检测和维修以及计划周期性维护和保养的过程数据，其能够反映该设备生命周期全过程。设备的维护保养信息也是该设备进行管理的过程描述和指导文件，包括设备资产及技术信息、设备相关文档、设备缺陷及事故报告、计划维护保养表、备品和备件信息、缺陷分析以及各种提供给管理人员决策的统计报表等。

2. 维护保养信息的目标

设备的维护保养信息作为设备运行性能的表征，是企业设备管理系统运行的载体。同时，设备管理系统对维护保养信息进行收集、传输、加工、储存、更新、维护、分析，使其具备支持企业高层决策、中层控制、基层运作能力，也使关乎企业生产经营能否正常开展的设备安全问题得到有效监管。企业设备管理系统的目标包括提高工厂技术设备素质、充分发挥设备效能、保持工厂设备完好、取得良好设备投资效益等，这些是设备维护保养信息的输出结果。

7.1.3.2 设备运维实施

1. 平板玻璃

平板玻璃以计划性维修为主,计划维修流程如图 7-1 所示。实施过程如下。

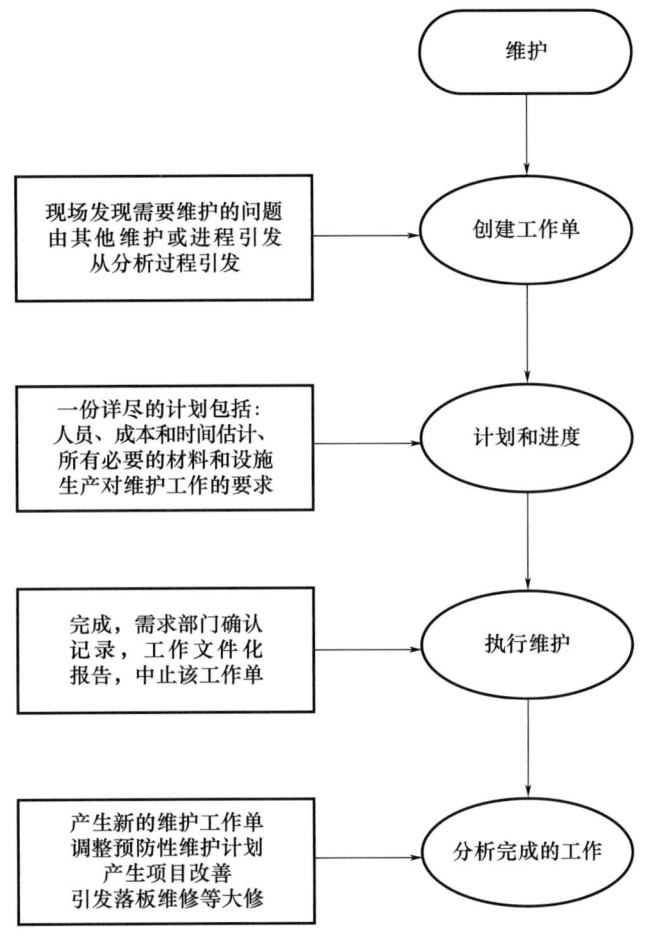

图 7-1 计划性维修流程

(1) 制订计划性维修项目,稳定的设备状态,需要有对各系统设备较全面覆盖的巡检和预防性检修保证。

(2) 计划性维修项目的作业内容,本身就是可执行的检修程序,应随着运作对工作内容的不断修订,逐步具备对作业人员较完善的技术指导功能。

(3) 非计划性维修,包括正常修理和抢修以及小型项目改善(日常运作中由于工艺条件和生产要求的变化,还会产生一些制作、改造方面的工作)。

(4) 定期回顾、调整和改善计划性维修项目,包括周期和内容等。

(5) 落板检修,由平板玻璃工艺生产特性决定,需要充分利用,可纳入计划性维护。分别有:改变玻璃带的规格,是生产操作中最常见的调整工作,用时较短;锡槽吹扫、更换控制闸板,用时较长,通常在 2~4 小时,锡槽吹扫的频率由产品质量决定,而控制闸板快则3~4月更换一次；改变玻璃颜色和更换唇砖，用时最长，通常都会超过60h。因此，大规模的设备检修工作会安排在玻璃改色或唇砖更换期间进行。

（6）资源支持，备件和维护材料对维护工作的支持。

2. 玻璃深加工

玻璃深加工设备的运行维护和保养一般分为日常设备状态的巡检与故障的处理以及计划性维护保养两大部分。在智能制造系统中，利用先进的网络技术、多样的传感器结合IOT技术和方便的移动作业方法，代替传统的人工巡检和纸质作业，通过对设备的维保信息进行自动采集、软件系统管理、大数据分析，从而实现设备性能自动跟踪和分析，达到预防性维修的效果。玻璃深加工行业IOT设备自动巡检和移动终端设备控制案例见第9章相关内容。

7.1.3.3 设备自动巡检

IOT技术是一种新的、先进的巡检方式，其采用无线蓝牙通信进行数据采集，采集器可实现边沿计算、智能传输到云端存储，用户使用微信小程序查询巡检信息，设备异常信息微信自动推送到设备人员手机端，同时后台软件对监控数据进行分析，趋势预警。该巡检方式能够适应全厂设备运行状态实时采集的需求，不但大大降低人工成本，而且可以根据不同业务对采集数据的要求，编制自动采集任务，包括任务名称、任务类型、采集群组、采集数据项、任务执行起止时间、采集周期、执行优先级、正常补采次数等信息，并管理各种采集任务的执行，检查任务执行情况等。

采集数据类型包括表具用量模拟数据，如电流、电压、压力、振动值、温度等，也可以是开关状态数字量信号。蓝牙自动巡检系统硬件部分由现场传感器、边沿采集和计算终端、智能管理器构成，软件部分由云存储和工业App或小程序构成。可实现的功能如下：

（1）实时监控将人工巡检彻底代替，节约人工巡检和数据汇总时间，将人工作业从烦琐的低效工作转为有效的分析数据和重点改善；

（2）使对安装在高空的镀膜、磨边清洗机风机、钢化炉风机等的巡检工作变得简单，不但节约了人工时间，而且保证了巡检到位、人员安全；

（3）对公共供应系统，如水泵房、空压机、变压器，进行24h监控，确保生产设备工艺的稳定需求；

（4）现场无线数据传输，可以简单地部署硬件系统；云端存储和计算，节约工厂本地服务器系统的配置；

（5）后台分析软件能够自动分析设备运行参数变化趋势，并及时将异常信息推送给管理人员，使人工重点维护变得有针对性；

（6）根据运行趋势，将计划维修变得现实。

7.1.3.4 设备移动运维

玻璃深加工设备的稳定性、可靠性严重制约着生产的有效进行，自动化连线后尤为凸显。因此，日常设备运维的有效性变得至关重要。随着App开发的不断深入，以移动终端为主的设备巡检和维修管理成为主流，该方式不仅可以轻松改变人员的操作习惯，还能及时将设备状态和维修过程上报设备管理系统，更重要的是在移动端App上及时生成作业任务，并得到审批和追踪执行，促进了设备异常的快速处理。设备管理后台系统对设备的故障和维修过程详细记录，在做到故障预警的同时，也提供了维修培训服务。可彻底改变以前的人工纸质记录和经验维修工作模式，使得设备维护对人的依赖变得薄弱。

图7-2所示是移动设备运维的架构，核心是将任务的执行过程、运维原则与方法、执行效果的评估与决策形成PDCA可实践的闭环，通过不断地优化流程，提高设备运维的有效性。

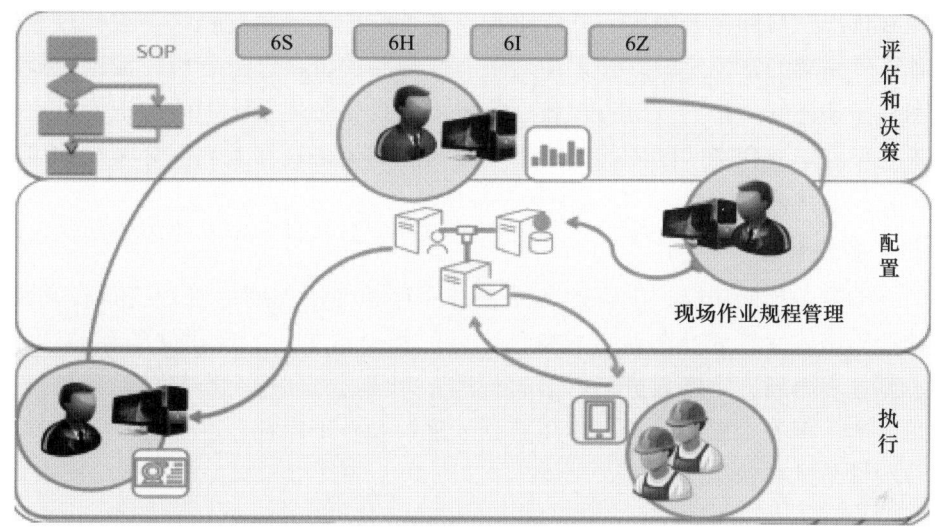

图7-2 移动设备运维架构

设备移动运维系统包括五大功能模块，这也是按照设备维护的基本流程来分的，涉及从日常点检到维修管理（包括日常维修和计划性维修）以及设备备件的管理整个过程。

1. 点巡检作业管理

设备维护首先要进行设备点巡检，在这个过程中可以明显发现，移动运维巡检避免了人工纸质的记录表和后期复杂的资料管理，其基本思路就是电子化和系统化。

2. 维修作业管理

维修作业分为日常报修后维修和计划性按需执行的维修。日常设备报修后设备管理系统自动生成维修作业任务，推送到相关责任人执行；计划性按需执行的维修用来处理直接执行的维修工作。维修作业完成后，故障数据和维修过程同步传回设备管理系统，该系统生成维修报表，为持续改进提供数据支持。

3. 日常故障管理

日常设备维修管理流程：由生产人员发起请求，在发起移动端必须注明简单的故障描述，区分故障类型，以便将维修信息推送给相应的专业人员；维修人员手机端得到该维修任务请求；维修人员将记录相应的维修过程，可采用拍照或视频的方式上传；对维修现场进行"6S"情况汇报。

移动设备运维可解决日常维修的两个核心问题：一是生产人员与设备人员之间对于设备故障率和维修时间的纠纷，系统会详细记录故障时间和维修时间；二是将维修过程完整记录，为后续维修进行技能指导，所有现场操作经验被预先配置在任务步骤内。在每个任务项中可以有一个或多个业务逻辑来处理异常发生时的行为，有助于缺乏经验的工人来解决现场问题，也有助于避免新的故障或意外发生。

4. 定期的维护保养作业管理

对需要定期维护的设备创建作业任务后，设备管理系统按照预定的维护和保养规定全过程提醒具体项目和保养内容，并详细记录整个维护和保养过程，将这些过程信息上报到设备管理系统的知识库中，知识库对所有收集到的资料进行分析，帮助企业采取预防措施和基于条件的维护，以节省设备运行成本。设备管理系统中的知识库可有效提高企业人工处理和解决现场问题的能力。基于知识库的设备故障大数据分析样本可实现预防性维护和计划维修。

5. 设备备件管理

移动终端具备扫码功能，设备的备品备件库存和使用周期的管理变得自动和实时。采用终端扫码出入库管理，自动生成备件库存的物料清单，实现物件的存储区域管理，通过动态库存表更新，维修人员可以实时查询库存信息，通过对维修备品备件消耗的统计，库管人员掌握安全库存信息，实现有计划采购和合理库存，在保证设备维修及时性的同时节约设备维修费用。

7.1.3.5 设备自诊断和自切换

在平板玻璃生产过程中，设备故障或供应工程出现问题将是非常严重的事件，尤其是平板玻璃生产过程中绝对不能有任何的设备停机发生，因此，备用系统以及自诊断和自切换系统起到关键作用。下面介绍平板玻璃供应工程关键设备的自诊断和自切换过程。

1. 供水系统自诊断和自切换

（1）通过 SCADA 系统监控；
（2）通过温度智能控制系统保证冷却水温稳定（开式或闭式冷却系统）；
（3）通过压力或流量控制系统保证循环水压力或流量保持恒定，变频控制适应现场水冷设备使用量的变化；
（4）应急情况下电动水泵失效时柴油驱动水泵的及时备用。

2. 供电系统自诊断和自切换

停电损失将是难以承受的，一般会采用双回路供电，负荷分 2 组不分主次同时供电，母排之间设置联络，两条回路均能独立承担全部负荷。

A类电,由UPS不间断供电,平时由市电给UPS充电。外线路故障断电时,A类电设备不会受到影响,但发生停电后必须现场确认运转正常。

B类电,正常时由市电供电,在停电后B类设备会停止,20秒左右柴油发电机自动启动,由柴油发电机供电。

C类电,仅由市电供电,在双路停电后无法被启动。

3. 供气系统自诊断和自切换

(1) 压缩空气空压机系统通过SCADA系统监控;

(2) 压力控制系统保证压力稳定,采用变频控制或多台共用的电动空压机适应生产用气的变化;

(3) 干燥机配备在线露点检测保证供气品质;

(4) 通过压力控制系统确保应急情况下电动空压机失效时柴油驱动空压机的及时备用和切换。

7.2 能源管理

通过工业互联网平台,建立基于工业大数据中心的能源管理系统,实现对能源的全过程数字化智能化管控。能源管理系统功能包括计量管理、数据采集、实时监控、重点能耗设备管理、统计报表、趋势曲线、成本分析、能耗分析、能效对标考核管理、能源预测、能源平衡、节能诊断、优化管理等。

7.2.1 概述

能耗成本是玻璃生产的主要生产成本之一,清洁能源的使用进一步加重了玻璃企业用能成本。通过能源管理的信息化与智能化,可进一步提高玻璃企业能源管理水平与能源利用效率,降低能耗成本,达到绿色建材要求,减少对自然资源的消耗和对生态环境影响。

玻璃企业应根据自身当前的用能水平,结合国家、行业限额标准以及标杆水平,设定长期和阶段性的能源管理目标,并通过数字化能源管理系统,实现持续性的用能优化。

7.2.2 能源管理现状与改进需求

能源管理系统已在玻璃企业,特别是平板玻璃企业得到了一定程度的应用,但能源管理系统的建设缺少统一的标准,各企业应用的情况参差不齐,许多企业的能源管理系统还依赖人工收集数据,无法有效、及时、全面地收集和利用能耗数据,使得大部分企业的能源管理目标和管理方法手段尚未形成一个有机整体，缺乏全面的分析与节能改进措施，系统的能源管理没有在企业得到应用。目前，玻璃企业的能源管理普遍存在以下问题：

（1）计量不到位，计量器具的配备率达不到相关国家和行业标准的要求，未实现精细化的能源计量，能源计量仅能完成二级计量；

（2）自动化程度低，能耗及工艺数据采集量不够，难以形成能耗分析的大数据及建立数据模型；

（3）数据采集难度大，协议种类多，涉及不同厂商的电表、流量计、PLC、DCS等；

（4）网络基础普遍较差，不能形成系统性的能源管理所需的数据网络；

（5）能源管理信息化基础差，基本处于人工抄表阶段。

通过自动化、物联网、大数据、云计算、5G等工业互联网新一代信息化等技术，构建玻璃企业的能源一体化集中管控平台与能源管理中心。对能源、设备、工艺及生产等相关数据进行采集、处理、分析与利用，实现能源的储存、生产转换、输送分配和消耗环节的集中扁平化动态监控、数字化智能管控与能源平衡调度，运用人工智能等技术实现用能系统的智能化控制、预测与优化改进，达到系统性节能降耗。

根据企业能源管理的建设需求，企业可通过下列方式建立起数字化能源管理系统：

（1）进行计量系统改造，将老式机械仪表升级为智能仪表；

（2）实现能耗数据实时自动采集，保证能耗数据采集的准确性与实时性；

（3）建立能源管理大数据中心，为能效优化模型与全面能源管控提供数据基础；

（4）通过建立能耗在线监控系统，实现能耗数据的可视化实时监控，通过实时的预警与告警功能，提升能源事故处理反应能力，降低事故的影响时间及范围；

（5）建立完善、精细化的能效指标考核体系，通过能源管理系统实现能效指标数据的自动统计、分析，有效挖掘节能潜力；

（6）建立玻璃行业级别的能源管理与对标系统，更大范围地挖掘节能潜力；

（7）建立能源平衡体系，实现能源的生产、输送、分配、转换、使用等各个关键环节的全面监控，优化能源调度和利用；

（8）将熔窑等关键工艺设备的生产数据与能耗数据集成应用，实现企业能源管理与生产管理的高效协同；

（9）以能源管理系统为基础，基于大数据、人工智能等先进技术，建立能耗优化模型，实现能源管理的智能优化；

（10）依据国家能源管理体系标准要求，制定科学合理的能源管理制度。

7.2.3 数字化能源管理

基于工业互联网技术的数字化能源管理是企业发展的新趋势。依托工业互联网平台，通过物联网采集能耗、生产、工艺、设备等相关数据，建立能耗大数据中心，形成包括实时监控、能源绩效、能耗分析、能源平衡、用能优化与能源调度等功能的全过程能源管控体系。

7.2.3.1 数据采集与数据中心

企业根据需求进行能源计量仪表改造，完善现场数据采集网络和工业主干网络，在满足安全性和隔离性技术要求前提下，实现能源计量数据、质量数据、关键工艺及生产数据的自动采集，形成能源管理大数据中心，打好能源管理的数字化基础。

1. 能源计量要求

企业应按照《建筑材料行业能源计量器具配备和管理要求》（GB/T 24851）配备用能计量器具，重点配置和完善二、三级能源计量，有条件的企业需要完善重要耗能装置或设备的四级能源计量。

2. 网络要求

数据采集网络一般采用工控网、局域网、广域网三级防火架构，各网之间通过硬件防火墙与软件防火策略实现安全隔离。

物联网络系统一般包括传输用数据网关、交换机、服务器、工业控制计算机、传感器、视频监控、系统集成（包括与环境检测系统、DCS、MES、ERP 信息交互，协同管理）等。

3. 数据中心要求

为实现能源消耗及相关数据的存储以及价值挖掘，企业应建设涵盖实时数据库与关系数据库的能源管理大数据中心，具体建设要求如下：

（1）数据库容量和响应速度应满足要求；

（2）应具备数据备份和恢复功能；

（3）需建立原始的实时数据库，对直接采集的数据做完全保存；通过建立清洗规则和清洗算法对实时数据进行清洗，从而建立用于分析、预测和管理的应用数据库；

（4）实时数据库应根据采集点位的数量进行配置，总点数应保证20%以上的余量，且可扩展；

（5）建立历史数据库，企业可根据自身的数据安全方式选择本地私有云部署、公有云部署与混合云部署方式，建立异地灾备；

（6）关系数据库应具有一定的独立性和较高的安全保密性，运行多用户同时访问，且能保证数据的安全性、完整性与并发性；

（7）数据库系统与硬件平台和操作系统应良好匹配。

7.2.3.2 实时监控与预警告警

针对重点耗能设备进行实时监控，优化设备的能源利用率、设备运行与生产负荷之间的匹配度，使设备处于经济运行状态，并对超标、越限的能耗指标、工艺参数、设备运行状态进行预警与告警。

监控系统应实时显示企业总体用气、用电等主要能源指标，自动计算能效可比数据和折标数据，生成相应的数据统计报表。

实时监控应实现对企业各级生产能耗、产量和能效数据的实时监测，实现原料制备、熔化、成形、退火、冷端及包装等工艺、能源绩效参数的三类在线监测。

工艺参数类在线监测包括主要工艺环节的温度、压力、速度等。

实时监控系统应具备以下功能。

（1）能耗与设备数据的实时监测：应实现能耗数据与设备工艺参数的实时监控，减少故障发生的时间与影响的范围。

（2）实现异常状态的预警与告警功能：通过监控软件，根据监控点位的管控需求，设置合理的预警及告警范围，实现异常情况的自动预警与告警。

（3）监控点位的分析功能：包括趋势分析、对比分析功能。

（4）历史回放功能：针对异常情况，可通过监控系统实现历史数据的快速回放，以定位问题发生的根本原因。

（5）移动协同功能：建立移动端监控系统，实现远程实时监控。

7.2.3.3 能源绩效

目前，大多数能源管理软件仅实现了电表等计量器具数据的采集与分析，没有形成完善的能源绩效指标体系，未实现将计量数据向管理数据的转化，很难实现有效的节能管理。企业可通过能源管理系统建立企业级、部门级、工序级、班组级及重点能耗设备级的完整能效指标体系，实现能效指标数据的自动统计，将能效指标体系与企业管理职责相结合，并建立合理的考核制度，使能效考核体系化、精细化、制度化、责任化，实现持续的用能改进。

能源绩效管理主要包括用能计划与实绩管理、能源统计分析（同比、环比、对标、成本、关联分析等）、能耗考核管理、能源计量结算管理、能源报表管理等功能模块。应实现对公司、部门、班组乃至岗位的逐级能源绩效考核。

7.2.3.4 能耗分析和优化

通过能源管理系统的建设，完善能耗指标体系，通过精细化能效对标，寻找节能标杆，与标杆进行对标，实现节能量空间的量化分析，精确挖掘节能空间，制定科学合理的节能改进措施。

根据生产计划与产品单耗、产值等指标，综合安排生产计划，充分利用峰平谷电价，实现能耗成本节约。

建立能源介质产耗预测模型，准确判断主要能源介质产耗平衡变化趋势，为事前调度提供预测数据。建立生产优化分析系统，为能源利用提出建议。根据能源监控系统采集现场设备运行数据，分析确定设备安全和经济运行水平，预测可能发生的故障与诊断设备状态，根据故障原因提出预测运维计划，调整检修周期，为优化运行提出操作建议。

建立高耗能装置或设备的能源优化控制系统，基于多变量预测控制和先进控制技术，实现高耗能设备的优化控制，在能源管理系统平台的支撑下，提高设备运行的平稳性和工艺参数控制精度，降低能耗。

7.2.3.5 能源平衡与调度

企业通过大型实时数据库，采集各种生产和能源数据，建立能源综合监控系统平台，并建立能源产耗预测模型、能源管网模拟模型和能源系统调度优化模型，在能源平衡与优化调度平台上自动给出各种能源介质的优化调度和分配方案，实现企业主要能源的优化调度和运行，提高企业能源综合利用效率和能源管理水平。

能源调度运行优化管理一般包括调度日志、异常监察、运行方式变更、事故、应急预案管理等，通过能源管理中心进行快速反应与远程调度。

7.2.4 节能技术

平板玻璃的生产过程中，在不影响玻璃的正常生产、不改变生产工艺和参数、不影响玻璃产品质量的前提下，可利用余热发电技术实现节能改造，实现并网发电。

深加工玻璃的生产过程中，在不影响产品质量的前提下，可提高钢化、高压釜和镀膜的装载率，提高钢化设备保温性能，改善风机动力系统以实现深加工玻璃的节能。

7.2.4.1 余热发电概述

平板玻璃制造涉及高温作业，属于高能耗行业，其中，玻璃熔窑最高温度近1600℃，一般采用天然气、重油、煤气等燃料火焰辐射加热的方式得到。但原料熔化为玻璃液所能吸收的热量仅占燃料燃烧产生热量的40%~45%，其余热量以窑体散热（占20%~25%）、烟气余热（约占30%）等形式散失，未被充分利用。以一条熔化量700t/d、天然气为燃料的浮法玻璃生产线为例，熔窑的排烟温度约为450℃，烟气量约为$10^5 Nm^3/h$，烟气带走的总热量约为$6.4 \times 10^6 kJ/h$，相当于每小时燃烧2.17t标煤所放出的热量。由此可见，玻璃熔窑烟气所带走的热量具有相当大的回收利用空间，对玻璃生产过程中的余热高效开发利用，成为当前降低玻璃生产综合能耗、节能减排、提高企业竞争力的重要因素。

对于熔窑烟气余热的回收利用，主要有热回收和动力回收两种方式。

（1）热回收是指采用余热换热装置直接利用熔窑烟气进行换热产生蒸汽，在生产中可以将蒸汽用于原料配合料加热、重油加热或蒸汽直接推动一些动力机械等；在生活中可以为办公生活区供暖等。这种对烟气余热直接利用的方式效率较高，但由于传热用量少，此种利用方式具有较大的局限性。

（2）动力回收是指将烟气热能转化为便于输送、用途广泛的电能。电能可用于多种设备设施的能源，大大拓宽了余热利用的途径。

充分认识玻璃熔窑烟气余热的以下特点，才能有针对性地开发余热利用技术。

（1）熔窑烟气的连续性和波动性。玻璃熔窑作为生产中最重要的设施之一，其最大的特点就是在一个窑期（8~10年）内连续生产，因此，燃料燃烧产生的烟气在大部分时间内是连续不断的，而根据一般熔窑频繁换火的工作特点，熔窑产生的烟气（流量、压力和温度）在较小的时间尺度内是频繁波动的。

（2）余热烟气特性。一般玻璃熔窑产生的烟气温度在 400～500℃，烟气流量比水泥、钢铁等行业小，属于中温烟气余热，热品位较低。

（3）灰分和烟气性质。玻璃熔窑燃料种类不同，其产生的烟气也有不同特点，其中以石油焦和重油为燃料的熔窑，烟气中的黏性灰分较多，易积灰；另外，此类燃料中硫含量较高，燃烧后的废气中含有大量酸性气体，具有较强的腐蚀性，对锅炉运行、环保系统运行的稳定性影响较大。

1. 任务

余热发电是利用玻璃熔窑排放的多余热能转换为电能的能源回收利用技术。其基本原理与火力发电相同：利用熔窑燃料燃烧产生的烟气余热给锅炉加热，产生具有一定压力和温度的过热蒸汽，过热蒸汽输送到汽轮机内膨胀做功驱动汽轮机，从而带动发电机发电，实现"热能→机械能→电能"这一能量转换过程。

做过功的蒸汽（乏汽）从汽轮机抽出，其中小部分低温蒸汽输送至厂区其他需要用蒸汽的地方，例如原料用汽、重油加热等，大部分乏汽经冷凝器凝结后与化学水一起作为余热锅炉的补充水，进而完成热力循环，其原理如图 7-3 所示。

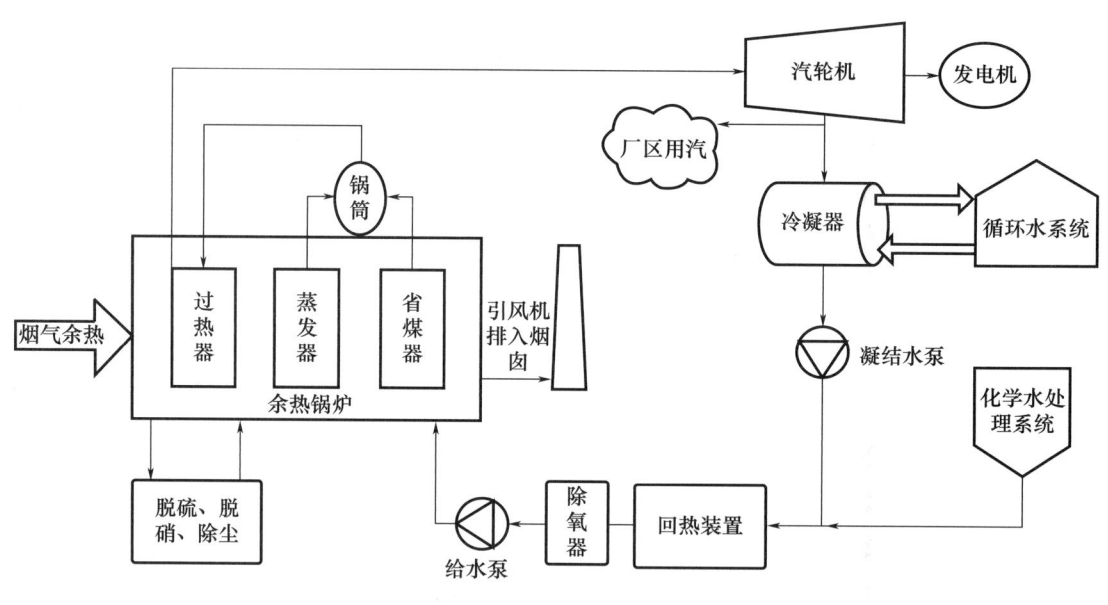

图 7-3　余热发电原理

玻璃企业的余热发电系统是主生产线的配套工程。通过烟气余热发电"自发自用"模式，与生产设备并网使用，可满足正常生产负荷 60% 以上需求，大幅降低生产成本，同时实现节能减排，提高效益。

2. 控制要点

余热发电系统主要由锅炉系统、汽轮发电机组系统、烟风系统、水处理系统、发配电系统以及相应的控制系统构成。余热电站区域内部的各系统之间、电站与主生产线之间以及电站与环保系统之间由集散控制系统（DCS）有机协调成为一个整体，实现余热电站高效稳定运行，同时不影响主生产线及环保的运行。各系统的控制要点（典型数值）见表 7-1～表 7-5。

表 7-1 烟风系统的控制要点（与窑压关联控制）

主要项目	控制指标	主要项目	控制指标
数据自动采集率	100%	引风机控制	联锁控制
窑压波动	±1Pa	换火过程中窑压波动	±5Pa

表 7-2 锅炉系统的控制要点（与环保系统关联控制）

主要项目	控制指标	主要项目	控制指标
数据自动采集率	100%	锅炉母管蒸汽压力	±0.1MPa
锅炉漏风系数	<2%	锅炉母管蒸汽温度	±10℃
烟气侧阻力	<1000Pa	除氧器水位	±5mm
排烟温度	≤120℃	除氧器压力	±0.05MPa
锅炉汽包水位	±3mm	主给水压力	±0.1MPa
锅炉出口主蒸汽压力	±0.1MPa	主给水流量	根据汽包水位自动控制
锅炉出口主蒸汽温度	±10℃	锅炉各段烟气温度	±10℃
进环保烟气流量	自动控制	进环保系统烟气温度	(350±10)℃

对主要参数偏离正常范围或电气故障设置报警和联锁保护功能。

表 7-3 汽轮发电机组系统的控制要点

主要项目	控制指标	主要项目	控制指标
数据自动采集率	100%	汽轮机调速级压力	±1.44MPa
各段抽汽压力	0.647MPa	汽轮机排气真空	-0.094MPa
各段抽汽温度	296℃	汽轮机转速	3000r/min
汽轮机主汽门前蒸汽压力	(2.25±0.2)Pa	汽轮机轴承温度	<70℃
汽轮机主汽门前蒸汽温度	(410±30)℃	汽轮机振动	<0.03mm
对外供汽温度	310℃	汽轮机轴向位移	<0.4mm
对外供汽压力	±1Pa	汽轮机润滑油压力	0.08~0.12MPa
对外供汽流量	6Nm³/min	主蒸汽流量	±21.6t/h

对汽轮发电机组主要参数偏离正常范围设报警和保护功能，例如汽轮机超速保护、汽轮机润滑油压力低保护、汽轮机轴向位移大保护、汽轮机轴承振动保护、发电机断水保护等。

表 7-4 水处理系统的控制要点

主要项目	控制指标	主要项目	控制指标
数据自动采集率	100%	各备用水泵切换	联锁控制
水箱液位	自动调节（低液位补水，高液位停止补水）	除氧器压力和水位	±0.1MPa，±5cm 自动调节

表 7-5 发配电系统的控制要点

主要项目	控制指标	主要项目	控制指标
数据自动采集率	100%	发电系统	监控电压电流，功率因素
孤网运行	自动切换	并网	汽机转速，励磁电流大小

7.2.4.2 控制手段及改进需求

1. 现有控制手段

1）锅炉系统现有控制手段

余热锅炉系统的控制集成到电站 DCS 控制系统，在锅炉系统各测点设置监控仪表和工业电视，对锅炉运行参数进行实时采集与监控，如图 7-4、图 7-5 所示。

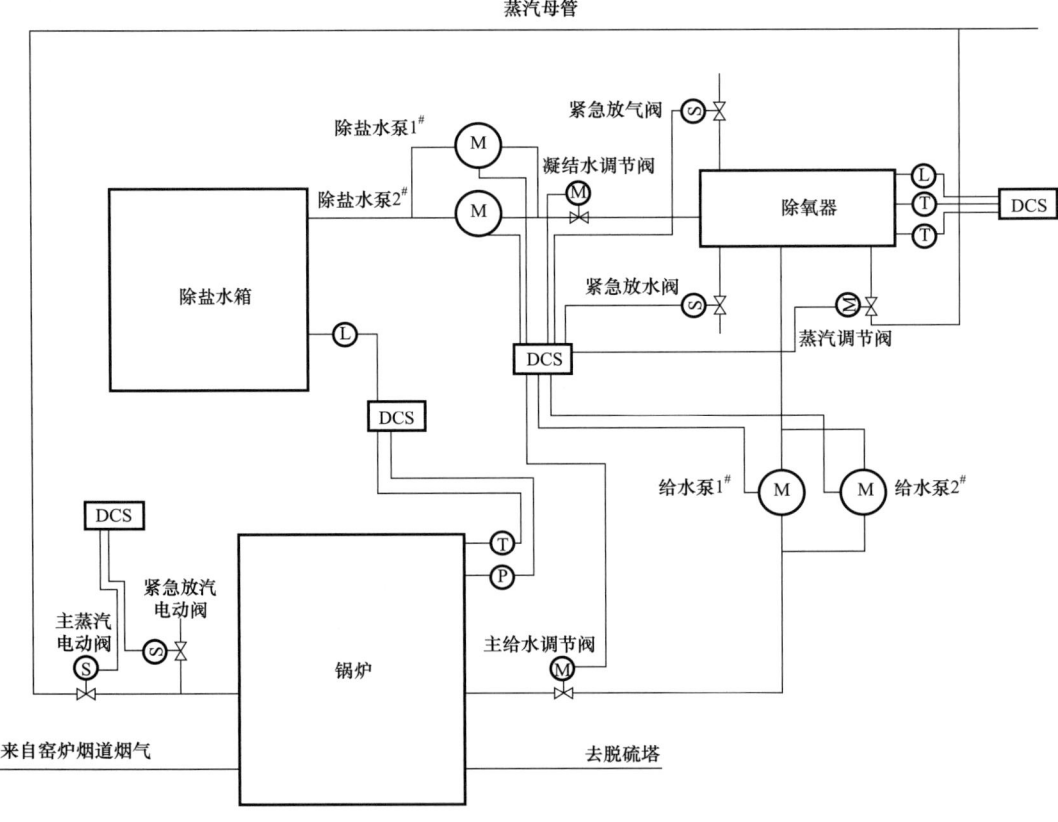

图 7-4 系统控制原理

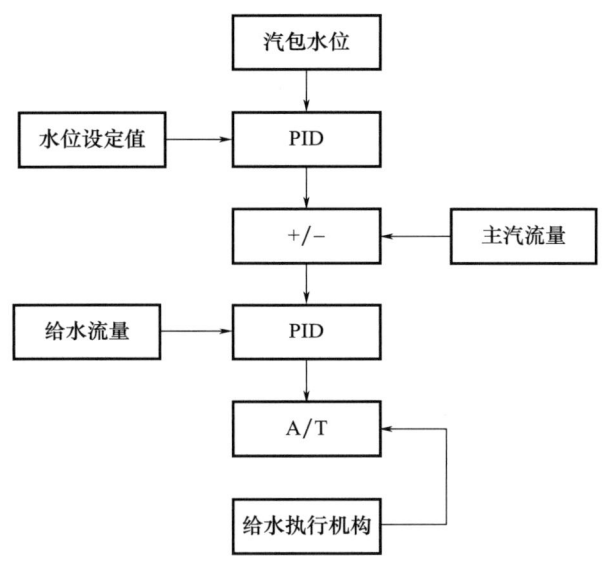

图 7-5 锅炉水位控制原理

在控制方面,主要依靠模拟量进行调控,已经实现了锅炉给水调节系统、锅炉过热蒸汽温度调节系统、锅炉母管蒸汽压力调节系统、除氧器压力和水位调节系统、加热器水位调节系统、减温减压器压力和温度调节系统等自动控制。同时,对主要参数偏离正常范围或电气故障设置报警和联锁保护功能。

(2) 汽轮发电机组系统现有控制手段

根据厂区玻璃生产线的整体布局,可以设置一炉一机、二炉一机甚至多炉一机,根据总体余热锅炉的蒸汽量来确定汽轮发电机组的装机容量。

汽轮发电机组的形式分为凝汽式和抽凝式,当厂区无其他用汽需求时,优先选择凝汽式汽轮发电机组;当厂区需热电联供,用汽点需要的供热负荷比较稳定时,可采用抽凝式汽轮发电机组。

汽轮发电机组系统的控制纳入电站 DCS 控制系统,对该系统主要运行参数进行采集与监控,包括:①汽轮机调速级压力;②各段抽汽压力与温度;③汽轮机排气真空;④汽轮机转速;⑤汽轮机轴承温度;⑥汽轮机振动;⑦汽轮机轴向位移;⑧汽轮机润滑油压力;⑨汽轮机主汽门前蒸汽压力与温度;⑩主蒸汽流量;⑪对外供汽温度、压力及流量。

对汽轮发电机组主要参数偏离正常范围设报警和保护功能,例如汽轮机超速保护、汽轮机润滑油压力低保护、汽轮机轴向位移大保护、汽轮机轴承振动保护、发电机断水保护等。控制原理如图 7-6 所示。

(3) 烟风系统现有控制手段

余热发电的烟风系统起始点从窑炉烟道窑压调节闸板和烟道截断闸板之间开口处,至与烟囱连接的烟气管道,包括主烟气管道、旁通烟道、闸板、阀门、仪表、引风机、膨胀节等。

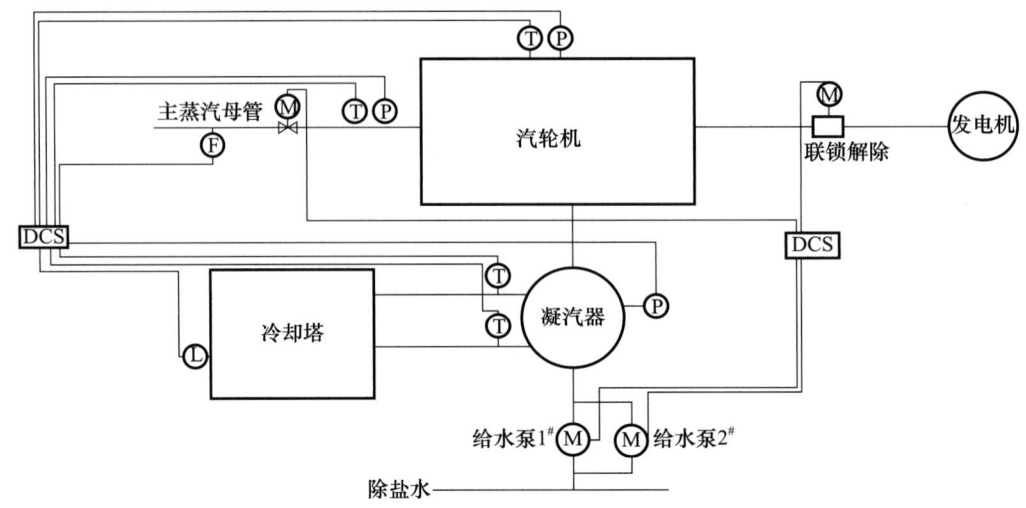

图 7-6　汽轮发电机组系统控制原理

① 窑压控制：通过对各测点基础数据的采集、余热发电和玻璃主生产线两套 DCS 系统的实时通信与数据传输完成烟风系统的监视与控制。当窑压参数出现异常波动时，电站和主生产线两套 DCS 系统的操作人员可迅速沟通并通过 DCS 进行排查处理，确保窑压波动 ≤ ±1Pa，如图 7-7 所示。

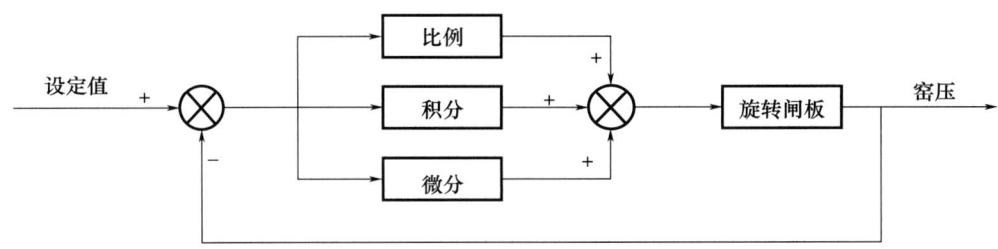

图 7-7　窑压控制原理

② 环保烟气温度控制：余热烟气首先通过余热锅炉的一热段，烟气温度降至环保脱硝脱硫所需温度，然后经锅炉与环保系统烟气管道接口进入环保系统，经过环保处理后的烟气再经锅炉与环保系统接口进入锅炉二热段。因此，余热电站 DCS 与环保系统的控制系统需要预留通信接口，二者对各测点的数据采集、通信与协同闭环控制是烟风系统稳定运行的关键，如图 7-8 所示。

③ 锅炉引风机的联锁控制：引风机应一用一备，当引风机发生故障或需停机清灰时，为避免影响窑压，需将烟气通过旁通烟道顺利排出。需对引风机和旁通烟道相应位置设监测点实时进行数据采集，旁通烟道电动蝶阀采用 UPS 供电，且引风机和旁通烟道需设置电气联锁和报警信号，当引风机故障停机时，旁通烟道能够快速自动开启。引风机故障主/备切换流程如图 7-9 所示。

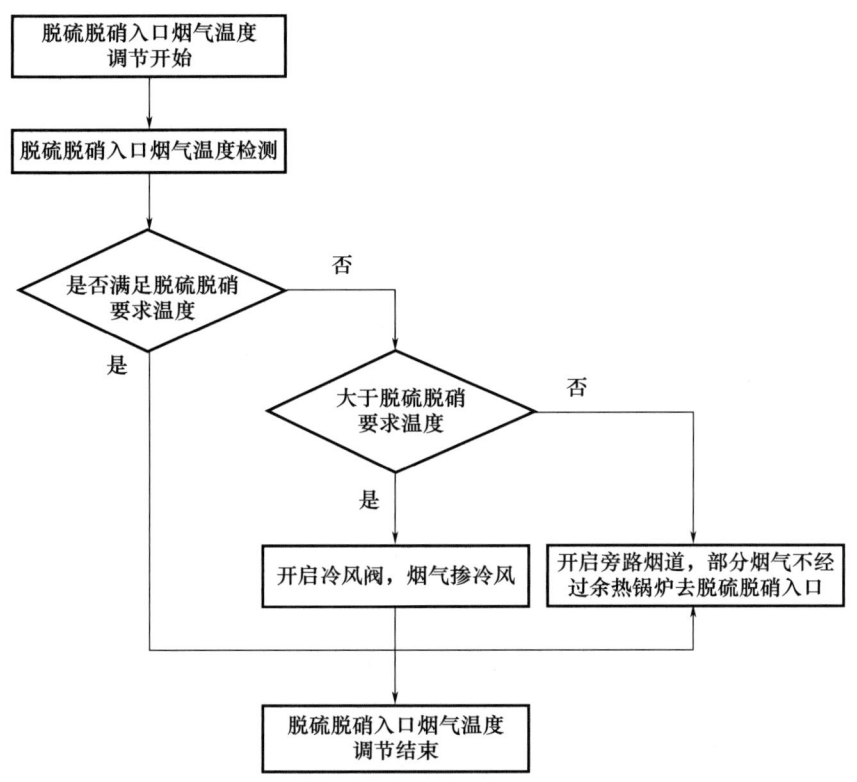

图 7-8 环保烟气温度控制原理

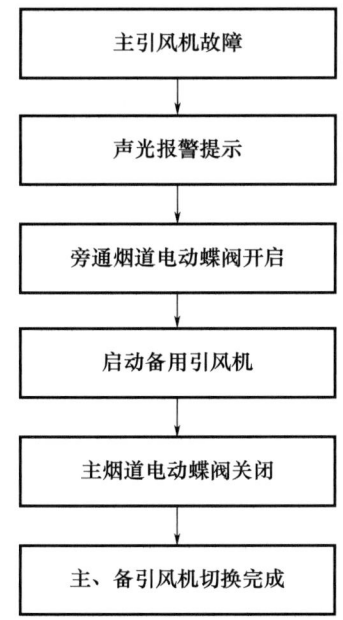

图 7-9 引风机故障主/备切换流程

（4）水处理系统现有控制手段

余热电站的水处理系统包括凝结水系统、化学水系统和循环水系统以及各类水箱。汽轮机做功之后的乏汽进入凝汽器经冷却成为凝结水，然后经凝结水泵、除氧器、给水泵送回锅炉循环使用。乏汽要供给厂区其他用汽点供热，并且存在水汽损耗问题，故需设置化学水处理间。经一级 RO 处理后，符合水质要求的化学水作为锅炉补充水和凝结水一同除氧后送入锅炉循环。循环水系统不参与锅炉水汽循环过程，而是用于给凝汽器、冷油器、发电机的空气冷却器提供冷却水。

余热电站水处理系统的智能监控主要有以下几点：

① 水处理系统的控制并入余热电站 DCS 系统，操作人员可在中控室内对水处理系统的运行情况进行监控；

② 所有水泵设监测点，对水泵的工作情况、运行参数实时监控，重要水泵如凝结水泵、射水泵、给水泵、清水泵等需设置备用水泵，当工作水泵发生故障时能够自动快速切换至备用水泵；

③ 清水箱、中间水箱、除盐水箱、软化水箱等应留有足够的余量并设立液位监测和自动调节；

④ 给水除氧器设置压力、水位监视和自动调节。

⑤ 水系统中重要位置处的温度监控。

（5）发配电系统现有控制手段

余热发电一般供厂区直接并网使用，不在电网系统上网。电站应保证发电过程稳定、发配电系统自动控制，同时，余热电站应具有孤网运行能力。余热发电并网与孤网运行的自动控制如图 7-10 所示。

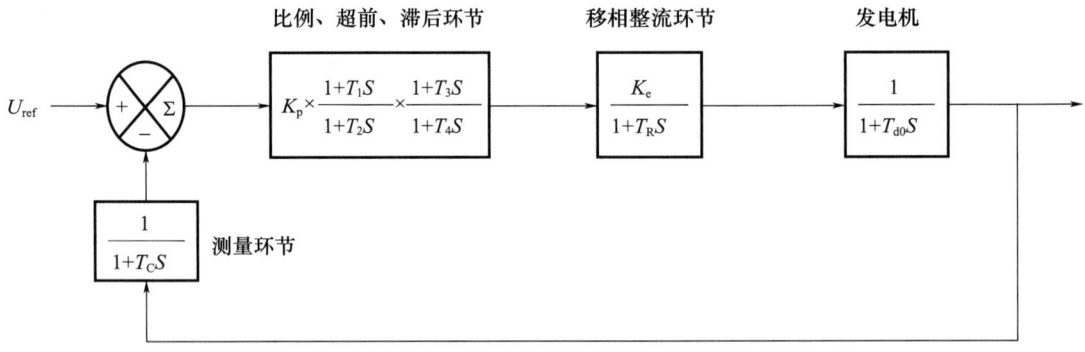

图 7-10　余热发电并网与孤网运行的自动控制

（6）余热电站控制及微机监控保护系统

余热发电站的控制系统采用集中分散控制系统（DCS），控制方式采用机炉电集中控制，同时，站区 DCS 要与玻璃生产线控制系统、环保控制系统进行实时通信、数据互传。站区控制系统集中设置在中控室，操作人员通过显示器、键盘、鼠标实现对站区机组运行的监视和控制。

DCS 的主要功能有：模拟量调节 MCS、数据采集 DAS、汽机保护系统 ETS、汽机数字电液调节系统 DEH、电气控制系统 ECS 等。机组具备热工监测、自动调节和控制、联锁保护和报警信号等。DCS、各监控系统、仪表与控制的配电柜采用双回路供电并能够自动切换以保证控制系统的安全性。

微机测控保护综合自动化装置集发电机组和 10kV 高压系统的控制、保护、测量、信号及同期系统为一体。系统通过通信网络（现场总线）把发电机、厂用系统的测控保护终端装置组成一个分层分布式的综合自动化系统，实现对发电厂电力系统的控制、保护、测量、监视、管理、记录和报警等功能。

2. 改进需求

（1）余热发电烟风系统窑压智能控制

余热发电系统中，引风机是大功率、高能耗的设备。当前虽对引风机设置有变频控制，但其基本都在定频运行，窑压的稳定依靠旋转闸板来实现。制约引风机节能潜力的关键在于：依靠引风机调节窑压具有滞后性（烟风系统较长），通过引风机变频来调节窑压的效果不是立竿见影的，会造成窑压较大波动。

如果能开发出余热发电烟风系统智能控制方案，不再依靠旋转闸板控制窑压（旋转闸板全开），则烟风系统的阻力会大大降低，引风机的节能降耗会带来非常可观的效益。

（2）发电系统与窑压、环保烟风系统智能控制

目前，发电系统的控制与窑压控制、环保烟风系统既独立又有通信联锁控制，但有一定的滞后性，不利于系统闭环控制及三大系统的安全运行。可从以下几方面进行改善：

① 提高数据自动采集率达到 100%。目前主要是对核心工艺数据进行采集，且尚有部分还处于人工观测，数据自动采集率在 95% 左右，制约了余热发电的智能化发展。增加图像采集系统，采集锅炉及 SCR、除尘器等堵塞、烟道漏风等情况，参与系统闭环式智能控制。

② 提高系统智能反馈速度。各单体运行阻力、烟风系统阻力变化适时反馈报警，避免人工判断的滞后性。

③ 完善系统控制工艺参数与闭环控制。鉴于控制工艺参数相互之间具有极强的关联性，调整需要人工凭经验进行分析与判断，尚处于松散控制状态，它们之间的联锁智能控制尚未形成。

7.2.4.3 智能化实施展望

1. 余热发电与烟风治理系统关联控制

将熔窑烟道闸板全开，仅通过调节引风机变频器来调节窑压。在烟风通路上增加测压管，控制系统根据窑压参数和各测压管反馈的压力参数，智能调节引风机频率。各点的压力参数与引风机频率形成反馈闭环控制，实现窑压稳定，从而大大降低烟风系统阻力，降低电站自身运行能耗。

2. 余热发电"孤网运行"智能控制

由于平板玻璃生产线具有连续性特点，因此对供电稳定性要求非常高。采用余热发

电的"孤岛运行"设计，即将余热发电供电并入生产线重要负荷，如燃烧系统、热工风系统、拉边机、水泵房、空压机、退火窑冷端主传动等，同时考虑有双回路供电和UPS，在市政供电质量差或其他不可抗力因素造成停电时，能维持简单生产，减少对生产过程和主要设备的影响，降低损失。

3. 余热发电与厂区分布式光伏发电智能并网

分布式光伏发电已经成为很多制造企业利用太阳能的有效方式，平板玻璃生产线常用自发自用的模式，利用光伏发电作为常规能源的补充。如果余热发电与分布式光伏发电做到智能并网，直接用于玻璃生产的能源供应，将极大提高资源利用效率。

7.3 环保技术

平板玻璃在生产过程中由于燃烧天然气甚至重油，造成了窑炉烟气含有大量的硫和氮氧污染物，必须处理后才能排放，而脱硫、脱销技术是主要的烟气治理方法。

玻璃深加工行业在生产过程中，由于玻璃磨屑和表面需要清洗而在不同的玻璃深加工工艺段产生不同的废水，需要进行废水处理，废水处理技术因水的循环水质要求及循环处理工艺不同而有所不同。

7.3.1 平板烟气治理

7.3.1.1 任务

玻璃熔窑在生产过程中会产生大量的颗粒物、SO_2及NO_x等污染物，随烟气排放至大气环境中，造成大气污染。采用除尘、脱硫、脱硝等污染物减排工艺，使玻璃熔窑烟气中的污染物排放浓度低于国家、地方发布的玻璃行业大气污染物排放标准，是平板玻璃制造行业的重要任务。

7.3.1.2 治理目标

国家及部分地方发布的玻璃行业大气污染物排放标准如下。

1. 国家排放标准

根据现行标准《平板玻璃工业大气污染物排放标准》（GB 26453—2022），主要大气污染物排放限值见表7-6。排放标准发布后，平板玻璃制造企业陆续完成脱硫、除尘、脱硝设施建设，大大推动了平板玻璃工业大气污染物减排。

表7-6　平板玻璃工业大气主要污染物排放限值　　　　　单位：mg/m³

污染物项目	排放限值		污染物排放监控位置
	玻璃熔窑[a]	配料、碎玻璃等其他通风生产设备	
颗粒物	50	30	车间或生产设施排气筒
二氧化硫	400	—	
氮氧化物（以 NO_2 计）	700	—	

[a] 指干烟气中 O_2 含量为8%状态下（纯氧燃烧为基准排气量条件下）的排放浓度限值。

2021年，我国《玻璃工业大气污染物排放标准》（送审稿）规定，新建企业自2022年1月1日起、现有企业自2024年1月1日起（在该日期前对玻璃熔窑进行冷修重新投入使用的，自投入运行之日起），执行表7-7规定的大气污染物排放限值。

表7-7　玻璃工业大气主要污染物排放限值　　　　　单位：mg/m³

污染物项目	排放限值		污染物排放监控位置
	玻璃熔窑	配料、碎玻璃等其他通风生产设备	
颗粒物	30	30	车间或生产设施排气筒
二氧化硫	200	—	
氮氧化物（以 NO_2 计）	400	—	
氨	8	—	

2. 部分地方排放标准

山东省《建材工业大气污染物排放标准》（DB37/2373—2018）规定，2017年1月1日前建成投产或环境影响评价文件通过审批的企业，自2020年1月1日起按照所在控制区执行表7-8中的排放限值。

表7-8　山东省建材工业大气主要污染物排放限值　　　　　单位：mg/m³

受控工艺或设备	污染物项目	重点控制区	一般控制区
玻璃熔窑[a]	颗粒物	10	20
	二氧化硫	50	
	氮氧化物（以 NO_2 计）	100	
	氨	8	8
配料、碎玻璃等其他通风生产设备	颗粒物	10	20

[a] 玻璃工业熔窑基准氧含量为12%。

河北省2020年发布《平板玻璃工业大气污染物超低排放标准》（DB13/2168—2020），标准规定，新建企业自本标准实施之日起、现有企业自2021年10月1日起、执行表7-9规定的大气污染物排放限值。

表 7-9 河北省平板玻璃企业大气主要污染物排放限值　　　　单位：mg/m³

污染物项目	玻璃熔窑[a]	配料、碎玻璃等其他通风生产设备	污染物排放监控位置
颗粒物	10	10	车间或生产设施排气筒
二氧化硫	50	—	
氮氧化物	200	—	
氨[b]	8	—	

a 指干烟气中 O_2 含量 8% 状态下（纯氧燃烧为基准排气量条件下）的排放浓度限值。
b 适用于使用尿素、液氨或氨水作为还原剂脱硝的企业。

广东省 2019 年发布《玻璃工业大气污染物排放标准》（DB44/ 2159—2019），规定现有企业自 2020 年 1 月 1 日起、新建企业自 2019 年 8 月 1 日起、执行表 7-10 规定的大气污染物排放限值。

表 7-10 广东省玻璃工业大气污染物排放限值　　　　单位：mg/m³

污染物项目	玻璃熔窑[a]	配料、碎玻璃等其他通风生产设备	污染物排放监控位置
颗粒物	30	20	车间或生产设施排气筒
二氧化硫	280[b]	—	
氮氧化物（以 NO_2 计）	550	—	

a 指干烟气中 O_2 含量 8% 状态下（纯氧燃烧为基准排气量条件下）的排放限值。
b 以天然气为燃料的玻璃熔窑、熔炉按现行 GB 26453 执行。

7.3.1.3　控制要点

根据玻璃熔窑烟气污染物排放情况不同，一般有两种处理工艺实现污染物达标排放。针对高硫烟气，采用"高温余热利用 + 烟气调质预除尘 + SCR 脱硝 + 低温余热利用 + 半干法脱硫除尘"工艺，工艺控制要点及流程简图分别见表 7-11 和图 7-11。

表 7-11 玻璃熔窑高硫烟气处理工艺控制要点

序号	高硫烟气处理工艺控制指标名称	控制指标要求
1	烟气温度	≤400℃
2	二次电压	0~86kV
3	二次电流	0~1.6A
4	振打频次	偏差值不超过 2%
5	喷氨量	偏差值不超过 2%
6	脱硫剂进料量	偏差值不超过 2%
7	喷吹时间	偏差值不超过 2%

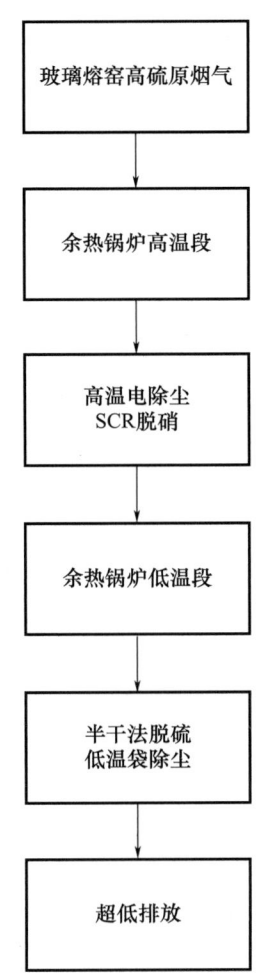

图 7-11　玻璃熔窑高硫烟气处理工艺流程简图

针对低硫烟气,采用"高温余热利用 + 干法脱硫除尘脱硝一体化 + 低温余热利用"工艺,工艺控制要点及流程简图见表 7-12 和图 7-12。

表 7-12　玻璃熔窑低硫烟气处理工艺控制要点

序号	低硫烟气处理工艺控制指标名称	控制指标要求
1	烟气温度	≤380℃
2	振打频次	偏差值不超过 2%
3	喷氨量	偏差值不超过 2%
4	脱硫剂进料量	偏差值不超过 2%
5	喷吹时间	偏差值不超过 2%

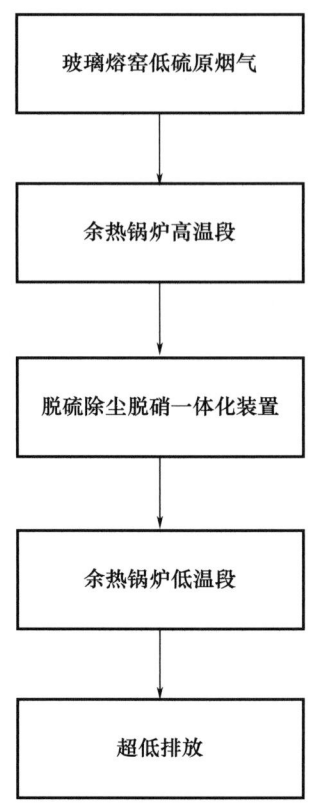

图 7-12 玻璃熔窑低硫烟气处理工艺流程简图

7.3.1.4 控制手段及改进需求

1. 现有控制手段

玻璃熔窑高硫烟气处理工艺的关键设备为：余热锅炉/换热器、高温电除尘器、SCR 脱硝反应器、NDS 脱硫系统、袋除尘器及引风机。玻璃熔窑低硫烟气处理工艺的关键设备为：余热锅炉/换热器、干法脱硫塔、陶瓷纤维催化滤管除尘器及引风机。关键参数现有采集手段见表 7-13。

表 7-13 烟气治理关键参数现有采集手段汇总

序号	烟气治理关键参数名称	现有采集手段
1	运行温度	温度传感器
2	料位值	料位计（声呐、音叉、阻旋等）
3	NH_3 浓度	氨泄漏检测仪
4	喷吹压力、压差	压力传感器

(1) 温度控制

当高温电除尘器入口烟气温度＞400℃时，打开冷风阀兑入环境空气，满足设备要求。当陶瓷滤管除尘器入口烟气温度＞380℃时，打开冷风阀兑入环境空气，满足设备要求。

(2) 二次电压、二次电流控制

变压器通过一次侧、二次侧线圈匝数的变化，实现电压电流的转化，调节一次侧交流输入电源的电压有效值，一次侧交流输入电源的电流有效值；变压器二次侧输出电压，随电除尘电场工况变化而变化，通过二次电压设定值限定二次电压大小，变压器二次侧输出电流，随电除尘电场工况变化而变化，通过二次电流设定值限定二次电流大小。

(3) 振打频次控制

在控制系统中，对振打电机运行指令设置相关时间间隔，实现对振打频次的控制。

(4) 喷氨量及氨逃逸控制

利用固定的 NH_3/NO_x 摩尔比来提供所需要的氨流量，进口 NO_x 浓度和烟气流量的乘积产生 NO_x 流量信号，此信号乘上所需 NH_3/NO_x 摩尔比就是基本氨流量信号，根据烟气脱硝反应的化学反应式，1mol NH_3 和 1mol NOx 进行反应。氨流量需求信号送到控制器并和实际氨喷射量比较，根据误差信号定位调节控制阀。若氨因为联锁失效造成喷雾动作跳闸，届时氨控制阀切断。根据设计的脱硝效率，依据反应器入口 NO_x 浓度和设计中要求的最大氨逃逸率计算出修正的摩尔率，输入并在线控制喷氨量，定位氨气流控制阀，实现对脱硝系统的自动控制。

(5) 脱硫剂进料量控制

对于低硫烟气，脱硫剂进料系统必须保证连续向消化器供应适量脱硫剂，根据烟气流量及烟气中 SO_2 的浓度，设定脱硫剂的供应量，并对应调节消化水量。对于高硫烟气，根据烟气流量及烟气中 SO_2 的浓度，设定脱硫剂的供应量。

(6) 喷吹时间控制

喷吹间隔时间有两种控制方案，一种是定时，另一种是定压。定时：每隔一段时间就喷吹一次；定压：当压差大于某一个值时就喷吹，直到压差低于设定值。

2. 改进需求

目前烟气处理控制系统中脱硫剂/脱硝剂用量以及净烟气回流量的调节仍需人工操作，不能根据实际工况变化实现智能闭环控制。

(1) 脱硫剂/脱硝剂的用量与熔窑烟气污染物浓度形成智能闭环控制。

玻璃窑烟气流量不稳定、污染物排放浓度波动较大，目前脱硫剂与脱硝剂的用量不能与实时的污染物浓度形成智能闭环控制。

(2) 脱硫塔气体流速与净烟气回流量形成智能闭环控制。

脱硫塔气体流速低于设计值时易造成堵塞，可通过设置净烟气回流装置保证脱硫塔所需气体流速。但目前净烟气的回流量与脱硫塔气体流速之间还未形成智能闭环控制，需要人工调节净烟气回流量。

7.3.1.5 智能化实施展望

1. 烟气污染物浓度的闭环控制

根据自动采集的烟气流量、污染物浓度，对相关工艺参数波动进行分析，提高环保控制系统的预测与判断能力，最终形成脱硫剂/脱硝剂的用量与熔窑烟气污染物浓度智能闭环控制，如图7-13、图7-14所示。

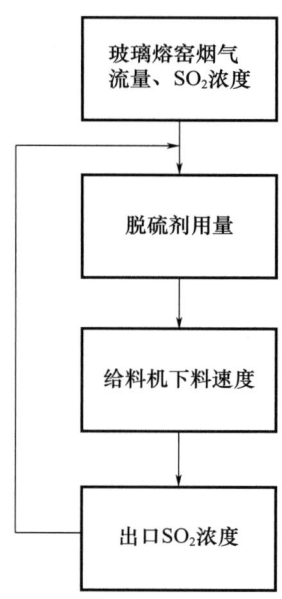

图 7-13　脱硫剂用量与烟气 SO_2 浓度的闭环控制

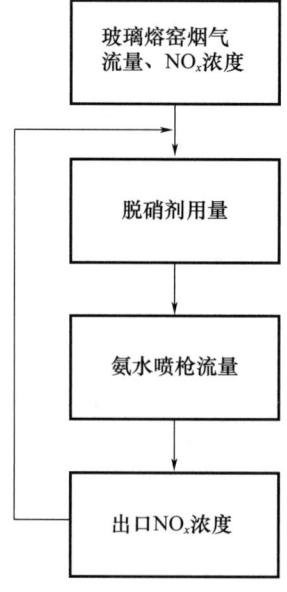

图 7-14　脱硝剂用量与烟气 NO_x 浓度的闭环控制

2. 净烟气回流量的闭环控制

根据自动采集的流速、流量数据库,对相关工艺参数波动进行分析,提高环保控制系统的预测与判断能力,最终形成脱硫塔气体流速与净烟气回流量的智能闭环控制,如图 7-15 所示。

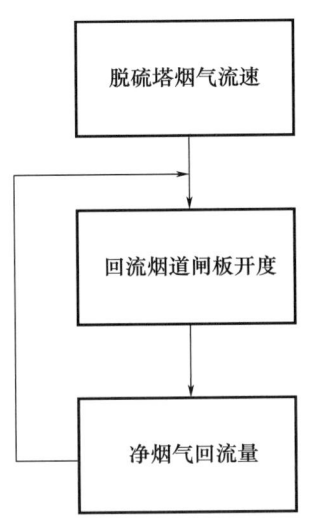

图 7-15　脱硫塔气体流速与净烟气回流量的闭环控制

3. 治理设备模块化与在线快速切换

为保证全时段达到排放要求,烟气治理系统需不间断运行。以陶瓷滤管除尘器为例,设备需模块化设计,采用独立分室,每个分室进出口均设置阀门,同时在分室内设置粉尘测量仪。当滤管破损导致粉尘仪报警时,自动关闭破损仓室阀门,打开顶部入孔即可进入仓室更换滤管,实现自动在线切换。

4. 智能控制,无人值守

在现阶段玻璃熔窑烟气治理中,由于占地面积、系统建设成本、后期运维成本及设备稳定性、智能控制技术水平等因素的制约,前文所提及的通过污染物排放浓度反馈实现智能化控制物料的投放、净烟气回流量自动调节尚不能完全实现。未来 5~10 年时间内,伴随平板玻璃制造工艺与智能控制水平的改进提高,烟气治理关键设备的质量与稳定性、智能化水平也将得到同步提升,使其满足烟气治理系统智能化控制的硬件要求,真正实现无人值守。

7.3.2　玻璃深加工废水处理

7.3.2.1　污水来源及特性分析

在玻璃深加工行业,不同的玻璃深加工工艺段产生的废水不尽相同,循环水质要求及循环处理工艺也大有不同。生产用水主要产生于磨边喷淋、镀膜或丝印前清洗及包装前清洗等工段。图 7-16 ~ 图 7-18 是这几个工序段清洗的照片。各工序段对清洗用水的要求如下：

（1）磨边、磨边喷淋段要求水质达到：悬浮物≤10mg/L，色度≤32 倍，pH 7 ~ 8.5，对电导率、有机物浓度等要求较低。这个工序段产生的废水主要由磨边过程中产生的细小玻璃粉引起，特点是水量大、悬浮物浓度高、色度高等，本文中将其定义为"高污染废水"。

（2）镀膜、丝印及包装工序前清洗段除满足上述要求外，还需电导率≤10μS/cm。这个工序段废水的主要特点为水量较小、色度低、悬浮物浓度低，本文中将其定义为"微污染水"。

图 7-16　磨边工序段（一）

图 7-17　磨边工序段（二）

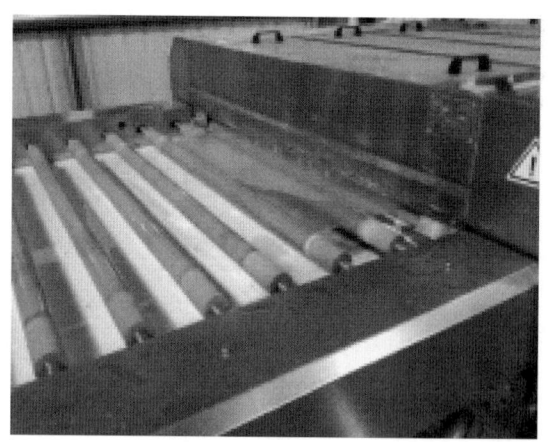

图 7-18　清洗工序段

7.3.2.2　水处理循环利用思路分析

不同污染程度的废水需进行分质处理、分质回用，即不同性质和污染程度的废水根据水质分开收集、区别处理后再进行分质回用。

深加工废水分质分流情况主要为：

高污染水：磨边及预清洗等工段产生的废水单独收集，采用沉淀、气浮、过滤等技术进行处理后回用于磨边用水；

微污染水：镀膜、丝印及包装前工序段清洗主要使用去离子水、高品质自来水，该工序段产生的废水单独收集后按微污染水处理。

车间废水整体处理思路：

微污染水经过砂滤、特种分离膜、浸没式超滤等工艺净化后，一部分代替自来水使用，另一部分作为反渗透（RO）原水使用。

废水处理系统建成后要达到的基本要求如下：

（1）高智能：配备物联网系统、中央控制系统、可视在线监控系统；
（2）不清理：收集池、设备内不需清理或大幅度延长清理玻璃渣的时间；
（3）双达标：废水经处理后达到用水要求，同时达到环保排放标准；
（4）相对零排放：高污染废水和微污染废水要求达到全部回用的目标；
（5）操作强度低：设备为高度自动化，人员干预工作量少或尽可能没有；
（6）停产维护：净化设备出现故障或需要停机维护时，不影响生产用水；
（7）添加的净水剂为饮用级或高纯度净水剂，不添加高分子、难降解净水剂（聚丙烯酰胺）。

7.3.2.3 水处理设施智能化应用

实现水处理设施的智能化可以减少设备因人为原因造成的损坏、停机、超标排放等情况，管理和操作人员可通过计算机、手机等信息窗口实时掌握设备运行状况，第一时间收到故障通知。水处理功能模块如图7-19所示。

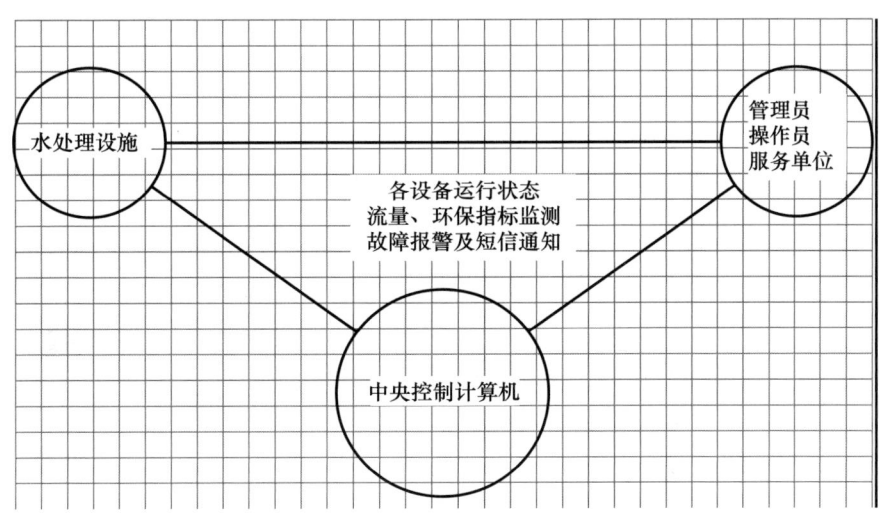

图 7-19 水处理功能模块

水处理过程中的数据信息见表7-14。

表 7-14 水处理过程中的数据信息

序号	配套设备	输入信息	输出信息	中央控制室显示	物联网
1	超声波液位计	液位	根据液位自动开停水泵、加药泵	液位数值	可通过手机远程管理、设置参数
2	电磁流量计	处理水量、回用水量	处理水量、回用水量统计、行程报表	瞬时流量、累计流量、月回用量、排放量	
3	压力传感器	供水压力	实时用水管道压力	实时用水管道压力	可远程修改管道压力
4	浊度仪	超标值	实时浊度	实时浊度 超标报警 短信通知	超标报警 短信通知
5	pH 仪	超标值	实时数值	实时数值 超标报警 短信通知	超标报警 短信通知
6	排放切换电动阀	环保指标超标自动关闭排放阀门	实时数值,超标自动关闭排放阀门	实时数值,超标自动关闭排放阀门 超标报警 短信通知	超标报警 短信通知 启动应急响应
7	PLC	净水剂低位提示	净水剂低位提示	净水剂低位提示	净水剂低位提示
8	PLC	故障报警	故障报警	故障报警 短信通知	故障短信

7.3.2.4 动力及自控单元

动力配电系统宜采用双回路供电,配有运行数据监测、急停按钮、照明、通风换气风机和远程中央控制显示系统。图 7-20 是配电柜系统实物照片。

图 7-20 动力配电柜

中央控制系统执行对水泵、阀门等开关量和液位、流量等模拟量的采集转换、显示和控制，实现超限报警和联锁启停，并且具有瞬间停电顺序启动功能；计算机具有数据管理、图形显示、状态显示、历史记录、趋势曲线、流量累计、报表打印等功能，数据传入互联网，可以在手机上通过云控制修改参数和编辑程序。中央控制系统如图7-21所示。

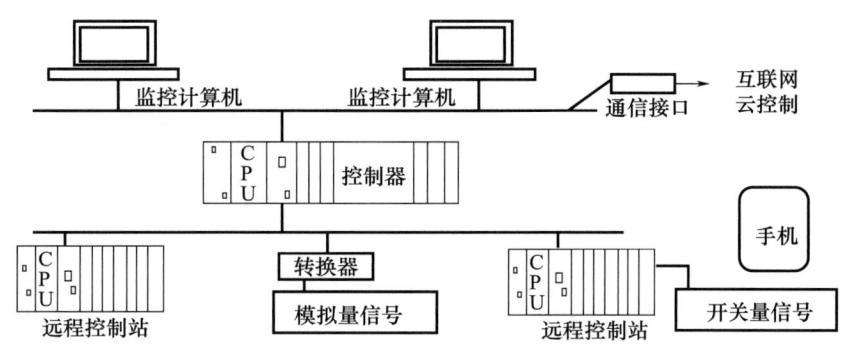

图7-21 中央控制系统示意图

7.3.2.5 展望

随着企业对环境保护的重视和科技的进步，希望未来3～5年水处理设施能实现无人化值守，管理人员、服务单位均可实现远程维护、远程排查故障。不需要添加化工净水试剂玻璃废渣便能实现废物再利用。

8 智能制造软件应用

8.1 企业资源计划（ERP）

企业资源计划，简称 ERP 系统，位于智能化工厂软件架构顶层，属于企业决策层，其以财务为核心，以供应链管理为主，包括销售下单、订单评审、采购需求、生产订单生成、生产计划编排、生产下单、生产过程成本核算、库房管理和发货物流管理的整个过程，一般由销售管理、财务管理、采购管理、库房管理、生产管理等模块构成。玻璃行业 ERP 的应用，对于平板玻璃企业来讲，主要是财务核算和采购管理；对玻璃深加工企业来讲，主要是针对企业物资资源管理（原片及辅料）、人力资源管理（各工序的生产安排）、财务资源管理（资金往来）、信息资源管理（从接单到出库的所有数据）集成为一体化的企业管理软件，是企业提高工作效率、降低生产成本、实现减员增效、打造核心竞争力的重要工具。

8.1.1 订单获取

8.1.1.1 订单获取方式

销售订单通过手动录入、Excel 导入方式录入 ERP 系统，对于零售订单或补片订单也会以小程序或微信形式进行下单，订单信息直接进入 ERP 系统的销售管理系统，实现软件无缝对接。

8.1.1.2 订单评审

销售订单录入 ERP 后首先要进行订单评审，评审由销售人员在系统发起，生产、财务、采购、销售等人员参与，主要包括产品结构的评审、价格评审、生产能力的评审、生产原片与辅料的评审、采购和库存评审以及生产和交期评审等，评审输出决定该订单是否可以接受、是否进入下步合同谈判环节。

8.1.1.3 订单计划编排

一旦销售订单评审通过，合同签订，该销售订单就按照交期的要求，结合采购环节和生产能力的匹配，进入销售计划编排阶段。销售计划以月度计划进行，初步确定了原片和辅料的采购时间、生产加工时间和交货时间。

8.1.2 订单转换、拆分

订单转换、拆分是玻璃深加工企业生产管理最重要的核心部分，不合理拆分是造成玻璃生产混乱、生产工作效率低的主要原因。

8.1.2.1 订单转换

销售订单如何转换成生产可执行的具体工单，就是订单转换的任务，主要包括以下几点：

(1) 客户产品需求的理解；
(2) 产品结构的确定；
(3) 原片、膜系结构、中空结构的确定；
(4) 产品尺寸的校对、合并、加工工艺要求的确定；
(5) 主要辅料，如铝条、结构胶材料的确定；
(6) 加工能力和生产流程等的确定。

8.1.2.2 订单拆分

订单的拆分是对销售订单执行的细化过程，是为了满足客户项目进度需求而对整个销售订单进行的分批、分结构的分解，这个过程也是生产计划安排和产品交付的依据。

8.1.2.3 生产工单生成

生产制单环节也就是将订单转化为生产工单的过程。工单是生产过程中物流信息的单元，也可作为产品发货的包装单元。制单的环节必须遵守一定的规则，各个厂家有所不同，主要包括：

(1) 根据玻璃结构、大小、加工方式、工艺流程、送货装箱等技术要求，归类分架分箱原则，制作生产流程卡，为生产排产（APS）做准备；
(2) 流程卡的制作标准满足上下岗位工序之间玻璃尺寸可以目测交接，并可以实现不看标签和卷尺测量也能中空配对，分架合理能减少双边磨开合时间和次数等；
(3) 针对有智能中空配对理片系统的流程卡制作，要注意长宽相近的（长和宽相差小于5mm）两种或多种玻璃不能放在同一批次和同一架子上；

（4）对于玻璃加工要求精度高的杂乱尺寸玻璃，使用流程卡扫码功能，能够实现双边磨尺寸比对系统，实时调整磨边设备，保证玻璃磨边效率和质量；

（5）流程卡的派发可采用人工挑选纸质流程卡和 PC 端 ERP 上勾选派发。

8.1.3 材料清单（BOM）

生产订单生成后，ERP 系统会自动生成 BOM 表，主要包括原片规格、数量，主要辅料包括但不限于夹层中间膜、中空密封胶、间隔条等信息。系统内将 BOM 表与仓库信息进行交互，首先确定原片或辅料的库存信息，再依据需求量提出采购需求。

8.1.4 工单管理

工单是整个生产过程中的管理单元，作为一个整体进行周转和开工/完工，以流程卡或生产任务单的形式呈现，包括订单信息、工单编号、产品结构、原片规格、辅料厂家以及规格、工艺流程，玻璃规格、数量、顺序以及工艺要求等，是计划下达、切割优化和指导现场人员操作控制及物流周转的指导文件，在生产现场随着玻璃实体进行周转。

8.1.4.1 工单计划

ERP 内工单计划的编制分为销售月度计划、生产月度计划和生产周计划、日计划，同时根据零单和补片的原因，也会有临时计划插入。计划的编排依据订单的交货要求和镀膜膜系计划（有镀膜工序的厂家）或以中空生产计划为主，前道工序采用拉动式工序计划进行排程：

（1）对流程卡按照客户、工程名称、订单号、玻璃厚度、玻璃品种、交货期限等进行分类筛选，为优化切割和作业排产做准备；

（2）工单流程卡筛选后，分批次优化排版并发放作业排产单；

（3）作业排产单要标注清晰生产订单号、客户名称、架编号和架子存放位置；

（4）流程卡生产进度信息可在办公室计算机、车间看板、客户手机上同步显示。

8.1.4.2 工单优化

为了控制生产成本、提高设备效能和生产效益，工单在下达前必须在 ERP 内按照客户需求进度，筛选工单流程卡进行优化。优化分为两个层面：一是生产流程的优化，即根据合同交货产品规格和结构将同订单内流程卡按照设备性能和原片情况进行打包；二是切割前对打包内的工单玻璃采用专门的切割优化软件进行版面的优化，这是玻璃深加工生产前确保原片最大切裁率的优化，在保证切割优化率达到企业规定的要求指标时，根据切割下片方式下达排产计划单。

8.1.4.3 工单下达

玻璃深加工生产计划人员作为玻璃深加工工厂的大脑核心,在企业工作多年,精通各个工序流程、设备主要工艺参数、岗位人员配备,是工单排产和任务下单的执行者。生产工单的下达流程如下:

(1) ERP 内计划人员排出日生产计划;
(2) 制单人员根据日计划打印出流程卡;
(3) 切片优化人员进行切片版面优化;
(4) 生产调度或切片班长领取流程卡;
(5) 切片班长根据 ERP 内生产顺序和设备排产进行流程卡分派;
(6) 切片人员根据优化版面和对应的流程卡切片开工。

8.1.4.4 工单执行

玻璃深加工企业由于智能制造水平不同,生产过程中工单的执行也不相同。

1. 传统模式

传统的生产模式中每个工序和设备都是独立的单机运行,每道工序加工玻璃依靠人工或自动装卸片台进行上下片,玻璃物流周转为铁架流转,在这种模式下工单以纸质的方式,依赖操作人员识别进行加工,工单在现场与玻璃实体进行绑定,随着玻璃一起在工序流转。

2. 连线模式

玻璃深加工自动化连线主要由原片仓储、切—磨—钢—中空全连线或前端部分连线组成,无论连接的工序模式怎样,在连线部分,工单信息由 ERP 系统下达给 MES 系统,通过 MES 系统与 SCADA 系统的数据交换,控制设备的自动加工,玻璃采用自动识别技术进行跟踪,工单的执行过程不再需要纸质流程卡。

8.1.4.5 工单报工

工单在每个工序加工完成后,需要在 ERP 内进行报工,传统模式下由人工在现场 ERP 系统内点单,完成每个工单的完工信息上传;在智能制造系统中,通过采用移动终端扫描工单 1D 或 2D 码的方式或在连线系统中由 MES 系统与 ERP 系统接口实现自动报工。

8.1.5 成本核算

作为传统行业,产品的加工成本控制至关重要,为 ERP 系统的核心功能。销售订单从接单开始,就严格控制玻璃的成本报价。订单评审以及生产过程和生产日期的排产预测控制都是围绕产品成本进行考核的。

1. 销售系统

对于销售订单,首先要考虑整单玻璃的尺寸优化率,选择合理原片,还要计算每块玻璃的用料成本，计算整单和每片玻璃成本盈亏情况，避免人工报价成本考虑不全造成损失。

2. 生产过程

（1）工单排产优化，最大限度利用资源、发挥效能；

（2）严格控制原片切裁率和辅料的利用率，降低材料单耗；

（3）优化加工顺序，提高核心工序钢化、镀膜的装载率，降低玻璃电单耗；

（4）严格跟踪玻璃流转，确保夹层和中空玻璃配对率，减少半成品积压数量；

（5）操作人员绩效管理，提高人均生产率。

3. 成本核算

工程结算后总体成本核算，包括水电费、人员工资、设备折旧等因素。

8.1.6 库存管理

ERP系统内库存管理分原片库存管理、半成品库存管理、辅料仓库管理、玻璃成品库管理等，数据的输入以人工录入为主，信息系统数据对接也在不断应用。扫码库存管理是一种通用的方式。

1. 原片扫条码出入库库存管理

库管员负责扫描原片二维码信息，办理入库手续；切片负责扫描原片二维码，输入切割使用数量，作为原片出库信息。原片库存报表在ERP系统内实时更新，解决专职人员盘点库存工作量大、不及时、不准确问题。

2. 辅料扫条码出入库库存管理

由于玻璃行业非标产品种类繁多，库存量较大，容易造成用时找不到的问题，因此辅料库存、备品备件及原材料扫描管理也是极其重要的，其操作流程类似于原片管理。

3. 玻璃周转架扫条码半成品管理

半成品库存玻璃的周转架，采用1D/2D码扫码方式，或自动跟踪技术，如RFID/UWB等，结合流程卡信息，对半成品库进行区域和玻璃查找管理。

4. 成品库扫条码管理

玻璃成品包装后，根据ERP流程卡信息进行入库和发货管理，实时对订单生产和发货情况进行跟踪。

8.1.7 客户管理

在ERP系统内，客户的管理分为销售客户管理和供应商客户管理。

1. 销售客户管理

包括为客户提供及时准确的服务，保证玻璃生产加工信息共享，减少或杜绝查询催打电话现象发生。通过客户信息和需求、合同执行情况的管理，解决了企业乱象的发生，提高了工作效率，实现了为销售客户提供优质服务的目标。

2. 供应商客户的管理

包括供应链管理体系的建设，潜在供应商客户的收集，是打造生态链系统、实现相互依存、良性循环发展的重要环节。

8.1.8 物流管理

物流管理主要是指对加工后的成品玻璃，根据客户交货期和工地方向，做好车辆的送货管理，在 ERP 内根据销售提货单信息，以及成品仓库出货信息、装运车辆信息，跟踪玻璃的物流情况，确保产品的交付和安装现场的跟踪。

8.2 生产排产（APS）

平板玻璃生产企业按需生产，而且同一时间生产同厚度的玻璃，生产计划编排简单；而玻璃深加工企业由于具有多规格、小批量的订单特点，以及生产工序离散的工艺模式，生产计划的编排对于成本控制和按时交货至关重要。玻璃深加工生产排产是指安排同一生产周期、同一产品结构、同一工艺流程的订单加工计划，包括订单数据录入、切割优化、生产工艺路径规划、生产加工单处理、交货期安排、包装发货等信息。生产排产分为整单订单排产、零单订单排产两种模式。

8.2.1 整单订单排产

8.2.1.1 整单特点

整单一般是指批量性的建筑工程用门窗、幕墙玻璃订单，它具有以下特点：

（1）数量多且尺寸相对整齐，整体经人工分架后一架的尺寸规格、类型一般小于等于3种；

（2）适合规模生产、按批推进，有明确的进度要求，一般生产时按顾客要求顺序、批次进行分解生产；

（3）相对于零散订单生产效率更快。整单生产既可按工序分段生产，也可进行连线生产。

8.2.1.2 整单排产的目标

有计划地组织生产批次，最大限度地发挥生产设备的产能和效率，提高生产原材料的利用率，减少生产材料损耗，节约成本，满足交货期需求。

8.2.1.3 整单排产的原则

根据顾客订单需求、工艺路径、设备加工能力、人员配置等确认优化方案。

8.2.1.4 影响排产的因素

影响订单排产的因素有以下几个：
（1）订单的不确定性及变化，包括顾客施工进度、天气、货款结算、插单等；
（2）设备保养及异常；
（3）工艺无法满足要求（具体说明精度、加工尺寸、工艺顺序等），如环境因素对设备影响带来的工艺不确定性。

8.2.1.5 整单排产的逻辑

整单排产遵循以下逻辑：
（1）整单接单前要充分与顾客和营销人员进行沟通。玻璃深加工订单量大，需要进行批次总优化，根据优化结果备好原片。在厚度大于8mm的玻璃切裁率较低、无其他订单混合优化出裁的情况下还需定制原片玻璃等。
（2）排产的第一逻辑应是顾客交货期分解和切裁率。按交期分解后进行批次优化，由于要考虑原片切裁率，在产能满足情况下适当进行不同顾客间或同顾客不同批次混优，最大限度提高切裁率的同时，又满足顾客交期。
（3）考虑同一优化方案、同一品种、同一厚度、同一尺寸、同一订单、同一生产批次、是否异形、是否镀膜处理等条件。
（4）排产可以依次排多天计划，每天排产需要细化到具体的班组、班次、加工设备。
（5）排产增加校验条件，异常设备不允许排产，同一设备排产超出产能预警提示。如有需要，每天排产也可以设置顺序，后续按顺序导入连线设备中，切割机按顺序调用切割优化包文件，执行切割任务。
（6）可以设定补片优化，把补片流程卡放在最前面，单独一组单独颜色显示，优先排产。

补片的排产跟踪是深加工的"老大难"问题，直接影响整单交付的交期和客户满意度。一般采用"即补"方式，遵守工序间整单交接原则，排产优化采取归类整合、动态优化。实际生产过程需设立补片专员和特殊流转架，见缝插针，最大限度地整合资源，满足半成品整单流转需求。

8.2.1.6 整单排产实施

在生产排产前，ERP系统从顾客订单信息录入订单审核、订单分架、订单分解整合、切割优化排产、标签打印等系列过程，应包括以下内容：

（1）设备产能分析：排产时对设备最大加工能力（标准产能）和加工类型（效率最大化的玻璃类型）做好分析，设备的产能不仅指单机设备的加工能力，而且应充分考虑整线的设备产能工序平衡。

（2）工艺路径：在对设备产能分析的基础上，根据产品属性条件，按照设备加工优先级，确定加工设备。选择正常使用中的设备，按照成品玻璃厚度、尺寸、面积、加工要求等，动态核算耗用产能，计算出加工所需。

（3）定岗定编：对生产人员实际情况按订单类型进行岗位分配及人员数量确定，是生产排产的基础和重要依据，应以精简、高效、协调为目标。

8.2.1.7 整单排产过程中的数据信息

整单排产过程中的数据信息见表8-1。

表8-1 整单排产过程中的数据信息

输入信息	输出信息	备注
交货期	采购BOM、切割优化顺序、发货计划顺序表	物料准备
产品基本信息	切割优化批次任务单和顺序	原片、膜系、厚度、数量、尺寸、辅材种类等
工艺要求	设备选择、机台和生产科室的分配	
工艺流程	设备分配、产能预估和物流计划	
标识加施信息	3C、工厂等信息	
包装方式是否贴膜	包装任务	铁架、木箱

8.2.1.8 整单排产智能化展望

目前，大多数玻璃深加工企业的排产采用ERP等系统，在数据录入和采集能力上相对成熟，生成的报表类数据也基本准确。

现有的ERP系统仍需完善，系统对排产进度实时监控和设备瓶颈预警仍有不足，具有滞后性。计划排产人员需要导出数据整理后才能大致了解整个生产的进度。

未来智能化的排产应该不仅仅是排产任务、指定顺序等，它更应该能延伸至整个生产过程的监控，使计划人员一目了然地了解整体生产进度；计划应该成为生产的"核心大脑"，而不只是排产、分配任务。未来的智能化排产，更应该是计划与设备层面的深度结合。ERP系统与MES系统深度融合、互为补充，应是未来智能化排产的趋势。

8.2.2 零散订单排产

8.2.2.1 零散订单的特点

零散订单是相对于整单订单而言的，主要来源于家庭装修及维护维修市场，它具有以下几方面的特点。

1. 客户分布散且单客数量少

玻璃零散订单主要来源于家庭装修需求,订单主要由系统门窗经销商、系统门窗制造商、装修市场店铺同终端用户接洽。其特点是同一用户的玻璃订单量少、尺寸规格繁杂(含部分手写),订单送货地址不同,甚至同一订单中的制成品需拆分发往不同地点,例如,开启扇玻璃送往系统门窗厂、固定扇玻璃送往终端用户家等。

2. 产品品种规格复杂

同一订单内玻璃尺寸各异、形状不规则,且根据玻璃所用位置的不同采用不同的加工工艺,如装饰用艺术玻璃、门窗用中空玻璃/百叶/格条、淋浴房/盖顶/地台用的夹胶/夹绢玻璃、隔离隐私的调光玻璃等,有需打孔的、有需印花的、有需镶嵌的,品种繁杂。

3. 下单不规范

零散订单客户大多在业主处量尺,人工记录尺寸和要求,且多以手机拍照形式通过微信下单。各人的书写习惯不同,有连笔的、随意勾画的,标注习惯不一,导致工厂接单、下单时,需与客户一一进行电话核对,给业务人员带来了极大的工作量。

4. 订单不确定无法预排产

零散订单客户下单随机性大,客户对自己的接单目标都不确定,更无法提前发给工厂排单。工厂往往第一天接单,第二天即生产,无法与整单一样排产。

5. 工艺路线长且加工时间短

根据需求不同,玻璃加工的工艺路线也不一样,切割、磨边、清洗、钢化、中空、夹层、防火、防弹、贴膜等工序都需要时间,而同一订单不同的加工工艺路线却要求同一时间送货,给生产过程的追溯、齐单管理等方面带来了很大困难,需要个性化开发的专配系统才能保障加工有序而不产生混乱。

8.2.2.2　零散订单的排产目标

零散订单追求以下排产目标:

(1)按时齐单,一次性完成客户订单;

(2)实现各工序产能的平衡;

(3)原辅材料利用率最大化;

(4)不同产品类型订单同时完工。

8.2.2.3　零散订单排产的依据

零散订单依据生产交货期、加工周期、原辅材料库存量、各工序的产能负荷排产。

8.2.2.4　零散订单排产的原则

1. 产能优先

以最大化利用各工序产能为导向,针对各产品类型建立各工序产能的数学模型。

2. 交货期优先

以同一送货批次的不同产品同一时间入库为原则，根据不同产品的生产周期选择合适的时间下达生产指令。

3. 原辅材料利用率最大化优先

特别类型的产品，数量少、原材料利用率低，需几个批次的特别类型产品集中生产，为满足交货期和提升优化率，需将生产时间提前。或者是使用多种原片规格，其弊端是需储备较多规格的原片。

4. 生产效率优先

以发挥各工序的产能为考虑要素，主要考虑以下几个因素：

（1）减少切割时玻璃板面切换，提升切割效率；
（2）相近规格的产品同架流转；
（3）同一产品类型统一生产；
（4）夹胶、中空产品成对流转；
（5）同一客户同架流转。

5. 各工序协同优先

考虑各工序间的产能匹配，应用云计算技术核算订单池中近期订单对各工序的产能总需求，以及各工序针对各产品类型的日产能进行生产排产。

6. 利用云计算能力平衡以上各种方式

应用云计算的强大计算能力，分析各种约束条件以得出比考虑单一因素更优的排产方案。

8.2.2.5 零散订单排产过程中的数据信息

零散订单排产过程中的主要数据信息见表 8-2。

表 8-2 零散订单排产过程中的主要数据信息

输入信息		输出信息	
订单信息	产品信息	原辅材料需求	品类
	数量		规格
	送货地址		数量
	交货日期	生产指令	各工序的生产任务量
原辅料信息	库存量		各工序的计件工资预估
	库存规格		各工序的时间安排
产能信息	各工序人员状况	生产排班	各工序的人员安排
	各工序设备状况		各工序的设备安排
	各工序生产完成状况		各产品类型的顺序安排

8.2.2.6 零散订单排产的输出结果

零散订单排产的输出结果如下：
（1）原片需求清单，通过排产版面优化得出各类原片需求清单，用于配备原片；
（2）辅料需求清单，通过分析排产订单产品特征得出辅料需求清单，用于配备辅料；
（3）工序生产任务单，通过计算各工序的生产任务量，用于配备相应的人力、设备，满足产能需求；
（4）生产排班表，确认各优化包的切割顺序，带动后续各工序的合理排序；
（5）根据生产现场数据反馈动态智能调控，应用生产现场的生产感知设备实时反馈生产数据到数据中心，利用云计算能力，通过预设约束条件，智能动态调整生产排产。

8.2.2.7 零散订单排产智能化发展方向

零散订单排产是一个将"散、乱、杂"的订单，通过归结、分类来提升生产效率，以满足客户订单快速完成、齐单交付的需求过程。智能化排单可以通过三个阶段逐步实现。

1. 软件辅助人工排产

目前由人工根据软件呈现的数据，通过筛选的软件辅助完成人工排产。

2. 人工辅助软件排产

由人工设定各类的约束条件，软件给出排产方案，再由人工进行审核调整，以人工辅助软件的方式排产。

3. 动态感知智能排产

软件自动根据接入的订单信息、生产现场感知的信息，以及物流收款等信息自动动态地产生排产信息，并根据排产执行情况及上述信息的动态发展调整未执行的排产，实现动态感知的智能化排产。全智能化排产需要通过以下三个方面来实现：
（1）通过数据分析建立数学模型，开发合适的软件算法；
（2）借助云计算的强大算力快速完成大量的运算；
（3）提高现场感知设备的准确率、感应反馈速度，降低现场感知设备的采购使用成本。

零散订单的排产与整单订单有很大的区别，详见9.2.12节零散订单生产排产案例。

8.3 MES 系统

8.3.1 MES 系统概述

MES 系统的作用就是接收 ERP 或 APS 系统的工单信息，根据实时"人、机、料、法、环、测"合理调配现场生产资源，同时将生产过程数据实时反馈到 ERP 或 APS 系统。这样，通过对生产现场工单加工过程的跟踪，使整个生产过程变得透明，从而能够根据生产计划的变化及时调整生产设备和加工顺序，保证生产计划的有效性；MES 系统实时与生产设备、现场人员进行通信，完成设备绩效、能耗以及人员操作状态跟踪和统计分析；通过现场质量检验过程跟踪，将品质管理系统化，做到操作现场提示和预警分析。MES 系统给企业带来的效益，也基于其具备将生产过程透明化的功能，对生产过程的动态变化实时展示，为生产管理人员提供及时的数据，从而更加有效管理，最终促进管理转变成生产效益。MES 系统的实施过程是不断优化迭代的过程，包括设备网络、人机对话、流程优化、产品标识、在线检验等方面。本节重点介绍玻璃深加工行业开展 MES 系统的原理和方法，玻璃深加工行业 MES 系统研究和实践案例见第 9 章相关内容。

8.3.1.1　MES 系统的特点

作为生产过程中工单执行的软件，MES 是一个工业控制系统，具有很多独特之处。其主要特点如下：

（1）决策层：承担企业销售系统、财务系统、采购系统和生产计划等管理责任；MES 系统是承担工厂级的协调、跟踪、发现并监控趋势的执行层；SACDA 系统承担工厂生产设备的控制。MES 系统在整个企业信息集成系统中承上启下，是生产活动与管理活动信息沟通的桥梁。

（2）全程动态优化：MES 系统具备从接受工单任务到制成最终产品全过程的各种生产数据和设备状态信息接口的能力，能够根据资源变化优化管理活动，实现动态全程优化管理。它强调的是当前视角，即精确的实时数据，这是以业务为基础的 ERP 系统未曾加以考虑的。

（3）双向通信：MES 系统通过双向通信，提供整个企业的生产活动以及供应链中以任务作为关键因素的信息，可以改善运行设备的回报，提升及时交货率、库存周转性能等。

8.3.1.2　MES 系统的作用及目标

1. MES 系统的作用

在制造型企业经营活动中，生产过程控制是核心，一切人、机、料、法、环、测都以产品的加工为目标进行配置和调配，也是企业盈利中心。MES 系统在企业软件系统中承担着生产过程执行和反馈的作用。首先，MES 系统从 ERP 或者 APS 接收批量工单加工指令，这些指令包括了数量、规格、设备、顺序、时间等信息；其次，MES 系统需要根据现场过程情况动态安排工单的开工，实时监控加工设备状态，追踪产品标识，采集能源消耗数据、接收人员状况，检测产品质量，并将生产过程的数据进行及时展示和分析，特别是异常信息的推送，帮助生产管理人员准确掌握加工过程，及时分配资源，保证工单按照计划要求完成；再次，MES 系统将执行的工单加工信息及时报工到 ERP 或 APS，以便 ERP 或 APS 系统生成新的排产，动态调整下达的工单批次，确保订单交货的及时性;最后,MES 系统为工单加工过程后续查询追踪、能耗分析、质量分析和设备绩效分析提供历史记录和改善依据。

2. MES 系统的目标

对于一个传统的生产行业来讲,引入软件系统的初衷是降低生产成本、提高生产效率、提高产品质量、降低安全威胁等,而要达到初衷目标,最基本的一点就是将生产过程透明化,异常事件能够及时得到处理,设备加工能力最大化发挥。而 MES 系统作为生产执行系统,能够与生产设备、人员、能耗计量、质量检测进行实时通信,实现自动数据采集和呈现,把异常过程及时进行推送,完全满足生产过程管理需求。MES 系统给企业带来的效益在"降本、增效、提质、减存"等方面效果显著,采用 MES 系统的增效项目见表 8-3。

表 8-3 采用 MES 系统的增效项目

序号	增效项目
1	产品迭代速率提高
2	次品率降低
3	客户满意度提高
4	设备效率提高
5	设备利用率提高
6	生产效率提高
7	计划执行效率提高
8	交付周期缩短
9	供应链效率提高
10	用工量减少
11	综合成本降低
12	资源浪费降低
13	设备故障率降低
14	能源消耗降低
15	研发周期缩短
16	销售渠道库存降低
17	原材料库存降低
18	工序在制品降低

8.3.1.3 MES 系统架构

MES 系统的基本架构分为三个层次,由六大功能模块组成,如图 8-1 所示。

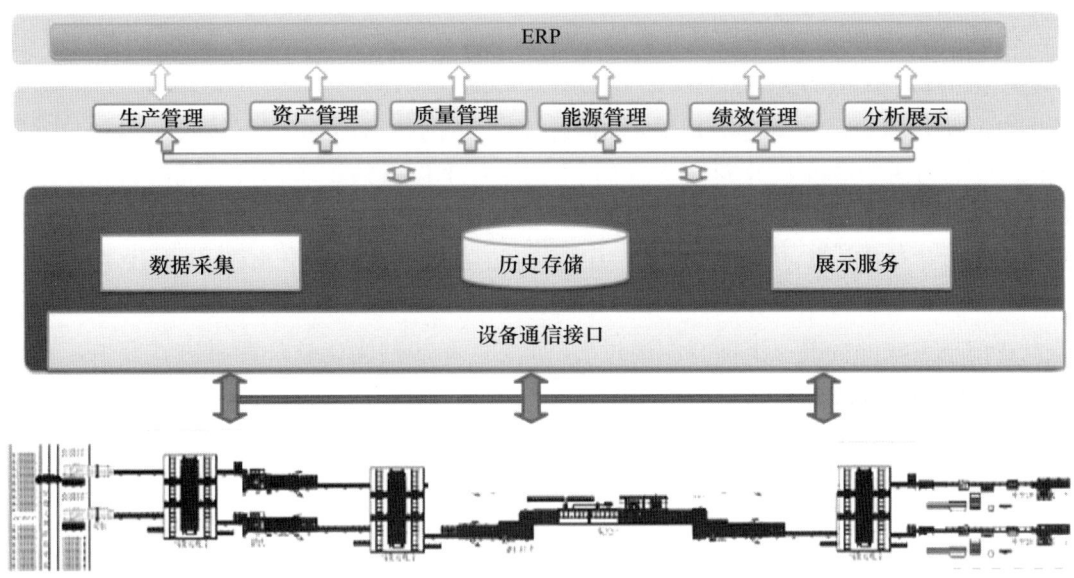

图 8-1　MES 系统架构

在这个架构中，ERP 中的生产管理功能是与 MES 连接的基础，ERP 根据订单情况和企业资源规划形成具体的生产工单单元，而每个工单单元就是 ERP 向 MES 下达生产指令，以及 MES 上报 ERP 生产过程信息的载体。

MES 系统的根本任务是对生产现场工单生产过程的执行，六大功能都以生产工单为核算单元。工单管理模块负责工单从 ERP 导入、现场调度、顺序、时间控制到异常预警、破损补片、完整报工整个过程的管理；资产管理模块的功能以设备 OEE 和能耗为核心，直接核算到具体工单，计算出产品单耗；质量管理模块以各个工序玻璃缺陷的检测为依据，包括视觉自动检测和专职检验人员检验，对不合格品立即生成补片信息，并形成缺陷记录统计分析，对每个工序或设备经常出现的质量缺陷进行现场作业指导提示和预警，将不同产品厚度和尺寸玻璃加工质量指标进行分析，为工艺或设备、操作流程的修改提供依据；能源管理模块的功能以电耗、水耗和辅料消耗为控制点，自动数据采集并与工单信息和操作人员结合，能够将不同产品结构、不同班组人员、不同设备的生产单耗进行分析，找出最佳的生产资源匹配；绩效管理模块以产品单元加工计件为依据，结合人员考勤、安全进行管理和相应考核；分析展示，也称报表和看板，是 MES 现场过程透明度的实现终端，对工单的加工过程、质量情况、设备状况、人员和成本进行实时展示，并将异常情况，如破损补片、人员安全区域、成本超标等及时以微信的形式推送到相应人员的移动端，从而将影响生产过程的异常问题及时进行处理，提高工单加工的流畅度。

SCADA 系统是现场执行 MES 工单加工的设备控制层，也负责为 MES 与现场数据提供接口。

8.3.2 工单数据获取

生产计划和工单的编制在 ERP 内执行，而工单的执行由 MES 系统控制设备自动完成，两个系统的数据交换为 MES 从 ERP 中读取每个设备的工单信息，同时将生产过程的完成情况和消耗数据上报 ERP。两个系统之间的数据交换有多种方式，纯软件层接口有数据库直接读写、Web API、XML、HML、Excel 表格等，对于 MES 从 ERP 获取工单信息的路径也可通过第三方软件实现，比如切割优化系统，至于采用哪一种方式，取决于企业信息系统的情况。下面介绍通过 Excel 文件和切割优化软件两种方式获取工单数据的过程。

8.3.2.1 MES 系统解析 ERP 中流程卡的方式

在 ERP 系统中，生产工单以订单为基础、装箱规格为单元编制生产流程卡，并且在整个生产过程中以流程卡作为一架玻璃的加工、周转单元，以及作为加工工单的载体，而一张流程卡为一箱玻璃的流程和产品信息的 Excel 表格。基于此模式，加工工单导入过程如下：

（1）制单员根据订单要求规格制成箱单，即流程卡；
（2）计划员编制生产计划，将流程卡转化为加工工单并下发；
（3）ERP 系统将加工工单以 EXCEL 表格的方式导出，存到指定文件夹；
（4）MES 系统每天按照固定时间去指定文件夹读取工单信息并存入 MES 中；
（5）生产人员在 MES 工单管理模块中对工单进行调度和查询、管理。

8.3.2.2 切割优化软件导入工单的方式

玻璃切割，为提高切裁率，首先要经过优化软件进行排版优化，MES 系统也可以与优化软件进行接口，通过读取优化结果文件实现 ERP 工单信息的读取。流程如下：

（1）制单员制单完成后，计划员按照流程卡排好生产计划并形成加工工单；
（2）优化人员将加工工单以 Excel 表格格式，按照加工顺序输入优化软件，进行优化切割；
（3）优化后的每一个切割版面将每片玻璃的生产信息存入"切割机待切割"文件夹；
（4）切割操作人员根据生产顺序调取切割版面进行切割；
（5）切割软件将正在切割的玻璃信息提取并以 Text 的格式保存；
（6）MES 软件在检测到切割动作后自动读取 Text 文件，从而解析出工单信息。

8.3.3 数据分发及跟踪

在生产过程中，玻璃的跟踪是整个系统成败的关键，若不能准确地跟踪到生产过程中的玻璃，设备自动化控制将无法实现，同时就无法及时地跟踪工单执行情况，无法正确形成报表，更严重的是可能引起生产的错误调度。因此，为了有效做到生产过程中玻璃的跟踪，对加工的产品必须有两个跟踪，一个是单片玻璃的二维码，另一个是玻璃架的 UWB 跟踪，如图 8-2 所示。单片玻璃的识别是工序玻璃自动存储和生产统计的基础，而整个玻璃架的跟踪是保证中空前玻璃配对的前提。具体步骤为：

第一步，切割后的单片玻璃经过传动伺服系统自动检测出玻璃规格，该规格与切割工单中的产品进行对比，从而判断出具体订单和具体的规格；

第二步，MES 系统通过比对工单信息包括订单号、工单号、生产日期、玻璃层序以及玻璃箱号等，生成能区别该片玻璃唯一性的二维码编码；

第三步，激光打标机检测到该片玻璃到达后，自动将二维码以及明码等信息进行打印；

第四步，在切割后序工序安装读码器，自动跟踪每片玻璃的加工过程；

第五步，对于连线系统，根据生产流程，自动实现每片玻璃的物流控制；

第六步，对于下架周转生产工序，在玻璃周转架上设置明显的标号和对应的条形码，安装对应编号的 UWB 标签；当每个玻璃架在不同设备后使用时，操作人员用扫描枪按顺序读取条形码，系统将按顺序将玻璃架记录，扫描玻璃二维码后，根据加工顺序将玻璃架与玻璃信息自动绑定；将整个车间按照功能分为不同的区域，安装 UWB 读码器，当玻璃架周转时，自动检测玻璃的流程，并可查询工单的在制品位置；

第七步，MES 工单系统读取单片玻璃二维码和 UWB 物流信息记录生产现场加工工单执行情况，完成异常推送和工单报工；

第八步，MES 系统形成生产统计表，并实时提供工单执行结果。

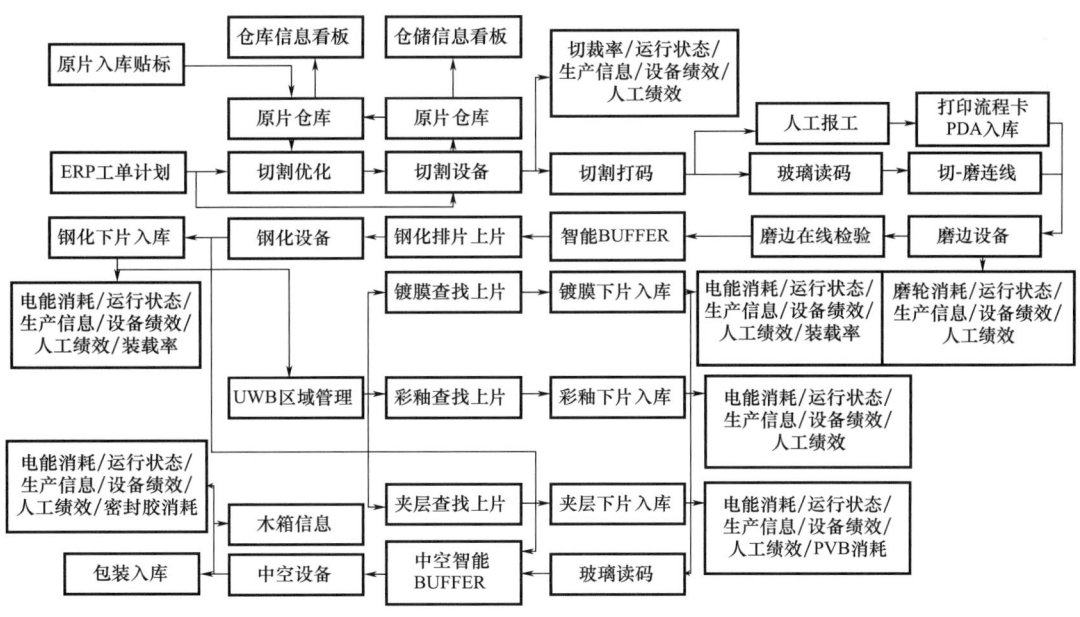

图 8-2　玻璃信息流程

8.3.4 数据反馈及回收

现场数据主要来自生产设备的控制系统和激光打码机、读码器和 UWB 设备，对于主流的 PLC、智能仪器，SCADA 系统都能够兼容，但考虑到生产现场的布线具体情况，将所有协议采用协议转换器转换为标准的协议，例如 TCP/IP MODBUS 等，便于生产局域网的建设；数据可以在设备现场的操作屏、生产职能部门的操作计算机、工厂级的数据查询和集团总部的远程终端上查看，并支持生产现场的移动终端设备。

8.3.4.1 生产管理

当 ERP 中的工单信息导入到 MES 系统后，MES 中的工单管理模块将对所有工单进行全程管理，包括工单调度、状态查询、工单暂停和删除等。在登录客户端后，可通过表头提供的一系列过滤条件来查询相关设备上分配的工单，以及对工单进行相应的操作。

8.3.4.2 资源管理

资源管理主要是指设备绩效的实时自动检测和计算，MES 系统实时核算设备 OEE 对设备效率的提高非常有效。MES 系统通过跟踪工单加工设备的运行状态以及工单产品具体的规格信息、质量信息，能够动态、实时计算出每台设备的生产效率，并能够进行历史数据统计与分析，为现场调度和计划排产提供优化依据。

8.3.4.3 质量管理

玻璃深加工生产过程对产品的检验由操作员和质检员人员检验以及检测设备检验这两种模式构成。每个设备的操作人员对每片玻璃进行一定的尺寸和表面质量的检查，以及专业质检员进行的巡检，这些检验的离线结果需要人工在 MES 系统的质量控制模块中操作；检测设备可以通过 SCADA 系统与 MES 系统进行数据接口，自动记录生产过程的质量检验结果。

8.3.4.4 能源管理

电耗是玻璃深加工最大的能源消耗，其中，钢化工序、镀膜工序、夹层工序都是耗电大户，对电能的实时统计并核算到相应的产品和订单对成本核算和生产管理有很大的帮助。在 MES 系统中，能够将电能消耗、设备状态、生产产品等数据自动采集，通过对应分析，可形成以班组、设备、产品等为单元的电耗数据展示，为核算产品成本和合理调配资源提供依据。

8.3.4.5 绩效管理

MES 系统绩效管理以"人"为对象，主要是对不同班组、不同人员生产效率的核算，包括考勤管理、计件管理、设备操作技能、能源消耗等。

8.3.4.6 分析展示

生产和设备运行报表的自动生成是 MES 系统的最终输出，不但代替了传统的人工统计和制表的方法，而且弥补了 ERP 中设备和生产报表实时数据的缺陷。MES 系统报表和看板有网页登录和设备现场屏展示两种方式。其中，网页登录可以在公司内部局域网内根据岗位的不同、权限的不同，在办公电脑和移动终端上进行查询，没有用户限制，也可通过外网实现远程查询，为保证数据的机密，设置不同的用户登录和查询权限。而现场的展示设置在每个设备本地，主要展示该设备本班的运行效率和电耗情况，供操作员和现场管理人员监控。

根据不同职能部门和人员对生产过程的关注不同，生产报表分为四种查询方式，分别为总订单查询、班产量查询、设备产量查询和班组生产效率查询。MES 系统内部的工单报表对所有已经下达的订单执行情况进行管理，可按照制单时间、订单单号、销售单号、项目名称、客户名称进行筛选查询；对于各个工序班产量，可以按照工序、时间、班次进行查询；设备产量报表用于查询显示设备在某个时间范围内各天的日产量，过滤条件有时间、设备、箱号、层序等。

设备运行过程的状态检测和记录是设备运行效率的基础数据，在 MES 系统中实时记录了设备正常运行、正常停机、故障时间，形成了设备和产量的对照关系，生成了三种不同的表征报表——设备状态时序报表、设备稼动率报表（按设备、按日期）、设备产量效率报表，从而将设备运行的整个过程数据实时、自动采集，动态监控生产设备，实现按日期、班组、设备类别等分类统计和分析。其一，设备状态时序报表用于查询某设备在某时间段的启停、故障时序图，同时与设备加工工作的时序图做对比，过滤条件有设备、时间。其二，稼动率报表分为稼动率（时间）报表和稼动率（设备）报表两种。第一种用于查询某日的某批设备开机时间和加工时间对比图，同时可查询运行效率（加工时间与开机时间的比值）曲线，过滤条件有时间、设备类型、设备、统计类型、班次；第二种用于查询某批设备在某时间段内运行效率（加工时间与开机时间的比值）曲线，过滤条件有时间、设备类型、设备、统计类型、班次、稼动率（设备），其中对于设备运行效率超出正常范围的以红色进行标注，便于管理人员分析原因。其三，设备产量效率报表用于查询某设备在某日内的启停故障时间、加工时间和对应时间段内产量三者的对比图，过滤条件有时间、设备类型、设备、班次。

8.3.5 各工序协调及设备串联

玻璃深加工自动化工厂中，基本的玻璃深加工设备，如切割机、磨边机、钢化炉、镀膜线和中空线基本继承了传统的控制方式，虽然为了提高单机生产效率和扩展产品加工范围，在设备配置方面有所不同，但是，在整个智能制造工厂中核心部分就是工序间玻璃存储和转运的连线系统，也就是玻璃物流控制设备。SCADA 系统负责生产过程设备,如切割工序、磨边工序、钢化工序、中空工序的自动化连线系统,以及其他离散设备,如夹层工序、镀膜工序、彩釉工序等的运行监控,同样通过玻璃打码和读码,完成玻璃流向控制和玻璃在工序之间的跟踪。

生产现场有两个网络:车间级通信网络以有线的 Ethernet 为主,设备之间的控制网络以 Profibus 为主,MES 服务器与设备 PLC、打标机、读码器之间采用 Ethernet 网络;现场控制层、设备之间,例如磨边生产线与智能 Buffer,采用 Profibus 网络进行数据通信。

8.3.6 补片管理

玻璃深加工行业是典型的离散制造行业,整个生产流程中异常工单是影响整个生产连续性和齐片流转的核心,而异常工单包括销售插单、破损或质量因素造成的补片。特别是工建玻璃,以镀膜中空或夹层产品为主,需要不同层次的相同规格玻璃的配对,若补片控制不好,将造成大量的半成品积压或交货延迟。玻璃深加工生产流程"单向流动性"是其特点,即所有的产品都需要从原片切割开始,按照加工工序单向流动,没有返修、返工的产品。加工过程对于批量的订单玻璃按照生产计划进行,但样片、重要的数量少要货急订单、在生产过程中由于各种原因造成的玻璃次品等,将影响订单不能齐片交货。这些异常的玻璃虽数量不多但对客户的影响很大,甚至对幕墙安装造成比较大的影响。玻璃深加工企业一般都会制定出"特殊事情特殊处理"的政策来完成零单补片的需要,在传统的生产管理下零单和补片以不同于正常生产计划方式下发到车间,如流程卡采用不同的颜色等,由生产调度灵活进行安排,比如,只要玻璃品种、厚度相同,就可以插入正在执行的生产订单之中,快速完成。在 MES 系统中,生产过程实现了透明化,工单跟踪实时化,生产补片可以及时完成,根据生产计划的执行情况和交货要求,可以采用系统动态补片和集中统一补片两种不同的方式进行。

8.3.6.1 动态补片

在 MES 系统中执行的生产工单首先来自 ERP 或 APS 计划,其中有严格的生产顺序和生产时间、机台安排。但是,玻璃深加工切割工序是第一道工序,也是控制原片成本的核心工序,切裁率是生产企业成本控制的一个主要指标。而切割优化软件是保证切裁率的关键系统,目前在行业内使用最多的是"A+W"和意大利 OPTIMA 公司的优化软件或衍生品。动态补片的核心就是把切片后所有工序设备出现的实时破损或质量缺陷玻璃信息及时由 MES 系统生成补片信息,该信息及时上报 ERP 或 APS 计划系统,计划系统将该补片需求及时融入现有执行工单中,动态进行原片切割优化、切片计划排产以及后续的相关工序生产,直到补片的玻璃与中空合片前或镀膜上片前的原工单汇合。从这个流程可以看出,动态补片需要打破正在执行的工单计划,进行重新组合,对生产过程的影响比较大,无论是对切裁率、磨边连续性还是对钢化装载都有影响,因此,该模式一般只针对紧急的订单或者紧急镀膜的工单。

8.3.6.2 统一补片

顾名思义，统一补片就是将生产过程中产生的破损或紧急插单集中在一个工单上或一个时间段、一个固定工序流程设备上进行。这个模式能够保证正在执行的生产计划有序进行，也可保证生产成本的有效控制。但是，统一补片的缺点是会影响原始工单的工序间流转和牺牲交货期。在 MES 系统中预留一个专门的集中补片操作，从计划排成、切割优化、生产设备排产都按照一个完整的工单处理，该工单就是我们俗称的"散单"或"零单补片"，往往一个工单里边就包含几十个不同尺寸。对于此类工单，生产企业都会以特殊流程加工处理。一般来讲，当零单和补片量积累到一定程度时，按照膜系转换的时间集中安排生产。由于该订单的零散性很高，也就造成其加工效率很低，为了不影响整体生产，加工过程会安排在一条固定的切—磨—钢指定设备上进行。

8.3.7 MES 系统的展望

MES 作为一个软件系统概念，其具备的工单执行、绩效管理核心功能，已经越来越不能满足对生产过程的管理需求。另外，随着工业 4.0 与智能制造系统对车间数字化管理过程中的产品质量、订单交期、加工成本的要求日益提高，MES 难以满足对设备维护、质量和库存管理的要求。制造运营管理（Manufacturing Operations Management，MOM）系统，作为一个对象范畴的概念，其核心功能是研究和解决问题，也可以看作包括了各种 MES 类产品所涉及的对象范围，并经过抽象化后的通用内容的上限，而 MES 则是为了解决某一类 MOM 问题而设计开发出来的软件产品。

MOM 系统应用于生产、维护、质量和库存运行区域，通过对生产要素"人、机、料、法、环"的配置、生产运营指标的实时监控、生产运营工作流的协同、系统数据的分析和预测，以及对企业知识库的搭建与利用，实现了企业数字化管理工作流与数据，减少了信息传递和丢失带来的浪费，协调人员、设备、物料和能源等使生产资源利用最大化，提升整体生产效率，降低制造成本，利用企业生产环节大数据分析，形成改善来源和决策性依据。

从发展的方向来看，MOM 系统是 MES 系统的进一步扩展，其包含生产运行、维护运行、质量运行、库存运行四个方面，共同服务于企业制造运作全过程，也成了玻璃行业后续开展 MES 系统的研究方向。

8.4 供应链协同管理系统

8.4.1 供应链系统概述

供应链协同以 SRM 软件系统为主，已经成为生产企业与供应商之间建立可靠、牢固合作关系的一个管理系统，旨在保障供应及时，产品品质满足要求，供应商信息得到有效管理。通过对整个采购过程进行管控，达到采购过程透明、规范，过程和结果数据得到有效统计，从而建立一套反映供应商全业务流程和全生命周期的管理平台。整个采购过程透明，促进供应商和采购方协同管理，提高与供应相关的效率，增强供应商关系的价值，为企业改进采购战略、缩短采购周期、优化采购流程、降低采购成本、防范采购风险等带来益处，最终基于应收和应付款的情况，实现供应商金融增值服务如保险理财类服务等。

8.4.1.1 系统的特点

供应链协同系统，对于采购企业来讲，可提高与供应商信息发布、企业内部采购信息沟通、计划与物流沟通、计划与财务沟通等效率，同时，由于该系统增加了采购过程的信息透明度，达到了降低采购成本的效果。该系统对于供应商来讲，由于投标和竞价公开，将竞争力变得透明；可以通过供应链协调系统查询对应产品所属库存和需方使用情况，做到自主掌控发货节奏和发货量，降低库存量和运输成本。

8.4.1.2 系统的作用

其作为企业数字化系统的一部分，属于企业决策层软件。系统管理流程如图 8-3 所示。其主要功能包含信息交流、计划和订单、物流、财务、采购和供应商管理等，涵盖供应链部门（计划、物流、仓库）、采购部门、质量部门和财务部门，同时涉及供应链对供应商的所有流程，将原有的节点管控转变为全面的流程化、标准化、信息化和数据化管理，流程环环紧扣，易于过程审查、结果追溯；将原有借助人力监督核查的事项借助系统进行管控，系统防呆，解放人力，提升了管理成效。

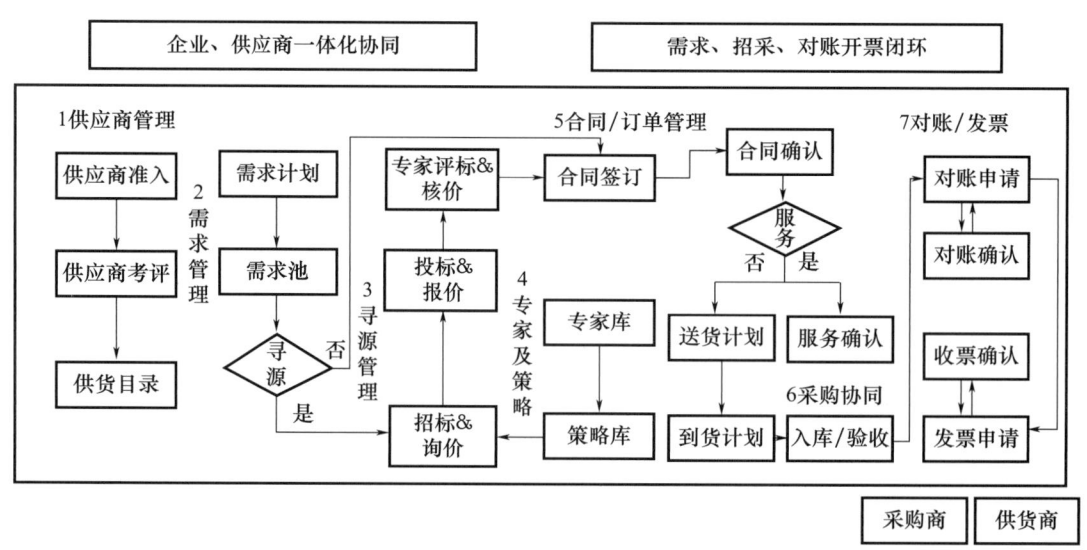

图 8-3　系统管理流程

8.4.1.3 系统架构

供应链协调系统架构如图8-4所示。其由5个软件层次构成，主要的管理模块包括供应商管理、需求管理、寻源管理、合同管理和协调管理，位于ERP与生产管理系统如MES系统之间，可与企业内办公OA系统、费控系统等进行数据交换，同时与外部的电商平台兼容。供应链协同系统与ERP系统原有的供应链管理模块功能相比，具备更加快速反应采购需求（如寻找新的供应商资源更加快速），及时统计和分析大量采购数据，更加快速跟踪供应商交货过程，避免缺料现象，与供应商对账变得快捷，对供应商绩效管理更加有效等特点。

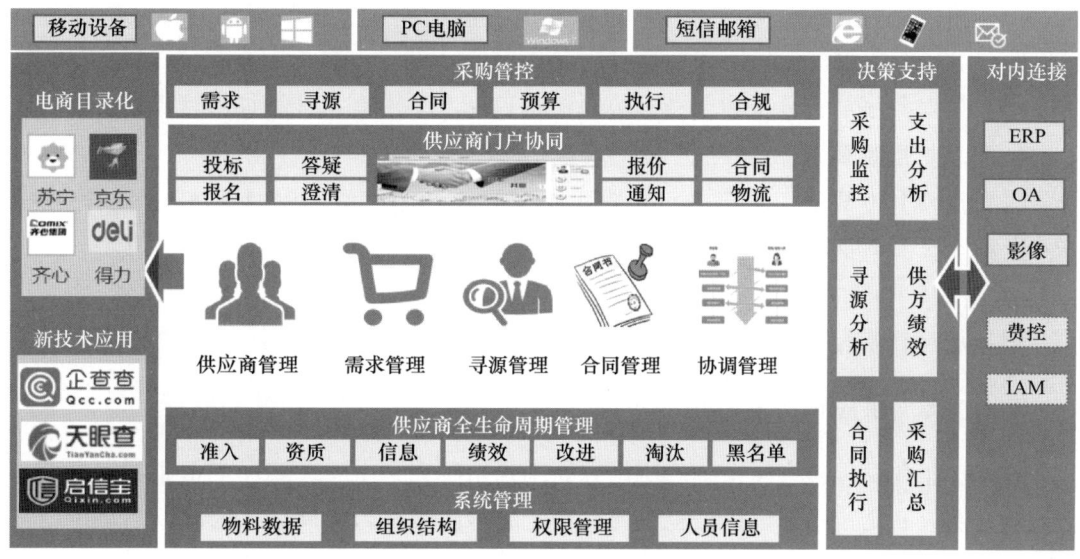

图8-4 供应链协同系统架构

8.4.1.4 系统的技术要求

1. 平台整体架构要求

（1）本地部署：系统本地化部署，三套服务器即正式服务器、备份服务器和灾备服务器，分别授权；

（2）移动端：移动App需同时支持主流移动终端系统，移动App需支持并与企业其他管理App集成；

（3）客户端：支持所有通用的浏览器；

（4）审批引擎：平台要求能提供较为完备、独立和健全的审批流程。

2. 平台开放性要求

（1）应用服务器开放，平台支持TOMCAT、JBOSS、MYSQL等开源的服务器、数据库；

（2）单据模板可自定义，平台上需求计划、询报价、招投标、对账发票等单据可依据客户需求进行单据模板的编辑和设计、添加修改字段等操作；

（3）程序源码开放，定制化开发、接口联调等代码需要开放，支持客户化和二次开发；

（4）接口程序开放，平台提供单点登录、预算、合同签章等 API 接口文档；

（5）数据字典开放，平台提供所有后台数据表的表名、字段等描述性文档；

（6）程序可改造，系统架构支持后续企业统一身份认证平台的用户认证和 Session 管理要求。

3. 平台安全性要求

（1）配件文件加密，平台有关数据源等核心配置文件的关键字段要求加密；

（2）附件资料加密，平台上传附件要求有加解密机制，保障只能通过系统前台查看附件，以其他方式打开附件都是乱码；

（3）接口程序加密，平台与第三方系统接口交互要求有认证和加解密机制。

4. 平台扩展性要求

（1）用户并发数量，平台能平稳支撑企业要求的用户数量同时在线、同一操作节点并发数不低于企业特定要求；

（2）支持 HTTPS 协议；

（3）用户权限设置支持组织、部门、角色、用户、按钮等级别。

8.4.1.5 供应链协同系统的应用

玻璃行业在供应链协同系统的应用方面刚开始研究，由于玻璃加工企业基本都是大宗采购，供应商比较固定，价格也主要取决于国家政策和行业周期，因此以前对供应链协同系统没有引起重视，但是随着国家"碳达峰""碳中和"目标的提出，光伏太阳能行业的发展，对浮法原片的需求急剧增加，玻璃深加工原片遇到"量跌价涨"的局面，随之，辅料如PVB、结构胶、铝条等达到前所未有的高价位，供应商也不稳定，寻源变得非常被动。为此，供应链协同系统的优势逐渐得到认可，这也体现了该系统在玻璃行业发展中的必要性。

8.4.2 供应商开发和管理

供应链协同系统的关键是对供应商的开发和管理，包括供应商注册、供应商准入、建立供应商信息库、供应商绩效评价、供应商冻结和退出等全生命周期的管理。

8.4.2.1 供应商注册

供应商可以使用"账号+密码"或"手机号+短信验证方式"登录供应链管理系统，在线填写基本信息，系统具备根据供应商分类品类等维度匹配对应的资料填写模板，并支持附件上传下载功能，注册完成前可更改所填写的信息，注册过程中的资质审查可匹配到第三方网站进行资质核验,如天眼查。供应商注册完成后可通过绑定的邮箱或手机号找回、修改密码,企业系统运维人员也可在后台重置密码。后续供应商账号登录信息,如操作时间和登录 IP 地址等,通过系统日志进行记录。

8.4.2.2 供应商准入

供应商注册完成基本资料填写,审核通过后进入潜在供应商库。合格供应商准入评审流程可按企业自定义模板创建,根据物料品类、供应商分类等维度匹配对应的准入流程,流程主要包含资料审核、现场考察、样品验证、询源定价、批量试产、合格评审等。供应商准入后可按品类、准入组织、供应商等级等维度对供应商进行标签标记并进行后续管理。

8.4.2.3 供应商信息管理

系统建立供应商信息库,对准入后的供应商进行分类和状态管理,并不断进行信息维护。

1. 建立供应商看板

分为供应商类别数量看板、不同时间维度供应商增减情况看板、展示工作进度看板(注册周期、审核周期、考察周期、验证周期)、任务量看板等。

2. 供应商分类

按照供应商类别、级别、品类、名称、状态、使用组织、准入单位等字段对供应商进行标记分类,并可按上述字段搜索供应商。

3. 供应商信息查询

可查询供应商基本信息。

4. 异常提醒

供应商可按设置的限期、限量进行统计、提醒,对负面清单供应商提醒冻结,冻结后,其无法在系统中进行下单、合同签订。

5. 供应商资料维护

对供应商资料有效期进行设置(准入及后期维护均可进行设置)及过期更新提醒,供应商变更资料需要经过审核后才能生效。

6. 供应商核查

关联第三方资质信息网站,如天眼查,当供应商出现异常情况时进行提醒预警,同时,可使用供应商扫描功能在需要时对供应商相关信息进行扫描以便核查供应商相关信息。

8.4.2.4 供应商绩效评价

1. 供应商评价

系统具备对供应商按年度、季度等维度进行绩效评价,实现供应商在线评分,按照自定义设置的分类定级规则进行分类定级，系统具有自定义选择评估标准或模板、评估小组成员、设定绩效指标及权重，可选择不同层次部门评价职责、打分权重等，实现跨组织共同评价。

2. 评价量化指标

可从系统抓取评价供应商的量化数据，如资料提供时效、准确度、参与采购项目次数、交期达成率、成本（降本率）、质量、弹性服务等维度信息。

3. 评价维度选择

系统支持按自定义标准（如金额、分级）等筛选出需要评价的供应商列表，并启动评价。

4. 评价原则

供应商绩效评价标准及原则可自定义创建，可设置有效期，标准及原则经审批流程评审通过后生效。评价标准支持按组织、品类、权限等设置，可查阅或可调用。

5. 评价后更新

供应商评价经既定审批流程审批后匹配供应商库，对供应商类别及级别进行标定和更新（支持单个供应商审批或按定义范围供应商汇总结果审批）。

8.4.2.5 供应商冻结与退出

当供应商出现重大风险（如质量风险、经营风险等）而被列入负面清单后，系统对供应商进行冻结，冻结后的供应商将无法在系统中进行下单、合同签订等。同时，系统将负面清单内的供应商在整个系统使用组织进行公示，并可由对应管理部门进行添加或移除。对冻结后的供应商进行退出审批，审批完成后，系统标示供应商状态信息，如黑名单、限期、限量等。

8.4.3 寻源管理

8.4.3.1 招采管理

采购招标过程，根据产品类别合格供应商的情况可以有5种方式：公开招标、邀请招标、单一来源、竞争性谈判和商务磋商。供应链协同管理系统具备以下对招标过程的管理功能：

（1）系统支持立项、招标创建、公告发布、答疑、投标、开标、评标、澄清、谈判、结果评审、结果公示等流程，而且采购方式和流程节点可自定义配置。

（2）招采过程透明化管理。通过招采数量看板展示待招采数量、进行中数量、已完成数量、已暂停数量、已延期数量等；招采进度看板可查看所有项目进度状态；工作效率看板实现招采周期统计、异常统计和分析。

（3）评标专家库。系统构建评标专家库并分类管理，专家录入支持导入系统账号角色或外部手工录入，抽取方式支持随机抽取或人工选定（随机抽取后支持人工调整）。

（4）定标过程管理。系统支持调用价格库中的历史价格等进行对比展示，包括标的物历史成交价格、当前供应商历史投标价格、当次招标同一供应商不同轮次报价、不同轮次供应商之间投标价格、所有组织或特定组织内价格对比等。可实现统谈统签、统谈分签、分谈分签等方式，即可将采购结果分配给额外的角色进行合同审批发起。

（5）开标过程管理。每轮开标可选择是否配置淘汰机制，具体的淘汰方式，比如可选择是否显示报价、报价排名（各自或者所有供应商）、当前最低价等。定标结果报批支持与历史价格对比、不同轮次供应商报价等维度的价格对比、相对预算、历史价格的节省率等信息显示。

8.4.3.2 询价和竞价

1. 询价管理

（1）询价发起。由企业内部用户按需要创建询价要求，系统根据标的物及相关需求等信息，在线寻找合作商进行报价。

（2）报价响应。对于采购品，支持公开发布询价单，符合要求的合作商在线参与报价；对于邀请合作商报价的方式，可以以密封方式进行，直至合作商全部报价完毕，从而减少人为干预的可能。

（3）询价结果。询报价结果达到预期的，可进入采购流程；对于询价未达到预期的，系统内可增加流程节点继续进行，如增加谈判及报价轮次等。

2. 竞价管理

（1）竞价发起。由企业内部用户按需创建，输入必需的标的物及相关需求信息，在线寻找合作商进行竞价。

（2）竞价响应。对于采购品，支持公开发布竞价单，符合要求的合作商在线参与竞价，竞价方式有多种模式，包括允许各合作商相互可见彼此报价及排名，允许各合作商相互可见彼此排名但不可见报价，只允许各合作商看见自身排名，或对所有合作商全部信息屏蔽等。

（3）竞价结果。竞价过程可设置每一轮是否淘汰供应商、淘汰供应商数量、报价限制轮数或每轮降价最小幅度等条件，结果报批支持与历史价格对比、不同轮次供应商报价等维度的价格对比、相对预算、历史价格的节省率等信息显示。

8.4.4 采购计划管理

8.4.4.1 物料管理

系统对物料按自定义分类管理，如按品类或编码规则等维度分类管理，支持 ABC 分类。

8.4.4.2 需求管理

1. 采购需求

采购需求分为计划内、计划外、紧急三类。系统按照不同的组织、部门、项目、类型、品类等类别对采购需求统一收集和汇总。

2. 需求分配

依据寻源管理后的份额进行需求分配。

3. 需求审批

需求审批流程经审批导入系统后不能做修改，如修改，需审批链重新审批，审批后与原需求进行合并或变更。

8.4.4.3 采购计划管理

1. 采购计划生成

系统支持根据采购需求制订、生成对应的采购计划，根据采购计划进行需求份额分配等设置。

2. 采购计划审批

采购计划匹配对应的审批流程审批，经审批导入后不能做修改，如修改，需审批链重新审批，审批后与原计划进行合并或变更，经追加或变更的需求或计划可配置对应人的消息提醒。

3. 采购计划管理

采购计划分为计划内、计划外、紧急三种。系统根据不同组织、品类等维度需求、采购计划与实际订单执行，进行分类汇总统计和展示。

8.4.5 合同管理

8.4.5.1 合同格式

合同格式分为两类：标准格式合同和非标准格式合同。

8.4.5.2 合同创建和归档

1. 标准合同创建

从系统合同库中提取或手动创建并上传审核，根据定标、询竞价结果自动生成标准格式合同。

2. 非标准格式合同创建

非标准合同可实现简单在线确认，经审批后，可自动导入定标、询竞价结果（含供应商、价格、数量等信息）生产合同。

3. 合同审批和归档

合同通过系统实现在线审批、电子签章，并可实现合同自动归档，按照子公司、供应商、料号、品类、品名、年限、月份、有效情况等进行智能模糊搜索。

8.4.5.3 合同状态管理

1. 合同管理看板

合同管理看板包括合同总数量、履约中数量、到期数量、冻结数量、待签核数量等。

2. 合同有效期管理

合同签订时设置有效时间，并可按自定义的提醒时间提前提醒预警。

3. 合同状态展示

可实现不同状态合同的展示，如执行、预警、到期、解冻、冻结、补签、变更中等。

8.4.6 采购协同管理

8.4.6.1 请购协同

不同部门可以在系统内根据业务需求创建请购单，经过审核后，系统将经过审核的订单在线发送给供应商，并可设置邮箱等消息提醒。将发布的请求单数据同步到 ERP 系统。供应商可在线接收、确认订单信息，并进行查询、确认操作等。

8.4.6.2 发货协同

采购员根据 ERP 中的订单配置交货计划给供应商，并维护要求交货的信息；供应商可维护送货的物料、数量等信息，然后供应商根据订单、要求日期等进行送货，在系统内创建送货单。

8.4.6.3 到货协同

物料验收入库、退换货或寄存采购消耗汇总等在 ERP 系统内进行管理，同时，将数据同步到供应链管理系统中，用户和供应商可查询或发送通知。

8.4.6.4 财务协同

1. 对账

在系统内可实现供需双方在线对账开票，支持扣款、折让、变更、预付款等多种业务模式，对账信息从 ERP 中获取数据，对账完成后生成发票信息，采购员确认后信息同步至 ERP 中，系统支持后续与电子发票、国家电子税务系统的对接。

2. 付款

财务部从 ERP 系统获得发票信息，并根据合同约定进行付款。

8.4.7 报表分析

8.4.7.1 供应商信息报表

系统按照供应商类别、级别、品类等对供应商进行管理，除了可查询供应商基本信息外，对供应商参与项目、合同、报价、订单、品类、经办人员等相关信息也可进行查询和展示，更重要的是实现了供应商在负面清单内使用时提醒，供应商限期、限量冻结提醒功能。

8.4.7.2 采购跟踪报表

供应链协同管理系统对各项采购时间节点实现了跟踪和数据展示，除具备项目已完结、进行中、暂停、紧急、重要、一般的项目管理外，根据系统合同履约时间，生成合同履约时效报表，实现时效滞后提醒功能、合同到期提醒功能等。

8.4.7.3 采购降本报表

供应链协同管理系统的终极目标是降低企业采购成本，系统可按照集团或子公司、年月、供应商、品类、料号、品名等对预算、年度基准价、季度基准价与实际采购价进行分析对比，从而对采购效益进行分析。

8.4.8 供应链金融增值服务

供应链协同系统为需求方和供应商提供了一个平台，随着供应商数量的不断增加、采购数据的不断增多，形成了一个商城，实现了 B2B 业务，比如，目前煤炭、钢铁等行业已经形成了对外服务的平台，基于平台上企业应收和应付账款的情况，可实现供应链金融服务，如成立保险理财公司为企业提供资金服务等。

9 典型案例

9.1 平板玻璃智能化生产案例

9.1.1 玻璃成分设计与控制

9.1.1.1 成分设计

玻璃原片成分设计是为了满足对玻璃的各种性质要求，对构成玻璃的各种化学组成进行精细设计的过程，涵盖无色玻璃和有色玻璃的成分设计。

1. 无色透明玻璃成分优化设计

"SMAR TDATA ®无机玻璃工程系统"（以下简称 GE-SYSTEM）专门用来进行无机玻璃的性质计算与成分优化设计。不考虑着色剂对玻璃透过率的影响，可以根据玻璃成分计算预测其各种物理、化学性能，还可以根据对玻璃性能的要求自动设计玻璃成分。根据某浮法玻璃成分计算出的对应的部分玻璃性质见表 9-1。

表 9-1 无机玻璃性质计算（部分性质）

序号	性质名称	某浮法玻璃	单位
1	莫氏硬度	6.34276	—
2	抗张强度	87.2847	MPa
3	抗压强度	1029.97	MPa
4	剪切模量 F	29.80543	GPa
5	维氏硬度	1598.855	kg/mm^2
6	膨胀系数 α （20~400℃）	89.22092	10^{-7}/℃

续表

序号	性质名称	某浮法玻璃	单位
7	导热系数 λ	25.02891	10^{-4}cal/(cm·℃·s)
8	熔化温度 T	1465	℃
9	澄清温度 T	1497	℃
10	表面张力 900	338.926	mN/m
11	表面张力 1200	323.1408	mN/m
12	表面张力 1300	321.419	mN/m
13	表面张力 1400	319.0334	mN/m
14	耐水级别	3	—

如针对此成分进行改进，希望将熔化温度从目前的 1465℃ 降低 10℃ 到 1455℃，耐水级别仍然保持 3 级，使用优化设计功能进行优化设计，设计成分范围、目标性质要求以及成分的设计结果见表 9-2。

表 9-2 玻璃成分优化设计结果

组成	含量范围		成分 1		成分 2	
	下限（%）	上限（%）	质量分数	摩尔分数	质量分数	摩尔分数
SiO_2	70	73	72.2394	71.0496	71.8686	70.8204
Na_2O	12	13	13.4159	12.7916	13.347	12.7503
CaO	8	9.5	9.8039	10.3314	9.7536	10.2981
MgO	3	3.5	3.612	5.2959	3.5934	5.2788
Al_2O_3	0.5	1.5	0.516	0.2991	0.5133	0.2981
K_2O	0.3	0.8	0.3096	0.1942	0.8214	0.5163
Fe_2O_3	0.1	0.15	0.1032	0.0382	0.1027	0.0381
性质	关系		目标	误差	成分 1	成分 2
熔化温度 T	≤		1455		1452	1447
耐水级别	≤		3		3	3

2. 玻璃着色剂设计

"SMARTWORKER ®颜色玻璃工程师系统"（以下简称 CGES），根据着色剂的用量，按照 CIE 标准，计算玻璃在不同光源下的色度坐标以及在 340～1000nm 波长范围内的光谱透过率，并可根据用户对颜色和光谱的要求设计着色剂的使用量。

例如，当 Fe_2O_3 的含量为 220×10^{-6} 时，折射率 1.51、厚度 3mm 的玻璃，其色度坐标见表 9-3。

表 9-3 玻璃的色度坐标（Yxy，$L^*a^*b^*$ 光源 D6500）

Yxy	计算	$L^*a^*b^*$	计算
D65-Y	91.97637497	D65-L^*	96.8106
x	0.314043259	a^*	-0.4192
y	0.331264343	b^*	1.0842

着色剂用量设计，即根据对颜色或者光谱的要求来自动设计着色剂的使用量。例如，设计一块 C 光源下色度坐标 $Y=77.30$，$x=0.3014$，$y=0.3220$，厚度为 3mm，折射率为 1.51 的颜色玻璃，设计结果为（$\times 10^{-6}$）：Cr_2O_3 为 360，Mn_2O_3 为 147，Fe_2O_3 为 269，FeOo 为 180，CuO 为 1216。

9.1.1.2 玻璃成分的控制

玻璃成分控制主要是指在生产过程中控制玻璃的成分符合设计要求且保持相对稳定，包括正常生产时的成分控制以及更换料方、颜色时的成分过程控制。对正常生产过程中的成分控制，使用"SMAR TDATA®玻璃物理性质测量与生产控制系统"（以下简称 GPMCS）。某玻璃的分析结果见表 9-4。

表 9-4 玻璃配方和成分分析

项目		设计值	分析值	差异
原料	纯碱	23.932	24.11	0.178
	氢氧化铝	6.453	6.159	-0.294
	白云石	11.574	11.047	-0.527
	石英砂	70.151	70.674	0.523
	重铬酸钾	0.813	0.862	0.049
	方解石	9.521	9.592	0.071
玻璃成分	SiO_2	69.737	70.089	0.352
	Na_2O	13.974	14.044	0.071
	CaO	8.833	8.692	-0.141
	Al_2O_3	4.212	4.011	-0.202
	MgO	2.495	2.376	-0.119
	Cr_2O_3	0.419	0.444	0.024
	K_2O	0.259	0.274	0.015
	Fe_2O_3	0.07	0.07	0

对换色、换料过程控制则使用"SMARTWORKER®玻璃快速换料系统"（以下简称 GCFCS）。该系统根据玻璃窑炉生产特点，可手动、自动设计玻璃各成分的调整方案，极大地减少更换料方过渡期时间。

例如,日拉引量600t的生产线,其中Fe_2O_3的含量从0.24%调整到0.35%,如果直接按照目标含量0.35%配料,其过程是漫长的,接近目标成分的时间超过500h。通过GCFCS自动优化调整方案,则只需80h即可达到目标成分,按目标成分配料。快速调整方案见表9-5。

表9-5 Fe_2O_3快速调整方案

序号	投料时刻	投料量(%)	持续时长(h)
1	0	0.8582	30
2	30	0.2543	50
3	80	0.35	0

9.1.2 熔窑、锡槽、退火窑热工参数数字化控制

以国内某优质600t/d浮法玻璃生产线为例,其产品为1.6~12mm的光电玻璃/汽车玻璃/家电玻璃,燃料主要为天然气,熔化、成形、退火工段设置一套分布式计算机控制系统(DCS),建立了生产线的数字化控制中心,并配置大屏幕显示系统实时监控各个工位的工作状态,保证稳定高效的玻璃生产。控制原理如图9-1所示。

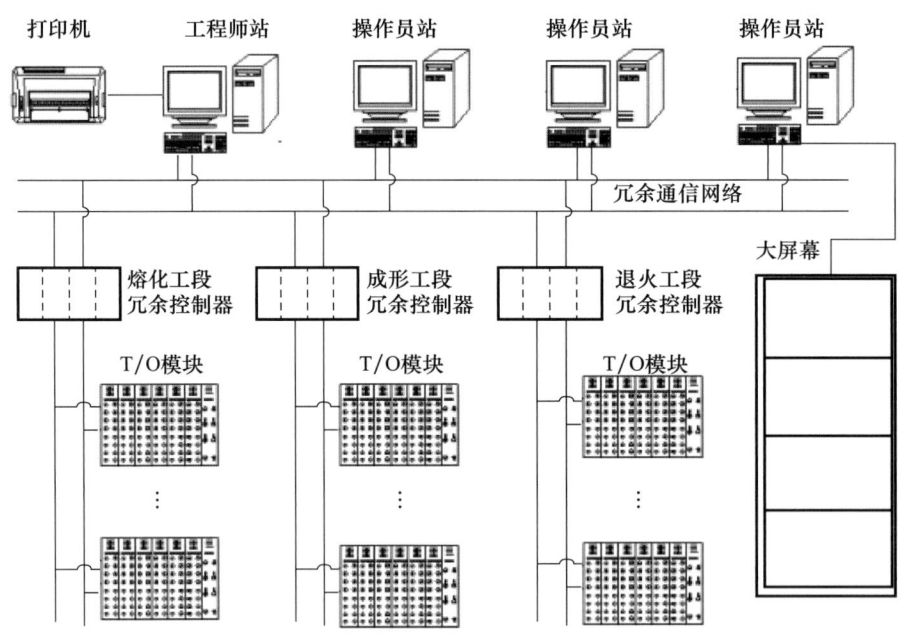

图9-1 熔化、成形、退火工段DCS控制原理

9.1.2.1 熔窑部分

应用计算机全仿真模拟技术设计,主要的数字参数控制通过DCS完成。

1. 熔化投料

采用大型双铲斜毯式投料机,具有脉冲投料和连续投料两种模式,传动采用变频调节,使用机器视觉实时测量熔窑内液面高度,根据液面信号通过 PID 算法自动调节投料速度以保证液面相对稳定。

2. 燃烧控制

以清洁能源天然气为主要燃料(燃料油备用),多种燃料可以组合或者单独使用,每对小炉可以混烧,燃料油系统管路可以单枪控制,具有手动、半自动、自动三种工作方式。每对小炉设有残氧在线监测和燃烧、助燃风流量监控,实现每对小炉的风火比在线自动调节与控制,实现燃烧的最佳控制。天然气的燃烧控制主要是换向、流量、压力控制,天然气加热和稀释冷却控制以及泄漏等的安全监控,其燃烧状态可实现实时大屏监控。

3. 拉边机

采用超窄机身设计、无级变速传动机杆、横向直线导轨传动,使拉边机的定位更加准确,配合三维无死角大屏监控系统实现完全数字化远程实时改版,改版效率高、重复性好。

4. 窑压控制

采用澄清部胸墙取压与等翼窑压闸板连锁联动自动控制窑压,窑压调节精度为 ±1Pa,同时采用"小扰动"换火程序,在换火期间,窑压调节系统将被锁定,同时在换向期间自动向窑内吹一定的新鲜空气以保证换向期间窑内压力稳定。

5. 水平搅拌器

熔窑卡脖处设置一对水平搅拌器,使流入冷却部的玻璃液的温度均匀性和化学均匀性得到改善,为生产优质的平板玻璃提供合格的玻璃液。

6. 冷却部空间水包

信号接入 DCS,选择设置流液道玻璃液温度与冷却部水包或者稀释冷却风实现自动控制,保证流道温度以保障玻璃成形。

7. $0^\#$ 氧枪系统

投料口与 $1^\#$ 小炉之间的胸墙上设一对 $0^\#$ 氧枪,充入助燃气体天然气,对玻璃配合料进行助熔。减少玻璃配合料的飞料,改善蓄热室使用状况,减少熔窑废气排放,实现节能降耗。

8. 池底鼓泡系统

在熔化部热点附近设置水冷式鼓泡装置,强化玻璃液对流,提高窑内玻璃液温度尤其是底部温度,改善玻璃的理化性能。

9.1.2.2 成形部分

1. 浮法玻璃流量智能控制

锡槽出口处两边各设置一套摄像机,实时检测玻璃板的宽度,通过控制闸板电机进行玻璃流量控制。该系统可以独立运行,也可以并入DCS进行联动。

2. 温度控制

通过DCS控制合理布置的电加热的功率。在生产过程中,配置不同冷却强度的水包,对槽内温度进行自由调节,有效控制玻璃板的横向温差,满足出口端玻璃板的温度调节。采用三用一备的冷却风系统,加强槽底温度冷却,杜绝漏锡事故发生。

3. 锡槽压力控制

使用高纯氮和氢气作为锡槽的保护气体,通过对保护气体进入锡槽顶罩的位置和结构的优化,控制各区气流及温度的合理分配以及稳定性,实时测量氮氢混合气中的氢含量。

4. 锡槽扒渣装置

在锡槽出口处设置锡槽扒渣装置,及时清除锡液浮渣,有效防止玻璃带下面的划伤并减少沾锡等缺陷。

5. 信息监控

将风机运行状态、玻璃液温度以及玻璃板温度、电动挡边器的控制等信号接入DCS,实时监控。

9.1.2.3 退火部分

1. 纵向控制

退火区由A、B1、B2、C、D、Ret1、Ret2、E、F1、F2、F3组成,纵向沿生产线上下、两侧成对布置数对加热手,在总控室通过DCS进行PID控制,布置数组冷却风模组。

2. 横向控制

横向上下分布8组7区冷却风分组,上部由7个气动蝶阀控制,下部由1个气动蝶阀控制。

3. 锡槽温度控制

气动阀组通过DCS远程进行开度控制与加热手联合控制来达到调节锡槽内部温度分布的目的。退火部分在保温区与热风强制冷却区之间还设有调压装置,以保证窑内气压稳定,减少对流。

在熔窑、成形、退火三大热工设备中运用数字控制,实现生产线低成本、高效率的运作,并且保证产品质量的持续稳定。

9.1.3 在线镀膜

下面以某600t/d的在线Low-E镀膜项目为例进行介绍。镀膜生产工艺流程如图9-2所示。锡槽内装有2个缓冲层反应器以及配套系统,退火窑A0区装有3个低辐射层反应器以及配套系统,最大镀膜能力达到14层,可实现多种在线镀膜玻璃产品生产。缓冲层反应器下游、低辐射层反应器下游，均紧邻装有热端光谱检测系统，在第一时间检测玻璃表面镀膜后反射光谱特征的变化，并反馈至镀膜控制中心，判断镀膜工艺是否存在异常，并及时调整。整套系统采用了 EtherCAT、Modbus 以及以太网通信，全部数据处理时间少于 10ms，整套系统数据采集点共 1869 个。

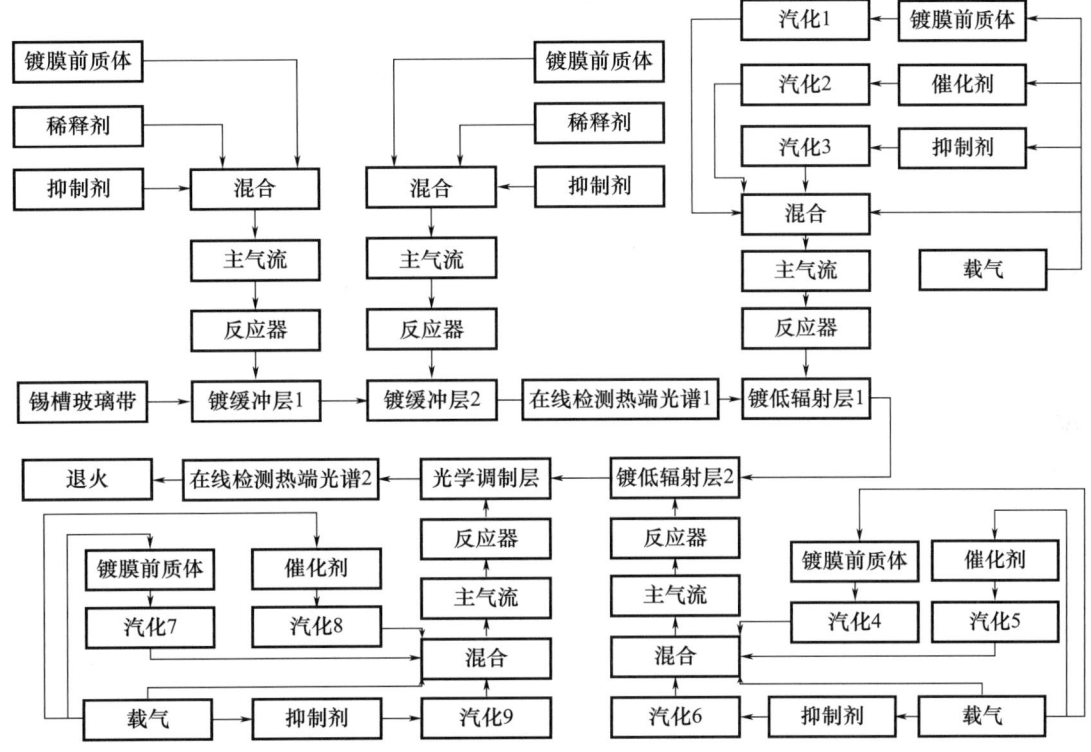

图 9-2　某 600t/d 在线 Low-E 镀膜工艺原理

低辐射功能层采用 F 掺杂的 SnO_2 材料（以下简称 FTO），利用其导电特征，载流子跟红外入射波电磁场相互作用，反射红外光，达到低辐射的效果，得到在线低辐射镀膜玻璃（以下简称在线 Low-E 玻璃）。

缓冲层是在玻璃基体上沉积的 SiO_2 基膜层。在高温 CVD 镀膜、后续热加工，以及长期使用过程中，浮法玻璃本体中的钠离子都会溢出，渗入氧化物低辐射膜层中，造成光学、电学等性能劣化，缓冲层起到阻挡钠离子溢出的作用，因此也叫阻挡层。另外，缓冲层的折射率和膜厚是可调的，由于低辐射氧化物层的膜厚和光学参数已经被低辐射功能的需求所决定，因此对膜层光学的匹配主要通过调节缓冲层来实现。

实际生产时，反应器传动及行走系统主要依靠现场工人操作按钮盒来实现反应器的横向及纵向定位；压力控制系统、温度控制系统、流量控制系统采用了基于经典 PID 算法的改进算法，各项精度均达到镀膜要求；在线监测系统远程操作定位，实时在线查看光谱数据；柔性大屏展示系统实时监测镀膜相关各项参数。可生产的在线镀膜产品包括低辐射镀膜玻璃、薄膜电池用透明导电玻璃、冷链展示玻璃、多彩色节能镀膜玻璃等。

9.1.4 智能冷端

在2019年成功投产的国内某条浮法玻璃生产线上，成功实现了智能化冷端的绝大部分功能。

1. 总体需求

将该线总体需求进行前期市场调研和论证后，得出的总体规划见表9-6。

表9-6 某案例生产线总体技术要求

序号	项目	内容
1	玻璃熔窑熔化能力	600t
2	原板宽度	4200～5400mm
3	玻璃厚度	1.6～6mm
4	净板宽度	4000～5000mm
5	在线切割成品尺寸	3660mm×2800mm、18000mm×3300mm、914mm×1220mm、1500mm×2000mm
6	产品品种	汽车玻璃、制镜玻璃
7	产品质量	满足平板玻璃国家标准GB 11614—2009

2. 总体配置与布局

为完成上述目标，该线采用了国内最新研发的智能化冷端装备，采用一条主线配置两条支线的方式，在支线和主线末端配置相应的机械手用于抓取玻璃。全线采用先进的智能化系统，效果如图9-3所示。

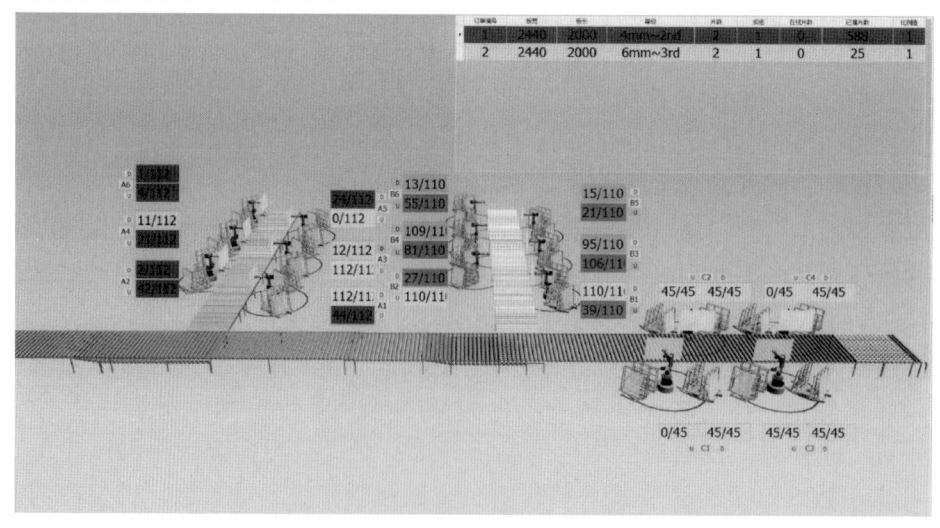

图9-3 某案例线装备总体布局

同时，为该线配置了智能化冷端控制系统（表9-7）。

表 9-7　智能化冷端主要子系统

序号	名称	介绍
1	缺陷检测系统	通过相机、视觉技术检测玻璃带上的缺陷分布情况
2	优化切割系统	根据玻璃带上的缺陷以及用户订单信息实现多规格同时生产，各同时生产20种订单
3	全线跟踪系统	对全线装备进行监控，对全线玻璃进行跟踪，掰边辊道、纵掰辊道纵向刀痕位置跟踪
4	玻璃完整性检测系统	通过视觉系统检测玻璃带的破损情况，检查玻璃是否完整
5	堆垛系统	通过机械人实现玻璃的自动堆垛

3. 各智能化子系统

图9-4、图9-5显示的是实际运行时全线跟踪系统界面。在实际运行生产线上还有缺陷检测系统、完整性检测系统、机械手取片系统等。

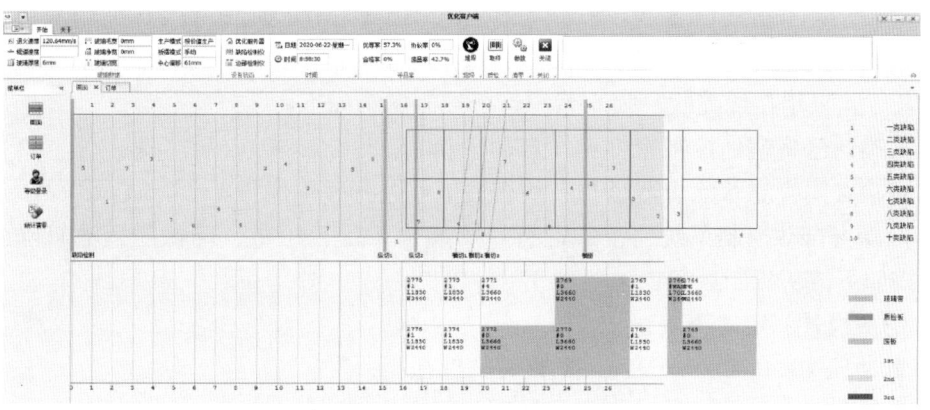

图 9-4　优化系统监控

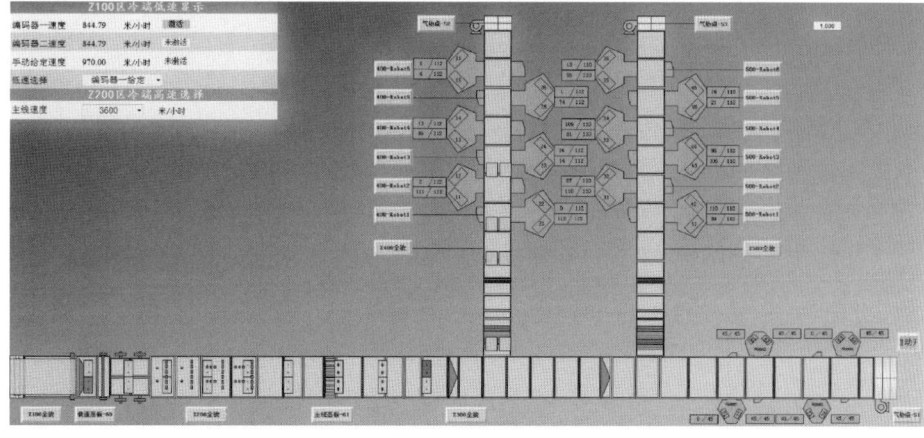

图 9-5　线控系统监控

4. 总体效果

该线配置的自动化冷端装备及系统达到了以下效果：（1）人员减少了30%，劳动强度降低了70%；（2）配置的优化切割系统提高了成品率，全年约为4个百分点，利用优化切割系统帮助生产人员对全线生产的柔性控制；（3）数据管理功能，如产量统计、玻璃缺陷空间分布信息、玻璃缺陷时间分布信息、损板原因分析等数据信息给生产决策人员提供了重要的生产数据，使得决策更加科学化。该示范线起到了行业标杆作用，是第一条利用国产装备实现的信息化、智能化生产线，意义重大。

9.1.5 烟气治理典型案例

某玻璃熔窑生产线脱硫除尘脱硝控制系统如下，其可实现烟气达标排放，智能控制。

9.1.5.1 陶瓷滤管除尘器运行控制逻辑

陶瓷滤管除尘器共设置A、B、C、D、E、F、G、H、J、K这10个仓室，每个仓室有20个喷吹脉冲阀（序号从1到20），每个仓室对应1个进口手动阀和1个出口手动阀。清灰方式采用在线喷吹，喷吹系统运行控制逻辑如下：

（1）确认已将就地控制箱打到"自动"位置。

（2）检查陶瓷滤管除尘器已与一些相关信号进行联锁保护。

（3）检查自动控制系统，空载运行一周期确认是否正常，确认陶瓷滤管除尘器初始设定按如下清灰机制运行：

① 清灰模式：定时清灰；

② 脉冲压力：$0.4 \sim 0.6$MPa，调整时从低往高；

③ 脉冲宽度：0.2s（脉冲宽度为脉冲阀开启持续时间长度）；

④ 喷吹清灰模式：本台除尘采用左右两列相对两个仓室交替喷吹的清灰模式，如MA1、MF1、MA2、MF2……MA20、MF20、MB1、MG1……MB20、MG20，直至MK20，即一个喷吹周期结束。脉冲阀之间脉冲间距为$5 \sim 8$s，如MA1至MF1、MF1至MA2、MA2至MF2、MF2至MA3、MA3至MF3……ME20至MK20，每个脉冲阀之间逐个动作；按从A到K的顺序，从MA1开始喷吹到MK20结束为一个除尘器清灰循环周期。两个除尘器清灰循环周期间隔$3 \sim 6$min。

（4）按照压差控制除尘器喷吹系统运行，设定除尘器运行阻力达到1700Pa时开始喷吹清灰，脉冲周期按照定时清灰方式设置。当一个除尘器清灰循环周期或若干个除尘器清灰循环周期结束后，除尘器运行阻力低于1300Pa时，需要再进行一个清灰循环周期然后停止。

9.1.5.2 仓泵顺控要求

气力输灰顺控步骤按照以下顺控组态：

（1）第一次启动要空吹：先开出料阀，然后依次开补气阀、进气阀、助吹阀；压力低于25kPa，延时30s后，先关补气阀，再关进气阀，最后关助吹阀。

（2）进料：先打开仓泵平衡阀，延时4s再同时开仓泵进料阀，画面可设定进料时间。

（3）停止进料：当设计进料时间到，关闭仓泵平衡阀，再关闭仓泵进料阀（关到位信号反馈参与联锁）。

（4）开出料阀（开到位信号反馈参与联锁），延时4s。

（5）先开补气阀，延时4s。

（6）开进气阀组，延时4s，然后开助吹阀。

（7）压力检测到一定值后（0.05MPa，可调），延时30s，依次关补气阀、进气阀、助吹阀，延时4s。

（8）关出料阀。

（9）循环时间等待，进入下个循环。

堵管报警：一般情况下当输送计时器计时10s后，开始检测输送压力。

（1）输送压力 >0.4MPa（持续5s）且不下降，判断输送管道堵管；

（2）输送时间8min，输送压力处于0.05~0.4MPa，判断输送管道堵管。

9.1.5.3 氨气联锁

（1）在下列两个条件都满足后，才允许操作打开氨气关断阀：一是除尘器仓室内部烟气温度升至315℃；二是任一台氨稀释风机启动。

（2）联锁功能

① 如果稀释比高（>9%），氨气关断阀就会关闭。

② 低于最低运行温度315℃持续20min，氨气关断阀将关闭，氨气流量调节阀也将被关闭。

③ 一旦氨气稀释风机全部跳闸，氨气关断阀将立即关闭。

④ 当氨气关断阀关闭时，氨气流量调节阀也将被关闭。

⑤ 当引风机停运时，氨气关断阀将关闭，相应的氨气流量调节阀也将被关闭。

⑥ 当运行的氨稀释风机因电气原因跳闸时，备用的氨稀释风机将自动启动。

9.1.5.4 脱硫剂用量控制

主PID以设定脱硫出口SO_2浓度与脱硫出口在线测量SO_2浓度的偏差PI运算结果来控制变频螺旋输送机的脱硫剂给料量，对变频螺旋输送机做相应联锁控制，直接叠加于变频螺旋输送机频率控制：当脱硫出口在线测量SO_2浓度≥50mg/Nm^3时，变频螺旋输送机频率按照相对应函数逐渐增加；当脱硫出口在线测量SO_2浓度≥100mg/Nm^3时，变频螺旋输送机频率增加100%；当脱硫出口在线测量SO_2浓度<100mg/Nm^3时，变频螺旋输送机频率按照相对应函数逐渐减小。

副 PID-1 以设定床层差压与脱硫塔在线测量直段差压的偏差 PI 运算结果来控制变频双轴螺旋输送机的循环灰给料量，对变频双轴螺旋输送机做相应联锁控制，直接叠加于变频双轴螺旋输送机频率控制：当脱硫塔直段在线测量差压≤700Pa 时，变频双轴螺旋输送机频率按照相对应函数逐渐增加；当脱硫塔直段在线测量差压≤480Pa 时，变频双轴螺旋输送机频率增加 100%；当脱硫塔直段在线测量差压≥1000Pa 时，变频循环灰给料机频率按照相对应函数逐渐减小。

以上 PID 控制以主 PID 控制为主、副 PID 控制为辅，相互独立控制。

9.1.6 余热电站典型案例

9.1.6.1 项目简介

某玻璃厂一条 1000t/d 浮法玻璃生产线，主要生产超白光伏玻璃基板。利用其生产线的外排烟气余热建设一台余热换热锅炉，配套设置一套 4.5MW 凝气式汽轮发电机组及辅助设备系统"一炉一机"，产生的蒸汽发电并网运行，汽轮发电机组所发电回用于玻璃生产。生产运营热能全部来自烟气余热，且电力直接回用，因此发电成本非常低廉，项目投资回收期短，项目市场前景看好。

本项目燃料为乙烯油；烟气量 $13 \times 10^4 Nm^3/h$，烟气温度 520℃。本项目建设一台 19.2t/h 的余热锅炉、配置一套 4.5MW 凝气式汽轮发电机组及辅助设备系统。

9.1.6.2 智能制造技术在项目中的应用

本项目控制系统主要由以下几部分构成。

1. DCS

采用和利时的 MACS 系列，主要包含余热电站的各工艺点的工况数据采集、顺序控制、逻辑控制、PID 控制以及其他执行器控制。例如汽包的水位控制、主蒸汽温度控制、给水流量控制、引风机（窑压）控制、备用风机（水泵）设备自动启停控制等。锅炉系统操作界面如图 9-6 所示。

2. DEH 汽轮机的数字电液控制器系统

DEH 汽轮机的数字电液控制器系统，是汽轮机启动、停止、正常运行和事故工况下的调节控制器。其采用和利时的 T80 控制器。

3. ETS 汽轮机紧急跳闸系统

ETS 汽轮机紧急跳闸系统，是保证汽轮发电机组正常运行必不可少的安全保护装置。汽轮机运行中，当存在某种可能导致机组受损害的危险情况时，ETS 装置可使汽轮机自动紧急遮断，保护机组的安全，包含轴瓦温度、振动、胀差、油压等保护。图 9-7 为 ETS 汽轮机紧急跳闸系统操作界面。

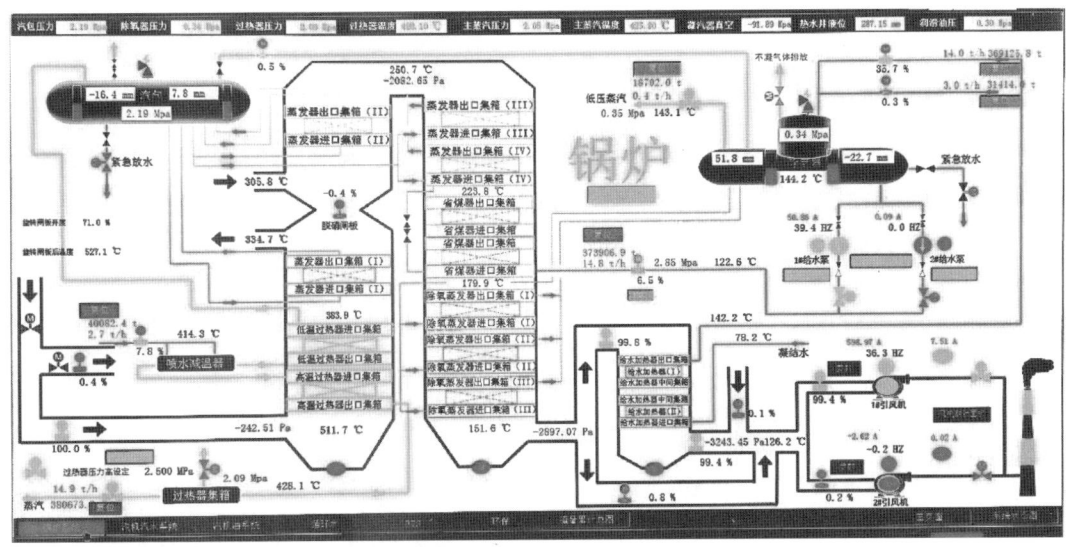

图 9-6 锅炉系统操作界面

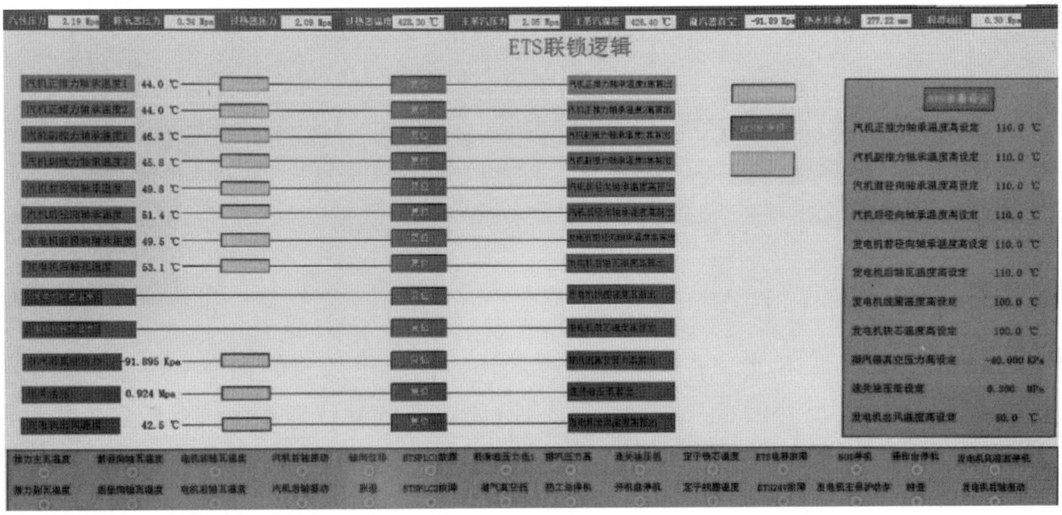

图 9-7 ETS 汽轮机紧急跳闸系统操作界面

9.1.6.3 主要经济效益和社会效益

主要经济效益：项目实施后，余热电站的平均发电能力为 3100kW，年供电能力达到 2390×10^4 kW·h，占全厂用电量的 70% 左右。

主要社会效益：根据《"十三五"能源发展规划》，要求平均供电煤耗低于 310g/kW·h。按照这个标准计算，本项目实施后，年节约标准煤约为 7409t，每年减少 CO_2 排放量 23828.3t，按目前市场上 CDM 交易价格 5~7 美元/吨计算，则每年还可创造 11.91 万~16.68 万美元的收益。

9.2 深加工玻璃智能化生产案例

9.2.1 智能化连线模式之一

9.2.1.1 连线布局

连线模式：原片仓储+切割工序+自动掰片+磨边工序（打码）+自动分片+缓存排版+钢化工序+自动分片+缓存配片+中空工序（图9-8）。

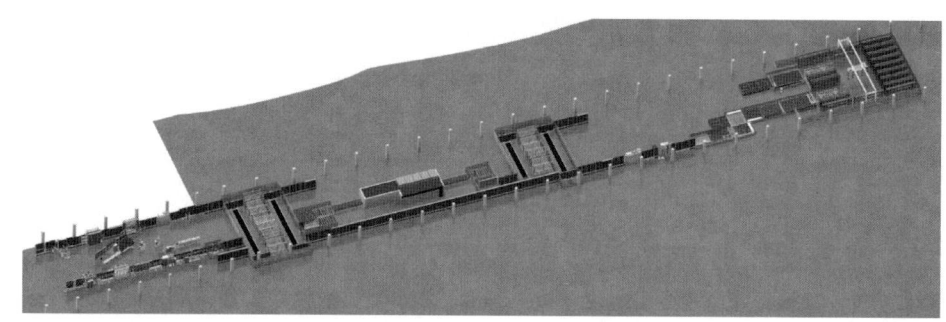

图9-8 智能化连线模式之一布局图

9.2.1.2 智能化实现

ERP下计划给MES系统，订单信息自动传输给中央信息处理库，形成相关信息（原片数量、尺寸，优化信息，加工顺序等），MES系统的计划系统进行版面优化后传输给中央信息处理库后发送给切割工序指令台，切割工序人工选择指令包，切割工序接收系统信息后，完成原片玻璃选择、自动切割、自动掰片、分片、传输，设备通过智能感应、自动识别加工玻璃磨边、清洗，需钢化的玻璃进入1#立式仓储分类存片缓存，有序调度，激光打码（企业Logo+"3C"标志），并根据钢化炉尺寸、加工顺序、品种等再次取片优化排版、上片、钢化、检测、进入2#立式仓储分类存片，再次有序调度，传送给中空工序加工。工序中的补片实现任何工序实时动态加工。整线实现原片上片、自动切割（除膜）、自动掰片、自动分片、自动磨边清洗及入缓存架、激光打标、优化钢化、自动检测、中空自动配片全工序的智能化连线和无人化加工。该MES系统的核心是仓储理片系统，可以在线控制全自动玻璃生产流程。它自动地与所有的设备控制相连来调整、指导生产加工，并且报告当前状态。这个系统甚至在切割时就将生产顺序区分开。这不仅保证了废料减至最少，还优化了中空玻璃生产线的生产序列。

9.2.1.3 应用类似案例的企业

应用类似案例的企业包括新福兴玻璃工业集团有限公司、福莱特玻璃集团股份有限公司、山东耀华玻璃有限公司、江西省博信玻璃有限公司、长兴旗滨节能玻璃有限公司、山东星冠玻璃科技有限公司。

扫一扫　了解更多

9.2.1.4 类似案例智能化设备及系统提供商

类似案例智能化设备及系统提供商包括广东高力威机械科技有限公司、上海速泰智能科技有限公司、安徽银锐智能科技股份有限公司、索奥斯（广东）玻璃科技股份有限公司、英德欧姆智能机械有限公司。

9.2.2 智能化连线模式之二

9.2.2.1 连线布局

连线模式：原片仓储＋切割工序＋磨边工序＋缓存理片（立式或卧式）＋排版＋钢化工序（图9-9）。

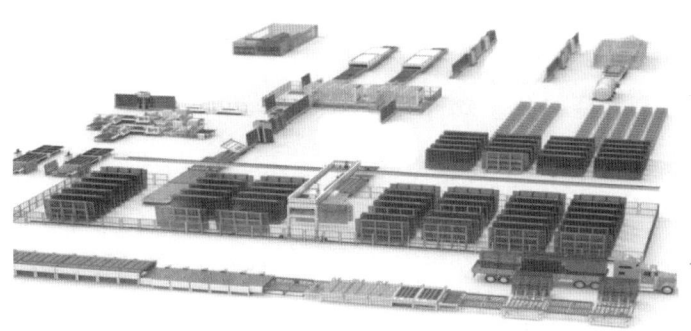

图9-9 智能化连线模式之二布局图

9.2.2.2 智能化实现

ERP生成的订单信息自动传输给MES系统，并形成相关信息（原片数量、尺寸，优化信息，加工顺序等），MES系统进行版面优化后传输生产指令给切割工序的指令台，切割工序人工选择优化包，完成生产准备。MES系统完成原片玻璃自动调拨、自动切割、人工分片，并自动完成玻璃磨边、清洗，然后进入立式仓储分类存片缓存，有序调度，激光打码（企业 Logo + "3C" 标志），并根据钢化炉尺寸、加工顺序、品种等再次取片优化排版、上片、钢化，检测完成切磨钢整体硬件连线作业。系统可于任何工序实时动态补片，具备加工过程信息实时可查和远程下单等功能。

此案例可实现原片上片、自动切割、自动磨边清洗及入缓存架、激光打标、优化钢化、自动检测等工序的硬件连线及整个工厂办公与所有设备的软件智能化连线和无人化或少人化操作。该方案的核心是一套立式仓储系统，可以在线控制全自动玻璃生产流程。它是上下游玻璃订单的缓冲池，能在实时反馈当前状态的同时指导生产有序合理进行，逻辑流程如图 9-10 所示。

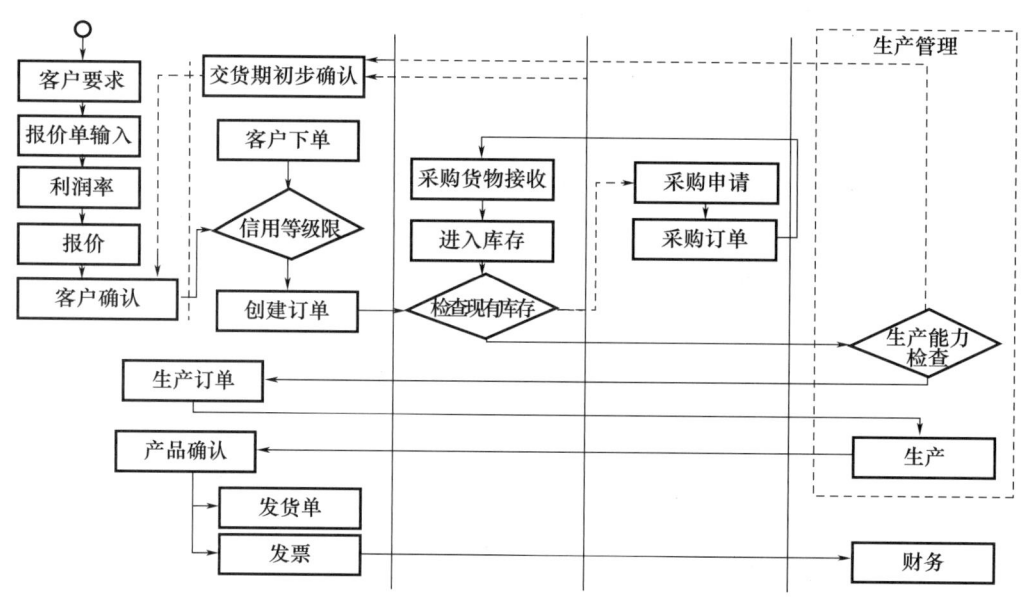

图 9-10　智能化连线逻辑流程

9.2.2.3　核心智能设备及软件

该系统的核心智能设备为立式仓储系统及配套的调度软件系统，具备基于快速排序算法实现按架/按序玻璃理片、钢化装载率优先排版、流程卡配对优先、加工信息动态反馈和实时自动补片等多项功能。

9.2.2.4　应用类似案例的企业

应用类似案例的企业包括广东省隆玻科技集团股份有限公司、成都申博玻璃有限公司、广东中融玻璃科技有限公司、山东星冠玻璃科技有限公司、临沂中玻鹏昊玻璃有限公司、肇庆南玻节能玻璃有限公司。

9.2.2.5　类似案例智能化设备及系统提供商

类似案例智能化设备及系统提供商包括广东高力威机械科技有限公司、上海速泰智能科技有限公司、安徽银锐智能科技股份有限公司。

9.2.3 智能化连线模式之三

9.2.3.1 连线布局

连线模式：原片仓储+切割工序（激光打码）+缓存理片+磨边工序（图9-11）。

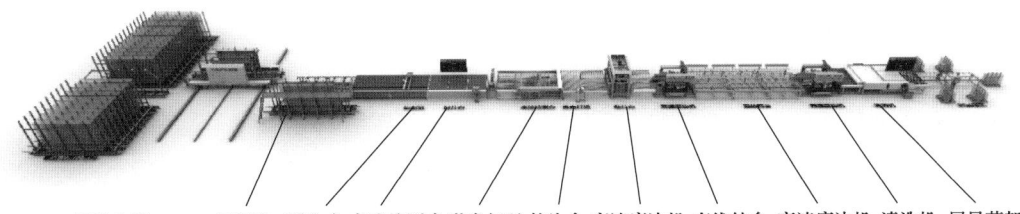

图 9-11　智能化连线模式之三布局图

本连线实现了从原片上片、自动切割、自动激光打码、缓存、磨边清洗及下片的智能化全自动生产过程，仅在切割工序的掰片工位需要人工操作。若增加自动掰片系统，该连线可实现原片仓储到磨边下片的无人化作业。

9.2.3.2 智能化实现

该智能化连线的流程及逻辑控制如图9-12所示。

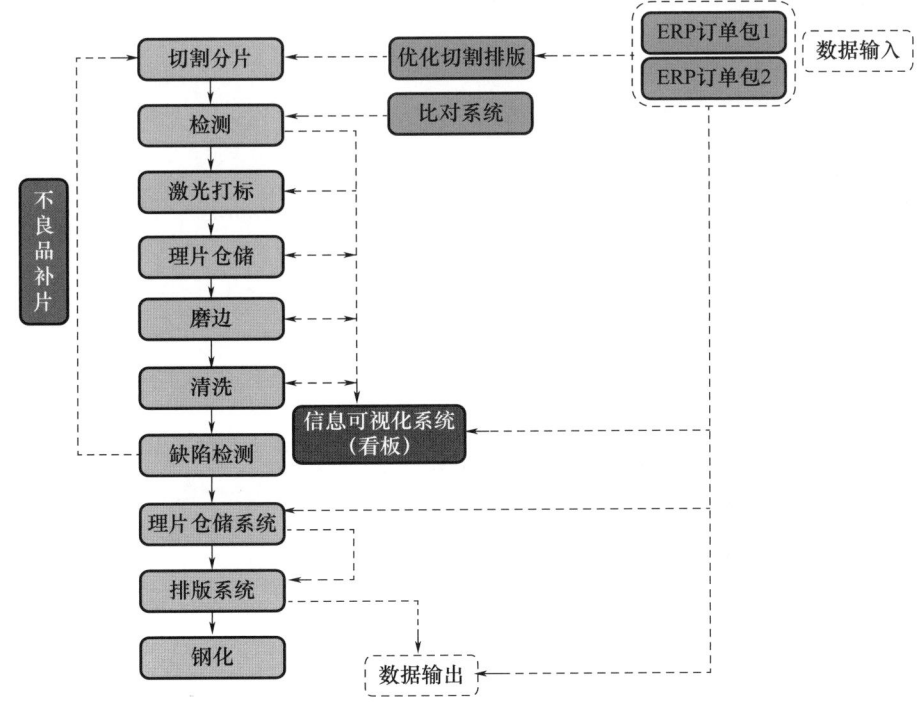

图 9-12　智能化连线模式之三的流程控制

本连线控制系统在销售端的客户需求 ERP 制单完成后，ERP 下工单计划给 MES 系统，切割工序根据工单计划向 ERP 发起原片使用需求，原片仓储根据库存原片的规格和数量提供给优化系统完成优化，形成原片使用需求并传输到切割机上片工位完成上片指令，同时实现原片调度；切割工序接收优化系统的版图信息，完成玻璃自动切割，由人工根据看板指示进行掰片完成掰片作业；分片后的玻璃通过人工放片至检测台与后台 MES 系统数据进行比对，完成身份识别后进行激光打码，并自动进入立式仓储进行存片；立式仓储根据分架、最少开合次数的优化算法进行玻璃的有序调度，实现原片自动上片、自动切割、自动磨边及自动下架等操作。

该 ERP 与 MES 系统之间采用 TCP/IP、MES 与设备之间采用 SCADA、设备之间采用 Profinet 等多种通信协议进行组合。

9.2.3.3　核心智能设备及软件

该系统的核心智能设备为立式仓储系统及配套的调度软件系统，具备基于快速排序算法按架/按序实现玻璃理片的功能。

9.2.3.4　应用类似案例的企业

应用类似案例的企业包括湖南旗滨节能玻璃有限公司、天津旗滨节能玻璃有限公司、天津北玻玻璃工业技术有限公司、江西省博信玻璃有限公司。

9.2.3.5　类似案例智能化设备及系统提供商

类似案例智能化设备及系统提供商包括广东高力威机械科技有限公司、英德欧姆智能机械有限公司、安徽银锐智能科技股份有限公司、上海速泰智能科技有限公司。

9.2.4　智能化连线模式之四

9.2.4.1　生产线布局

连线模式：缓存配片 + 中空工序（图 9-13）。

图 9-13　智能化连线模式之四布局图

9.2.4.2 智能化实现

本连线控制系统通过 ERP 下工单计划给中空理片系统，理片系统根据工单计划完成中空玻璃 AB 片（可能是多片组合）的配对组合，并根据中空玻璃的规格和数量完成玻璃出片至中空生产线的指令，同时将折框顺序及充气、封胶等要求分发给相应机台，由人工根据看板指示进行上框，TPS 则可自动完成涂布作业；实现玻璃自动上架、自动配对、自动充气/合片、自动封胶及自动下架等操作的智能化连线。

该 ERP 与 MES 系统之间采用 TCP/IP、MES 与设备之间采用 SCADA、设备之间采用 Profinet 等多种通信协议组合。

9.2.4.3 核心智能设备及软件

该系统的核心智能设备为立式理片机及配套的理片配对软件，具备基于按中空下架要求完成排序算法，按架/按序完成玻璃理片配对的功能。

9.2.4.4 应用类似案例的企业

应用类似案例的企业包括广东中融玻璃科技有限公司、江西省博信玻璃有限公司、肇庆南玻节能玻璃有限公司、天津旗滨节能玻璃有限公司、湖南旗滨节能玻璃有限公司。

9.2.4.5 类似案例智能化设备及系统提供商

类似案例智能化设备及系统提供商包括广东高力威机械科技有限公司、上海速泰智能科技有限公司。

9.2.5 TPS 柔性间隔条中空生产线

9.2.5.1 TPS 柔性间隔条中空生产线布局

柔性间隔条中空生产线的基本构成：自动上片机、清洗机、检测光栅、4SG/TPS（柔性间隔条）涂布机、合片机（含自动充气）、自动铺贴间隔垫装置、自动标签机、自动封胶机、自动卸片机等（图 9-14）。

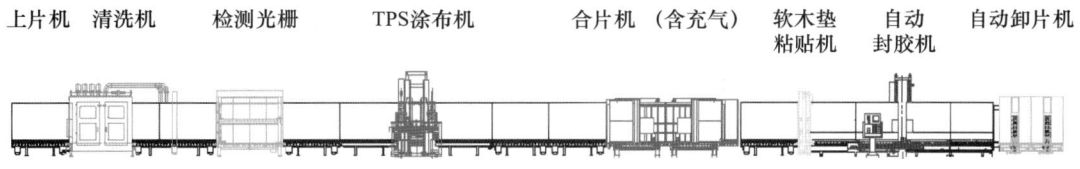

图 9-14 柔性间隔条中空生产线布局图

结合 ERP 和 MES 系统，本生产线可实现从中空上片、自动清洗、自动涂覆、合片、软木垫、成品标签、封胶及卸片的智能化生产全过程，替代了传统的人工制框、灌干燥剂、丁基胶涂布及上框等作业。

9.2.5.2 该生产线的智能化信息控制

ERP下发工单计划给TPS柔性间隔条中空生产线，MES控制系统直接读取工单信息，并将信息输入中空玻璃生产线的主服务器中。工单信息包括玻璃结构、半成品及成品厚度、尺寸、间隔条宽度、胶深、是否充氩气等。中空生产线根据MES生产指令自动完成玻璃上片、清洗、表观缺陷检测、涂布TPS间隔条，涂布机通过主服务器对压力、速度、胶量的精确控制，完成4SG/TPS间隔条的涂布，保证宽度和平整度均匀一致。合片机完成玻璃的压合，在压合的同时实现氩气的填充与检测，压合后进行自动软木垫及自动标签的铺贴，自动封胶机及自动卸片机通过读取主服务器数据，并根据玻璃结构、胶深、是否大小片确定涂胶的速度、压力，完成封胶动作及自动卸片。

9.2.5.3 应用类似案例的企业

应用类似案例的企业包括大连华鹰玻璃股份有限公司、台玻成都玻璃有限公司、临沂中玻鹏昊玻璃有限公司、山东星冠玻璃科技有限公司。

9.2.6 数码打印彩釉案例

扫一扫 了解更多

9.2.6.1 生产线布局

数码打印彩釉生产线的基本构成：上片台（自动翻转）、清洗机、数码喷墨打印机、烘干机、下片台（自动翻转），如图9-15所示。

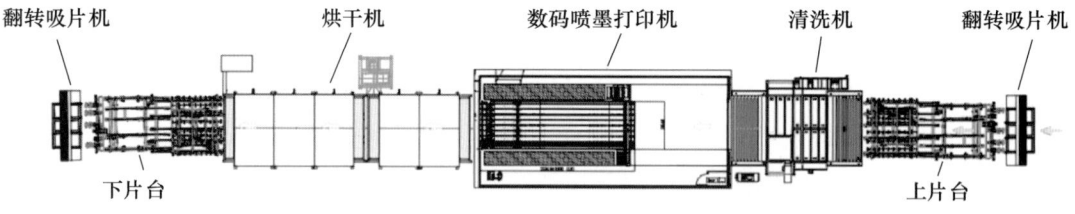

图9-15 数码打印彩釉的生产线布局图

本生产线可实现从玻璃上片清洗、自动打印、自动烘干及下片的智能化生产全过程。过程简介如下（图9-16～图9-20）。

第一步：在Photoshop中做好目标文件；

第二步：将目标文件导入Caldera软件（图9-16）；

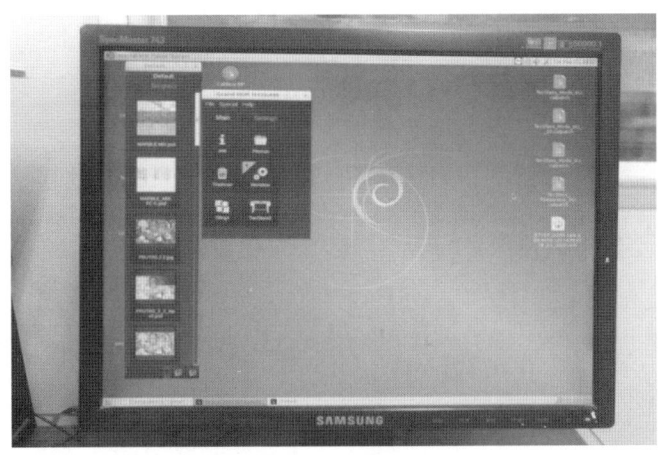

图 9-16　导入文件界面

第三步：根据文件类型，选择相应的模式（图 9-17）；

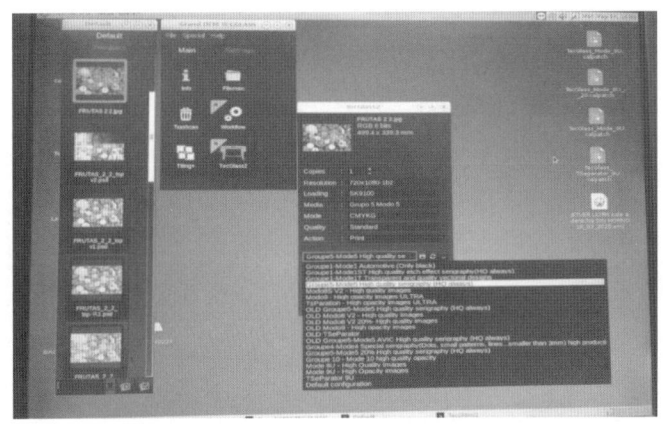

图 9-17　选择模式界面

第四步：在 Main 窗口中检查目标文件的颜色、尺寸、方向信息（图 9-18）；

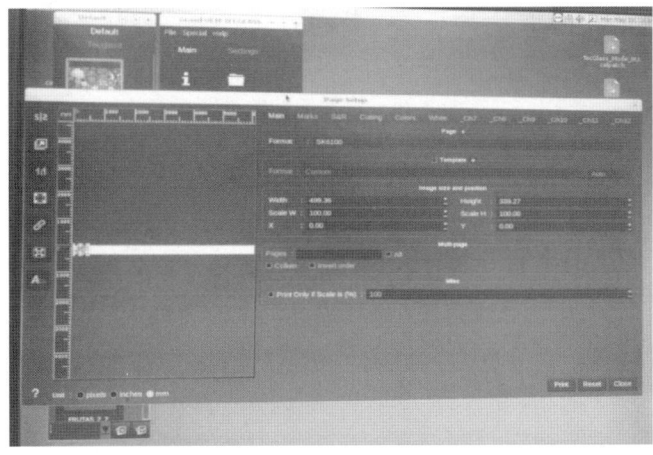

图 9-18　核对信息界面

第五步：确认上一步中的信息无误后，加载 ICC 曲线（ICC profile），点击"OK"，即完成图片光栅处理（图 9-19）；

图 9-19　加载曲线界面

第六步：在操作台界面直接调取目标文件进行打印（图 9-20）。

图 9-20　打印出的效果图

9.2.6.2　智能化实现

ERP 系统下工单给打印机，完成订单信息的输入，图形信息导入 Caldera 图文软件，加载 ICC 曲线（ICC profile），完成 RIP（Raster Image Processor）光栅图像处理，转化为机器可识别的机器语言。可实现不再依赖制版这一载体来实现图文的印刷。

该系统同时具有墨水的智能配置系统，可根据 RIP 光栅图像处理后的图片信息自动选择基础墨水种类及控制相应的喷墨量，实现了图文的色泽及其饱和度等自动调整，代替了人工调色。

9.2.6.3 核心智能设备及软件

该系统的核心智能设备为数码喷墨打印机,通过 Caldera 图文软件、RIP 光栅图像处理器和墨水的智能配置实现了图形的自我读取、识别和转化。

9.2.6.4 应用类似案例的企业

应用类似案例的企业包括海控南海发展股份有限公司、吴江南玻华东工程玻璃有限公司、天津旗滨节能玻璃有限公司、湖南旗滨节能玻璃有限公司、天津北玻玻璃工业技术有限公司、重庆耀皮工程玻璃有限公司、上海耀皮工程玻璃有限公司、天津耀皮工程玻璃有限公司、广东南星玻璃有限公司。

9.2.7 异形加工、钻孔案例

扫一扫 了解更多

9.2.7.1 异形加工(CNC)

1. 设备结构与功能

CNC 玻璃加工中心如图 9-21 所示,专门为了满足高精度磨边、钻孔、挖缺,以及异形产品。如图 9-22 所示产品的高效、精准加工的智能化设备,包括玻璃传送系统、玻璃洗盘定位系统、CNC 多轴加工系统、视觉检测系统、PLC 控制系统、伺服控制系统等,可实现玻璃自动换刀、切割、钻孔、镂槽、倒角、开门夹、内外(异形)磨边、智能抛光等工序的一次完成。

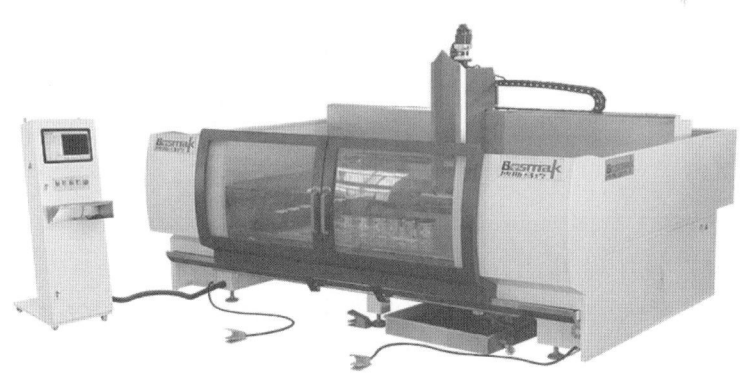

图 9-21 CNC 玻璃加工中心

2. 智能化实现

CAD 绘制玻璃加工图纸,MES 系统与设备之间通过 TCP/IP 网络将生产工单、相应的 CAD 图纸和加工工艺要求下达到 CNC 设备,CNC 操作电脑自动根据图纸设置磨轮控制、钻孔直径、加工位置等参数,视觉检测技术用于玻璃坐标定位,从而实现自动按照各参数开始加工流程,比如自动换刀、切割、钻孔、智能抛光等玻璃加工工序的一次完成。

图 9-22　CNC 加工玻璃产品

同时，CNC 可以直接与切割等前后段连接，如图 9-23，从而实现无人化连线生产，一体化操作精确快速，从而减少划伤事故。

切割机 ⇒ 掰片台 ⇒ 连线CNC ⇒ 传送台 ⇒

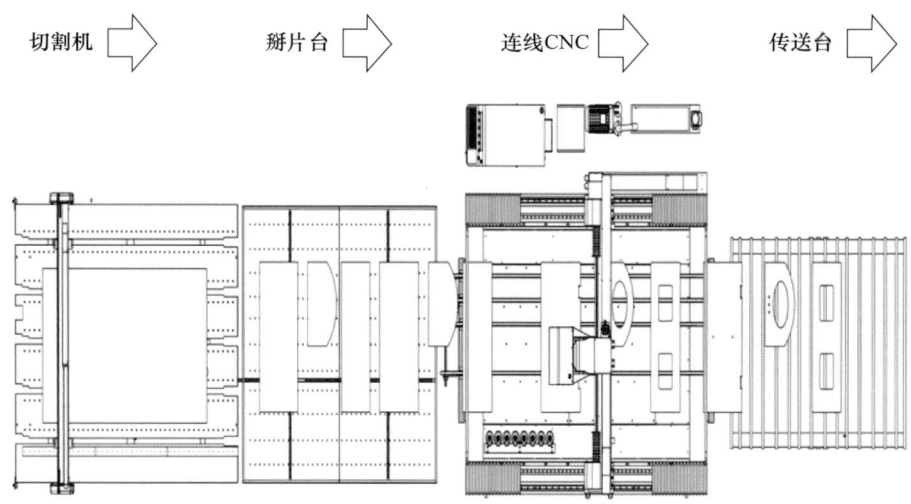

图 9-23　CNC 与切割自动化连线

3. 核心智能设备及软件

CNC 玻璃加工中心核心智能设备和软件包括 MES 系统自动下单、CNC 数控电脑操作系统、视觉定位系统、智能固定系统、自动数控玻璃传输系统、CNC 数控装置、可编程控制器 PLC、伺服驱动装置以及操作面板。

4. 应用本案例的企业

应用本案例的企业包括咸宁南玻工程玻璃有限公司、天津南玻节能玻璃有限公司、南玻四川节能玻璃有限公司、东莞南玻工程玻璃有限公司、长兴旗滨节能玻璃有限公司、天津北玻玻璃工业技术有限公司、江门耀皮工程玻璃有限公司、广东旗滨节能玻璃有限公司、天津耀皮工程玻璃有限公司。

5. 本案例智能化设备及系统提供商

CNC 玻璃加工中心设备及系统由佛山市博斯马克机器人有限公司提供。

9.2.7.2 钻孔连线

1. 生产线布局图

本连线由切割+磨边+倒角+钻孔+钢化+自洁+理套+包装等功能板块构成，设备布局如图9-24所示。

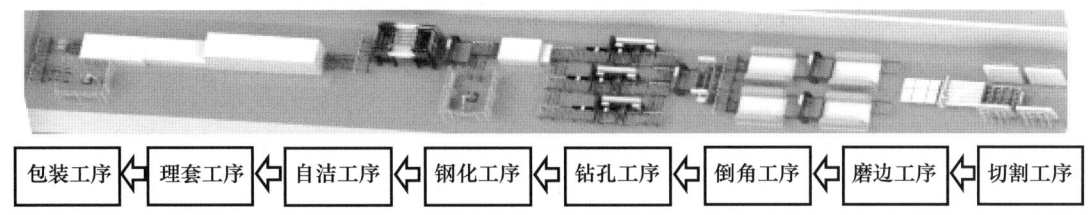

图9-24 生产布局图

本连线实现从玻璃上片、自动切割、磨边、倒角、钻孔、钢化、自洁、玻璃齐套后直接进入包装的智能化生产全线贯通的过程。该连线解决了定制化玻璃产品在玻璃齐套管理上的难点，减少了从订单下达到产成品完成出货之间的在制品库存，缩短了产品生产周期，实现了从玻璃原片到包装产品完整的一个流生产。

2. 智能化实现

该智能化连线的流程及逻辑控制如图9-25所示。

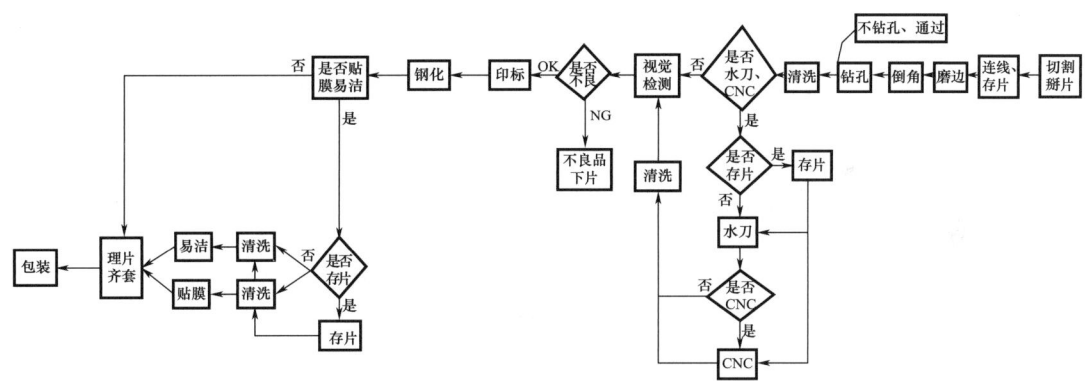

图9-25 钻孔加工自动化连线逻辑图

ERP下工单计划给MES系统，切割工序根据批次计划进行切割优化，切割机根据优化包内容进行切割作业并自动贴标（或激光打标），掰片工人根据看板指示进行掰片，将小片放上连线进行下工序加工，磨边设备根据标签内容向MES系统获取磨边数据，完成后，玻璃依次进入倒角工序、钻孔工序、挖缺工序、清洗、视觉检测、印标工序、钢化工序，每个工序前都会进行标签的识别，根据标签内容，向MES系统获取相应的加工数据，最终完成玻璃的加工过程之后，玻璃统一进入到理片齐套系统，将玻璃按照齐套要求，按顺序输送给到包装工序，由包装工序完成最后的打包。ERP与MES系统之间采用TCP/IP、MES与设备之间采用SCADA，设备之间采用Profinet等多种通讯协议组合。

3. 核心智能设备及软件

该系统中的核心智能设备为智能钻孔机及配套的图形处理软件系统，能够根据订单并识别玻璃信息要求实现玻璃的打孔位置、打孔工艺及钻头选择等功能。

4. 应用本案例的企业

东莞南玻太阳能玻璃有限公司、天津北玻玻璃工业技术有限公司等。

5. 本案例智能化设备及系统提供商

智能钻孔设备、视觉检测设备、理片齐套设备、连线配套设备及集成系统均由广东博亮智能机械有限公司提供。

扫一扫　了解更多

9.2.8 磨边后在线质量检测和缺陷分析

9.2.8.1 视觉识别

该视觉自动检测系统安装在磨边机、清洗机出口，玻璃表观缺陷检测由 3 组 8K 线阵相机、高频反射光源、透射光源、嵌入式处理器、信号接口平台组成；玻璃对角线偏差检测由 4 个面阵相机、一组反射光源组成（图 9-24）。其具备磨边产品检测标准的全部项目，主要包括结石、气泡、划伤、脏污、崩边、锡点、对角线偏等。

图 9-24　磨边在线视觉检测系统

9.2.8.2 智能化实现

该系统的检测流程如图 9-25 所示。一个高精度的速度编码器与检测下传动辊相连，作为玻璃长度尺寸的预测量，将玻璃长度数据提供给控制系统，从而判定启动 4 组面阵相机中相应的相机进行测量；检测系统的图像数据和缺陷数据都由数据处理中心进行处理，并对数据进行统计和分析；数据中心作为现场操作界面可供数据展示，同时将检测数据通过 TCP/IP 网络和标准的数据交互协议与 MES 系统或大数据系统进行接口；通过不断的多样本分析，图像识别及处理算法具备自学习能力，检测准确性不断提高。

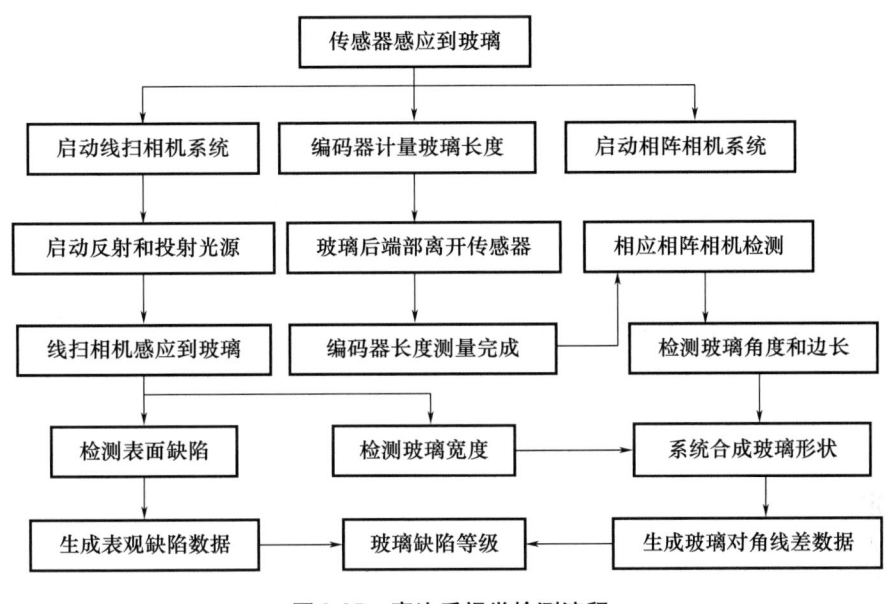

图 9-25　磨边后视觉检测流程

9.2.8.3　应用类似案例的企业

应用类似案例的企业有中国南玻集团股份有限公司（东莞南玻工程玻璃有限公司）。

9.2.8.4　类似案例智能化设备及系统提供商

类似案例智能化设备及系统提供商是中国南玻集团股份有限公司（深圳南玻应用技术有限公司）。

9.2.9　设备移动 App 管理

9.2.9.1　IOT 技术

1. 系统架构

该设备自动巡检系统架构如图 9-26 所示。其包括了 IOT 行业先进的技术，比如无线蓝牙数据采集、边沿计算功能、云端存储、微信小程序查询、异常信息微信推送以及监控数据分析等。其有效避免了有线网络的高成本和施工困难，同时用云端存储和 App 开发代替本地硬件服务器和软件开发费用。其代替了传统人工纸质固定时间的巡检，而将设备运行状态实时监控，并生成状态趋势分析，实现了现场数据移动端查询和异常及时推送、预测和计划性维护功能。

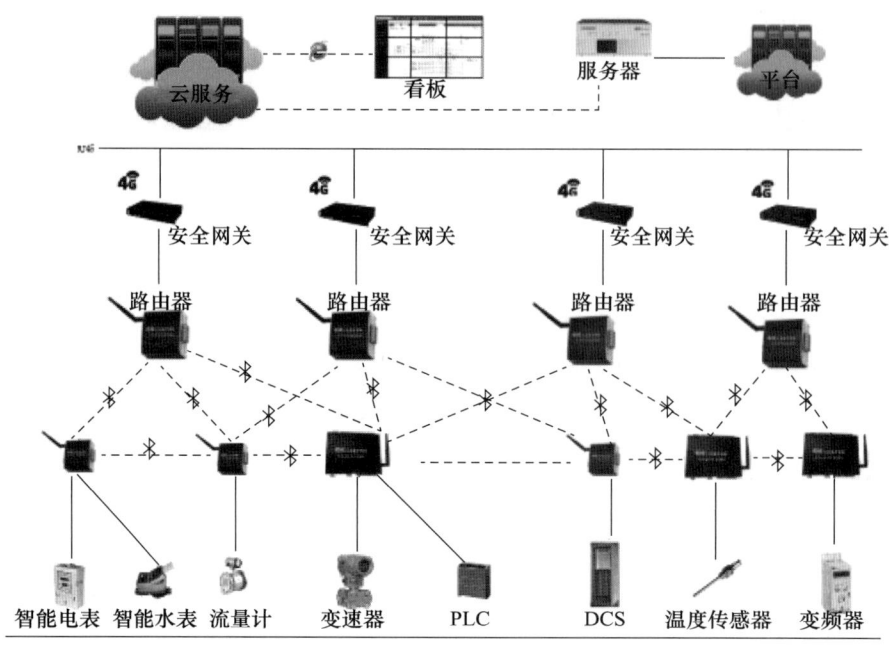

图 9-26　数据采集组网架构

2. 智能化实现

智能传感器将底层设备的数据信息，如温度、压力、流量、振动、开关状态、电压、电流等，以 RS-485/232 总线、PLC 数据对接或者 I/O 口等方式与智能采集终端接口，智能采集终端具备边沿计算能力，对数据进行筛选、存储等处理，通过蓝牙无线网络通信，将数据传输到蓝牙智能管理器中，蓝牙智能管理器通过 TCP/IP，完成与云端部署工业物联网平台的数据交互。工艺互联网平台一方面根据不同业务对采集数据的要求，编制自动采集任务，包括任务名称、任务类型、采集群组、采集数据项、任务执行起止时间、采集周期、执行优先级、正常补采次数等信息，并管理各种采集任务的执行，检查任务执行情况等；另一方面监测远传传感器、设备的状态，完成远程监控、维护和报警推送。移动端工业 App 与云端的工业互联网平台接口，实现数据的实时查询和异常数据的及时推送，如图 9-27 所示。

3. 应用类似案例的企业

应用类似案例的企业为中国南玻集团股份有限公司（天津南玻节能玻璃有限公司）。

4. 类似案例智能化设备及系统提供商

类似案例智能化设备及系统提供商包括中国南玻集团股份有限公司（深圳南玻应用技术有限公司）、广东嘉泰智能有限公司。

9.2.9.2　移动 App 控制（磨边机自动控制）

1. 设备控制流程

该系统包括了一个移动终端 PDA、一个磨边机控制 PLC 系统、一个工业控制 App、

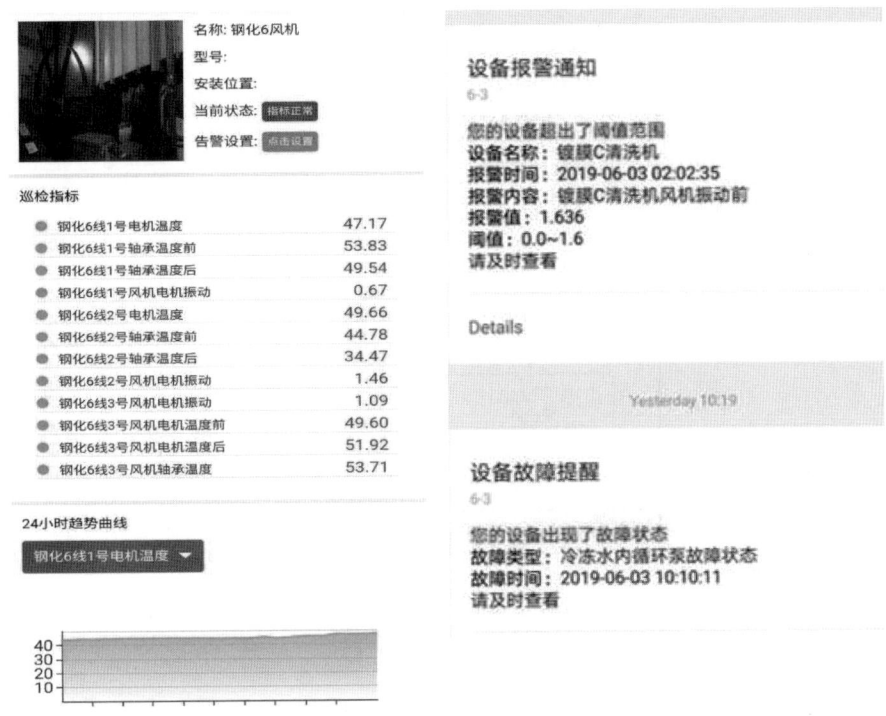

图 9-27　移动端 App 信息

一个后台软件控制系统，整个控制流程如图 9-28 所示。操作人员通过扫流程卡的 2D 码，直接将多个规格的玻璃信息展示在操作工的 PDA 上，操作工通过简单的确认后，即可实现磨边机自动规格控制。其代替了传统的每个规格需要操作工到磨边机操作界面手工输入数据和操作的过程，并实现了不同规格尺寸玻璃的自动节拍控制，达到了减少人工劳动强度、提高生产效率的目的。

2. 智能化实现

该系统 App 操作功能如图 9-29 所示。不同班组人员在安装有该控制 App 的 PDA 上登录，设置好该磨边机的补偿量，PDA 扫描流程卡 2D 码，PDA 通过现场 Wi-Fi 与后台软件控制系统数据交换，后台系统通过 TCP/IP 网络读取 ERP 中相应流程卡号的规格信息，并自动下载到 PDA，操作人员核对数据和实际玻璃信息后，下载、启动，PDA 将指令传输给后台系统，后台软件系统与现场 PLC 控制系统通过 TCP/IP 网络通信，将玻璃数据下载到 PLC 数据表，并由 PLC 控制磨边机动作，PLC 控制逻辑按照玻璃规格和顺序、磨边机速度和设备节拍时间自动控制玻璃跟踪，实现磨边效率最大化。加工完成后，PLC 反馈、完工，实现工单的实时报工和通知，系统可以启动下一批工单。

3. 应用类似案例的企业

应用类似案例的企业为中国南玻集团股份有限公司（咸宁南玻工程玻璃有限公司）。

4. 类似案例智能化设备及系统提供商

类似案例智能化设备及系统提供商包括中国南玻集团股份有限公司（深圳南玻应用技术有限公司）、广州文信自动化有限公司。

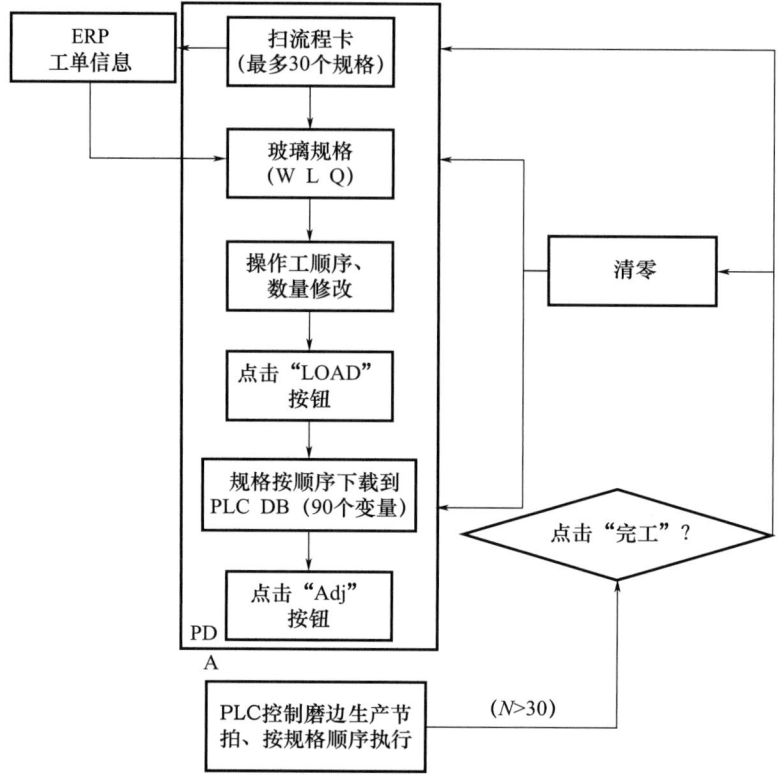

图 9-28 设备控制流程图

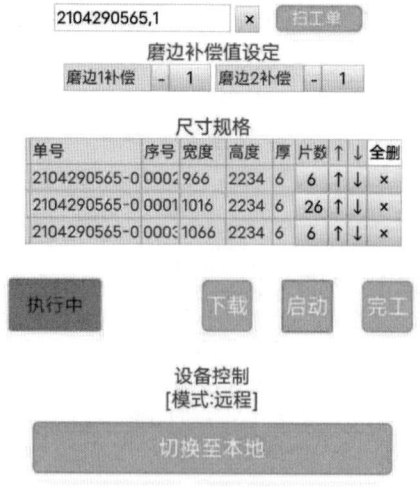

图 9-29 系统操作功能

9.2.10 镀膜玻璃光学性能在线检测系统

镀膜光学测量仪器是镀膜线的核心设备，目前主要采用光度计（光谱仪）作为最终的产品检测设备，可检测玻璃面及膜面反射率、玻璃透射率及面电阻值。以上光学仪器在镀膜线的安装位置如图 9-30 所示。

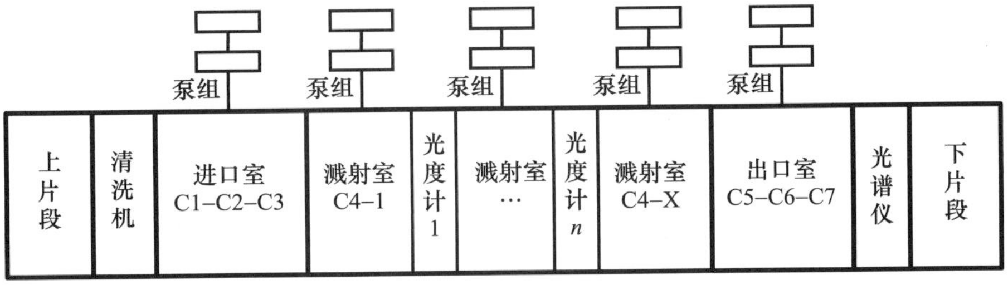

图 9-30 光学测量仪器在镀膜线的位置示意图

采用信息化手段，建立镀膜工艺设备数据信息系统平台，包含工艺要求、设备信息、膜层光学数据、基材基础信息等，与目前成熟的镀膜分析软件相结合，通过大数据辅助分析各种工艺参数控制，可快速计算出当前产品需要的各项工艺控制参数，通过 MES 系统等将生产工艺执行数据同步到镀膜线控制系统，通过镀膜线各部位的在线膜层光学检测系统检测、反馈、自动修正工艺参数，实现快速自动调膜及试样生产，流程如图 9-31 所示。

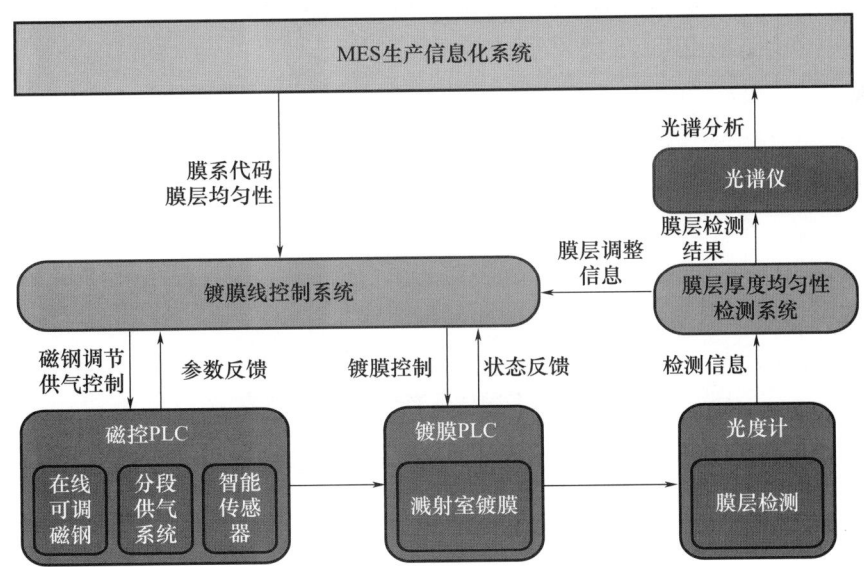

图 9-31 镀膜玻璃智能光学自动测量调整流程

应用企业：中国南玻集团股份有限公司、中国玻璃控股有限公司、上海耀皮玻璃集团股份有限公司、旗滨集团、福莱特玻璃集团股份有限公司、新福兴玻璃工业集团有限公司、广东省隆玻科技集团股份有限公司、台玻天津玻璃有限公司、台玻青岛玻璃有限公司。

设备及系统提供商：北京奥博泰科技有限公司。

9.2.11 整单订单排产案例

整单订单具有规格批量整齐、数量多、交期严的特点，多为大型幕墙和房地产项目订单。各企业可根据自身特点选择软件系统实现智能化订单排产。以下以新福兴玻璃工业集团采用的用友 NC 软件系统为例进行介绍（图 9-32）。

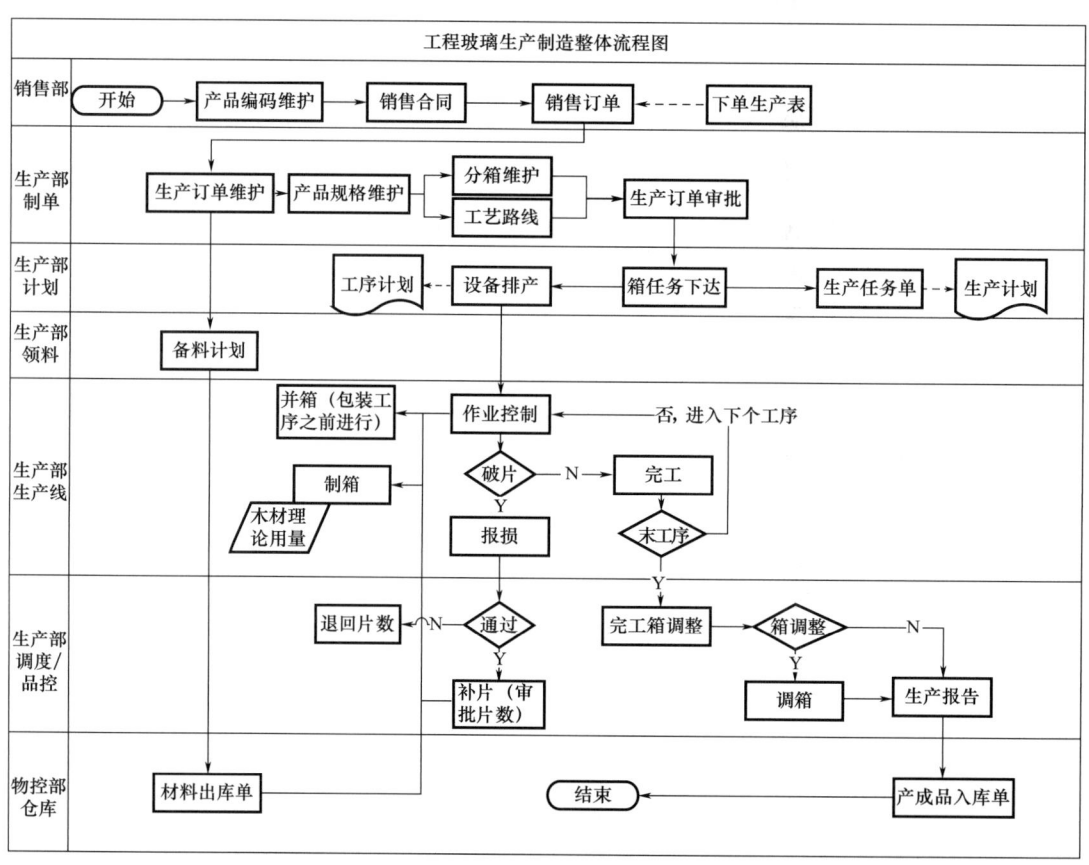

图 9-32 工程玻璃生产制造 NC 流程图

该项目采用公有云的云计算服务作为后台数据中心服务器，通过中台应用服务器连接前台应用，做到数据安全、弹性扩容，为可复制模式提供有力的支撑；建立平台化管理，除适应整单生产信息化管理外，还解决了零散订单分布散、运输难的问题；连锁工厂采用分散加工的方式，实现了 ERP 系统管理、信息共享。

经营管理和生产人员采用 PC 端应用完成下单、生产管理、物料管理、成本核算、财务管理等相关工作。

移动应用为客户提供下单、查单、付款、售后等服务的应用；为管理人员提供查询报表、审核单据等服务；为外勤人员提供考勤打卡、查询单据、收款、客服等应用；为员工提供考勤、损耗、计件工资查询等应用。

该排产系统具有客户管理、接单与下单、生产排产、生产下单、分箱分架、箱任务排产、设备排产、排产结果输出、生产现场管理、运输管理等功能。

9.2.11.1 客户管理

客户管理功能根据客户对品质的要求、累计下单量、付款方式以及客户的产品档次，将客户档案录入 ERP 管理系统分级管理（图 9-33）。

图 9-33　ERP 页面显示

在 ERP 系统中建立了标准合同文本和标准报价样式，严格控制不可更改合同项目。根据合同和报价设定相关人员的审批权限，对客户进行信用额度的管控，控制销售风险（图 9-34、图 9-35）。

9.2.11.2 接单与下单

该软件系统将销售订单系统和生产下单系统分开，如图 9-36 和图 9-37 所示；建立三审制度，即销售初审、下单二审、终审，以确保订单产前安全。

图 9-34　信用额度的管控界面

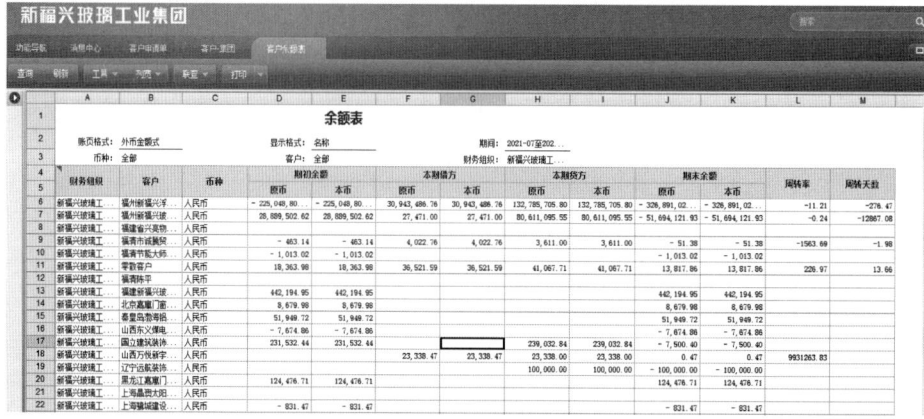

图 9-35　合同文本界面

图 9-36　销售订单系统界面

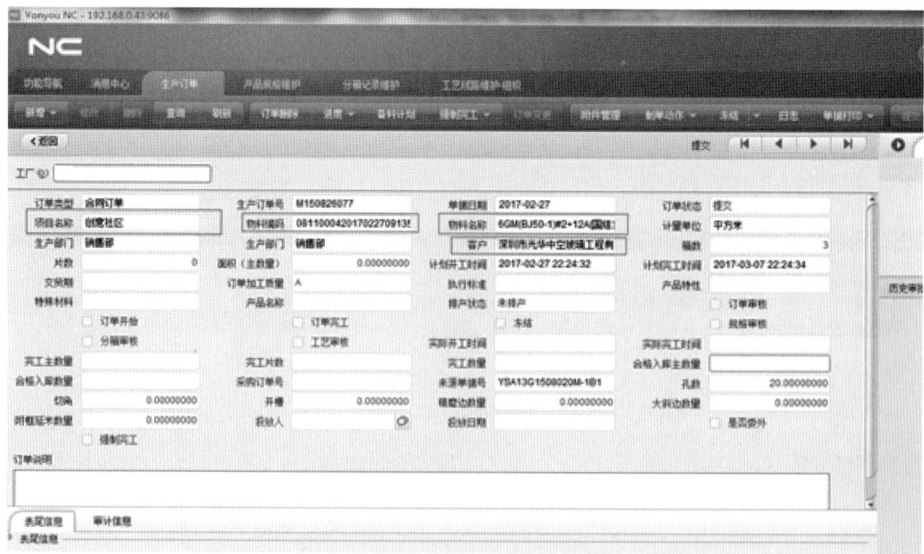

图 9-37　生产订单系统界面

9.2.11.3 生产排产

整单订单具有同结构产品数量多且尺寸相对整齐的特点，整体经人工分架后，一架的尺寸规格、类型一般小于或者等于3种，适合规模生产、按批推进。工程类整单订单都有明确的进度要求，一般按顾客要求的交货顺序、批次进行分解生产。

1. 整单订单排产的依据

整单订单排产的依据见表9-8。

表 9-8 整单订单排产的依据

排序	排产的依据	应考虑的因素
1	产能优先	以最大化利用各工序产能为导向
2	交期优先	以同一送货批次的产品同一时间交付客户为原则
3	原片利用优先	因原片需提前备料，对不同项目的同一产品进行组合优化排产，最大化利用原片，以节约成本、提高切割率
4	生产效率优先	以发挥各工序的最大产能为考虑要素
5	工艺路径	整体考虑各工序间的产能匹配问题，而不能单一考虑单一工序的产能
6	定岗定编	对生产人员实际情况按订单类型进行岗位分配及人员数量确定，以精简、高效为原则

2. 排产的具体操作

整单订单排产前需与销售和客户确定项目的大致尺寸、产品结构。经过充分的沟通后提前准备原片有助于整个工程的顺利进行，并为深加工企业节省成本。用友NC软件系统和PERFECT完美优化软件实现了数据连接，具备强大的原片优化功能和库存原片现存量实时反馈功能。具体操作如图9-38所示。

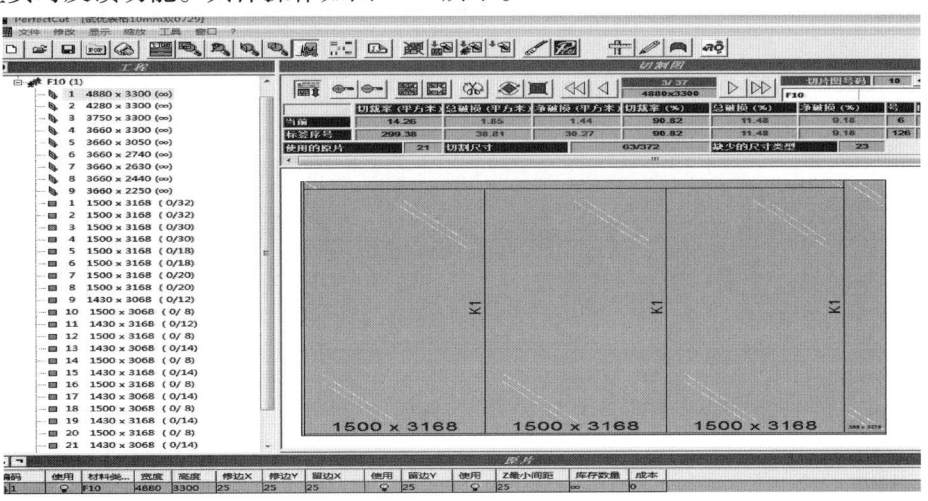

图 9-38 切割优化软件系统

9.2.11.4 生产下单，分箱分架

按照销售订单或生产订单的基本信息，NC 软件系统可批量自动导入订单规格，对孔、缺、异形等也可导入相应电子图纸，方便生产加工查看，如图 9-39 所示。

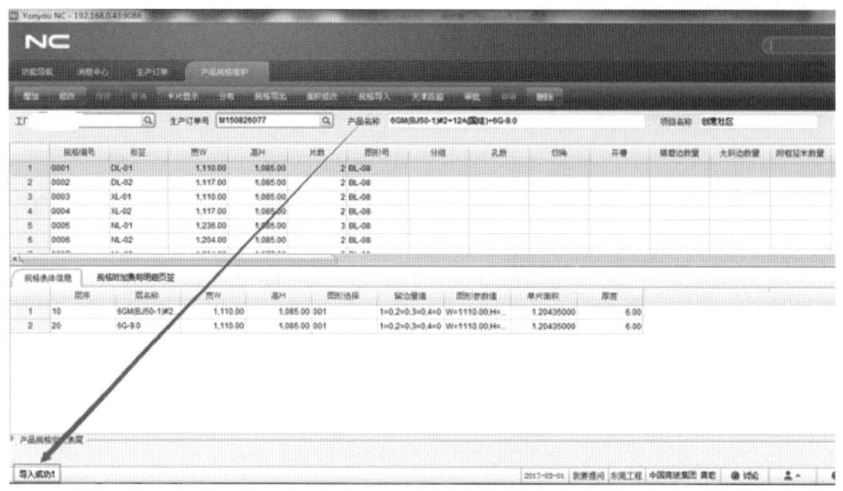

图 9-39　订单导入界面

9.2.11.5 箱任务排产

所有订单均应严格按箱分架（根据包装要求），排产时的最小单位为箱架，任务排产时按箱任务下达，不同的箱任务组合成一个批次或车次，从而满足客户的不同需求，灵活性更强。NC 软件系统具备强大的自动分箱功能，可根据客户需求设定条件来满足不同的分箱需要（图 9-40、图 9-41）。

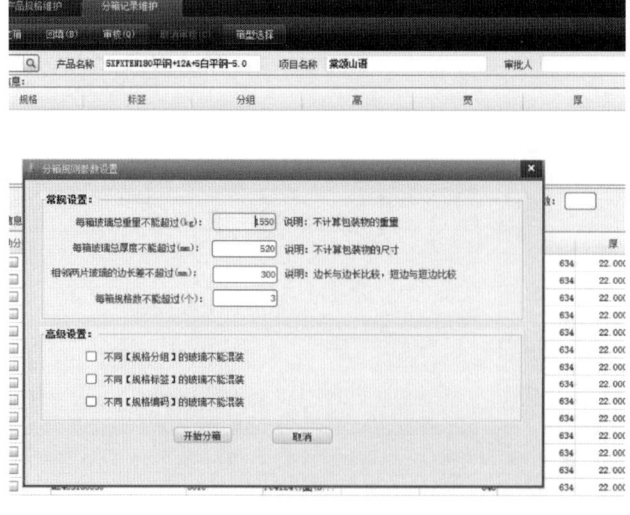

图 9-40　自动分箱系统界面

图 9-41　箱任务下达界面

9.2.11.6　设备排产

计划人员在"生产制造"—"生产任务管理"—"设备排产"ERP 模块中对所有生产任务单设置批次号，根据生产现场实际情况调整生产设备，制订各工序开工计划（图 9-42、图 9-43）。

图 9-42　设置批次号界面

ERP 系统完成计划安排后，计划员打印生产加工单和工艺流程卡，交付给工艺流程起始工序，起始工序操作人员在"生产任务单"中查询，依据计划安排的生产批次、主批次、计划开工完工日期，领用原料，执行生产。从"设备排产"中的"箱进度"与"任务进度"可以查询订单当前排产的工序与设备（图 9-44）。

图 9-43　工序设备排产界面

图 9-44　订单进度查询界面

9.2.11.7　排产结果输出

订单排产后，ERP 系统主要输出以下几类结果：

（1）原片需求表：通过排产版面优化得出各类原片需求表，用于配备原片；

（2）辅料用料表：通过分析排产订单产品特征得出辅料用料表，用于配备辅料；

（3）工序生产任务单：通过计算各工序的生产任务量，以配备相应的人力、设备来满足产能需求，用友 NC 系统支持任务单在线实时查询进度，计划员只需在 PC 端就能完成对整个生产任务单的监控，对异常进行及时调整（图 9-45）；

（4）各工序的生产指令单：各工序都有相应的生产指令单，显示本工序的任务量及完成后员工能得到的计件工资。

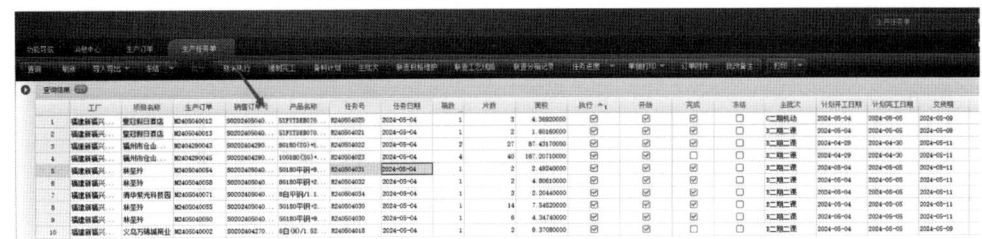

图 9-45　生产任务单界面

9.2.11.8　生产现场管理

1. 设备管理

管理员在 NC 软件系统"生产制造"—"离散生产任务管理"—"设备管理"模块中，根据现场设备实际情况配置设备数据，配置的设备数据影响制单工艺路线设置中的设备选择以及计划排产中的设备安排等（图 9-46）。

设备在线：设备是否启用。

是否参与成本：是否参与成本核算。

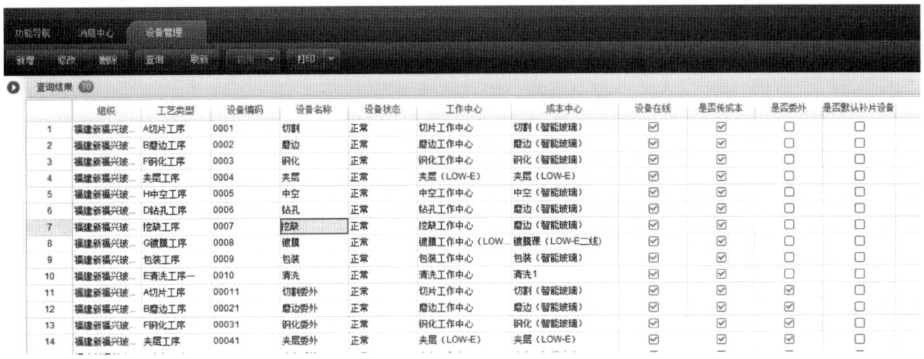

图 9-46　设备管理界面

2. 班组管理

管理员在 NC 软件系统"基础数据"—"生产信息"—"班组定义维护"模块中，根据各工序实际班组人员安排情况配置班组账号数据，班组账号将作为现场作业控制操作的凭据，为产量、废品等考核统计提供数据（图 9-47）。

班组长为需要工作的班组创建工作任务单，在 NC 软件系统"生产制造"—"离散生产任务管理"—"工单"模块中增加工作任务单，录入上班时间等相关信息，工作班组凭班组账号、密码及工作任务单按设备登录、作业，控制执行生产操作（图 9-48）。

3. 补片管理

在 NC 软件系统"生产制造"—"生产任务管理"—"报损补片记录"模块中可查询已报损的箱信息，支持在线补片，实现及时补片，并可查询补片进度（图 9-49）。

图 9-47 班组配置界面

图 9-48 班组工作任务界面

图 9-49 破损补片信息界面

4. 生产报表

提供完善的各类报表，帮助生产和财务人员分析成本、产能等（图 9-50）。

9.2.11.9 运输管理

（1）备货：同一订单所有产品经过最后一道工序报工后，进入入库备货状态。

（2）待发货：由人工审核订单齐单和破损数量，确认后入成品库，进入待发货状态，更新反馈信息为已生产完工，待发货（图 9-51）。

（3）运输排车：物流调度人员选择需发货的订单，根据系统已设定的各产品占用空间系数进行排单，生成装车清单，系统自动排出运输车辆、装车顺序、装车量等。

（4）装车：调度审核后，装车人员按装车清单进行装车，装完后报工。

9 典型案例

图 9-50　工程玻璃报表查询图

图 9-51　发货计划信息界面

（5）派单：场内转运人员将车开到货场，车辆经过货场门禁系统时，接收运输路线到车载导航，调度派单给司机。

（6）交账：送货员收款时，系统自动生成交账单，作为交账依据。送货员到财务交账时，核对交账单，并当面交接收款信息，财务审核入账。

应用情况：大型规模化生产的企业一般采用具备类似功能的软件系统管理整单订单。

9.2.12　零散订单排产案例

9.2.12.1　关于零散订单的思考

玻璃深加工是个传统行业，钢化企业的准入门槛过低，各自为战，从而导致能效比较低。玻璃深加工必须打破现有的运营模式，从智能制造入手，通过资源整合重组，促进玻璃行业得到良性健康发展。

1. 玻璃深加工行业发展趋势

（1）主流市场是零单。近年来，政府出台多项举措调控大规模的公共建筑，工程幕墙类的玻璃需求会减少。而随着装修档次越来越高，中高端品质的玻璃零散市场是未来的主流。

（2）智能制造是前提。随着人口老龄化和新生代不愿意进车间的趋势加剧，再加上人力介入影响高品质发展等因素，智能制造是未来玻璃深加工企业竞争的前提。

（3）规模连锁是趋势。随着人力成本的急剧上升，企业的各项成本只会越来越高，只有形成产业连锁、产生规模化效应才能在市场立足。

（4）资源整合是必然。"碳达峰""碳中和"成为当前的高频词，作为电能消耗大户及土地利用率低的玻璃钢化加工厂，提升产业集中度是产业发展的必由之路。

2. 玻璃深加工智能化制造现状

家装市场所需的零散玻璃大多出自当地的小作坊，其日加工能力仅在一两千平方米，且受资金、场地的限制不可能进行智能化改造。长于整单订单生产的企业有投资智能化连线设备，尝试以整单订单的运作模式加工零散订单的，由于零散订单散、乱、杂的特点而最终选择放弃。零散订单智能化制造的实现需要循序渐进、分步进行。

3. 如何推动零散玻璃加工企业转型发展

对于实体企业来讲，要想实现高质量发展，只有通过智能化、信息化、数字化来赋能，而实现智能制造的前提是整合各方资源，实现优势互补。玻璃产业发展到今天，不但要从技术上、产品上、装备上、管理上下功夫，而且要从经营模式上下功夫。

9.2.12.2 零散订单排产功能

以江苏碧海安全玻璃科技股份有限公司自主研发的"碧海ERP管理系统"为例，其根据零散订单的管理特点和本企业管理特色（即系统方言），实现了有别于整单订单的有效管控。

1. 客户管理

面对客户对产品的配置、品质及价格的不同要求，对客户进行分级处理，进行信用额度的管控，控制销售风险。

2. 接单与下单

客户可通过企业开发的微信下单功能直接下单，并随时可以通过微信查询订单的进展情况。

3. 生产排产

零散订单的特点是客户分散、单客需求数量少、产品品种多而规格杂、用户下单不规范、订单不确定时无法预排产、生产工艺路线长且加工时间短、同一订单送货数量少且目的地多。零散订单排产的依据见表9-9。

表 9-9 零散订单排产的依据

排序	排产的依据	应考虑的因素
1	产能优先	以最大化利用各工序产能为导向
2	交期优先	以送货批次的不同产品同时到达成品仓为原则
3	原辅料利用优先	在不影响交期的情况下,尽可能集中生产,以提高原辅料的利用率
4	生产效率优先	以发挥各工序的产能为考虑要素
5	各工序协同优先	考虑各工序间的产能匹配问题,不能只考虑单一工序的产能
6	考虑综合因素	应用云计算的强大计算能力,分析各种约束条件以求得出比单一考虑因素更优的排产方案

4. 排产具体操作

零散订单是按订单进行定制化生产,订单隔天就要生产,生产计划只能做有限的计划,同时要求排产具有较强的灵活性。

(1) 根据产品类型、交货日期、工艺流程等相关条件对需要优化排产的订单进行筛选(图 9-52)。

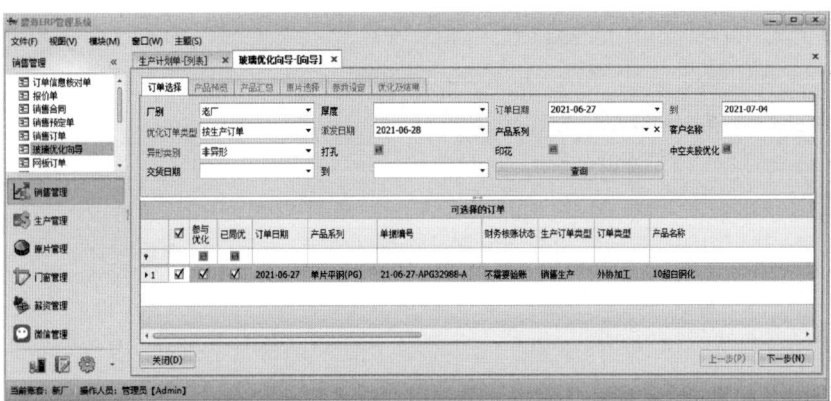

图 9-52 优化排产筛选界面

(2) 在系统上完成生产排班,设定上下班时间、任务量、生产设备条线等(图 9-53)。

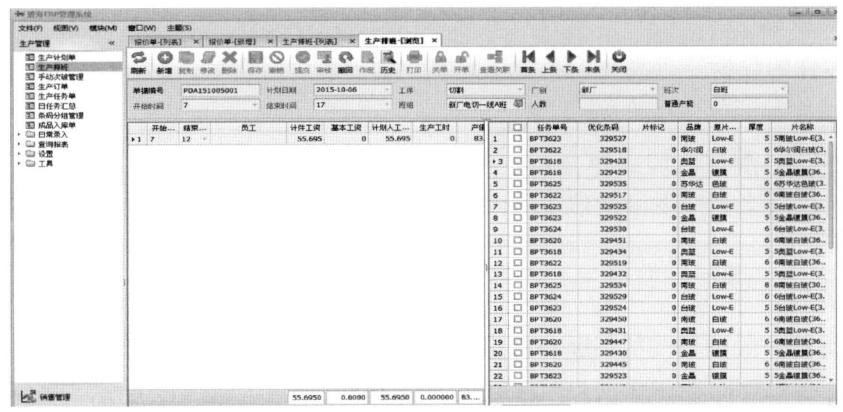

图 9-53 生产排班界面

5. 排产结果输出

进行排产后，输出以下几类结果：原片需求表、辅料用料表、工序生产任务单、生产排班表、各工序的生产指令单。

6. 生产现场管理

（1）每一片玻璃进行实时采集（适时升级为激光打标采集），系统实时追踪生产进度。

（2）生产现场全面实行可视化管理，未完成订单的需求数、接收数、完成数、质量等级要求、损耗数及补片跟踪都直观地显示在屏幕上（图9-54）。

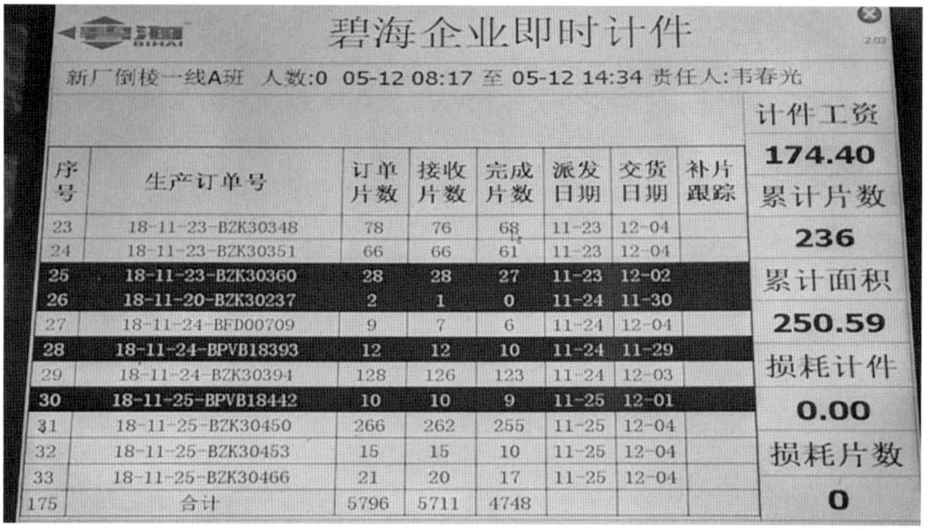

序号	生产订单号	订单片数	接收片数	完成片数	派发日期	交货日期	补片跟踪
23	18-11-23-BZK30348	78	76	68	11-23	12-04	
24	18-11-23-BZK30351	66	66	61	11-23	12-04	
25	18-11-23-BZK30360	28	28	27	11-23	12-02	
26	18-11-20-BZK30237	2	1	0	11-24	11-30	
27	18-11-24-BFD00709	9	7	6	11-24	12-04	
28	18-11-24-BPVB18393	12	12	10	11-24	11-29	
29	18-11-24-BZK30394	128	126	123	11-24	12-03	
30	18-11-25-BPVB18442	10	10	9	11-25	12-01	
31	18-11-25-BZK30450	266	262	255	11-25	12-04	
32	18-11-25-BZK30453	15	15	10	11-25	12-04	
33	18-11-25-BZK30466	21	20	17	11-25	12-04	
175	合计	5796	5711	4748			

图9-54 订单进展信息界面

（3）在管理人员PC端可随时查询到实时的各工序产品进程滞留情况，结合现场看板巡视结果，及时发现缺片现象，进行次破补片。

7. 运输管理

开发了“碧海”App，进行备货、运输排单、派单、派送预通知和面对面收款。

8. 销售收款

灵活多样的收款及对账方式满足不同客户的需求。

9. 售后服务

碧海开发了微信客服，提供线上线下一体化售后服务，产品均保留完整的系统信息。

9.2.12.3 玻璃零散订单智能制造的模式创新与探索

1. 零散订单管理模式的创新与探索

探索玻璃零散订单可复制的连锁模式，以实现各种类型的玻璃产品通吃的体量和能力，真正实现零散订单智能制造。在软件支撑上，建立和完善信息集成平台。在硬件设施上，包含智能连锁工厂及附属配套的成品连锁工厂，一个智能连锁工厂加若干个成品工厂组成一个加工中心，可无限复制。

企业总部：管理、服务、金融、采购、研发及销售的中心。

智能连锁工厂：全功能智能化连线的自动化大中型工厂，集中生产半成品玻璃并输出到成品连锁工厂；针对特定客户的特定产品，木箱打包后通过物流面向全国发货。

成品连锁工厂：具备自动生产、自动分拣能力的中小型工厂，建在距离智能连锁工厂100km左右的位置，位于客户相对集中的区域，主要功能是加工夹胶/中空成品或制作门窗成品；承担本区域所有成品的分拣、打包、配送等工作。

2. 创新营运模式的竞争优势

（1）连锁复制优势

多中心的方式便于工厂小型化，分而治之，降低管理难度，提升管理品质，降低管理成本；连锁工厂及产品配送实行管理绩效责任制或承包制，提升管理责任，降低管理成本；连锁复制可由投资人投资兴建，投资资金针对所有连锁工厂的利润按投资比例进行分红，有利于降低投资风险，加快复制进程。

（2）节能降耗优势

提升生产集中度，有效降低单位面积的生产能耗；零散订单集中生产，便于同规格一起加工，提升效率；自动化连续运转，减少设备空转及钢化炉保温时间；实现同一类产品专一产线生产，减少设备切换；增强市场整合能力，淘汰落后产能，节能降碳，推动行业进步。

（3）品质管控优势

半成品集中生产（即零散订单，批量生产），在原地可实行大部分自动化规模生产，减少人工干预，提升品质的稳定性；产成品连锁工厂小型化，可以减少分拣搬运带来的损耗。

（4）交货期短优势

半成品集中规模化生产，可以实现即时补片；长距离点对点"直线运输"，加快运输速度；产成品连锁工厂小型化，降低分拣难度，加快分拣理货速度；产成品连锁工厂开在"客户家门口"，缩短配送距离，缩短配送时间。

（5）成本控制优势

集中采购带来原辅材料成本优势；集中生产带来设备成本优势；自动化生产带来人工成本优势；集中管理带来管理成本优势；就近生产配送带来运输成本优势。

（6）产业链长优势

以总部与上游供应商进行数据对接，简化了与上游对接的数据链；以智能连锁工厂为中心与上游供应商进行物资对接，向上延伸产业链长；内部以智能连锁工厂为中心与玻璃成品连锁工厂及门窗成品工厂进行辐射型对接，以更丰富的产品线延伸产业链长；以成品连锁工厂与下游客户进行对接，向下延伸产业链长。

（7）标准实施优势

有利于形成统一制造工艺标准；有利于各连锁工厂统一品质控制标准；减少人为因

素的影响，有利于达成相关标准在各连锁工厂的执行效果；有利于标准更新时的快速切换。

（8）品牌效应优势

市场竞争越来越表现为品牌的竞争。企业在发展过程中不但注重品质和速度的提升，还向客户推出承诺十五年的售后质保，从而扩大品牌影响力，提升公众的认知度。以稳定优异的品质赢得信赖；以快速准确的交期赢得市场；以快捷贴心的服务赢得顾客；以品牌价值的优势赢得效益。

碧海企业不断探索和实践智能制造在玻璃零散订单加工上的应用，形成了个性化定制、智能化制造、网络化协同、服务化延伸、功能性智能化研发、数字化应用、精益约束性运营管理等工业互联网发展新模式。

应用企业：江苏碧海。

9.2.13 水处理

扫一扫　了解更多

9.2.13.1 水处理的工艺流程

水处理的工艺流程如图 9-55 所示。

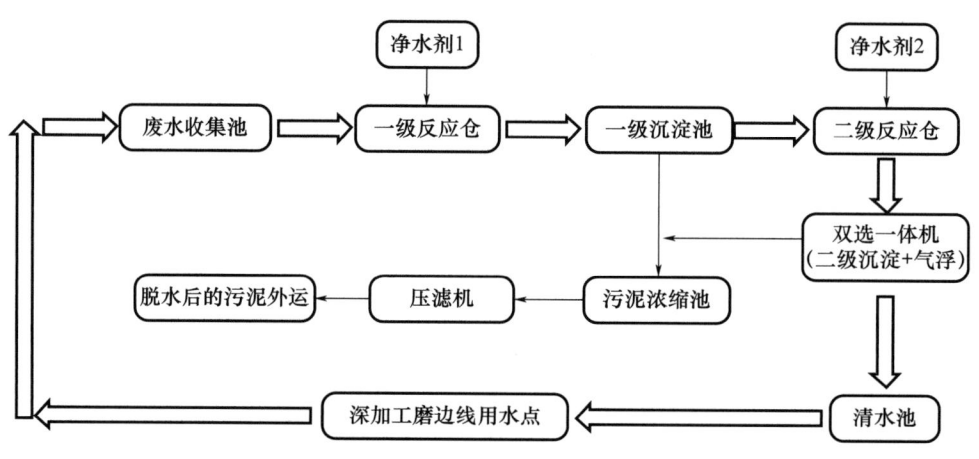

图 9-55　水处理工艺流程

9.2.13.2 智能化远程监控技术

玻璃深加工行业属用水大户，节水不仅能够减少对环境的破坏，而且可达到节能降耗、降低生产成本的目的。实现水处理设施智能化运行，可以大幅度降低设备因人为疏忽原因造成的损坏、停机、水质超标排放等情况的发生概率。实现水处理系统智能化运行后，设备管理员、操作员、服务单位可通过计算机、手机等电子设备随时掌握设备运行状况、出水水质质量信息等。随时掌握第一手设备运行资料，设备出现故障时第一时间收到故障报警通知（图 9-56）。

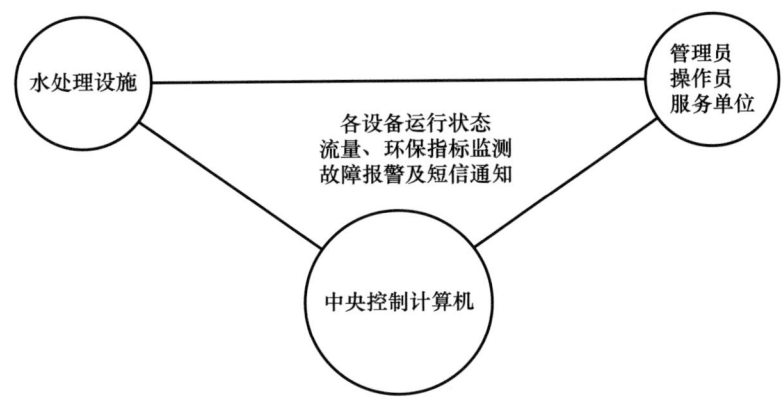

图 9-56 远程信息监控模式

9.2.13.3 智能化实现

该水处理系统设备之间采用 Modbus/TCP 通信协议。该水处理系统智能化设备主要包括 PLC 逻辑控制器、HMI 人机交互界面、WinCC 人机交互软件等。

9.2.13.4 应用本案例的企业

应用本案例的企业为安徽福莱特光伏玻璃有限公司。

9.2.13.5 本案例中相关设备制造商

本案例中相关设备制造商为杭州鼎辉环保科技有限公司。

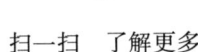

扫一扫 了解更多

参考文献

[1] 陈海峰. 玻璃镀膜真空技术 [M]. 广州：华南理工大学出版社，2010.
[2] 陈可明. 玻璃镀膜工艺技术 [M]. 广州：华南理工大学出版社，2010.
[3] 白振中 王会文. 玻璃深加工技术手册 [M]. 北京：中国建材工业出版社，2014.